中国经济运行风险研究报告

Research on the Risk of Chinese Macroeconomic Operation 2007

2007

主编 唐海燕

副主编 袁 敏 贾德奎

立信会计出版社

LIXIN ACCOUNTING PUBLISHING HOUSE

图书在版编目(CIP)数据

中国经济运行风险研究报告. 2007=Research on the Risk of Chinese Macroeconomic Operation (2007) / 唐海燕主编. —上海:立信会计出版社,2007.9

ISBN 978-7-5429-1911-3

Ⅰ.中… Ⅱ.唐… Ⅲ.经济—风险管理—研究报告—中国—2007 Ⅳ.F123

中国版本图书馆 CIP 数据核字(2007)第 152118 号

中国经济运行风险研究报告 2007

出版发行	立信会计出版社		
地　　址	上海市中山西路 2230 号		
邮政编码	200235		
电　　话	(021)64411389		
传　　真	(021)64411325		
网　　址	www.lixinaph.com	E-mail	lxaph@sh163.net
网上书店	www.lixinbook.com	Tel:	(021) 64411071
经　　销	各地新华书店		

印　　刷	上海申松立信印刷厂
开　　本	787 毫米×1092 毫米 1/16
印　　张	20.25
插　　页	4
字　　数	489 千字
版　　次	2007 年 9 月 第 1 版
印　　次	2007 年 9 月 第 1 次
印　　数	1—1 200
书　　号	ISBN 978-7-5429-1911-3/F·1689
定　　价	50.00 元

前 言

经济生活充满着不确定性。任何一个经济事件的发生，都会给组织目标的实现带来或好或坏的影响。如果一个事件的发生给组织目标的实现带来正面的影响，我们通常称之为机会；反之，则称为风险。风险管理的目的就是使决策者在既有的信息条件下抓住机会，管理风险，从而顺利实现组织的目标。

中国立信风险管理研究院作为上海市高校高水平特色发展项目，是上海立信会计学院于2006年2月专门成立的专业开放性科研机构，它旨在推动中国风险管理研究的进一步发展，通过加强科学研究、学术交流和社会服务，为政府和企事业单位决策提供咨询，为社会经济的发展提供服务。研究院成立以来，将研究的重点定位在中国国民经济运行风险管理研究、行业风险管理研究和微观经济风险管理研究等方面，得到了社会各界的广泛支持，初步建立了开放式的研究平台，并积累了一定的风险管理理论素材和实务经验。

《中国经济运行风险研究报告(2007)》(以下简称本报告)是研究院出版的第一份专业性风险研究报告，旨在识别中国宏观经济运行和微观主体运作过程中面临的关键性风险，以及不同风险要素之间的联系和相互作用，并对相关风险的影响后果及未来发展趋势作出初步判断。事实上，经济生活中面临的风险是非常复杂的，不同的理论研究者和风险管理组织提出了不同的框架，广泛涉及政治风险、经济风险、社会风险、环境风险、灾害风险等；而我们的目标是帮助报告的使用者树立基本的风险意识，从而使得决策更加科学。具体而言，本报告希望在以下方面为使用者提供帮助：

● 了解宏观经济运行和微观主体运作风险，包括中国当前经济运行的基本态势和潜在的风险因素，以及企业日常经营中面临的不确定性因素。

● 更早地意识风险，防患于未然。“祸兮福所倚，福兮祸所伏”，从某种意义上说树立正确的风险意识，将风险事项与决策者的风险容忍度相协调是风险管理的前提条件，防患于未然比亡羊补牢要好得多。

● 在风险计量的基础上，计划和执行有关的措施，以更好地应对风险。风险计量的方法很多，管理措施也各不相同，决策者在面临不同的风险要素时，应该有一个基本的理论框架来指导其更好地面对和减轻风险，并努力抓住风险事项可能带来的机会。

为顺利完成本报告，中国立信风险管理研究院组织了两个团队：其一是通过开放课题招标，将国内有志于研究风险管理理论和实务的专家通过具体风险管理项目的形式组织起来，对中国经济运行中的潜在风险要素进行深入的剖析和阐述；其二是整合上海立信会计学院的一批教授、博士组成不同的项目组，在借鉴、学习国内外风险管理理论与实务的基础上，对2006～2007年间中国经济运行中的一些具体风险主题，如通货膨胀、就业、人民币汇率波动、中央和地方财政分权、税收政策等方面展开研究。两个团队的参与者都是风险领域的开拓者和探索者，研究的主题大到宏观政策，小到微观主体，研究结论对报告使用者了解中国经济运行风险有一定的启示和借鉴意义。

本报告采用总、分报告的模式,对2006年以来我国经济运行中的风险因素作了基本的判断,并对2008年的可能风险因素作出初步预测。总报告在介绍研究目的和意义、研究内容和框架、研究局限的基础上,立足于宏观经济运行和微观主体运作的多个分报告,对中国经济运行的风险分布、计量、基本判断和预测进行了总结归纳。分报告则遵循风险识别、风险计量、风险预测和风险管理的基本框架,对农村剩余劳动力就业、城镇就业、税收政策、中央与地方财政分权、人民币汇率与通货膨胀、能源安全、外汇储备等宏观经济运行风险因素以及上市公司财务风险、审计风险、企业税务风险、新会计准则对商业银行风险管理影响等微观层面进行了深入的剖析。

从研究团队的组建、研究工作的开展,到最终成果的形成,本报告历时一年半的时间。从某种意义上说,这也是我国理论界出版的第一份风险研究报告,尽管研究的风险主题未能涵盖中国经济运行中的所有风险,但所识别的风险集中于国家经济工作中的重点问题、学术界关注的热点问题以及媒体关注度较高的问题,可以说既关乎国计,又影响民生。不同作者在研究过程中努力使收集的信息全面、使用的模型恰当、计量的结果准确,为报告使用者认识风险、了解风险、计量风险提供了不同的视角,我们认为本报告具有一定的信息含量,并能够为决策者提供一些参考。

当然,作为对中国经济运行风险管理研究的初步探索,本报告尚存在一定不足,如在研究对象的选择上,我们仅仅关注中国经济运行风险,对自然灾害风险、社会风险、政治风险等没有涉及;即使是研究经济运行风险,在确定具体的研究主题时,我们也仅仅选择了其中一部分的对象进行分析,尤其是对一些比较热点的、引起广泛关注的风险,如资产价格上涨、投资增长过快、结构调整滞后等没有进行深入的分析;在风险计量模型的选择、风险结果的描述等方面还缺乏一个整体的、有说服力的理论框架加以指导;在数据的选择和使用、风险管理措施的针对性等方面也存在诸多不足。因此,我们热切盼望各位同仁批评指正,更期待本报告的出版能够为经济运行风险的识别、计量和管理方面提供一个交流平台,为推动我国经济又好又快发展提供助力。

唐海燕

2007年9月于立信园

目　　录

Contents

Contents

Main Report

Special Reports

中国经济运行风险研究

一、绪论

(一) 研究目的与意义

近年来,世界经济和中国经济都呈现出一派欣欣向荣的景象,以中国为例,2003 年至今宏观经济总体上保持了增长速度较快、物价基本平稳、就业增加较多的良好态势,2006 年 GDP 超过 21 万亿元,增长速度达到 11.1%,而根据国际货币基金组织(IMF)2007 年 7 月 25 日发布的报告,中国在 2007 年的经济增长率可望达到 11.2%,2008 年则为 10.5%,持续的高速增长已经使中国成为推动世界经济增长的头号发动机。但与此同时我们发现,经济运行中存在一些矛盾和问题,如消费价格指数持续上扬、投资高位增长、外贸顺差过大、信贷投放规模过多、节能减排任务艰巨等问题,使得我国的经济增长仍存在一定的不确定性,无论是从居安思危的角度,还是立足于防患于未然,对我国经济运行中出现的问题、变化趋势、风险因素作出基本的评判都有着重要的意义。尽管理论界对中国经济运行的现状和发展趋势有着不同的争论和预测,但大都局限于某个角度或某个热点,在基本框架的构建和风险分析的完整性方面有所不足,且大都缺乏具体的计量指标和模型来支撑最终的结论。本报告则希望在中国经济运行风险分析框架的完整性、分析方法的透明性、分析结论的可靠性等方面作出探索,通过中国经济运行风险的全面扫描,为决策者提供参考依据。

(二) 研究基础

风险是一个古老而又年轻的话题。近年来随着全球环境变化、恐怖袭击、自然灾害、贸易摩擦等事件的增多,认识风险、管理风险受到了全球的广泛关注。国际标准组织(ISO)在 2000 年批准了一系列有关风险的专业术语,为标准制定者提供了一个基准;环境风险评估和管理网(NERAM)也在同期开发了一个风险管理基准框架(the Risk Management Benchmark Framework),对过去 20 年间由 NERAM 以及风险研究协会(the Institute for Risk Research)开展的风险评估和管理实务运用进行了总结。随着时间的推移,该框架不断演进,尤其是在风险评估和风险基础方法的运用的推动下日臻完善。该框架还对超过 80 个现有的其他风险管理成果进行了梳理和总结,并在此基础上进行了发展和修订。2002 年 6 月 27 日可以看作风险管理发展历程中的一个重要的里程碑,原因在于 ISO/IEC 发布了第 73 号指南——《风险管理、术语、准则使用指南》。除了 ISO/IEC 技术委员会和工作小组之外,澳大利亚(AS/NZS 4360)、加拿大(CAN/CSA-Q850)、日本(JIS Q 2001)的国家标准团体都发布了一系列的风险管理准则;英国的三个组织也于 2002 年 9 月发布了风险管理准则,并被翻译成多种欧洲语言,且被欧洲风险管理协会(Federation of European Risk Management Associations)采用。

与此同时,一些非标准制定机构也先后开展了一些风险管理方面的研究工作。例如,国际著名的评级机构、注册会计师事务所、律师协会等中介服务机构都针对各自的业务特点和风险要素开展了风险管理与咨询服务。而其中影响较大、接受范围较广的成果来自美国反对虚假财务报告组织下属的发起组织委员会(COSO)于2004年发布的《企业风险管理——完整框架》(ERM)。ERM将企业风险管理框架划分为内部环境、目标设定、事项识别、风险评估、风险应对、控制活动、信息与沟通、监控八个要素,并将企业风险划分为战略风险、财务风险、经营风险和法律风险,分别制定对策以指导企业全面推行风险管理。以此为契机,全球经济论坛、经济合作开发组织、亚洲风险管理协会等组织或机构广泛开展研究项目,将风险的识别、度量和控制作为研究主题,并通过发布理论框架、实务指南来推行风险管理理念。

对经济运行风险而言,目前尚缺乏一个完整的框架,很多组织、机构、经济学家是在通过对宏观经济运行的发展趋势作出预测的同时,对经济运行中的一些热点、问题展开阐述。例如,世界银行、国际货币基金组织、国际清算银行、经济合作与开发组织、亚洲发展银行等在对中国经济增长作出预期的同时,会对通货膨胀、宏观调控政策、外贸顺差等风险因素发表意见。而中国社科院、中国经济信息网、国家信息中心经济预测部宏观经济形势分析课题组等则通过研究报告、年度报告的方式来发表对中国经济运行的观点,如中国经济信息网自2003年首次推出《中国行业年度报告》后,每年通过年度报告和行业报告的方式对宏观经济以及资源与能源等各个行业发展的方向、格局和政策环境等发表意见;中国社科院则以蓝皮书的方式对中国经济形势进行分析和预测。这些研究大都是对宏观经济运行的基本态势和未来发展前景作出预测,但对具体的风险因子识别以及风险度量缺乏深入的剖析。

中国出口信用保险公司的研究从某种程度上弥补了上述缺陷,其在2005年推出的首份具有中国视角和特色的国家风险分析报告,对占中国2004年对外贸易总量约70%的60个国家的内政、社会安全、地缘政治、投资环境等进行了分析评估,并作出整体评价和评级(2006年又进一步扩展至190个国家),从而为决策者提供了参考依据。这种评价立足于公司的视角,与国际评级业巨头标准普尔、穆迪等国家主权评级有类似之处,但由于其指标涉及范围广、评级方法缺乏透明性和可验证性、评级结果更多反映信用风险,因此对使用者理解一国的经济运行状况和风险分布价值还有待考证。

本报告认为,风险管理的核心内容是风险识别、风险计量、风险应对,而这些内容都需要在一个明确的目标导向下得以完成。学术界对上述问题的研究可谓汗牛充栋,如风险识别的方法有PEST(政治/经济/社会/技术)分析法、SWOT(优势/劣势/机会/威胁)分析法、波特五力竞争模型等;风险计量采用VAR模型、蒙特卡洛模拟、专家评分法等;风险管理则可采用财务的(如保险、衍生工具)和非财务的(如内部控制、特定合约等)方法,针对每一个风险主题,理论与实务界的研究成果中既有应对性、补偿性的措施,也有操作层面的、预防性的方案,甚至通过战略性、前瞻性、整体性的框架为组织实施风险管理提供指导。这些研究也为本报告提供了良好的借鉴。

(三)研究内容、结构与方法

本研究报告立足于中国宏观经济运行积极向好的背景,以影响经济运行的要素——投资、消费、进出口等作为分析的着眼点,具体涉及通货膨胀、就业、利率波动、能源供应、税收政策、微观主体运行等各个方面。在每个主题的具体结构上,我们遵循了风险识别、风险计量与评价、风险预测、风险管理和应对的基本思路,部分报告通过建立数理统计模型或调查问卷的方式,对主要的风险因素进行了定性、定量的评价,努力从风险事件发生的可能性以及风险事件后果的严重性两个角度对风险进行描述。

具体而言,本报告对2006年以来我国经济运行中的风险因素作了基本的识别和评判。研究发现,从宏观层面上看,存在以下几方面的风险:能源安全体现出来的供需不平衡、结构性矛盾突出、能源效率低下、能源结构脆弱、环境污染严重、石油需求膨胀以及能源保障体系不完善的风险;汇率波动通过影响商品价格和货币供求两种途径引致通货膨胀的风险;城镇就业中劳动力总量供过于求而导致的经济和社会风险;农村剩余劳动力因身体素质、文化知识、务工经验、务工技能等自身能力以及政治环境、经济环境和文化环境等外部因素导致的风险;中央与地方财政分权模式通过将大量不良资产转嫁到银行身上形成的金融风险,以及形成市场过度竞争而给下一轮生产过剩造成的隐患等两个途径累积了经济增长风险;税收政策通过投资与消费失衡、区域发展失衡、环境资源约束、外贸和外汇双顺差、宏观税负等进行传导,以及推进增值税转型对投资增长的风险等。

宏观经济环境的变化也给微观主体的经营带来不确定因素。例如,因外贸顺差导致贸易摩擦增加,资源环境更趋紧张,增加了人民币的升值压力,导致流动性过剩,国家税务总局对出口商品的出口退税率进行调整必然给外贸出口企业造成潜在的经营风险;食品带动的物价上涨,以及股票、房地产等资产价格的大幅上扬,给制造业企业可能带来的生产成本上升、工业品出厂价格下降的不确定性因素;而单位GDP能耗的居高不下,使得政府有关部门将节能减排和污染减排放在更加突出的位置,必然使得高污染、高能耗、资源型企业受到一定的影响;中国人民银行多次上调存款准备金率和人民币存贷款利率,在紧缩银根的同时给企业的融资成本带来不利影响。

本报告研究的具体内容参见表1。

表1

中国经济运行风险研究内容一览表

研究主题		风险传导机制及评估结果
宏观经济运行	中国农村剩余劳动力的就业风险研究	参见专题报告一
	中国城镇就业风险研究	参见专题报告二
	税收政策与中国经济增长风险研究	参见专题报告三
	中央与地方财政分权模式与中国经济增长风险研究	参见专题报告四
	基于人民币汇率变动的中国通货膨胀风险研究	参见专题报告五
	能源安全风险研究	参见专题报告六
	中国外汇储备风险管理研究	参见专题报告七
微观主体运行	上市公司财务风险研究	参见专题报告八
	审计风险研究	参见专题报告九
	企业税务风险研究	参见专题报告十
	新会计准则对中国商业银行风险管理影响研究	参见专题报告十一

(四)研究局限

作为一项探索性的工作,本研究报告可能存在如下的局限性:

(1)我们的研究试图对中国经济运行风险的各个方面进行探索,相关主题早在2006年年初即已拟定,但一年多来中国的经济运行出现了很多新情况、新特点,导致本报告讨论的主题有限,一定程度上限制了结论的广泛性和综合性。

(2) 在研究视角的选择上,我们对一些风险因素的研究(如通货膨胀风险)仅仅局限在一两个侧重点上,这些研究结论仅供研究这个主题的学者探讨,可能在全面考察相关风险因素方面有所欠缺。

(3) 我们的分析指标并不能穷尽所有的影响经济运行风险的因素。由于数据、人员等方面的限制,我们的分析主要基于通货膨胀、就业、能源安全、税收政策等少数几个主题,对投资增幅处于高位、贸易顺差仍在扩大、货币信贷增长偏快、节能减排形势严峻、居民消费价格涨幅过大等热点或重点问题没有深入研究。实际上,结构调整之后、价格上涨过快、投资高位增长等问题的研究也许更有实际意义。

(4) 由于目前缺少客观的标准,在具体风险主题的研究中,我们选取的评价指标和结果描述中或多或少带有较多的主观判断,是否适合还需要随着以后进一步的应用予以及时的修正。同时我们认为,在应用每一个指标体系时还应结合一些经济运行风险及变动趋势进行定性分析,这样最终结论会更为可靠和合理。

(5) 本报告是我们最初的研究成果,在未来,我们会根据客观情况的发展及其研究的进一步深入,以及本报告成果应用的反馈情况,适时地修正我们的研究主题和方法,并进一步完善基本的理论框架,以提高结论的广泛适用性和综合性。

二、中国当前经济运行状况及主要风险特征

中国当前的宏观经济运行总体表现良好,经济增长继续保持快速发展,居民消费增速加快,农业生产稳定发展、各种投资活动持续活跃、经济效益继续提高、人民生活进一步改善;但与此同时,中国经济增长由偏快转为过热的趋势也更加明显,经济运行中隐藏的一些风险因素也日益突显出来。

(一) 中国经济运行状况

2006 年,中国实现国内生产总值(GDP) 210 871 亿元,按不变价格计算,比上年增长 11.1%,增速比上年提高 0.7 个百分点①;居民消费价格指数(CPI)上涨 1.5%,比上年降低 0.3 个百分点;贸易顺差 1 775 亿美元,比上年增加 755 亿美元②。2007 年前两个季度,实现国内生产总值约 10.6 万亿元,同比增长 11.5%;居民消费价格指数(CPI)为 4.4%;贸易顺差 1 125 亿美元,比上年同期增加 511 亿美元,外汇储备余额已经达到 13 326 亿美元,经济增长呈加速之势。

1. 居民收入和消费需求

2006 年到 2007 年上半年,中国城乡居民的收入持续增长,城乡居民收入的稳步提高支撑了消费的持续增长。2006 年,中国城镇居民人均可支配收入 11 759 元,比上年增长 12.1%,剔除价格因素,实际增长 10.4%,增幅比上年提高 0.8 个百分点。农村居民人均纯收入

---

① 此处数据来源于中国国家统计局网站,网址:http://www.stats.gov.cn/was40/gjtjj_detail.jsp?searchword=2006%C4%EAGDP&channelid=6697&record=1。

② 此处数据主要来源于中国人民银行网站上发布的《中国货币政策执行报告》,下同,网址:http://www.pbc.gov.cn/huobizhengce/huobizhengce/huobizhengcezhixingbaogao/。

3 587 元，比上年增长 10.2%，剔除价格因素，实际增长 7.4%，增幅比上年提高 1.2 个百分点；2007 年上半年，城镇居民人均可支配收入 7 052 元，扣除价格因素，实际增长 14.2%，增幅比上年同期高 4 个百分点；农民人均现金收入 2 111 元，扣除价格因素，实际增长 13.3%，增速比上年同期高 1.4 个百分点。2006 年，全社会消费品零售总额 7.6 万亿元，同比增长 13.7%，增速比上年提高 0.8 个百分点。其中，城市消费品零售额增长 14.3%，农村消费品零售额增长 12.6%，城乡消费增长差距比上年有所缩小。2007 年上半年，社会消费品零售总额达到 4.2 万亿元，同比增长 15.4%，增速比上年同期高 2.1 个百分点。

2. 固定资产投资

2006 年到 2007 年上半年，在国家宏观经济政策的调控下，全社会固定资产投资稳步有序增长。2006 年，全社会固定资产投资为 11 万亿元，同比增长 24%，增速比上年下降 2 个百分点。其中：城镇固定资产投资为 9.3 万亿元，增长 24.5%，增速比上年回落 2.7 个百分点；农村固定资产投资增长 21.3%，增幅比上年上升 1.8 个百分点。2007 年上半年，全社会固定资产投资完成额为 5.4 万亿元，增长 25.9%，增幅比上年同期回落 3.9 个百分点，城镇投资同比增长 26.7%，农村投资增长 21.5%，投资结构有所改善。

3. 各类价格指数

2006 年到 2007 年 7 月，各类价格指数持续走高。2006 年，CPI 同比上涨 1.5%，全年消费品价格上涨 1.4%，服务项目价格上涨 1.8%；食品价格上涨 2.3%，非食品价格上涨 1%。2006 年，中国 GDP 名义增长率为 13.9%，实际增长率为 10.7%，GDP 缩减指数(名义 GDP 增长率与实际 GDP 增长率之差)为 3.2%，比上年下降 1.4 个百分点。截至 2007 年 7 月，全国居民消费价格指数(CPI)总水平同比上涨 5.6%，创十年新高。其中，食品价格上涨 15.4%，非食品价格上涨 0.9%；消费品价格上涨 6.9%，服务项目价格上涨 1.6%。而截至 2007 年上半年，中国 GDP 名义增长率为 15.6%，实际增长率为 11.5%，GDP 缩减指数为 4.1%，同比上升 1.6 个百分点。

4. 财政收支

2006 年到 2007 年上半年，全国财政收入增长较快，财政收支基本保持平衡。2006 年全国税收 3.76 万亿元，比上年增收 6 770 亿元，增长 21.9%。其中，证券交易印花税收入同比增长 166%。个人所得税完成 2 452 亿元，增长 17.1%。2006 年 1～11 月，企业所得税收入 7 122.3 亿元，同比增长 37.7%。2006 年，中国财政支出中，农业、社会保障和社会事业发展支出增长较快。2006 年 1～11 月，农林水气等部门支出 1 493.2 亿元，同比增长 17.9%；社会保障支出 1 470.6 亿元，同比增长 17.4%；文教科学卫生等社会事业发展支出 5 614.4 亿元，同比增长 15.5%。2007 年上半年，全国财政收入(不含债务收入)2.6 万亿元，同比增长 30.6%，比上年同期高 8.6 个百分点；全国财政支出 1.8 万亿元，同比增长 22.7%，比上年同期高 5.2 个百分点，基本实现了收支相抵。

5. 国际收支

2006 年到 2007 年上半年，中国国际收支继续保持经常项目和资本项目较大顺差，外汇储备较快增长。年末外汇储备 10 663 亿美元，比上年末增加 2 473 亿美元。在经常项目下，货物贸易顺差大幅增加，成为外汇储备增长的主要来源。2007 年以来，中国国际收支继续保持经常项目和资本项目“双顺差”格局，外汇储备快速增长。3 月末，国家外汇储备 12 020 亿美元，比上年末增加 1 357 亿美元，同比多增 795 亿美元；而截至 6 月末，国家外汇储备余额为

13 326 亿美元,同比增长 41.6%,比上年末增加 2 663 亿美元,同比多增 1 440 亿美元。外汇储备同比多增的原因:一是贸易顺差和外商直接投资增长较快;二是金融机构和企业境外上市筹集外汇资金结汇也引起了外汇储备的相应增加。

6. 微观主体运行

从就业上看,2006 年年末全国就业人员达到 76 400 万人,其中,全国城镇新增就业人数首次超过 1 100 万人,达到 1 184 万人,有 505 万下岗失业人员实现了再就业;从工业产品销售率看,2006 年全国各地区的工业产品销售率累计达到了 98.10%,比上年同期增加了 0.09 个百分点,呈现出产销两旺的局面;从生产效益上看,各地区规模以上工业增加值 2006 年累计比上年增长了 16.6%,2007 年上半年进一步增长 18.5%;从主要工业产品产量上看,2006 年增长靠前的氧化铝(同比增长 59.4%)、铁矿石原矿量(同比增长 38%)、铝材(同比增长 36.9%)、光通讯设备(同比增长 36.5%)、大规模集成电路(同比增长 30.6%)、汽车(同比增长 27.6%)等;从经营效益上看,2006 年全国规模以上工业企业实现利润 18 784 亿元,同比增长 31%。而根据国家统计局发布的企业景气指数显示,2006 年第 4 季度景气指数达到 139.4,排名靠前的包括信息传输、计算机服务和软件业(157.0)、批发和零售业(144.6)、工业(140.2);2007 年该指数进一步提升,至 2007 年第 2 季度,企业景气指数达到 146.0。

来自国有重点企业、上市公司的数据也进一步表明微观主体的良好经济效益。根据国务院国有资产管理委员会发布的 2006 年统计数据,445 户国有重点企业销售、出口增速加快,利润稳步增长。其中,主营业务收入达到 103 821.7 亿元,比上年增加 19.3%;出口交货值达到 5 660.6 亿元,同比增速为 34%;利润总额为 8 891 亿元,比上年增加 18.6%。

而上市公司的盈利情况也逐年上升,其中,2006 年 A 股上市公司(不含金融股)的营业利润总额达到 3 140.36 亿元,比上年同比增长 37.62%;净利润则增长 51.11%,从 2005 年的 1 542.64 亿元上升到 2006 年的 22 331.16 亿元;每股收益也从 2005 年年末的 0.22 元上升到 2006 年的 0.27 元。

(二) 中国当前经济运行中的主要风险特征

总体来看,2006 年到 2007 年上半年,中国经济在政府一系列的调控措施下,避免了经济运行可能出现的大起大落。但不容忽视的是,中国的宏观经济运行态势也表明,当前经济运行和发展中仍存在一些问题,这些主要问题集中表现为就业矛盾突出、内外经济失衡以及流动性被动过剩等,并且经济运行中仍然存在投资继续扩张和资产价格过快上涨等风险因素,由此将会导致经济运行风险进一步增大。

1. 就业矛盾突出

当前,中国的就业形势仍然比较严峻,并且就业的主要矛盾是总量问题,即劳动力供给远远大于劳动力需求①。近几年,为缓解下岗、失业人员的压力,政府在增加就业岗位、加大财政支出和转移支付力度、完善社会保障制度和劳动力市场建设等方面尽管下了很大的力气,但就业的矛盾仍然相当突出,从中可反映出中国经济运行的质量和某些体制性的弊端,如发展经济

① 中国城镇每年需要就业的人口都将超过 2 400 万人,而新增的就业岗位加上自然减员也只有 1 100 万个,供大于求的缺口,在 1 300 万个以上,矛盾十分尖锐。特别是在中西部地区、资源枯竭的城市就业问题更加突出。在农村,现有劳动力 49 700 万人,除去已经转移就业的 2 亿多人,以及农村需要务农的 18 000 万人,尚有 1 亿左右的富裕劳动力。

的指导思想问题、任用干部的标准问题、经济结构问题、产业结构问题、所有制结构问题、区域结构问题、投资结构问题、教育结构问题等等。这些问题如得不到缓解，或者导致失业问题的加剧，不仅严重影响中国经济的良性运行，而且可能引发政治问题。

2. 通货膨胀压力加大

物价形势总体比较平稳，但部分商品价格上涨过快，结构性通货膨胀压力有所加大。根据国家统计局最新统计数据，2007 年上半年的 CPI 为 3.2%，6 月份的 CPI 为 4.4%，创 33 个月来新高。其中，食品涨幅为 7.6%，粮食涨幅为 6.4%，禽蛋涨幅为 27.9%，肉禽制品涨幅为 20.7%。2007 年上半年 CPI 变化最明显的特征就是呈现出结构性上涨，其主要原因是由于食品价格上涨了。由于中国目前流动性过剩仍比较突出，房屋销售价格还在上涨，股票指数仍在波动中高攀，一旦食品价格上涨得不到很好的控制，出现食品价格上涨和房屋销售价格上涨的叠加作用，将引发结构性通货膨胀风险。

3. 能源安全形势严峻

能源安全形势严峻，能耗和污染排放指标仍然偏高，节能减排任务艰巨。2006 年，全国单位 GDP 能耗比 2005 年下降 1.33%，未能达到年初确定的下降 4%的目标。根据国家统计局、国家发展和改革委员会和国家能源领导小组办公室发布的《2007 年上半年全国单位 GDP 能耗等指标公报》。2007 年上半年全国单位 GDP 能耗同比降低 2.78%，单位 GDP 电耗同比上升 3.64%，规模以上工业单位增加值能耗同比降低 3.87%。虽然单位 GDP 能耗有所降低，但要实现年降低 4%的目标仍有相当大的难度。目前中国的能源利用效率为 33%，比发达国家低约 10 个百分点，并且高耗能行业增速过快，必将导致能源紧张、资源瓶颈和环境污染加剧。

4. 国际收支不平衡矛盾加剧

国际收支不平衡矛盾加剧，外汇储备急剧增加。2006 年，外汇储备同比增长 30.22%，全年外汇储备增加额为 2 473 亿美元，相当于当年引进的包括金融领域在内的 FDI 总额的 3.56 倍，而截至 2007 年 6 月末，中国国家外汇储备余额已经达到 13 326 亿美元。外汇储备的急剧扩张，增加了基础货币供应量，使央行不得不频繁进行公开市场操作以回收过多的流动性。根源于国际收支不平衡的流动性过剩，一方面既是经济发展资源的重大浪费，另一方面又容易导致中国经济增长过度依赖出口拉动而形成资源错配，进而累积经济安全隐患。

5. 流动性过剩问题相当突出

货币供应量增加较快，流动性过剩问题仍然比较突出。2006 年 12 月末，中国广义货币 M2 余额为 34.56 万亿元，同比增长 16.94%；截至 2007 年 6 月，广义货币 M2 余额为 37.78 万亿元，同比增长 17.1%。全球流动性过剩与中国汇率及外汇管理体制改革相对滞后，是目前流动性过剩的直接原因，国内的高储蓄率、出口导向模式，则是流动性过剩的基础和根本原因，而国有银行改革、金融创新以及区域金融发展不平衡等也在一定程度上放大了流动性过剩的程度。

三、中国经济运行风险识别与计量

本报告中所涉及的风险问题，主要集中于国家经济工作中的重点问题、学术界关注的热点问题及媒体关注度较高的问题等。基于上述三个视角筛选出的重要风险问题，基本上既关乎国计，又影响民生，具体识别结果及研究结论如下所述。

(一) 农村剩余劳动力就业

中国当前农村剩余劳动力就业的风险处于有风险和较高风险之间的状态,总体风险较大,形势不容乐观。目前影响中国农村剩余劳动力就业的风险因素主要表现在三个方面:一是来自农村劳动力本身;二是来自外部环境;三是就业条件的严格程度。其中,自身能力主要表现在身体素质、文化知识、务工经验和务工技能,而外部环境则主要包括政治环境、经济环境和文化环境方面。

通过对晋、鲁、沪三地的农民工进行问卷调查,并将实际调查整理出的风险评价值,按其得分大小调整为对应的风险指数,以对中国农村剩余劳动力的就业风险进行评价。最后得出,就农民工的自身素质来说,农民工的总体素质评价结果为刚刚及格的"有风险"级别;就样本农民工对目前外出打工的外在环境评价看,其就业外在环境的评价结果处于一种不及格的"有风险"状态;就就业条件看,样本农民给出的评价结果则处于"较高风险"级别。

(二) 城镇劳动力就业

2006年的中国城镇调查失业率为7.09%,就业风险指数已上升到4级(即危险级),并且失业造成经济风险和社会风险加剧①。2006年,中国劳动力总量仍然严重供过于求,就业的结构性矛盾随着结构调整和产业升级的推进而日益突出,增加了就业工作难度。

通过采用GDP增长率、工业增加值增长率和第三产业增加值增长率等9个变量作为解释变量,调查失业率作为自变量来作多元回归分析,并且以城镇调查失业率为参照系,可以得出,中国城镇就业风险指数从1998年起,一直在2级和3级之间,然而在2006年,就业风险指数已经上升到了4级。

(三) 中央与地方财政分权模式

中国当前的财政分权模式通过两种途径累积了经济增长风险:一是大量不良资产容易转嫁到银行身上,形成金融风险;二是形成市场的过度竞争。这为下一轮生产过剩的到来造成隐患,形成经济增长风险。中国财政收入分权的实质是中央与地方之间财政收入分配由分成合同为主的契约向分占所有权为主的契约转变。而在财政支出分权方面,由原来的行政性分权向经济性分权转变,强化了地方政府利益。并且,由于中国市场机制存在严重的消费约束和金融约束,经济增长形成了财政政策的工具性限制,政府投资依赖现象严重。在中国财政分权制度设计和政府考核机制激励下,这一切又强化了地方政府投资冲动,其后果就是推动金融风险和供给过剩风险累积,最终会导致经济增长风险累积。

(四) 税收政策

目前的宏观税负水平与中国生产力发展阶段和现阶段的税收征收管理水平是相适应的,与现行税制形成的理论税负以及政府财政资金需求程度也是相适应的,宏观税负水平的提高尚不足以构成加剧中国经济增长风险的因素。

税收政策引致中国经济增长风险的因素及传导渠道是多方面的,主要包括通过投资与消费失衡进行传导、通过区域发展失衡进行传导、通过资源环境约束进行传导、通过外贸与外汇双顺差进行传导、通过宏观税负进行传导等。研究表明,可通过建立中国税收收入、GDP和社

① 经济风险主要指失业会导致产出和收入的减少,并且造成国民财富的巨大损失;大量失业导致人力资本的流失,造成劳动力资源的巨大浪费;社会风险则主要指失业导致贫困加剧,失业导致分配不公,破坏社会安定和谐。

会消费品零售总额的向量自回归模型，利用脉冲响应函数和方差分解方法分析GDP和社会消费品零售总额对税收冲击的传递效应。结果表明，目前中国的税收弹性维持在1～2.0是比较合适的，一方面可以使税收收入略快于经济增长，强化税收筹集资金和调控经济作用；另一方面又不至于税负过高而伤及税基，阻碍经济的发展。

（五）人民币汇率波动

目前人民币汇率波动带来严重通货膨胀风险的可能性很小。其原因：一是人民币汇率小幅波动（渐近升值）基本上不传递给商品价格；二是目前人民币变动对通货膨胀影响的两种主要机制作用方向相反，使人民币汇率波动的通货膨胀风险相互抵消。但是一旦人民币升值压力消失，人民币汇率波动的两种传递机制对通货膨胀的影响方向就是一致的，从而可能使人民币汇率波动对通货膨胀的风险加大。

通过建立Logit模型和Probit模型进行估计得出，人民币名义汇率变动引致通货膨胀风险非常不显著，说明人民币汇率变动基本上不是通货膨胀高于6%的原因。但从检验的结果来看，目前最能引致中国通货膨胀风险的是世界消费价格指数（WCPI），其系数大且显著，这可能表明世界商品价格通过进口传递国际通货膨胀风险。从方向上看，人民币升值可能会导致通货膨胀风险的下降，贬值引起通货膨胀风险增加。

（六）能源安全

通过利用能源安全预警系统进行风险评估，得到中国2006年能源安全预警度为安全；而利用相同方法对2007年、2008年的能源安全风险进行预测，预测值分别处于值得关注与危险之间。由此可以看出未来两年的能源安全态势不容乐观。

中国能源安全的风险主要体现在供需不平衡、结构性矛盾突出，能源效率低下，能源结构脆弱，环境污染严重，石油需求膨胀以及能源保障体系不完善等方面。依据能源安全对宏观经济运行风险性的影响因素分析，应用模糊识别理论构建了中国能源安全风险性评价指标体系，并利用层次分析和多级模糊评价相结合的方法对中国能源安全风险进行综合评价，可以得到，在最近几年随着原油价格一路飙升，中国能源安全风险正在加强。

（七）外汇储备

中国当前的外汇储备风险并不突出，但仍需要加强关注度。中国外汇储备风险主要可以分为动态的外汇储备风险管理和静态的外汇储备风险管理。其中，动态的外汇储备风险主要是指增量外汇储备，即由于中国外汇储备迅速增长而对宏观经济健康运行的不利影响，如由外汇占款过多造成的流动性过剩、通货膨胀压力、货币政策调控效力的减弱等；静态的外汇储备风险主要是指存量外汇储备的规模、结构和投资方面的风险。

运用VaR模型—历史模拟法来分析中国静态的外汇储备风险，以计算所得的VaR最大值预估每日需10亿美元作为稳定国内汇市所需的外汇；同时以连续10天进场操作为例，加总8亿美元的汇率变动风险值（以10个营业日为持有期间）后，可将流动性组合部分定为108亿美元。如此即使国际汇率走势不利中国，央行仍然拥有足够资金去完成稳定人民币汇率的任务，而不致发生流动性不足问题引发储备风险。

（八）微观经济基础

在上市公司财务风险方面，2006年，全市场的违约距离DD平均值为5.4627；P得分在0.8～1之间、财务风险较小（1级）的公司数量达到457家，上市公司整体财务风险较低。建立在期权定价理论基础上的KMV模型得出的结果显示，化学制品类、食品业、房地产管理和开发业、家庭耐用消费品、电子设备与仪器等行业违约公司数量较多,财务风险相对较高。

在审计风险方面,通过企业基本状况、公司治理、财务状况与经营成果、其他因素 4 大类 38 个风险计量指标的评分结果,发现信息技术业、房地产业、木材家具业、电子、综合类上市公司审计风险最高(5 级);石油化学塑胶塑料业、医药和生物制品业、建筑业的风险次之(4 级);风险最低的行业是社会服务业、电力、煤气及水的生产和供应业、交通运输和仓储业、采掘业(1 级)。总的来看,财务状况恶化的 ST 公司审计风险较大。

在税务风险方面,纳税遵从风险是中国特殊发展时期各类企业共同面临的问题,也是大型、正规国有企业面临的唯一税务问题。从企业性质角度看,民营企业风险最高,外资企业和国有企业次之;从行业角度看,房地产行业、酿酒行业的税务风险最高(5 级),农产品制造业(4 级)、水电煤气及交通运输业次之(3 级)。

在新会计准则对商业银行风险管理影响方面,既有因新会计准则实施对上市公司财务指标产生实质性影响,进而影响商业银行信贷决策的问题,也有商业银行本身因使用衍生工具、与国际会计准则接轨导致风险管理决策变更的问题。通过选取流动比率、资产负债率、现金流动负债比率和总资产周转率四个指标,对 2006 年上市公司相关财务指标进行非参数 Wilcox 检验和 Sign 检验。检验结果显示:上市公司在实施新会计准则后偿债能力和成长性评价指标发生重大影响;而商业银行自身受到新准则的影响并不显著。

四、2008 年中国经济运行风险预测

对于 2008 年的中国宏观经济运行,各大国际经济组织都进行了相关预测。其中,IMF 出版的《世界经济展望》预测,2008 年中国的实际 GDP 将增长 8%,消费物价将上涨 2.3%;并且,由于经济强劲增长,供应压力加大,通货膨胀压力将逐渐增强。而根据 OECD 的世界经济预测,中国经济增长速度有望在 2008 年达到 10.7%。世界著名投行高盛公司则根据中国 2007 年前两个季度的 GDP 增长速度,将 2007 年中国全年的 GDP 增长预测上调至 12.3%,2008 年的 GDP 增长则上调至 10.9%。根据国家统计局中国经济景气监测中心于 2007 年 6 月底进行的中国百名经济学家信心调查显示,有 97%的经济学家预测 2007 年中国 GDP 增长达到或超过 10%,平均预测值达 10.8%,并且这种乐观形势将会保持到 2008 年。本报告认为,尽管国内外各种预测都一致看好中国 2008 年的经济增长,但在经济的高速增长过程中,中国宏观经济运行仍然会存在劳动力就业矛盾加剧、通货膨胀压力增大、能源安全形势严峻、外汇储备价值波动及流动性过剩等风险因素。

(一) 就业风险

2006 年 12 月份,中国社会科学院先后发布了两本“蓝皮书”——《2007 年:中国经济形势分析与预测》与《2007 年:中国社会形势分析与预测》,预计 2007 年下岗人员的数量会有所下降,但就业总量压力持续不减。新增的就业岗位加上自然减员有 1 000 万个,因此供大于求的缺口将在 1 500 万个以上。特别是在中西部地区就业问题更加突出。2007 年全国城镇新增劳动力 1 200 万人,其中,高校毕业生 495 万人,中职毕业生 270 万人,当年未升学的初、高中毕业生 210 万人,复转军人 50 余万人,农转非人员 260 万人;在农村,现有劳动力 4.97 亿人,除去已经转移就业的 2 亿多人,以及农村需要务农的 1.8 亿人,尚有 1.2 亿人的富余劳动力。随着城市化、工业化进程的加快,大量的农村富余劳动力需转移到非农领域就业,向城镇转移的规模将不断增加,因此 2007 年中国的就业风险较大。

由于中国新增劳动力的规模较大，并且这些劳动力主要集中于农村剩余劳动力和应届高校毕业生，其自身技能相对较差，因此，在2008年中国的就业环境和就业条件仍不容乐观的情况下，这些新增劳动力仍面临较大的就业风险。

（二）通货膨胀风险

中国2007年CPI攀高的主要原因有：一是国际市场价格的带动，如国际石油价格持续上涨，美国等国家大规模开发生物能源，对玉米、大豆等粮食需求量大幅增加。这导致国际市场粮价大幅度上涨，进而拉动了国内粮食价格上升，并影响到以粮食为原料的食用油、肉、禽、蛋、奶等主要副食品价格。二是成本推动。例如，中国主要农产品近10年来一直低位运行，稻谷、小麦、玉米、大豆、油菜籽、生猪等主要农产品现在的价格，多数低于10年前的水平，其价格随着种植养殖成本的上涨而大幅上升，因此带有明显的恢复性质。三是信贷投放过快和流动性过剩，由于外汇占款造成的人民币投放过多，再加上商业银行的信贷投放过快，中国2007年的流动性过剩现象仍较严重，由此带来的投资需求过旺也是导致通货膨胀出现的原因之一。四是供求结构失衡。例如，2007年的猪肉价格上涨，主要原因来自于2006年上半年生猪价格过低导致的生猪存栏下降以及部分地区出现疫情加剧了生猪供应的紧张。

上面可能导致通货膨胀的原因中，除原因二和原因四外，在国际环境、国内制度条件及宏观政策调控没有大的改善的情况下，其他两个原因仍将会在较长时期内存在，因此，2008年中国宏观经济运行中的通货膨胀风险依然存在，并有可能在政策调控失效的情况下进一步恶化。

（三）外汇储备风险

外汇储备风险主要表现为汇率波动条件下存量外汇储备的可能价值损失（即静态风险）和持续增长的外汇储备所造成的宏观经济运行风险（即动态风险）。由于中国生产要素的成本优势仍有很大潜力，加工贸易发展的空间仍然较大，出口增长的内部动力依然很强，再加上中国投资环境相对较好，对国外资本的吸引力仍然较大，若再考虑到2008年奥运会的经济效应，中国的国际收支中的“双顺差”现象将可能会持续较长一段时间。基于此，中国2008年外汇储备将会稳步持续增长，按照目前的增长速度，预计到2008年年底中国外汇储备存量会达到18 000亿美元左右。

在外汇储备基本持有结构和人民币汇率升值大趋势不变的情况下，如此巨额的外汇储备资产必然将面临较大的价值损失可能，不仅于此，新增加的数千亿美元外汇储备，在中国外汇管制制度没有大的改革动作的情况下，也必然会进一步导致人民币的过多投放，并由此导致流动性过剩和货币政策调控压力，甚至引致通货膨胀的出现。基于上述分析，可以得出外汇储备风险将仍然是中国2008年宏观经济运行过程中所要面对的重要风险之一。

（四）能源安全风险

2007年中央政府的几次经济会议都重点提到了能源安全问题。近几年，中国经济进入了新一轮的增长周期，固定资产投资迅速增长，重工业的比重出现了增大的趋势，钢铁、建材、电解铝等高能耗产业迅速扩张，由此导致了能源消费量的迅速增长，甚至超过了经济增长速度，并且自2003年年末以来，全国性的煤、电、油等能源的全面紧张就给宏观经济运行带来了巨大的风险。例如，由于中国石油对外依存度高、石油进口的现货采购方式明显不合理、对国际石油价格缺乏影响力，因此近年来高速上涨的石油价格对中国宏观经济安全造成了严重的威胁，除此之外，能源资源分布和消费利用的空间不均衡，使空间成本成为制约经济发展的潜在危险。

可以肯定,中国长期形成的以煤为主的能源消费结构在短期内还难以改变,加上高经济增长下的能源消费畸形增长、利用粗放,再考虑到二次能源转换率低和新能源利用技术水平不高等短期内难以解决的问题,能源安全风险仍将是2008年中国宏观经济运行中需要面对的另一大风险所在。

(五)流动性过剩风险

中国目前储蓄率相对过高,再加上国际收支持续“双顺差”,未来一段时间央行可能不得不继续面对银行体系流动性供给过多的局面。央行为对冲外汇占款的持续上升被迫提供大量流动性,过剩流动性在商业银行的过度信用创造的放大下,极有可能导致通货膨胀风险;不仅如此,在现有的汇率制度和结汇制度下,中国宏观流动性过剩的核心来源在于中国外汇储备的持续增加,只要世界经济失衡长期存在,中国保持较好的创汇能力以及现有的汇率制度,则被动的货币投放量将不断提高。而事实上,在目前世界的创新、金融服务和分工格局下,世界经济失衡以及中国外汇储备的增加很难在短期内得到改变。因此,简单利用存款准备金率、公开市场业务以及利率等工具来治理目前宏观流动性过剩的问题,是无法起到真正效果的。没有切断流动性过剩根源的情况下的货币政策操作会有可能误导公众预期,并由此扰动宏观经济的平稳运行,从而引致较大的风险。

五、结论

根据2007年中国宏观经济运行中的风险表现,以及2008年经济运行风险预测,可以看出,中国经济增长由偏快转为过热的趋势更为明显。在高经济增长的情况下,经济运行的风险主要表现为通货膨胀压力较大,同时城镇新增及农村转移劳动力就业压力依然较大;此外流动性过剩、贸易顺差过大、能源安全风险等都是较为突出的矛盾;无论是经济结构调整还是节能减排工作都面临一定的挑战;而固定资产投资反弹压力、人民币升值预期、环境治理投入加大等也给经济运行带来不确定性因素。基于此,中国当前宏观调控的主要目标或需要重点解决的问题集中于以下几个方面。

(一)控制经济增长速度,确保经济增长质量

中国目前经济增长速度过快,经济增长质量仍然不高,并且经济增长主要由投资拉动。基于此,控制经济增长速度,首先要控制投资增长速度,在此基础上,再通过稳定、完善和落实宏观调控政策,加大财政政策对经济结构调整的支持力度,再配合以稳中适度从紧的货币政策,以将2007年及今后的经济增长速度控制在较为适当的范围以内,并着力提高经济增长的质量。

(二)正确引导通货膨胀预期,努力控制物价过快上涨

一是密切关注消费价格、生产价格、资产价格等各类价格的走势,特别要监控与普通居民关系密切的食品价格的走势;二是注意价格的结构性问题;三是切实落实各项支农惠农政策,建立价格调节基金、专项补贴基金,完善对农产品提供者和低收入困难群体的补贴政策;四是增加消费品进口,以缓解消费价格上涨压力和降低外贸顺差过大的压力;五是扩大商品房供给,调整住房供应结构,并配合其他必要的经济和行政措施,遏制房价过快上涨。

(三)继续拓宽就业渠道,努力降低失业率

通过转变政府职能,建立全国统一、开放的劳动力市场,完善劳动力流动的市场调节机制和市场体系;改革户籍制度,健全社会保障,消除对农民工的一系列制度歧视;大力发展城镇经

济，改善农民城镇就业环境；加强农村教育和卫生投入，增强农民工总体素质；改革土地制度，明确土地产权，允许土地自由转让，形成土地规模化经营；大力发展农村非农产业，促进农村非农就业；减少城乡收入差距，通过发展民营经济、鼓励多种形式的就业方式，以实现农村剩余劳动力多元化转移，以尽可能降低失业率。

(四) 创新流动性治理对策，缓解流动性过剩压力

在利用中央银行票据发行和存款准备金率提高等传统政策工具之外，可以考虑发行中长期特别国债来回笼基础货币，同时可考虑将中长期国债募集的资金用于提供教育、医疗、开发西部、振兴东北老工业基地的基础设施建设等公共产品，以缓解流动性过剩问题；进一步加快经济结构性调整，协调金融、财政、贸易、产业、税收等各项政策，改变国际收支顺差和外汇储备过快增长的局面，使经常项目顺差在 GDP 中的比重逐步回落，从而使外汇储备增长速度放缓，以从源头上降低基础货币的过度投放，并最终切断流动性过剩问题的根源。

(五) 努力节能减排，确保能源安全

中国当前应该控制经济增长速度，降低能耗和污染排放总量；另外通过努力调整产业结构，特别是严格控制高耗能、高排放行业的发展，力争节能减排取得更加明显的成效。在此基础上，通过提高二次能源转换率和新能源利用的技术水平，建立集中、统一、协调的能源管理体制；完善成品油市场化定价机制改革；引入竞争机制，继续推动电力体制改革；继续完善国家石油储备体系，鼓励企业石油储备等措施，以保证经济发展中的能源安全。

执笔人：唐海燕　袁　敏　贾德奎

中国农村剩余劳动力的就业风险研究

一、中国农村剩余劳动力的基本情况描述

(一) 基本概念界定

1. 农业、农民、农民工、农户

农业有广义、狭义之分。广义农业是指农作物栽培业、林业、畜牧业、渔业、狩猎业、野生植物采集业等;狭义农业主要是指种植业。种植业又分为两类:一类是指粮、棉、油、麻、瓜、菜、饲料、绿肥等作物的生产,称为狭义种植业;另一类除包括狭义种植业之外,还包括果树、林木、茶叶、药材、花卉等,称为广义种植业。通常人们说的种植业是指狭义种植业。本报告中的农业是指广义农业。

农民是从职业角度进行定义的一个概念,根据广义农业的概念,本报告的农民泛指从事农作物栽培、林业、牧业、渔业、狩猎业、野生植物采集业等职业的人口。

农民工是中国特殊的历史时期出现的一个特殊社会群体。"农民工者,农民工人也"(陆学艺,2003)。他们的户籍身份是农民,在家承包有集体耕地,但他们主要在城市从事非农劳动,就其职业来说已经是工人。需要说明的一点是,"农民工"的概念与"民工"的概念基本统一,但与"流动人口"有区别,流动人口是指现居住地与其常住户口所在地不一致的人员的总称,内涵比农民工要大。

农户是指由亲缘、血缘等关系组合而成的一种社会组织形式。一般来说,农户家庭劳动成员以从事农业为主,非农收入占其整个家庭收入的比重较低。

2. 劳动力、农业劳动力、农村劳动力与农村剩余劳动力

根据世界银行的定义,劳动力是指"在劳动年龄范围内(15～64 岁)有劳动能力的人口,即已参加劳动或可能参加劳动的人"。而中国《劳动法》规定:"十六岁进入劳动年龄,凡是进入这个年龄的有劳动能力的人口都属于劳动力;男职工六十岁,女职工五十五岁,女工人五十岁为退休年龄"。本报告采用世界银行的定义,但在下文的实证分析中,样本数据大多取在 18～60 岁。

农业劳动力是指从事广义农业生产活动的具有劳动能力的人口。农村劳动力是指户籍所在地为农村社区的人口中 15～64 周岁的男性和女性个人,但不包括其中的在校学生、服兵役人员以及因身体原因不能劳动的人等。

对于农村剩余劳动力的概念,国内外学者的界定并不一致。Lewis(1954)首先提出"边际劳动生产率为零或负数的劳动力为剩余劳动力"这一经典定义。郭熙保等人(1995)提出"地—劳比率变动"说,其判别标准是:"当一个国家(或地区)农业劳动者人均耕地面积长期呈下降趋势时,我们认为该国(或地区)存在农业剩余劳动(力)。"夏杰长(1999)认为,农村剩余劳动力是指农业劳动者虽不处于零工时零收入状态,但其劳动能力不能得到充分利用,而且收入

也不能达到维持基本生活水准的状态。樊茂勇、侯鸿翔(2000)认为,剩余劳动力是生产过程中生产资料与劳动力构成失衡,劳动力供给超过由生产技术条件所决定的生产资料对劳动力的需求而出现的低效用或负效用现象。何景熙(2000)认为:"农村剩余劳动力应该是专指中国农村中不充分就业的劳动力,所谓劳动力不充分就业则是指每个单位农村劳动力每年有效工作时数(指农村劳动力从事农业和非农业的一切经济活动所耗费的有效时数)低于公认的单位农村充分就业劳动力年度有效工作时数标准,即制度工时数的一种状态。"庄核(2003)认为,农村劳动力是否过剩应该看农村劳动力在农业中的边际产品价值是否小于农村劳动力的机会成本,凡是小于机会成本的农村劳动力都有可能成为剩余劳动力。

综合以上学者的定义,本报告认为,农村剩余劳动力的实质是大量农民处于失业或半失业状态,将超过农村产业需求的那部分劳动力从农村转移出去,并不会减少农业的现有产量,即其边际生产率为零甚至为负。具体表述为:在一定时期、一定农业生产技术条件下,特定区域内从事农业生产的劳动者所能提供的劳动数量(潜在劳动供给能力)与农业生产实际需要的最低劳动投入之间的差额即为农村剩余劳动力。需要说明的一点是,农业剩余劳动力和农村剩余劳动力并不是一个概念,后者包括前者,但本报告并不详细把这两个概念分开来讨论。

3. 农村剩余劳动力转移与就业风险

农村剩余劳动力转移是劳动力资源重新配置的过程,一般可分为两类:一类是产业转移,即由农业向第二、第三产业转移;另一类是地区转移,包括某一地区的农业剩余劳动力向另一地区转移,其突出的表现就是农民工进城问题。本报告不详细把这两类情况分开来讨论,且讨论的重点是第二类转移,特别是农民工进城问题,同时兼顾第一类转移。在实证分析的数据采用上,本报告采用国家统计局的统计口径,即"凡是在 1 年之内从事非农劳动累计时间达到 6 个月以上的农村劳动力都划为农村转移劳动力"。

这里需要说明的一点是,考虑到中国农村劳动力转移的实际情况,在研究劳动力的地区转移时,需要界定两个概念:一个是永久性迁移,它是指农村劳动力永久性地从一个区域迁移并定居到另一个区域,通常以户籍的改变为标志;另一个是临时性迁移,它是指农村劳动力暂时地从一个地区迁移到另外一个地区从事某种职业,通常不改变户籍。按照该界定,中国的农民工进城问题主要表现为临时性迁移而不是永久性迁移。

农村剩余劳动力就业风险是指农村剩余劳动力转移到城镇就业时,由于不确定因素而导致的其就业收益的损失或成本的增加。

(二) 中国农村剩余劳动力估计

由于农村剩余劳动力的"隐性"性质,精确知道其数量是不可能的,只有利用不同方法进行估算。中国的许多学者利用不同的方法对其进行了估算,他们运用的主要方法大致有五种:

第一种是按照新古典经济理论的边际产出为零假设进行估算。运用该方法,陈锡康(1992)估算 1990 年中国农业剩余劳动力为 9 800 万人;王城(1996)估算 1995 年中国农业剩余劳动力为 13 800 万人;侯鸿翔等(2000)估算 1996 年中国农业剩余劳动力为 11 567 万人。

第二种是按照现有耕地的用工量计算。胡鞍钢(1997)利用"耕地劳动比例法"估算 2000 年中国农村剩余劳动力为 20 538 万人,陈杨乐(2001)利用"劳均播种面积推算法"估算 2000 年中国农业剩余劳动力为 16 554 万人。

第三种是从生产函数入手,利用生产资源配置的优化模型和均衡条件计算。刘建进

(1997)估算1994年中国农业剩余劳动力为8 500万人;王红玲(1998)应用改进的生产要素配置优化模型和同一资料,估算结果为11 730万人。

第四种是利用劳动生产率和技术进步法。谢培秀(2004)结合中国农业生产实际,运用农业技术需求法估算第一产业劳动力投入量,并结合第5次人口普查和第1次农业普查资料,估算2000年中国农村劳动力第二、第三产业就业量,得出农业剩余劳动力数量为1.3亿人。

第五种是利用国际比较法。按照国际通行的"就业结构偏离度"进行估算,得出估计结果为1.6亿人(李子奈,2000)。可以看出,由于估算方法和指标选择不同,以上各种测算结果也存在很大差异。那么究竟中国农村存在多少剩余劳动力呢? 比较权威的数据是中国农村固定观察点公布的数据,该观察点公布的数据是,2005年中国农村剩余劳动力的数量在1.5亿~1.7亿人。

"中国农民工问题研究总报告起草组"在《中国农民工问题总报告》中,综合了国家统计局、农业部、劳动和社会保障部等政府有关部门和有关专家的意见,认为目前中国外出农民工数量为1.2亿人左右。本报告认为,如果再加上在乡镇企业就业的农村劳动力1.4亿人,可以粗略估计,农村剩余劳动力总量在2.6亿人以上。

根据劳动力市场供求变化原理,如此大的总量规模,说明市场劳动力供给总量相应提高,而在现实中的二元劳动力市场中,在这些转移劳动力择业选择相对集中的情况下,必然存在供过于求的就业风险。

二、中国农村剩余劳动力的就业风险因素识别

(一)基于计量分析的风险识别

农村劳动力就业风险是影响农村剩余劳动力转移的重要因素之一。而就业风险是多方面的,既有经济因素,也有非经济因素;既有物质因素,也有心理因素。下面主要利用计量经济分析方法,建立Probit计量模型,对影响农村剩余劳动力转移的风险因素进行计量分析。

1. 数据来源与特征分析

下面研究所用的数据主要来源于一组田野调查(详细调查问卷参见附录2)。

表1

田野调查个人数据的统计特征①

调查变量	2006年			
	均值	标准差	峰度	偏度
年龄	31.42	7.40	−0.20	0.12
性别	1.22	0.47	10.47	2.21
读书时间	8.36	2.30	0.61	−0.32
婚否	0.83	0.48	10.28	0.59
老家居住距中心镇或市场的距离	16.08	16.65	33.43	4.25
交通方便否	1.63	24.32	607.09	24.63
老家距打工地的距离	552.40	689.97	4.40	2.06

（续表）

调查变量	2006年			
	均值	标准差	峰度	偏度
2005年外出天数	268.95	272.04	567.47	22.91
城镇找到第一份工作花费的时间	9.89	24.63	147.49	10.84
社会亲情网络	0.20	0.40	0.19	1.48
对就业风险的整体感觉	5.48	1.91	0.27	−0.19
有没有工资被拖欠现象	0.47	0.68	3.09	1.47
是否与雇主签订劳动合同	0.71	0.50	−0.68	−0.38
对企业或老板的信誉评价	5.46	2.23	−0.42	−0.25
对就业风险的态度	1.93	1.53	36.09	5.78
有没有听说过保险	0.79	0.58	12.67	1.38
对《劳动法》等法律的了解程度	5.13	2.40	−0.30	0.09
法律法规对就业风险作用的评价	4.12	2.45	−0.63	0.49
有没有被歧视的感觉或经历	0.58	0.69	35.40	3.31
对自己就业能力的评价	6.02	2.22	−0.69	−0.16
对自己身体素质的评价	7.50	1.89	−0.10	−0.68
对自己文化知识的评价	5.32	2.19	−0.63	−0.10
对自己务工经验的评价	5.89	2.36	−0.89	−0.30
对自己务工技能的评价	6.02	2.39	−0.79	−0.06
对城镇就业环境的评价	5.53	2.31	−0.45	0.40
对城镇政治环境的评价	5.54	2.14	−0.48	0.09
对城镇经济环境的评价	5.22	2.19	1.80	0.66
对城镇文化环境的评价	5.36	2.31	−0.38	0.45
对城镇就业条件要求的评价	3.65	2.16	66.20	5.24
样本数	364			

调查样本采集的区域主要集中在山西襄垣（煤采业）、山东淄博（劳务市场）和烟台（食品加工）、上海浦东（家政服务）、金山和闵行（服装加工）。三地六点共获取样本364个，其中，上海占41.21%，山东占35.16%，山西占23.63%。

注：1. 资料来源：鲁沪晋三省外出务工田野调查。

2. 本表数据所用分析软件是SPSS 11.5。

2. 分析方法与变量设置

下面主要采用的是 Probit 模型的估计方法，Probit 模型是计量经济学非线性分析中的重要模型之一，它常常被应用于劳动力转移及其风险的研究（蔡昉等，2002；朱农，2002；都阳等，2003）。根据田野调查的数据，劳动力有两种决策：转移（M=1）和不转移（M=0）。而影响转移决策的风险因素是多方面的，如就业距离、就业机会、城镇歧视、城镇就业环境等，所以我们用一组向量 χ 来解释转移决策的形成。运用 Probit 模型，有：

$$\lim_{\beta' x \to +\infty} \mathrm{Prob}(M=1)=1 \tag{1}$$

$$\lim_{\beta' x \to -\infty} \mathrm{Prob}(M=1)=0 \tag{2}$$

其中，β 为待估参数。由于该模型使用的连续概率分布函数为正态分布函数，所以有：

$$\mathrm{Prob}(M=1)=\int_{-\infty}^{\beta' x} \phi(z)dz=\phi(\beta' x) \tag{3}$$

在具体的计量分析过程中，考虑到来自同一家庭或同一村庄的劳动力之间，其经济行为、经济决策往往会相互影响，带有一定的相关性，即组内数据不独立，本研究采用了聚类稳健回归（clustered robust）方法以解决此问题。

对于转移劳动力（Y）的设定，我们采用全国农村固定观察点办公室的定义，即“1 年内离家外出务工 6 个月以上的劳动力为转移劳动力”，把外出务工 6 个月以上的数据赋值为 1，其余赋值为 0。

在变量设置上，根据数据特点，主要是采用替代变量和虚拟变量的方法来进行处理。为了避免变量间的共线性和相关性，采用了三个方程来进行计量分析。

在方程（1）中，自变量主要包括“就业距离”、“就业机会”和“社会关系网络”三个。就业距离用“老家居住距中心镇或市场的距离（X_1）”、“交通方便否（X_2）”、“老家距打工地的距离（X_3）”三个变量来衡量，其中，“交通方便否”采用虚拟变量，方便为 1，不方便为 0。就业机会“到城镇找到第一份工作花费的时间（X_4）”采用替代变量，显然，X_4 越大，表示找工作越困难，就业机会就越少，该指标也可以用来衡量农民工市场的成熟度（王春超，2005）。社会关系网络是指农民之间的社会亲情等社会网络关系，该关系对于农民工进城务工往往具有重要的作用，对降低其就业风险有一定的作用（蔡昉，2003；程名望，2005），这里用调查表中“进城务工的途径”项中的“社会亲情网络（X_3）”来做替代变量，选该项的赋值为 1，否则赋值为 0。

在方程（2）中，自变量主要包括“对就业风险的整体感觉（X_6）”、“有没有被歧视的感觉或经历（X_7）”、“对自己就业能力的评价（X_8）”、“对城镇就业环境的评价（X_9）”和“对城镇就业条件要求的评价（X_{10}）”五个解释变量。“对就业风险的整体感觉”用以衡量就业风险对农村剩余劳动力转移的影响，“有没有被歧视的感觉或经历”用以衡量城镇歧视对农村剩余劳动力转移的影响，有影响为 1，没有影响为 0，“对城镇就业环境的评价”用以衡量城镇环境对农村剩余劳动力转移的影响，加入“对自己就业能力的评价”和“对城镇就业条件要求的评价”两个变量用以考察农民对自身评价和就业条件评价的心理感受对其转移决策的影响。

在方程（3）中，我们进一步考察就业风险的细化因素对被解释变量的作用，主要包括“有没有工资被拖欠现象（X_{11}）”（有为 1，没有为 0）、“是否与雇主签订劳动合同（X_{12}）”（是为 1，不是为0)、“对企业或老板的信誉评价(X_{13})”、“对就业风险的态度(X_{14})”四个变量。为了进一步考察保险和法律法规对农民工就业风险的作用,方程加入了“有没有听说过保险(X_{15})”、“对《劳动法》等法律的了解程度(X_{16})”、“对法律法规对自己就业风险起到作用的评价(X_{17})”三个变量。而为了进一步考察城镇就业环境和农民就业能力的细化因素对被解释变量的作用,方程加入了“身体素质(X_{18})”、“文化知识(X_{19})”、“务工经验(X_{20})”、“务工技能(X_{21})”、“政治环境(X_{22})”、“经济环境(X_{23})”、“文化环境(X_{24})”等七个变量。

3. 回归结果及分析

回归结果见表2,分析该结果,可以看到:

(1)“老家居住距中心镇或市场的距离”的系数显著为负,这表明老家居住距中心镇或市场的距离越远,越不利于农村剩余劳动力转移。这是因为,一方面,老家居住距中心镇或市场的距离越近的农村,非农化程度越高,农民的思想越活跃,挣脱土地束缚的意愿越强烈;另一方面,老家居住距中心镇或市场的距离越近,进城越方便、务工信息更流畅、进城成本越低,就越利于其进城务工。

(2)“交通方便否”的系数显著为正,这表明方便的交通利于农村剩余劳动力的转移。方便的交通,一方面使得农户能够以较低的成本进城务工,另一方面使得城乡信息易于流通,农村不再封闭和保守,农民更愿意进城务工。因此,加强农村的道路交通等基础设施建设,特别是加强贫困农村的道路交通等基础设施建设,对于促进农民工进城务工,促进整个农村经济的发展,都有重要的作用。农村基础设施投资与建设,不可能完全依靠农民,政府公共财政应该有所作为,政府财政支出和引进民间资本是必然选择。以往的基础设施投资与建设,主要投在了城镇,未来的基础设施投资与建设,应该向农村倾斜。

(3)“老家距打工地的距离”的系数显著为负,这表明老家距打工地的距离越近,农村剩余劳动力的转移的动因越强。农民工是理性的,老家距打工地的距离越近,进城费用就越低,且返乡也比较容易,所以进城务工的意愿就比较强。对于西部一些贫困省份来说,积极发展一些中小城市,让这些中小城市能给农民工提供更多的就业机会,将大大促进本地的农村剩余劳动力转移。

(4)“到城镇找到第一份工作花费的时间”的系数显著为正,这表明城镇就业越容易,就业机会越多,农民工进城务工的意愿就越强。而就业容易、就业机会多是和劳动力市场的成熟度密切相关的。由此可见,完善城乡劳动力市场,如完善农民工务工的信息系统、建立更规范的农民工就业中介机构等,将利于中国农村剩余劳动力转移。

(5)“社会亲情网络”的系数显著为正,这充分说明了社会亲情网络对农村剩余劳动力转移的重要作用。这既是中国农村文化的必然反映,也是有中国特色的农村剩余劳动力转移方式。长期落后的自然经济状况,使封闭的农村村落形成紧密合作的经济体,村落里亲戚、朋友、邻居等千丝万缕的亲情网络是农民工最为信任和感到安全的社交网络,他们往往会选择这个最有安全感的途径进城务工。

(6)“对就业风险的整体感觉”的系数在5%显著性水平下显著为负,这表明就业风险是影响农村剩余劳动力转移的一个因素。到城镇就业的风险越大,劳动力转移的动因就越弱。方程(2)进一步分析了就业风险的细分因素,分析方程(2),可以看到,在十个解释变量中,只有“有没有工资被拖欠现象”、“对企业或老板的信誉评价”和“对就业风险的态度”三个变量的系数是显著的,其中,“有没有工资被拖欠现象”的系数显著为负,其余两项的系数均显著为正。

这表明,拖欠农民工工资、企业或老板的信誉状况比较差,以及农民对风险的态度越规避①,农民工就越不意愿进城务工。其余四个变量的不显著,则至少说明如下两个问题:① 农民的法律意识仍比较单薄,且对相关法律法规对自己外出务工的保护作用并没有足够的认可。② 农民对保险的认识仍比较模糊,且对保险对就业风险的预防作用并没有足够的认可。由此可见,降低农民工进城务工的风险(如坚决杜绝农民工工资拖欠、增加其就业机会、保证农民工在城务工的安全等)、提高城镇企业的用工信誉将有利于中国农村剩余劳动力的转移。而农民工对法制、保险等的漠视,则说明加强对农民工法制、保险等方面的教育和宣传,加强法律和保险对农民工的保护作用,是摆在我们面前的一项迫切的工作。

表 2

就业风险对迁移决策影响的 Probit 模型估计

解释变量	被解释变量(Y):是否迁移(迁移=1;不迁移=0)					
	方 程 1		方 程 2		方 程 3	
	Coefficient	z-Statistic	Coefficient	z-Statistic	Coefficient	z-Statistic
X_1	−0.0011 ***	−2.8761				
X_2	0.6906 ***	3.0251				
X_3	−0.0017 ***	−3.4855				
X_4	0.0106 ***	4.3353				
X_5	1.0106 ***	6.2522				
X_6			−0.0503 **	−2.1705		
X_7			0.3651	0.1697		
X_8			0.0285	0.6626		
X_9			0.0837 *	1.9884		
X_{10}			0.1071 **	2.0119		
X_{11}					−7.8784 ***	−3.7421
X_{12}					−1.1223	−0.4845
X_{13}					0.2972 ***	3.4167
X_{14}					0.0864 **	2.0501
X_{15}					−0.2247	−0.4675
X_{16}					0.1629	1.4767
X_{17}					−0.0775	−0.9330

① 根据对风险的认可程度及其偏好,现代经济学把理性个体分为风险偏好、风险中性或风险规避三种类型。

（续表）

解释变量	被解释变量（Y）：是否迁移（迁移＝1；不迁移＝0）					
	方 程 1		方 程 2		方 程 3	
	Coefficient	z-Statistic	Coefficient	z-Statistic	Coefficient	z-Statistic
X_{18}					0.1014 ***	2.7437
X_{19}					0.1419 ***	3.2115
X_{20}					−0.0022	−0.0510
X_{21}					0.0013	0.0311
X_{22}					0.2265 ***	4.6985
X_{23}					0.0872	1.5793
X_{24}					−0.0265	−0.5233
Log likelihood①	−115.2803		−311.0271		−146.4264	
McFadden R-squared	0.2437		0.1575		0.2560	
Total obs	364					

注：1. legend：* p＜0.10；** p＜0.05；*** p＜0.01。

2. 本表所用分析软件是 Eviews 3.1。

（7）“有没有被歧视的感觉或经历”的系数并不显著，这表明城镇歧视目前还没有对农民工进城构成显著的影响。就现阶段而言，农民工进城务工的第一目标仍旧是收入，是生活的压力和对较高收入的向往使得他们涌进城镇。对他们来说，物质需求的满足是第一位的，为了得到较好的物质收入，对于城镇歧视对自己的精神伤害，他们愿意忍受。这和马斯洛的需求层次理论是一致的。但可以设想，随着农村经济的持续发展，当农户富裕到一定程度时，农民将不愿意为了收入而忍受歧视，也就是不再愿意因收入而牺牲尊严的时候，如果城镇歧视依旧存在，那么中国农村剩余劳动力转移的步伐必然受阻。

（8）“对城镇就业环境的评价”的系数在10％显著性水平下显著为正，这表明城镇就业环境是一个影响中国农村剩余劳动力转移的因素。城镇就业环境越好，劳动力转移的意愿就越强。方程(3)进一步分析了就业环境的细分因素，发现在“政治环境”、“经济环境”和“文化环境”三个相关解释变量中，只有“政治环境”一个变量的系数是显著的，这表明政治环境（户籍制度、子女入学、医疗保障等）已经是当前农民工进城务工考虑的重要因素。“文化环境”系数的不显著，表明城镇文化环境还不是农民工转移决策的重要影响因素，这是因为农民的需求层次主要还不在文化需求，所以对文化环境就不会有过多的关注。而“经济环境”系数的不显著，则

---

① 在表2的回归结果中，三个方程的 McFadden R-squared 均很小，但这并不能说明我们建立的模型缺乏解释力。正如伍德里奇(2003)在其名著《计量经济学导论：现代观点》中所说：“R-squared 确实能反应自变量是究竟多好地解释了因变量，但一个显著低的 R-squared 并不意味着回归方程是没有用的，变量之间关系的良好估计并不直接依赖于 R-squared 的大小，刚开始学习计量经济学的学生总是特别注意 R-squared 的大小，但现在要意识到，把 R-squared 作为评价计量经济学成功与否的主要准则会带来许多麻烦。”

出乎我们的意料,似乎也违背常规,但仔细分析,却可以找到答案。无论城镇的经济环境好坏,但和农村的经济环境比,总是好的。也就是说,农民工在进行进城决策时,其比较的参照系是农村,只要城镇经济环境比农村优越,他们就会选择转移。综合以上分析可以看出,工资收入的差距使得农民工愿意到城镇务工,但目前不公平的政治制度或政策却对他们进城形成了严重的障碍。

(9)“对自己就业能力的评价”和“对城镇就业条件要求的评价”两个变量的系数均显著为正,这表明,农民工就业能力越强或者城镇就业条件的要求越宽松,劳动力转移的意愿就越强。方程(3)进一步分析了“对自己就业能力的评价”的细分因素,发现在“身体素质”、“知识文化”、“务工经验”、“务工技能”四个相关解释变量中,只有“身体素质”和“知识文化”两个变量的系数是显著的。这表明,就现阶段看,一方面是城镇对劳动力的需求仍旧以体力劳动为主,所以对农民工的身体素质(健康和强壮程度等)要求比较高;另一方面是作为一种基本素质,知识文化素质较高的农民工,自己进城的意愿较强烈,也较受城镇企业的欢迎。此外,“务工经验”和“务工技能”系数的不显著,说明城镇对农民工的需求还不是一种技术性需求,并不十分看重农民工的务工经验与技能。可以预见的是,随着城镇经济的持续发展和企业经营模式的转变,城镇企业对劳动力素质的要求会越来越高,也就是就业条件越来越苛刻,这就要求农民工的素质要随之不断提高,否则不但农村剩余劳动力转移会受阻,城镇企业的用工也将面临困境,结构性失业必将随之加剧。

(二)基于实际调查的风险识别及其扩展

1. 农村剩余劳动力外出就业面临的风险以及来源

虽然在理论上,可以大致得出农村劳动力所面临的主要就业风险;但现实中,到底哪些风险是农民最关心的风险?从调查的结果看(表3),样本农民工对风险类型点击率最高的首先是找工作难,即就业风险,点击率为53.27%;其次是失业或年老后经济来源断绝的社会保障难,即保障风险,点击率为46.43%;再次是岗位工资太低且时有拖欠现象发生,即收入风险,点击率为38.69%;第四是外出打工时子女的就学难,即就学风险,点击率为23.81%;第五是打工过程中来自资方或社会歧视以及人身伤害等,即尊严风险,点击率为22.92%;第六是打工期间的就医难,即医疗风险,点击率为16.07%。

就五大行业的风险点击比较看,排序有明显差异,在山西煤炭采掘业打工的农民工,面临的前三位风险分别是就业风险、尊严风险和收入风险;在山东食品加工业打工的农民工,面临的前三位风险分别是保障风险、收入风险和就业风险;在山东装修服务业打工的农民工,面临的前三位风险分别是就业风险、收入风险和尊严风险;在上海服装加工业打工的农民工,面临的前三位风险分别是就业风险、收入风险和保障风险;在上海家政服务业打工的农民工,面临的前三位风险分别是保障风险、就学风险和就业风险。

就样本的个性特征看,性别上风险视角有明显不同,男性农民工面临的前三位风险分别为就业风险、收入风险和保障风险,女性农民工则为保障风险、就业风险和收入风险。年龄上的风险视角同样存在着差异,各年龄段的农民工面临的第一位和第三位风险相当一致,均是就业风险和收入风险,差异主要体现在第二位风险上,年龄小者为保障风险,年龄大者则为尊严风险;文化上的风险视角也存在差异,受教育时间短者面临的前三位风险分别是保障风险、就业风险和收入风险,受教育时间长者面临的前三位风险则转变为就业风险、收入风险和保障风险。总起来看,就业、保障与收入是目前农民工面临的主要风险。

表3

外出就业面临的风险(可多选)

单位:%

	山东	其中:		山西煤采业	上海	其中:		总体
		食品业	装修业			服装业	家政业	
找工作难	50.41	35.94	69.09	67.86	46.51	56.18	25.00	53.27
子女就学难	26.83	31.25	18.18	27.38	18.60	13.48	30.00	23.81
工资低且被拖欠	49.59	51.56	47.27	30.95	33.33	43.82	10.00	38.69
生病就医困难	13.82	7.81	18.18	4.76	25.58	26.97	22.50	16.07
失业或老来无保障	52.03	78.13	21.82	28.57	52.71	35.96	90.00	46.43
歧视或人身伤害	23.58	14.06	32.73	35.71	13.95	12.36	17.50	22.92
其他	17.07	28.13	5.45	4.76	7.75	10.11	2.50	10.42
合计	233.33	246.88	212.73	200.00	198.45	198.88	197.50	211.61

	性别		年龄			受教育时间		
	女性	男性	24岁—	25~34	35岁+	6年—	7~9	10年+
找工作难	43.06	60.94	53.57	52.98	51.47	35.00	59.15	69.23
子女就学难	24.31	23.44	16.96	25.17	32.35	23.33	18.90	27.69
工资低且被拖欠	34.72	41.67	47.32	32.45	38.24	30.00	40.24	30.77
生病就医困难	17.36	15.10	16.96	11.26	26.47	16.67	17.07	16.92
失业或老来无保障	63.89	33.33	49.11	48.34	36.76	65.00	40.24	27.69
歧视或人身伤害	13.19	30.21	12.50	23.84	38.24	15.00	30.49	16.92
其他	10.42	10.42	17.86	8.61	2.94	16.67	7.32	9.23
合计	206.94	215.10	214.29	202.65	226.47	201.67	213.41	198.46

就风险的来源看(表4),城市就业门槛的提高是造成农民工外出就业风险提高的第一因素,第二位因素是农民自身素质有限,第三位因素是城镇就业环境对农民工的不利。从五大行业的比较看,在上海和山东食品加工业打工,风险主要来自城市就业门槛的提高;而在山西煤采业打工,风险来自农民工自身能力有限;在山东装修服务业打工,风险主要来自当地城市就业环境的不利。

就样本性别特征而言,女性外出对城市就业门槛的提高最为敏感,男性则对自身能力和城市就业门槛同等敏感。就年龄特征而言,城市就业门槛的提高在各个年龄段均十分敏感,除此之外,年龄小者对自身能力也十分敏感,年龄大者则对就业环境不利更为敏感。就文化特征而言,受教育时间短者对外在条件改变更为敏感,而受教育时间长者则对自身素质有限更为敏感。显然,教育可以使农民更加认识到:制约他们外出就业的根本风险来自其本身。

(2) 农村剩余劳动力外出就业的风险感觉与态度

从表5可以看出,样本农民工对外出就业的风险感觉分布总体呈现一种典型的正态状,风险感觉打分值为5.61分,风险程度属于中等偏上。就各行业的风险感觉比较而言,感觉风险程度最大的首先是上海家政服务业的农民工,分值为6.40分;其次是上海服装加工业的农民

表 4

外出就业风险的来源

单位：%

	山东	其 中：		山西煤采业	上海	其 中：		总 体
		食品业	装修业			服装业	家政业	
自身能力不足	66.67	82.81	47.27	62.65	41.73	41.76	41.67	56.16
就业环境不利	50.41	51.56	52.73	50.60	43.31	36.26	61.11	47.75
就业条件越来越高	70.73	95.31	45.45	46.99	71.65	68.13	80.56	65.17
合 计	187.80	229.69	145.45	160.24	156.69	146.15	183.33	169.07

	性 别		年 龄			受教育时间		
	女性	男性	24 岁一	25～34	35 岁十	6 年一	7～9	10 年＋
自身能力不足	55.32	56.77	65.18	53.74	47.14	52.73	47.40	66.10
就业环境不利	50.35	45.83	41.96	49.66	51.43	56.36	47.40	33.90
就业条件越来越高	78.72	55.21	73.21	63.95	55.71	65.45	60.12	59.32
合 计	184.40	157.81	180.36	167.35	154.29	174.55	154.91	159.32

工，分值为 5.80 分；再次为山西煤采业的农民工，分值为 5.46 分；第四是山东食品加工业的农民工，分值为 5.40 分；风险感觉最低的是山东装修服务业的农民工，分值为 5.27 分。显然，在三地中，上海是一个打工风险相对较高的城市。但面对风险，农民工的态度主体是很坦然，对风险惧怕的比例只有 26.09%，换言之，有 3/4 的农民工是用一种正常心态来面对就业风险，其余 1/4 的农民工从心理上对这种风险产生恐惧。正是在这一风险环境下，农民工在外出就业过程中不仅有 60.99%对风险予以重视，更有 52.25%的农民工把风险作为第一要素考虑。可见，他们在外出时已做好了应对城市就业风险的准备。

就样本个性特征对风险的感觉比较而言，处于弱势的农民工，诸如女性农民工、年龄大的农民工以及受教育时间短的农民工，他们对风险的感觉更为敏感。但在面对风险的态度上，女性较男性更为坦然，年龄小、受教育时间长者更有底气。在外出就业过程中，女性农民工多数考虑了城镇就业风险，但并没有把它作为第一要素，而男性则相反。年龄两极的农民工在外出就业过程中对风险的考虑要较年龄居中的农民工多，但真正把其作为第一因素则不如年龄居中的农民工。教育可以使农民工在外出就业过程中对风险考虑程度降下来，这是因为教育增加了他们外出就业的资本与底气。

三、中国农村剩余劳动力的就业风险度量

(一) 农村剩余劳动力的就业风险预警指标与体系

农村剩余劳动力的就业风险是多方面的，但主要表现在三个方面：一是来自农村劳动力本身；二是来自外部环境；三是就业条件的严格程度。本报告从这三个角度建立农村剩余劳动力的就业风险指标与体系。对应地，风险预警也由这些指标决定，对于每一个指标，我们都采用 10 分制，大于或小于 6 分设置为预警线，则对应的风险指标体系和预警体系如

表5

外出就业风险感觉与态度

单位：%

		山东	其中：食品业	其中：装修业	山西煤采业	上海	其中：服装业	其中：家政业	总体
就业风险总体感觉评价	1分	12.77	2.38	20.41	6.17	5.43	6.74	2.50	7.89
	3分	10.64	2.38	14.29	19.75	7.75	7.87	7.50	11.84
	5分	51.06	78.57	30.61	43.21	48.84	50.56	45.00	48.03
	8分	15.96	14.29	18.37	22.22	27.13	25.84	30.00	22.37
	10分	9.57	2.38	16.33	8.64	10.85	8.99	15.00	9.87
平均分值(分)		5.23	5.40	5.27	5.46	5.98	5.80	6.40	5.61
风险态度	很可怕	33.71	9.52	55.56	36.36	12.73	13.16	11.76	26.09
	很正常	66.29	90.48	44.44	63.64	87.27	86.84	88.24	73.91
外出是否考虑风险	是	71.88	89.06	56.67	65.12	49.33	44.12	60.42	60.99
	否	9.38	9.38	10.00	22.09	18.67	24.51	6.25	16.21
	未答	18.75	1.56	33.33	12.79	32.00	31.37	33.33	22.80
是否首要因素	是	28.26	7.02	61.76	69.64	68.92	68.89	68.97	52.25
	否	71.74	92.98	38.24	30.36	31.08	31.11	31.03	47.75

		性别：女性	性别：男性	年龄：24岁一	年龄：25～34	年龄：35岁十	受教育时间：6年一	受教育时间：7～9	受教育时间：10年十
外出就业风险总体感觉评价	1分	5.22	10.00	9.89	6.90	7.81	4.17	11.95	4.84
	3分	8.96	14.12	8.79	13.10	14.06	10.42	11.32	19.35
	5分	54.48	42.94	53.85	46.21	45.31	45.83	43.40	45.16
	8分	23.13	21.76	21.98	24.83	15.63	25.00	22.01	24.19
	10分	8.21	11.18	5.49	8.97	17.19	14.58	11.32	6.45
平均分值(分)		5.72	5.53	5.36	5.66	5.73	6.10	5.52	5.47
风险态度	很可怕	14.55	33.73	17.24	27.87	35.48	27.50	28.48	28.00
	很正常	85.45	66.27	82.76	72.13	64.52	72.50	71.52	72.00
外出是否考虑风险	是	62.66	59.71	62.93	60.98	57.69	65.08	55.56	54.05
	否	12.66	18.93	21.55	14.02	14.10	7.94	19.44	18.92
	未答	24.68	21.36	15.52	25.00	28.21	26.98	25.00	27.03
是否首要因素	是	41.41	60.98	34.25	57.00	68.89	60.98	64.00	57.50
	否	58.59	39.02	65.75	43.00	31.11	39.02	36.00	42.50

表6所示。

表6

农村剩余劳动力就业风险预警体系

单位：分

风险指标体系		风险预警标准				
		无风险	需要关注	有风险	风险较高	风险很高
自身能力	身体素质	10～9	8～7	6～5	4～3	2～1
	文化知识	10～9	8～7	6～5	4～3	2～1
	务工经验	10～9	8～7	6～5	4～3	2～1
	务工技能	10～9	8～7	6～5	4～3	2～1
外部环境	政治环境	10～9	8～7	6～5	4～3	2～1
	经济环境	10～9	8～7	6～5	4～3	2～1
	文化环境	10～9	8～7	6～5	4～3	2～1
就业条件		10～9	8～7	6～5	4～3	2～1

（二）外出就业的风险评价

对于农民工外出就业风险的评价，我们采用量度表进行调查，每一调查问题给出一个由高到低的程度分值表“10—8—5—3—1”，让被调查者从中选择一个数字。例如，就业能力，自认为非常好，选10；比较好，选8；一般，选5；比较差，选3，非常差，选1。这样通过对被调查者选择的数字可以从两个角度作出分析，一是分布角度，二是综合平均分值角度。

1. 自身能力的评价

从表7和附录1的表1可以看出，样本农民工对自身能力的评价比较适中，其综合能力得分为6.22分，达到及格线以上。具体看，在身体素质、文化知识、务工经验与务工技能等四个方面，平均分值最高的首先是身体素质，为7.57分；其次是务工技能，为6.27分；再次是务工经验，为6.08分；第四是文化知识，为5.04分。很显然，农民工的这一自我评价完全符合他们的特征，是一种真实的描绘。正是因为文化知识的欠缺才使他们不得不依靠强壮体力来谋生。由此，决定了他们是一群靠出卖体力为主的劳动者。从区域或行业比较来看，他们对自身素质评价的综合评价以及单个指标的排序有一定差异，综合能力评价首先以从事服装加工业者最高，达6.57分；其次是从事家政服务业者，为6.40分；再次是从事装修服务业者，为6.22分；第四是煤炭采掘业者，为5.98分；最后是从事食品加工业者，为5.90分。单个指标排序，家政服务业、装修服务业和食品加工业等三大行业的排序完全一致，均为：身体素质、务工经验、务工技能和文化知识；服装加工业为：身体素质、务工技能、务工经验和文化知识；煤炭采掘业为：身体素质、务工技能、文化知识和务工经验。

就样本性别特征比较而言，综合能力男性分值略高于女性。单个指标排序完全一致，但在身体素质和文化知识方面男性分值高于女性，在务工经验与技能上女性高于男性。

表 7

农民工对自身能力的评价

单位：分值

	山东	其中：		山西煤采业	上海	其中：		总体
		食品业	装修业			服装业	家政业	
综合能力	6.08	5.90	6.22	5.98	6.51	6.57	6.40	6.22
身体素质	7.50	7.36	7.66	7.41	7.74	7.76	7.70	7.57
文化知识	4.76	4.48	5.07	5.68	4.87	5.30	4.11	5.04
务工经验	6.64	7.12	6.20	5.18	6.16	6.15	6.17	6.08
务工技能	6.58	7.56	5.61	5.73	6.34	6.49	6.07	6.27
	性别		年龄			受教育时间		
	女性	男性	24岁一	25～34	35岁十	6年一	7～9	10年十
综合能力	6.20	6.23	6.18	6.40	5.85	6.18	6.27	6.05
身体素质	7.42	7.68	7.63	7.61	7.36	7.60	7.72	7.42
文化知识	4.43	5.47	4.67	5.24	5.14	4.46	5.10	5.67
务工经验	6.18	6.01	6.52	6.06	5.49	6.17	5.85	5.86
务工技能	6.32	6.24	6.74	6.19	5.85	6.09	6.02	6.15

就样本年龄特征比较而言，随着年龄的上升分值呈现一种“∩”下降趋势，年龄居中者的分值高于年龄较小者，年龄较小者又高于年龄较大者。单个指标排序也完全一致，但在身体素质、务工技能与经验上，明显地随着年龄的上升分值呈下降趋势，在文化知识上则随着年龄的上升分值呈“∩”下降趋势。

就样本受教育时间特征比较而言，随着受教育时间的加长分值呈现一种“∩”下降趋势，受教育时间居中者的分值高于受教育时间短者，受教育时间短者又高于受教育时间长者。同样，单个指标排序也完全一致，但在身体素质上，明显地随着受教育时间的加长分值呈一种“∩”下降趋势，在务工技能与经验上，随着受教育时间的加长分值呈现一种“∪”下降趋势，在文化知识上，随着受教育时间的加长分值呈上升趋势。

结合前文外出途径分析，我们发现，综合能力得分最低的恰是以企业到乡下直接招工形式进城的一组，没有企业的这一主动精神，这帮农民工可能很难走出大山，进到工厂。但我们也看到，他们在自身条件不利的情况下，通过自身努力与企业的帮助，在务工经验与技能上的得分恰是所有行业中最高者，为什么？依笔者看，只要在身体素质、文化基础素质没有大的问题前提下，企业通过自身努力直接到乡下招工换来的恰是企业最可靠、最想要，且忠诚度和工作技能均十分高的职工。这是因为这帮农民工对企业在心底里有一种感激之情，他们不仅仅是为了赚取一点廉价的工资才来到这家企业，更主要的是企业给他们提供了一个展示自己才华的机会。也许最初进厂的动机是为了赚取一点微薄收入，但在企业的人文关怀下，他们的目标得到了修正，把自己与企业完全融为一体，自动成为一个企业人，从而使得企业兴，他们荣，企业荣，他们富。真正达到了一种和谐共荣的发展境界。

2. 外在环境的评价

从表8和附录1的表2可以看出，样本农民工对目前外出打工的外在环境，特别是企业的就业环境，评价是比较低的，综合环境平均分值只有5.57分，处于一种不及格状态，但这也恰是目前城市给农民工外出就业提供的真实现状。具体到政治环境、经济环境以及文化环境等单个环境的分值更低，相比较而言，政治环境的分值最高，为5.48分；经济环境的分值次之，为5.33分；文化环境的分值最低，为5.30分。从区域或行业特征看，综合环境分值最高的首先是食品加工业的打工者给的，为6.46分，这也是全部五个行业唯一达到及格线的行业；其次是煤炭采掘业，为5.84分；再次是家政业，为5.39分；第四是服装加工业，为5.35分；分值最低的是装修服务业，为4.70分。从单个环境指标的区域或行业评分排序看，家政服务业的排序：文化环境、政治环境和经济环境；煤炭采掘业、食品加工业和服装加工业的排序完全一致，均为政治环境、文化环境和经济环境；装修服务业的排序为政治环境、经济环境和文化环境。从样本性别特征看，女性对综合环境的打分高于男性，排序：女性为文化环境、政治环境和经济环境；男性为政治环境、经济环境和文化环境。从样本的年龄特征看，随着年龄的上升，样本农民工给综合就业环境的分值呈"∩"下降趋势，对单个环境的分值排序为：年龄小者为经济环境、政治环境和文化环境；年龄大者为政治环境、文化环境和经济环境。从样本受教育时间的特征看，随着受教育时间的加长，样本农民工给综合就业环境的分值呈下降趋势，对单个环境的分值排序为：受教育时间较短者为政治环境、经济环境和文化环境；受教育时间居中者为文化环境、政治环境和经济环境。受教育时间较长者为政治环境、经济环境和文化环境。综合上述分析，可以看出，在迎接农民工进厂或进城的工作中，企业和城市在改善自己的形象环境上做的

表8

农民工对外在环境及就业条件的评价

单位：分值

	山东	其中：		山西煤采业	上海	其中：		总体
		食品业	装修业			服装业	家政业	
总体环境	5.56	6.46	4.70	5.84	5.36	5.35	5.39	5.57
政治环境	5.40	6.10	4.93	5.99	5.13	5.09	5.25	5.48
经济环境	5.50	6.39	4.84	5.65	4.88	4.95	4.64	5.33
文化环境	4.99	5.72	4.46	5.71	5.29	5.09	5.95	5.30
就业要求	3.82	4.63	3.12	3.82	3.24	3.48	2.82	3.61
	性别		年龄			受教育时间		
	女性	男性	24岁－	25～34	35岁＋	6年－	7～9	10年＋
总体环境	5.66	5.50	5.50	5.76	5.13	5.54	5.36	5.35
政治环境	5.30	5.58	5.32	5.61	5.38	5.28	5.35	5.55
经济环境	5.30	5.35	5.51	5.23	5.13	5.07	5.13	5.28
文化环境	5.48	5.20	5.01	5.41	5.26	4.64	5.44	4.92
就业要求	3.58	3.62	4.02	3.38	3.41	3.38	3.45	3.47

工作还非常有限，需要下大力气。特别是经济环境，如何提高农民工的收入待遇是企业和政府需要着力解决的一个大问题。同时，人文关怀对提高或培养农民工对单位的认同感、忠诚度以及本身工作技能有着非常重要的作用。若企业或政府不从根本上改变对农民工的传统认识思维，“民工荒”的问题可能在短期内还会进一步加剧。

3. 就业条件的评价

在对农民工外出进城打工的内在风险与外在风险进行了分析后，我们还需要对两者的对接风险作出分析。到底用哪一个指标更恰当？我们做了思考，在设计调查问卷时选择单位或企业对农民工就业条件的要求。调查分五档，条件“太苛刻”赋值1分，“比较苛刻”赋值3分，“一般”赋值5分，“比较宽松”赋值8分，“非常宽松”赋值10分。从表8和附录1的表2可以看出，样本农民给出的平均分值只有3.61分。显然，这意味着农民在由农村走向城市、走向工厂时，较为苛刻的就业环境条件是造成他们进城打工的重大障碍，同时也意味着城市或企业对他们是不欢迎的。从区域或行业特征看，首先是山东食品加工企业给农民工进厂工作开出的条件尽管也比较苛刻，但已接近中等水平，相对其他行业则明显宽松多了，农民工给出分值为4.63分，此值也是五大行业中最高值；其次是服装加工企业，平均分值为3.48分；再次为煤炭采掘业，为3.82分；第四是装修服务业，为3.12分；第五是家政服务业，为2.82分，此值也是五大行业中最低值。这一数值给我们透露了一个重要信息，那就是被我们习惯认为最好做的行业——家政服务业——实际上恰是一个就业条件最为苛刻的行业。这是因为这一行业面对的是老板家庭中一个个鲜活的家庭成员，服务好这个家庭的每个成员才能算做好这一服务，如果有一个成员不满意就意味着整个雇主家庭不满意。

从样本性别特征看，外出就业对女性需求条件的苛刻程度要明显高于男性。就年龄特征而言，随着样本年龄的提高，外出就业需求条件的苛刻程度呈现一种“∪”上升趋势；就受教育时间特征而言，随着样本的受教育时间加长，需求条件的苛刻程度呈现“∩”下降趋势。越是有文化的劳动者，外出的就业机会就越多，条件也相对会宽松些。从这一结果可以看出，增加农民工的受教育时间可以缓解农民工外出就业过程中“找工作难”的风险。

（三）2006年中国农村剩余劳动力就业风险估计与评价

通过以上分析，我们可以明显地看到，2006年，中国农村剩余劳动力就业的风险是较大的，下面具体用风险指数进行表示。

1. 风险指数说明

将实际调查整理出的风险评价值，按其得分大小调整为对应的风险指数（指数分为1、2、3、4、5等五级）；其中，指数数值越小，代表风险程度越低；反之，风险程度越高。具体可见表9所示。

表9

中国农村剩余劳动力就业风险衡量指数

安全等级	无风险	需要关注	有风险	风险较高	风险很高
等级分值	10～9	8～7	6～5	4～3	2～1
风险指数	1	2	3	4	5

2. 2006年度农村剩余劳动力就业风险评价结果

从表7可以看出，就农民工的自身素质而言，农民工的总体素质评价得分是6.22分，属于刚刚及格的“有风险”级别。具体看，在身体素质、文化知识、务工经验与务工技能等四个方面：平均分值最高的首先是身体素质，为7.57分；其次是务工技能，为6.27分；再次是务工经验，为6.08分；第四是文化知识，为5.04分。

就样本农民工对目前外出打工的外在环境评价而言，评价是比较低的，综合环境平均分值只有5.57分，处于一种不及格的“有风险”状态，但这也恰是目前城市给农民工外出就业提供的真实现状。具体到政治环境、经济环境以及文化环境等单个环境的分值更低，相比较而言，政治环境的分值最高，为5.48分；经济环境的分值次之，为5.33分；文化环境的分值最低，为5.30分。就就业条件而言，样本农民给出的平均分值只有3.61分，处于“较高风险”级别。综合评价的风险指数具体可参见表10。

表10

中国农村剩余劳动力就业风险综合评价结果

评价指标	就业条件	政治环境	经济环境	文化环境	综合环境
指标得分	3.61	5.48	5.33	5.30	5.57
风险指数	4	3	3	3	3

综合以上分析，可以得出的结论是，我国农村剩余劳动力就业的总体风险处于有风险和较高风险之间的状态，总体风险较大，形势不容乐观。

四、中国农村剩余劳动力的就业风险管理

基于上述分析，本报告提出降低中国农村剩余劳动力就业风险的如下政策建议。

(一) 转变政府职能，建立全国统一、开放的劳动力市场

按照斯密的分工理论，如果没有政府强权的干预，那么水平分工是由市场范围决定的。专业化分工是与市场化相互依存的，随着市场的逐步成熟与演进，分工必然逐步细化，资源将自由流动和配置更加有效、合理。而在我国的计划经济年代，强权干预曾经是政府的主流政策(最典型的就是户籍制度)，而这种强权干预是中国二元经济结构加剧和大量农村剩余劳动力形成的重要原因。历史的教训告诉我们，市场化是中国经济的基本走向，也是农村剩余劳动力转移的必然趋势。在农村剩余劳动力转移问题上，政府必须按照市场经济规律的要求，恰当行使自己的职能，既不能不管不问，更不能再强权干预或政府主导。在市场经济条件下，政府应该是服务型的，其服务职能应主要表现在对市场经济运行环境的治理和对市场失灵的矫正上。由此，对于中国农村剩余劳动力转移问题，解决的根本出路是“看不见的手”的作用和调节，而不能走回计划经济的老路，寄希望于政府的大有作为①。政府的职责应该回到市场经济条件

① 由于农村市场机制不完善、农业弱质产业特性以及农民的不完全理性，如果缺乏外界因素干扰，农村经济系统自身演进、协调的能力就会弱些，市场失灵、甚至扭曲的现象就可能发生。所以，本文强调“看不见的手”的核心作用，并不是说政府可以无为而治、袖手旁观，而是说政府采取的相关政策或措施，应该是为市场规律的运行创造条件，而不是违背市场或取代市场。例如，政府应当适应诱致性制度变迁的规律，加速中国农村剩余劳动力转移的市场化进程；应当在市场经济的法律建设、宏观经济调控、教育和交通等社会公共产品、社会保障体系、明确界定的产权体系等方面发挥积极作用。

下的定位上来，转变职能，消除原先一系列针对农民的歧视或不平等的制度或政策，为“看不见的手”的运转提供一个良好的机制和平台。只要我们相信农民工是理性的，相信“看不见的手”是可以有效调节资源配置的，那么政府就应该“只掌舵，不划船”，依靠市场经济的规律而最终解决中国的农村剩余劳动力转移问题。市场经济的运行，首要条件就是要建立统一、开放的市场交易平台和公平合理的规则。因此，解决中国农村剩余劳动力转移问题，必须建立一个统一开放、竞争有序、城乡一体的劳动力市场①。各地政府必须重视农村劳动力转移问题，在逐步取消户籍制度等障碍因素的同时，以农村劳动力开发、配置、利用、流动为目标，以提高劳动者整体素质为基础，营造有利于农村剩余劳动力转移的软硬环境，特别是要加强农村的交通通讯设施建设、建立规范的专业化务工信息中介机构、拓展多渠道的进城务工途径、加强劳动力转移相关法规或保障体系建设等。

（二）改革户籍制度，健全社会保障，消除对农民工的一系列制度歧视

制度是指要求成员共同遵守的、按一定程序办事的规程。制度的正义性和平等性是制度的首要价值②，如果制度不公平或不平等，就会扭曲社会的资源配置、甚至扭曲人的行为③。制度户籍制度自1958年建立以来，就一直是阻碍中国农村剩余劳动力转移的“拦路虎”，改革户籍制度，是消除中国城乡劳动力市场的分割状况的必然选择④。户籍制度改革的核心是消除户籍关系上的种种社会经济差别，真正做到城乡居民在发展机会面前地位平等，获得统一的社会身份。户籍制度改革的方向，应该是建立新的人口登记和管理制度，就是要建立对人口实行开放式管理的户口制度。户籍制度的改革可以采取循序渐进的方式，先在小城镇实行新的户籍管理制度，再逐步推广到大中城市。取消现行的户籍管理制度，并不会出现农民工盲目涌入城市的情况，其问题和阻力在于城市利益集团（包括一般的城镇居民，他们是户籍制度的长久得益者）对既得利益的捍卫。所以，取消现行的户籍管理制度，工作的重点不应该是取消城镇居民既得的利益（这会引起他们的强烈反对而使得户籍制度改革难以推行），而是要赋予农民以相同的待遇。也就是说，中国户籍制度改革是个加法问题（把农民加到既得利益里面去），而不是一个减法问题（减去城镇居民的既得利益）。更深一步讲，户籍制度改革的背后是城市用工制度的改革和城市旧有福利体制的改革。在就业制度上，应建立“企业自主用人，劳动者

---

① 实际上，中央政府已经注意到了该问题。2003年1月5日，国务院办公厅发出《关于做好农民进城务工就业管理和服务工作的通知》（国办发［2003］1号）。该《通知》开篇就谈到：“农民进城务工就业仍然受到一些不合理限制，农民工的合法权益得不到有效保护，拖欠克扣工资、乱收费等现象严重。同时，农民进城务工就业使社会治安、城市管理等工作面临新的问题。”

② “正义是社会制度的首要价值，正像真理是思想体系的首要价值一样。一种理论，无论它多么精致和简洁，只要它不真实，就必须加以拒绝或修改；同样，某些法律或制度，不管它们如何有效率和有条理，只要它们不正义，就必须加以改造或废除。”（罗尔斯，1988）

③ 对于制度公平重要性的认识，中国思想史上久已有之。《商君书》中就曾有过这样的叙述：“凡将立国，制度不可不察也，治法不可不慎也，国务不可不谨也，事本不可不抟也。制度时，则国俗可化而民从制；治法明，则官无邪；国务壹，则民应用；事本抟，则民喜农而乐战。”

④ “地位开放原则是不允许有任何限制的。它表达了这样的信念：如果某些地位不按照对所有人都公平的基础开放，那些被排除在外的人们觉得自己受了不公正的待遇的感觉就是对的，即使他们从那些被允许占据这些职位的人的较大努力中获利，他们抱怨有道理不仅是因为他们得不到职位的某些外在奖赏，例如财富与特权，而且是因为他们被禁止体验热情机敏地履行某种社会义务而产生的自我实现感。他们被剥夺了人类的一种基本善。”（罗尔斯，1988）

自由择业”的市场化就业制度,坚决取消由于户籍制度而导致的就业歧视,特别是部分城市或地区要坚决废除“外出务工许可证”、“流动就业证”等制度,赋予农民工平等就业、自由择业的权利。在城市福利体制上,要逐步变国家财政暗补为统一的社会保障体制,建立城乡衔接的福利保障制度。把农民纳入统一的社会保障体系,降低农民工的就业风险,是促进中国农村剩余劳动力转移的重要一环①。而子女入学、医疗保障等农民工最关注的因素,应该随着户籍制度和社会保障体系的改革而重点解决。

(三)大力发展城镇经济,改善农民城镇就业环境

农村发展和城镇建设是一个相互影响、相互促进的共赢系统,不是很多人想像的两者是个完全的对立体,似乎城镇的发展是以农村的牺牲为代价,或解决“三农”问题必须城镇作出牺牲。城镇发展越快,对劳动力转移的拉力就越大,就越能更好地解决“三农”问题。所以,中国“三农”问题的解决是“工夫在诗外”。如果我们把政策的中心放在农村,仅仅局限于以“三农”论“三农”,是不可能根本解决“三农”问题的。而如果用系统的观点,跳出“三农”这个闭循环,加速城镇经济发展,大力发展非农产业,特别是服务业,必将大大促进中国农村劳动力的转移和“三农”问题的根本解决。因而,中国解决农村劳动力转移问题的工作思路,应当是尽快转移到城镇拉力诸因素上来,如保障、提高进城农民工的收入,发展城镇经济以给农民工提供更多的就业机会等。在大力发展城镇经济的同时,改善农民工在城镇的就业环境也至关重要②。因为城镇就业风险、城镇生活收益、城镇歧视等精神因素也是农民工转移决策的重要影响因素。改善农民工在城镇的就业环境,首先要取消城市劳动管理部门对农村劳动力就业的部门、工种的限制,取消在农民工和城镇工之间同工不同酬的制度性歧视,加强立法对农民工在诸如生产安全、劳动保护、职业病防治等方面的保护;其次要在户籍管理、子女入学、就业机会等方面消除歧视,提供城镇医疗、失业保险等社会保障,降低农民工的就业风险;最后要加强舆论宣传和引导,消除城镇政府机关、企事业单位和居民对农民工的歧视。特别是让他们认识到“人人平等”、“农民和市民具有同等的法律地位和尊严”的宪法基本理念,认识到农民工的愚昧和低素质并不仅仅是他们的错,而是有更多的历史原因与地域原因,甚至是因为他们为今天的城镇经济的繁荣作出了历史性的牺牲;况且,今天的农民工对于城镇建设仍在作着重要的奉献。

(四)加强农村教育和卫生投入,增强农民工总体素质

农业剩余劳动力就业风险的解决不仅要有制度安排,更需要提高农村劳动力的整体素质。教育和职业培训对于农村剩余劳动力转移有重要的促进作用。同时,身体越健康的农民工,外出就业或从事农村非农产业的倾向性越强。这都表明,加强农村的基础教育和职

---

① 从某种程度上说,进城农民工家庭的社会保障甚至比农村居民还差。对于农村居民来说,在制度范围内,农村的贫困居民不但可以减免国家税收,而且还可能得到政府的贫困补助;在制度范围外,农村还存在一些非正式的社会保障,如社会亲情网络给予的借款或者是实物等。而这些农村制度内和制度外的保障往往可以帮助贫困家庭设法渡过难关,使乡村穷人得以勉强生存。而对于进城农民工家庭,一旦没有工作,由于几乎没有任何制度内外的社会保障,如果不退回乡下,他们留在城里几乎难以生存。

② 实际上,政府已经开始重视该问题。2003 年 11 月 22 日,国务院办公厅《关于切实解决建设领域拖欠工程款问题的通知》(国办发［2003］94 号);2004 年 10 月 29 日,国务院办公厅转发建设部等部门《关于进一步解决建设领域拖欠工程款问题意见的通知》(国办发［2004］78 号)。2004 年 12 月 27 日,国务院办公厅《关于进一步做好改善农民进城就业环境工作的通知》(国办发［2004］92 号)。

业培训，改善农村的医疗卫生条件，提高劳动力总体素质，增加其就业能力，将有利于其更好地应付城镇就业风险①。长期以来，无论是中央政府还是地方政府对教育的投资严重不足②，且教育投资一直向城镇倾斜，导致农村的基础教育严重滞后，影响了中国农村剩余劳动力的转移，并加剧了农村的贫困③。因此，政府必须重视农村的基础教育和职业培训问题。首先，要重视农村的基础教育。政府应该从财政中拿出更多的资金来投入农村教育，特别是农村九年制义务教育。由于义务教育具有较强的公共物品特性，因而，政府对农村义务教育进行公共投资是十分必要的，而且应该是最主要的投资主体。但由于中国农村基础教育十分薄弱，仅仅靠政府财政投入是远远不够的，因此要建立健全多元化的基础教育办学模式，多渠道筹集教育基金，以不断改善基础教育的办学条件，提高农村教师待遇，保证适龄儿童的充分入学。特别是对于农村开始兴起的私人学校、城镇农民工子弟学校，政府不能盲目的以教育条件简陋强行关闭，而应该给予更多的理解和支持，鼓励他们的发展。其次，要重视发展多层次、多类别的农村职业和技能培训。由于历史原因，中国农民一直被束缚在土地上从事农业生产，对于非农职业的了解和体验都十分缺乏，更不掌握非农职业的技术。要让农民较快的适应城镇就业和非农职业，就必然要对他们进行非农职业教育，特别是让更多的农村青少年接受中、高等职业教育，提高劳动力受职业教育的比重。这就需要进一步扩大农村职业教育的规模，提升职业教育的办学层次。现阶段，可以由各级政府主导，由企事业单位或个人参与，在农村建立就业培训体系，以技术夜校等形式进行岗前培训，使广大农民掌握必要的基本职业技术职能。另外，要特别提倡民间资金创办各种职业技能学校，这些职业技术学校可以采取定向培训的模式，从而成为联结农民工和城镇企业的纽带，使得接受培训的人学成后有去处，用人单位又有质量可靠的员工。身体健康是农民工外出就业的基本条件，而农民工的身体健康状况是和农村的医疗卫生条件密切相关的。目前，中国农村地区的医疗卫生工作问题重重，突出表现在：医疗体制改革滞后，资金投入不足，卫生人才匮乏，基础设施落后，“看病难”、“看病贵”成为普遍现象。要解决这些问题，关键是要理顺农村的医疗卫生体制，加大对农村医疗卫生投入力度④。从体制上来说，要尽快完善农村的医疗保障体系，加强农村的合作医疗制度；从投入上来说，要增加国

---

① 而实际上，政府也已经开始重视该问题。2003 年 9 月 17 日，国务院转发了《关于进一步加强农村教育工作的决定》（国发[2003]19 号）；2003 年 9 月 18 日，国务院办公厅转发《农业部等部门 2003～2010 年全国农民工培训规划的通知》（国办发 [2003] 79 号）；2005 年 10 月 28 日，国务院《关于大力发展职业教育的决定》（国发[2005]35 号）。这三个文件都明确提出：“为贯彻落实党的十六大精神和‘三个代表’重要思想，提高农民工素质和就业能力，进一步促进农村劳动力向非农产业和城镇转移……”

② 2002～2005 年，国家财政性教育经费所占 GDP 比例分别是 3.41%、3.28%、2.79%和 2.82%，始终没有根本性的突破。与之相对照的是，目前世界平均水平约为 7%左右，其中发达国家达到了 9%左右，经济欠发达的国家也达到了 4.1%。

③ 目前，已有不少学者（沈百福等，1994；王善迈等，1998；潘天舒，2000；钟宇平等，2002；王蓉，2003；李斌，2004；江文涛等，2005）对中国教育发展的不平衡问题进行了研究。研究的成果均表明，中国的教育投资一直向城镇倾斜，从而导致了农村的基础教育严重滞后，影响了中国农村剩余劳动力的转移，并加剧了农村的贫困。

④ 国家给予卫生事业的财政支持每年都有提高，但卫生事业费总支出占 GDP 的比重基本维持在 1%以下，这其中分配给农村的经费更少。

家财政对农村医疗卫生的投入,特别是把有限的卫生事业财政支出向农村倾斜①。改善农村的医疗条件,提高农村人口健康总体水平,是政府必须高度重视的问题。

(五)改革土地制度,明确土地产权,允许土地自由转让,形成土地规模化经营

作为农业经济发展和农户农业经营的根本性生产要素,土地历来是中国农民的命根子。不能很好地解决土地问题,农村剩余劳动力转移问题也就很难得到彻底解决。由于进城务工几乎得不到城镇任何制度内外的社会保障,一旦在城镇就业困难或者年老多病,农民工在城镇就几乎难以生存,他们只有选择回归农村。这时,土地重新又成为了他们收入的重要根源,成为了农民生存的最后一道防线。所以许多农业劳动力在向城镇或非农产业转移时,对自己所承包的土地都怀有一份欲留不成、欲离不能的矛盾心态。如果进城务工的农民找不到合适的人帮助自己经营土地,他们也不会放弃自己对土地的承包权,而是选择"漫不经心地随意种植"甚至"撂荒",这就构成了耕地资源的极大浪费,也降低了中国农业的经营效率,是不利于中国农业的持续发展的。解决这种局面,首先必须改革中国现有的土地制度,明确国家、集体和农民在土地关系上的责权利关系,形成真正有序的土地市场,促进土地的合理流转。土地可以自由流转,利于土地向农业经营能手转移,从而利于土地规模化经营的形成,而土地规模化经营是中国农业必须选择的道路。其次是在土地还不能自由流转的情况下,进行土地组织方式的创新。特别是要采取积极措施,与农业结构调整与产业化结合起来,与农业专业合作等机制创新结合起来。在没有别的手段可以替代土地成为农民的基本生活保障之前,保持外出务工农民和原有土地之间的承包关系,形成农民在城乡之间双向流动的就业机制。农民进城,可以出售、转让土地的经营权;农民回乡,可以收回自己土地的经营权。这就为农民工将来在城市遇到就业、养老等困难时留一条后路,从而降低了农民进城的机会成本和风险,利于中国农村剩余劳动力的转移。

(六)大力发展农村非农产业,促进农村非农就业

正如本报告所认为,中国的劳动力转移首先是个产业概念,是把农村剩余劳动力从农业转移到非农产业,然后才是个地域概念,把农村剩余劳动力从农村转移到城镇去……中国三农问题的根本解决途径是就地解决,即农业工业化、农村小城镇化,而不可能寄希望于农民大批量迁移到现有的大城市。农村非农就业,农民"离土不离乡",其城镇歧视等方面的就业风险可以得到解决。因而农村非农就业也是解决中国农村剩余劳动力转移的重要途径之一,且这条道路更加适合中国国情。因而,大力发展农村非农产业,促进农村非农就业是中国政府解决农村剩余劳动力转移问题的重要战略选择。首先,要加大农业综合开发与深加工力度,实现农业产业化。农业作为一个完整的产业,应当是生产、加工、流通等紧密联结在一起的产业。完整的产业结构,不仅应当包括农产品的生产环节,而且还应包括农产品的加工环节和流通环节。农业产业化就是对农业主导产业实行多层次、多环节、多形式、多元化的优化组合,把生产、加工、

---

① 国家卫生事业财政支出应该向农村倾斜的理由有三:一是城镇的医疗卫生条件已经远远好于农村,继续把有限的卫生事业财政支出向城镇倾斜,既不公平,也不符合经济学有效配置的基本规律;二是城镇居民的收入水平要远远高于农民,他们中的大部分家庭基本可以靠自己的收入"看得起病",而农民微薄的收入确实是"看不起病",很明显,有限的财政资金应该帮助"看不起病"的农民,而不应该把它作为"看得起病"的城镇居民的额外福利;三是改善农村医疗状况,是实现新世纪政府"一号文件"基本目标的有效途径之一。

流通等环节密切地连接起来，逐步形成区域化布局、专业化生产、规模化经营、社会化服务、企业化管理。农业产业化的发展，可以最大限度地实现农业剩余劳动力的有序转移，而且还有利于打破城乡阻隔和工农商业之间的差距，实现城乡之间资源的合理配置，促进区域优势的发挥，加快城乡一体化进程。其次，要调整农村产业结构，大力发展农村工业和服务业。发展农村工业和服务业，需要政府的资金投入和政策倾斜，但根本上还是要依靠农民的自主投资行为，因为他们才是农村经济的主体。为了鼓励农民从事非农产业，政府给予农民优惠政策和初始启动资金的支持是十分必要的。例如，政府可以设立专项资金或某种支持创业计划，直接支持农民的非农产业经营行为；凡是从事家庭非农产业经营的，经过审批和赛选，对于优秀可行的非农产业经营行为，像某些城市里支持大学生创业计划一样，给予1万～10万元创业启动资金。需要强调的一点是，乡镇企业（民营企业）曾经历史性地促进了中国农村剩余劳动力的转移，虽然近年来乡镇企业由于产品结构调整慢、管理落后、技术创新能力低等原因有所衰弱，但乡镇企业（民营企业）仍然是解决中国农村剩余劳动力的一条有效途径。

以上的六条政策建议，是从总体性战略角度提出来的。而本报告的分析还表明，在农民工就业风险问题上，不同个人特征的农民工表现出一定的差异。这表明，在大国经济的前提条件下，多元的文化、广阔的地域、悬殊的收入差异、多年的二元经济结构等多重的因素，使得中国农村劳动力转移的就业风险问题很难用一个统一的模式来解决，而应该采取灵活多样的政策。这就需要各地政府认识到农业劳动力转移的复杂性、困难性和长期性，因地制宜，结合本区特点，采取适宜的政策和方法，降低中国农村剩余劳动力的就业风险，促进本地农民工顺畅的进城务工。

执笔人：孙家蓉　程名望

（本报告部分内容选自：上海立信会计学院中国立信风险管理研究开放课题《中国农业剩余劳动力的就业风险研究》，课题负责人：史清华。）

参考文献

1. 蔡昉，都阳. 迁移的双重动因及其政策含义——检验相对经济地位变化假说. 中国进城农民工的经济社会分析. 北京：社会科学文献出版社，2003

2. 蔡昉，都阳. 迁移的双重动因及其政策含义——检验相对贫困假说. 中国人口科学，2002(4)

3. 陈锡康. 中国城乡经济投入占用产出分析. 北京：科学出版社，1992

4. 陈杨乐. 中国农业剩余劳动力规模及滞留经济代价研究. 人口与经济，2001(2)

5. 程名望，史清华. 农民工进城务工性别差异的实证分析. 经济社会体制比较，2006(4)

6. 程名望，史清华. 中国农村劳动力转移动因与障碍的一种解释. 经济研究，2006(4)

7. 程名望，史清华，刘晓峰. 中国农村劳动力转移：从推到拉的嬗变. 浙江大学学报（人文社会科学版），2005(6)

8. 程名望，史清华，闵远光. 影响我国农村劳动力转移的城镇因素的调查分析. 华南农业大学学报（社会科学版），2005(3)

9. 都阳. 风险分散与非农劳动供给——来自贫困地区农村的经验证据. 数量经济技术经

济研究,2001(1)

10. 樊茂勇,侯鸿翔.二元经济条件下农村隐性失业分析.经济评论,2000(5)

11. 郭熙保.农业剩余劳动问题探讨.经济学家,1995(3)

12. 何景熙.不充分就业:中国农村劳动力剩余的核心与实质——农村剩余劳动力定义与计量新探,调研世界,2000(9)

13. 侯鸿翔,王媛,樊茂勇.中国农村隐性失业问题研究.中国农村观察,2000(5)

14. 胡鞍钢.中国就业状况分析.管理世界,1997(3)

15. 李子奈.如何转移农村剩余劳动力.摘自中经网"中国权威经济论文库""三农问题",2000-6-10

16. 刘建进.一个农户劳动力模型及有关剩余劳动力的实证研究.中国农村经济,1997(6)

17. 陆学艺.农民工问题要从根本上治理.特区理论与实践,2003(7)

18. 史清华,程名望,赵正龙.影响我国农民工进城的农村因素的调查分析.开发研究,2005(6)

19. 史清华,林坚,顾海英.农民进镇意愿、动因及期望的调查与分析.中州学刊,2005(1)

20. 史清华,张跃华,卓建伟.新政实施下农民的反响与增收实绩——以吉苏晋三省为例.农经研究通讯,2006(11)

21. 史清华,卓建伟,郑龙真.农民外出就业及遭遇的实证分析.中国农村经济,2004(10)

22. 王红玲.关于农村剩余劳动力的数量的统计方法与实证分析.经济研究,1998(4)

23. 吴敬琏.农村剩余劳动力转移与"三农"问题.宏观经济研究,2006(6)

24. 夏杰长.我国劳动就业结构与产业结构的偏差.中国工业经济,2000(1)

25. 谢培秀.关于中国农村剩余劳动力数量的估计.中国人口·资源与环境,2004(1)

26. 朱农.论收入差距对中国乡城迁移决策的影响.人口与经济,2002(5)

27. 朱农.中国劳动力流动与"三农问题".武汉:武汉大学出版社,2005

28. 庄核.试论农村剩余劳动力的转移与地区经济的发展.惠州学院学报,2003(4)

29. Assaad, Ragui, Tunal, Insan. Wage Formation and Recurrent Unemployment, Labor Economics Volume: 9, Issue: 1, February, 2002

30. Lewis W. A.. Economic Development with Unlimited Supply of Labour. The Manchester School, May1954

附录 1

表 1

农民工外出就业自身能力风险评价

单位：%

		山东	其中：食品业	其中：装修业	山西煤采业	上海	其中：服装业	其中：家政业	总体	性别：女性	性别：男性	年龄：24 岁－	年龄：25～34	年龄：35 岁＋	受教育时间：6 年－	受教育时间：7～9	受教育时间：10 年＋
就业能力(%)	1 分	4.84	4.92	5.08	3.53	3.94	3.66	4.44	4.17	3.52	4.64	4.72	3.29	5.56	8.33	4.85	1.52
	3 分	16.94	16.39	16.95	11.76	7.09	7.32	6.67	11.90	11.27	12.37	11.32	11.84	11.11	13.33	11.52	10.61
	5 分	26.61	31.15	23.73	48.24	32.28	29.27	37.78	34.23	35.21	33.51	32.08	32.89	43.06	26.67	32.12	46.97
	8 分	48.39	47.54	47.46	23.53	51.18	56.10	42.22	43.15	46.48	40.72	50.00	41.45	36.11	40.00	44.24	36.36
	10 分	3.23	0.00	6.78	12.94	5.51	3.66	8.89	6.55	3.52	8.76	1.89	10.53	4.17	11.67	7.27	4.55
身体素质(%)	1 分	0.00	0.00	0.00	0.00	0.00	0.00	0.00	0.00	0.00	0.00	0.00	0.00	0.00	0.00	0.00	0.00
	3 分	5.69	1.64	10.17	6.10	1.55	1.22	2.13	4.19	4.23	4.17	2.91	4.67	5.33	8.33	3.64	3.13
	5 分	20.33	26.23	13.56	20.73	20.16	20.73	19.15	20.36	23.24	18.23	18.45	20.00	24.00	18.33	18.18	23.44
	8 分	54.47	60.66	47.46	56.10	57.36	56.10	59.57	55.99	56.34	55.73	62.14	53.33	53.33	45.00	55.76	59.38
	10 分	19.51	11.48	28.81	17.07	20.93	21.95	19.15	19.46	16.20	21.88	16.50	22.00	17.33	28.33	22.42	14.06
文化知识(%)	1 分	7.56	8.62	5.26	7.06	4.72	3.70	6.52	6.34	7.97	5.18	7.69	5.41	6.85	12.28	5.49	1.52
	3 分	31.93	41.38	22.81	15.29	22.05	13.58	36.96	23.87	30.43	19.17	29.81	21.62	17.81	29.82	21.34	15.15
	5 分	39.50	29.31	50.88	37.65	58.27	60.49	54.35	46.22	50.00	43.52	45.19	45.95	50.68	42.11	50.61	50.00
	8 分	17.65	18.97	15.79	36.47	12.60	19.75	0.00	20.54	10.87	27.46	14.42	22.97	23.29	12.28	18.90	31.82
	10 分	3.36	1.72	5.26	3.53	2.36	2.47	2.17	3.02	0.72	4.66	2.88	4.05	1.37	3.51	3.66	1.52
务工经验(%)	1 分	3.36	1.67	5.36	7.14	2.40	3.80	0.00	3.96	2.88	4.76	0.95	2.74	11.11	1.72	5.59	3.08
	3 分	10.08	1.67	17.86	22.62	9.60	10.13	8.70	13.11	11.51	14.29	9.52	14.38	13.89	12.07	15.53	13.85
	5 分	26.89	28.33	25.00	42.86	42.40	39.24	47.83	36.89	38.13	35.98	34.29	38.36	40.28	37.93	37.27	43.08
	8 分	50.42	60.00	41.07	22.62	41.60	41.77	41.30	39.94	42.45	38.10	50.48	38.36	26.39	46.55	34.78	36.92
	10 分	9.24	8.33	10.71	4.76	4.00	5.06	2.17	6.10	5.04	6.88	4.76	6.16	8.33	1.72	6.83	3.08
务工技能(%)	1 分	2.52	0.00	5.36	8.33	0.00	0.00	0.00	3.06	0.00	5.24	0.97	0.68	11.11	1.82	5.52	0.00
	3 分	13.45	1.69	26.79	19.05	7.26	6.33	8.89	12.54	11.03	13.61	8.74	15.65	8.33	14.55	14.72	12.31
	5 分	25.21	18.64	28.57	28.57	45.97	43.04	51.11	33.94	39.71	29.84	29.13	38.10	34.72	40.00	33.13	43.08
	8 分	49.58	69.49	30.36	38.10	42.74	45.57	37.78	44.04	46.32	42.41	55.34	37.41	41.67	36.36	39.88	41.54
	10 分	9.24	10.17	8.93	5.95	4.03	5.06	2.22	6.42	2.94	8.90	5.83	8.16	4.17	7.27	6.75	3.08

表2

农民工外出就业环境风险评价

单位：%

		山东	其中：食品业	其中：装修业	山西煤采业	上海	其中：服装业	其中：家政业	总体	性别：女性	性别：男性	年龄：24岁一	年龄：25～34	年龄：35岁十	受教育时间：6年一	受教育时间：7～9	受教育时间：10年十
城镇总体就业环境（%）	1分	6.67	1.69	12.28	2.35	2.83	2.56	3.57	4.18	0.81	6.42	2.91	4.44	5.97	2.00	5.81	4.84
	3分	20.00	3.39	36.84	14.12	22.64	21.79	25.00	19.29	21.77	17.65	19.42	17.04	23.88	26.00	20.00	22.58
	5分	35.83	44.07	24.56	47.06	46.23	48.72	39.29	42.44	41.94	42.78	46.60	39.26	44.78	38.00	44.52	43.55
	8分	32.50	47.46	19.30	30.59	24.53	23.08	28.57	29.26	32.26	27.27	27.18	34.07	20.90	28.00	24.52	22.58
	10分	5.00	3.39	7.02	5.88	3.77	3.85	3.57	4.82	3.23	5.88	3.88	5.19	4.48	6.00	5.16	6.45
政治环境（%）	1分	6.42	0.00	10.71	3.75	10.64	12.16	5.00	7.07	4.72	8.47	4.35	8.20	9.09	7.50	11.11	1.67
	3分	16.51	0.00	30.36	15.00	19.15	20.27	15.00	16.96	17.92	16.38	18.48	15.57	18.18	20.00	18.06	20.00
	5分	45.87	63.27	30.36	37.50	40.43	36.49	55.00	41.70	49.06	37.29	50.00	37.70	37.88	40.00	36.11	46.67
	8分	28.44	36.73	23.21	37.50	27.66	28.38	25.00	30.74	28.30	32.20	25.00	33.61	31.82	32.50	29.17	28.33
	10分	2.75	0.00	5.36	6.25	2.13	2.70	0.00	3.53	0.00	5.65	2.17	4.92	3.03	0.00	5.56	3.33
经济环境（%）	1分	7.08	0.00	12.07	2.44	7.14	7.89	4.55	5.80	1.79	8.29	2.15	5.51	11.76	12.20	6.00	4.92
	3分	16.81	1.96	29.31	19.51	25.51	26.32	22.73	20.48	25.00	17.68	19.35	24.41	16.18	21.95	23.33	22.95
	5分	42.48	52.94	32.76	45.12	44.90	39.47	63.64	44.03	44.64	43.65	47.31	42.52	44.12	34.15	45.33	44.26
	8分	28.32	41.18	18.97	25.61	22.45	26.32	9.09	25.60	27.68	24.31	29.03	22.05	23.53	29.27	21.33	22.95
	10分	5.31	3.92	6.90	7.32	0.00	0.00	0.00	4.10	0.89	6.08	2.15	5.51	4.41	2.44	4.00	4.92
文化环境（%）	1分	10.19	0.00	19.30	0.00	8.25	9.33	4.55	6.60	0.95	9.84	4.49	8.73	5.88	12.82	5.37	9.68
	3分	23.15	8.51	33.33	22.89	22.68	24.00	18.18	22.92	22.86	22.95	23.60	19.84	29.41	30.77	24.83	22.58
	5分	41.67	65.96	21.05	42.17	34.02	36.00	27.27	39.24	45.71	35.52	52.81	34.92	32.35	30.77	34.90	43.55
	8分	19.44	19.15	21.05	28.92	34.02	29.33	50.00	27.08	27.62	26.78	14.61	33.33	26.47	25.64	29.53	22.58
	10分	5.56	6.38	5.26	6.02	1.03	1.33	0.00	4.17	2.86	4.92	4.49	3.17	5.88	0.00	5.37	1.61
城镇就业条件要求（%）	太苛刻	20.33	0.00	38.33	7.14	21.95	20.25	25.00	17.58	14.89	19.58	7.69	21.19	25.71	23.33	21.47	14.06
	较苛刻	31.71	23.33	40.00	53.57	46.34	39.24	59.09	42.73	43.26	42.33	39.42	45.70	40.00	41.67	43.56	53.13
	正　常	40.65	73.33	10.00	33.33	30.08	37.97	15.91	34.85	40.43	30.69	49.04	29.14	27.14	30.00	30.06	29.69
	较宽松	4.88	3.33	6.67	5.95	1.63	2.53	0.00	3.94	1.42	5.82	3.85	2.65	5.71	5.00	3.07	3.13
	很宽松	2.44	0.00	5.00	0.00	0.00	0.00	0.00	0.91	0.00	1.59	0.00	1.32	1.43	0.00	1.84	0.00

附录 2

外出农民就业活动的调查问卷(城镇或工矿)

亲爱的工友们:

为了了解和改善你们在城镇的务工和生活条件,我们开展了这次调查。请你在百忙之中抽出宝贵时间支持我们,十分感激!

填表说明:首先认真阅读调查表,然后在"横线"上直接填写;选择题直接在答案文字上打"√"。

1. 调查地点:________________省________________县市区________________

2. 调查时间:2006 年____月____日

A. 被调查者的情况

1. 姓名________年龄________性别________文化程度________读书时间________年。

2. 务工单位________________________务工类型________。

3. 你有/没有手机,有:手机号码:__________(利于我们进一步和你交流或沟通信息)。

4. 你结婚/否?若已婚,她(或他)现在的工作是:在家务农/一起在城镇务工/其他。

你有孩子吗?如果有,孩子现在放在农村老家/带在身边/其他。

5. 你老家居住在________省(市区)________县(市区),属平原/丘陵/山区?距中心(集贸)镇或市场大约________公里?交通:方便/不方便?老家距打工地的大约________公里?

6. 你家有/没有承包耕地?如果有:承包________亩。你外出务工,农忙季节返家吗?返/不返。

B. 进城务工的动因与障碍

1. 你选择外出打工的主要动因有(可多选,排序):农村推力:a. 在家收入太低 b. 家里劳力多,在家没事干 c. 农村太穷,生活太苦 d. 农村税费太重,种地不合算 e. 农村没有太多发展或致富机会 f. 农村精神生活太匮乏;城镇拉力:a. 进城务工收入高 b. 外出开开眼界 c. 到外学点技术或才干 d. 城镇生活方便,生活条件好 e. 向往、喜欢城镇的生活方式 f. 别人都外出,受其影响。

2. 到城镇务工,家里你最放心不下和使你最留恋的是(可多选,排序):a. 农村承包地 b. 农村宅基地 c. 农村较宽松的计生政策 d. 近期党的一系列富农政策 e. 农村的亲邻乡情和生活习惯 f. 其他。

3. 你到城镇务工最希望政府给予的帮助是:a. 工作较稳定 b. 有低价住房提供 c. 提供户口、子女入学等平等机会 d. 提供城镇医疗、失业保险等社会保障 e. 其他。

4. 户籍制度是制约你进城务工的第一原因吗?是/否。如果户籍制度松动,你可以轻易拥有城镇户口,你愿意/不愿意在城镇永久居住吗?

C. 进城务工的途径与费用

1. 进城的主要途径是:a. 自己进城(自己没有目标地贸然进城务工;自己重返往年务工过的企业;从报纸、广播、电视等媒体得到信息后自己进城) b. 企业直接来农村招工 c. 社会亲情网络(城中有亲戚;朋友、老乡或本村邻居带领或介绍) d. 随工头进城/由政府机构组织进城(乡、镇或县就业服务站) e. 由民间中介机构组织进城 f. 其他途径。

2. 2005 年你进城务工的费用(指你从离家到开始工作之前的所有花费,包括路费、餐饮住宿费、劳务信息费、企业押金、临时居住证费等)共计________元,2005 年你返乡费用(返乡时的路费、食宿等费用)共计________元。

3. 上个月你在城务工费用(是指你在城务工时的总花费,如食宿、医疗、零花、交友、娱乐、购买衣服及日用品等费用)为_______元。

D. 就业与资金流动

1. 你家2005年的纯收入是_______元。2005年,你外出_______天。总收入为_______元。你上个月收入为_______元(含各种津贴和资金)。有/没有往家里寄钱。若有你往家寄了_______元?是通过 a. 邮局 b. 银行 c. 由别人带回去 d. 其他途径。一般地,你_______天往家寄一次钱。

2. 你今年是_______月_______日外出打工的。你进城镇找到第一份工作共花费了_______天。至今有/没有过跳槽(就是更换务工企业)。若有:跳槽的原因在于企业对我不满意/我对企业不满意。

3. 你目前的工作单位工资发放是/否按时?有/没有交押金?有/没有拖欠工资现象?你对目前的工资感觉:非常满意 10—8—5—3—1 不满意(选一数字)。单位对你有/没有进行过技术培训?

4. 你对在城镇就业的信心:非常有 10—8—5—3—1 没有;在城镇永久定居的信心:非常有 10—8—5—3—1 没有。如果没有,首要原因是:a. 经济原因(在城务工的收入不足于支持自己在城镇永久定居) b. 制度原因(户籍、子女入学等制度的限制) c. 风险因素(担心自身能力不能在城镇有持久稳定的工作、社会保障不足等)。

E. 就业风险与保障

1. 在你外出就业过程中,与雇主是/否签订劳动用工合同?若是,在签订时,你对合同条款的了解程度:非常了解 10—8—5—3—1 不了解。有/没有对个别条款作出重新修订的经历?若没有:你对合同条款的平等性评价:非常平等 10—8—5—3—1 不平等。你对合同在保护你的合法权益方面的作用评价:非常有用 10—8—5—3—1 没用。若未签订劳动用工合同,你对你的就业权益自我保护信心:非常足 10—8—5—3—1 不足;对老板的信誉评价:非常高 10—8—5—3—1 不高。

2. 你外出就业面临的主要风险有(可多选):a. 找工作困难 b. 子女在城镇就学难 c. 工资较低或拖欠 d. 生病就医困难 e. 失业或年老后没有经济来源 f. 受到歧视或人身伤害 g. 其他(_______)。

3. 对于外出就业的风险,你认为主要来源是(可多选,排序):a. 自身的能力不足 b. 城镇就业环境对农民工不利 c. 城镇就业条件越来越高(__________)。

4. 对于进城务工的就业风险,你总体感觉是:非常大 10—8—5—3—1 不大。你应对风险的态度:a. 很可怕,严重制约了自己进城务工 b. 很正常,对自己进城务工影响不大。

5. 外出就业风险的存在是/否为你考虑进城务工一个原因?若是,是/否为你考虑的首要原因?

6. 在外打工时,你有/没有受歧视的感觉?若有:表现在:a. 找工作时 b. 在朋友眼里 c. 在领导眼里 d. 在酒店消费时 e. 在商场购物时 f. 其他。有/没有遇到过:a. 被抢劫 b. 被偷 c. 被勒索 d. 人身意外伤害等现象?

7. 你有/没有听说过保险?你认为现在外出就业最需要的保险(可多选,并排序):a. 养老保险 b. 医疗保险 c. 交通工具保险 d. 家庭财产保险 e. 人身意外伤害保险 f. 失业保险 g. 其他(__________)。

8. 你愿意自己购买保险吗?愿意/不愿意。如果务工企业或政府机构为你承担一部分保险费(50%左右),你愿意购买保险吗?愿意/不愿意。如果你没有参加过保险,原因是(可多选):a. 没有钱 b. 保险不可靠 c. 没有必要 d. 不了解保险 f. 其他。

9. 你对《劳动法》、《工伤保险条例》等国家法规了解程度:非常了解 10—8—5—3—1 不了解。在外出务工中,如果遇到工资被拖欠、人身伤害等侵害,你想到/没想到过用法律维护自己的权利吗?愿意/不愿意用法律维护自己的权利吗?如果不愿意是因为:a. 太繁琐 b. 对法律是否能维护自己的权益没有信心 c. 担心打官司花钱 d. 其他。法律法规对你的就业风险起到的作用评价:非常大 10—8—5—3—1 不大。

10. 你知道/不知道"三金"(失业保险金、医疗保险金、养老保险金)的含义是什么?你务工的企业给你交纳/没交纳"三金"了吗?如果有,是从_______年开始交纳的?

F. 劳动力就业风险评价

1. 对于自己的就业能力，你给自己打10—8—5—3—1分。其中，身体素质你给自己打10—8—5—3—1分。知识文化你给自己打10—8—5—3—1分。务工经验你给自己打10—8—5—3—1分。务工技能你给自己打10—8—5—3—1分。

2. 对于目前城镇总体就业环境，你给打10—8—5—3—1分。其中，政治环境你给打10—8—5—3—1分。经济环境你给打10—8—5—3—1分。文化环境你给打10—8—5—3—1分。

3. 对于目前城镇对就业条件的要求，你认为太苛刻(1分)/一般(3分)/正常(5分)/宽松(8分)/非常宽松(10分)。

中国城镇就业风险研究

一、城镇就业基本情况描述

劳动力的充分就业是一国经济发展所追求的目标。在发展中国家，就业的增长意味着收入的提高和生活水平的改善，是摆脱贫困的必由之路。在发达国家，扩大就业和减少失业是维持市场强劲、社会稳定、增长具有可持续性的重要保证。因此，从某种意义上说，在现代社会，就业就是经济增长的目的所在。

中共十六大报告明确指出，就业是民生之本，扩大就业是中国当前和今后长时期重大而艰巨的任务，各级政府必须把改善创业环境和增加就业岗位作为重要职责。中共十六届四中全会通过的《关于加强党的执政能力建设的决定》在规划、部署加强党的执政能力建设的任务时，提出了构建社会主义和谐社会的全新思想。和谐社会是一个庞大的系统工程，需要社会的政治、经济、文化等各方面的协调和配合，其中，实现充分就业是构建和谐社会的基本要求之一。

就业风险，并非指个体遭遇失业的可能性，而是指大面积个体失业可能引发的重大经济和社会风险。摩根史坦利首席经济学家斯蒂芬·罗奇认为："中国经济未来面临的最大问题是中国内部问题，尤其是就业①。"这一论断还没有考虑到中国正在高歌猛进的城市化带来的大量失地农民，事实上问题将更为严重。中国社会科学院《社会形势分析与预测》课题组在对2005～2006年中国社会形势的分析与预测中明确指出，"就业形势总体上仍处于供大于求的紧张局面"②。失业正成为中国面临的首要社会风险。

2006年中国城镇就业风险将增加。在社会保险水平有限、劳动者和社会对高失业风险承受能力有限的情况下，为了配合改革，确保经济发展和社会稳定，有必要对就业风险进行研究，以便有效地控制就业风险。

（一）就业风险的内涵

就业具有经济效益和社会效益，如果一个社会中失业问题严重，就会对人类生活状态产生一定的不良影响，导致经济、社会方面的负效益或损失。对就业风险的定义可以分为两类：一类指的是个体遭遇失业的可能性，可以称做个人就业风险；另一类指的是大面积个体失业可能引发的重大消极的经济和社会后果，可以称做社会就业风险。本报告所研究的就业风险指的是第二类，即社会就业风险。具体来说，失业会降低失业者的生活水平，损害失业者的身心健康，影响和威胁社会稳定，导致劳动力资源浪费，减少国民收入。如果失业问题解决不好，经济问题往往会演变为"倾覆"社会的政治问题。

---

① 转引自虞立琪.失业渐成中国经济头号风险.商务周刊，2004(2)

② 中国社会科学院《社会形势分析与预测》课题组.2005～2006年中国社会形势分析与预测.中国经贸导刊，2006(1)

1. 经济风险

(1) 失业导致产出和收入的减少,造成国民财富的巨大损失。国内外经验表明,充分就业是经济增长的重要源泉。例如,1970～1995 年间,在东亚超出常规水平的高速经济增长中,劳动年龄人口比重高这一因素的贡献比率高达 1/3～1/2。而西方经济史表明,新大陆的人均 GDP 增长率比旧大陆高出的部分,大约有 90%～100%可以归结为前者在劳动供给方面的优势。中国改革开放以来的经济增长源泉可以分解为物质资本积累、劳动力数量保障、教育水平提高、劳动力跨部门跨地区转移和生产率改进(蔡昉、王德文,1999),这分别都得益于具有一个庞大的劳动年龄人口,从而有助于保持较高的劳动参与率、就业率和储蓄率。相反,失业的增加意味着经济增长的损失。国际货币基金组织也指出:"用 GDP 百分比衡量的长期经济成本,与失业率本身的程度大小是相同的①。"美国经济学家阿瑟·奥肯提出了失业率与实际国民收入经验统计规律,即著名的奥肯定律——失业率每增加 1%,实际国民收入就减少 2.5%。虽然不同时期、不同国家这个比例不尽相同,但失业率与国民收入增长率之间呈反方向变动,这点是肯定的。国内学者的一些研究也支持这一观点。据胡鞍钢(1999)研究,1996～1998 年中国失业增加所造成的经济损失占当年 GDP 的 2%～7%。据郭庆松(1999)估计,中国城镇实际失业率高出自然失业率 2.03 个百分点,城镇实际国民收入相对于充分就业国民收入而言要损失 6.77 个百分点。

(2) 大量失业导致人力资本的流失,造成劳动力资源的巨大浪费。在现代生产状况下,劳动力不只是能在一天生产超过自身所含有的和所消耗的价值,而且,随着每一项新的科学发现、新的技术发明,劳动力的一天产品超出该天费用的余额也在不断增长着。劳动力的这种特性,决定了对人力资源必须充分开发利用。失业者不仅不能创造财富,而且要消耗社会财富,是一种巨大的浪费。目前,中国各种形态的闲置劳动力有 2 亿人左右,每个劳动力 1 年创造的国内生产总值按 1 万元计算,则如果有充分的就业岗位,中国每年就可多创造 20 000 亿元的国内生产总值(余士好,2005)。

2. 社会风险

(1) 失业导致贫困加剧。对失业者个人来说,失业最明显的经济成本是失业者就业收入损失,生活收入减少。如果失业是短期的,失业对失业者个人及家庭影响不会很严重,因为他们可以动用储蓄来维持他们的生活水平。然而,一旦失业长期化,失业者及家庭将被迫改变他们的生活方式,如减少食物、衣服、服务、文化娱乐等方面的消费,严重的甚至变卖家产或迁居到更便宜的地方居住,最终陷于贫困。

薛进军(2002)利用 1999 年六个省份城市住户收入抽样调查的数据分析发现,有失业人口中的住户由于收入很低而陷入贫困。失业是城市贫困的重要原因之一。

(2) 失业导致分配不公,破坏社会安定和谐。社会主义和谐社会是全体人民各尽其能、充满创造活力的社会,是全体人民各得其所和利益关系得到有效协调的社会,是稳定有序、安定团结、各种矛盾得到妥善处理的社会。对于劳动者个人而言,劳动力作为一种具有时效性的资源,会随着时间的推移而消失,失业期间劳动力的浪费使得劳动者丧失了部分参与国民收入正常分配的机会。不仅如此,在失业期间,由于劳动者缺乏工作机会,不但浪费了现有的工作技能,而且由于脱离工作岗位,无法积累新的工作技能,结果又丧失了在未来劳动力市场上的竞

① International Monetary Fund(IMF)(1994), World Outlook, Washington, DC: May.

争力，进而永久性地丧失获得较高就业收入的机会。长此以往的恶性循环使一部分劳动者被排斥在正常的经济活动之外，失去了主要的生活收入来源，使社会分配不公的问题更加突出，贫困悬殊的现象越来越严重。同时，失业人口的存在易于导致社会的经济利益分配格局出现失衡，从而造成社会环境的不稳定和诸多社会问题的出现。中国的社会保障制度尚未完善起来，如果长期失业得不到解决，失业人口等于断了生路，基本生活都成为问题，偷盗、抢劫、杀人等社会治安问题就会越来越多。中国近年来许多地方的犯罪率上升，恶性案件增加，多同失业人口的增加有关。许多专家学者也指出，大量失业人口的存在是社会秩序稳定的最大威胁。

（二）2006 年中国面临的就业形势和风险①

2006 年，中国劳动力供给增量达到峰值，供给总量快速增长。但经济增长的就业弹性较低，劳动力需求难以大幅增长，劳动力总量仍然严重供过于求。就业的结构性矛盾随着结构调整和产业升级的推进而日益突出，增加了就业难度。主要表现在六个方面。

1. 劳动力供大于求，就业压力进一步加大

2006 年，16 岁以上人口数量增长达到高峰，劳动力资源增量有 1 700 多万人。预计全年城镇需要安排就业总量约 2 500 万人，其中城镇新成长劳动力约 900 万人、下岗人员 460 万人、城镇登记失业人员 840 万人、按政策需在城镇安排就业的农村劳动力和退役军人 300 万人。从需求情况来看，如果经济增长和就业弹性保持近年水平，2006 年可增加就业岗位 800 万个左右，加上自然减员提供的就业岗位，预计城镇可新增就业人员约 1 100 万人。劳动力供大于求将达到 1 400 万人，比 2005 年增加 100 万人。

2. 困难地区、困难行业和困难群体的就业问题更为突出

目前，国有企业下岗职工约 60 万人，集体企业下岗职工约 400 万人，今后 3 年国企实施政策性破产还需安置 360 万人，企业改制约有 300 万职工需要分流安置。在已实现再就业人员中，就业稳定性较差的约有 1/3。资源枯竭型、困难城市和困难行业中，由于传统产业衰退、失业人员积累多、失业周期拉长，再就业矛盾更为突出。面临就业困境的还有近年迅速增加的失地失业农民，亟须纳入就业政策扶持范围。

3. 农村劳动力转移就业规模加大，就业服务亟待加强

2006 年，全国劳动力供给增量中，约有 60%是农村新增劳动力，其中绝大部分需要到城镇寻找就业机会，农村劳动力转移就业的任务十分艰巨。同时，农村劳动力转移就业环境和服务亟待改善，特别是在农村劳动力较多的中西部地区，存在服务设施和设备短缺陈旧、教师和管理人员不足且素质较低等问题，这严重制约着农村劳动力转移就业的扩大和稳定。

4. 高校毕业生依然面临结构性就业难题

2006 年，全国普通高校毕业生达 413 万人，比 2005 年增加 75 万人，就业压力进一步加大。从地区分布来看，东部沿海发达地区和大中城市劳动力需求相对旺盛，而西部地区需求不足。从学历层次来看，就业困难者主要集中在大专和高职毕业生，重点院校、热门专业供不应求。多数新增毕业生的就业岗位层次趋于下降，薪酬、福利减少；非正规就业岗位比重增加，适合高校毕业生就业的高端服务业岗位不足；部分东部城市开始讨论人口控制政策，有可能造成东部就业空间的紧缩；以就业和社会需求为导向的高等职业教育改革仍需进一步深化。

---

① 参见国家发改委：2006 年就业面临问题及政策建议，http://www.sdpc.gov.cn，2006 年 2 月 14 日。

5. 初、高中毕业生继续处于政策边缘化状态，退役军人就业问题比较突出

2006年，进入劳动力市场的初、高中毕业生继续增加，总量达到480多万人。加上城镇还有200万左右的往届初、高中毕业生处于失业(受登记制度限制，多数未登记)状态，初、高中毕业生的就业矛盾不可忽视。这些初、高中毕业生普遍缺少职业技能，又难以得到直接的政策扶持，与下岗人员相比，在就业竞争中处于不利地位，需要引起更多关注。近年来，每年约有30多万退役军人需要在城镇安置就业，2006年，军队缩减员额，数量将有所增加。虽然安置人员总量并不很多，但是受社会就业形势严峻和体制政策不完善影响，其就业安置工作仍面临较大困难。

6. 产能过剩、经济波动和贸易摩擦所引发的就业风险增加

2006年，由投资过快增长、结构不合理引发的产能过剩以及能源、纺织、房地产、汽车等行业供求关系的变动，都将直接或间接对就业增长产生影响。特别是经济增长方式转变要求整顿甚至关闭一些高耗能、高污染企业，大量人员的分流安置问题不容忽视。国际贸易关系对就业的影响将更加显著。2006年是全球纺织品贸易配额取消后的第二年，中国纺织业在面临发展机遇的同时，也面临来自美欧等国以及一部分发展中国家变相设限、贸易摩擦加剧的风险，对国内就业的负面影响将进一步加大。

二、就业风险因素识别

(一) 基本分析框架

就业与失业是对称的，因此，影响失业的原因同时也是影响就业风险的原因(见图1)。从经济学角度看，失业是劳动力市场供给和需求的失衡，出现了劳动力供大于求的状况。尽管失业是市场经济社会必然的经济现象，然而各国造成失业的原因各不相同。

- 失业类型
  - 自愿性失业
  - 非自愿性失业
    - 周期性失业
    - 结构性失业
    - 摩擦性失业
    - 季节性失业

图1 失业及就业风险类型

按照失业的原因，失业可以分为两种类型：自愿性失业、非自愿性失业。自愿性失业对劳动力市场供给不产生影响，因此，不是就业风险研究所要考虑的对象。而非自愿性失业是我们需要重点研究的。找出导致非自愿性失业的经济原因，也就是找到了就业风险因子。当然，制度性原因对非自愿失业也有重大的影响，但这一影响在短期内一般是不可改变的，且制度原因能够直接影响宏观经济和企业微观生产的所有经济指标，从而影响到失业。一旦制度有重大的变化，将会影响到就业风险。

制度原因造成的"隐蔽性失业"也是模型研究的难点。不过，从2001年起，大部分地区的企业劳动力调整不再通过下岗这一方式来进行，而是直接通过失业的方式来进行。因此，城镇"隐蔽性失业"问题已得到较大幅度的解决。

在非自愿性失业中，根据失业时间的长短和原因的不同，又可以分为以下几种类型：周期性失业、结构性失业、摩擦性失业、季节性失业。

周期性失业是指总需求不足引起的失业。它一般出现在经济周期的萧条阶段。由于劳动力需求是一种“引致需求”,在经济周期波动过程中,当总需求下降时,对产品和劳务的需求减少,会引起对劳动力需求的减少,进而引起整个经济体系的一般性失业。周期性的失业是就业风险的主要内容,因此,是分析就业风险的重要因素。

结构性失业是指由于经济结构、体制、增长方式等的变动,使劳动力在包括技能、经验、工种、知识、年龄、性别、主观意愿、地区等方面的供给结构与需求结构不相一致而导致的失业。经济发展的过程其实就是经济结构变动的过程。这种变动要求市场重新进行劳动力资源的配置,以适应经济结构的变化。在配置过程中,大量素质低、技能老化的劳动者因难以适应市场的要求,无法进入新的产业部门而失业。同时,新兴产业的迅速发展,使适合该产业发展需求的劳动力出现暂时性短缺,从而造成了结构性失业。对于加入 WTO 的中国而言,其经济结构和产业结构的调整要纳入全球一体化,结构性失业问题将会更加严重。因此,经济结构性因素造成的就业风险也是需要重点考虑的。

摩擦性失业是指因劳动者正常流动或生产中不可避免的摩擦造成的短期、局部性失业。例如,刚进入劳动力市场和正在寻找工作的劳动者,或因劳动力需求的随机波动导致一些人不得不暂时处在工作交换甚至职业变换状态中。目前,由于我国劳动力市场的不够完善,造成供求信息严重阻塞;劳动力流动不畅;职业中介机构发展不足,管理滞后;就业服务体系不够健全,致使摩擦性失业频繁发生。因此,虽然在发达国家经济运行中,摩擦性失业是劳动力市场的常态状况,但研究中国的失业问题时,必须重视摩擦性失业的存在。

季节性失业可能导致短期内劳动力市场的失衡,在研究中可以放在次要的地位。

(二)就业风险的基准度量指标

失业率是衡量劳动力市场绩效的重要指标。高失业率,不仅表明大量劳动力处于闲置状态,带来劳动力资源的巨大浪费,而且有可能引发严重社会问题,如城市贫困和社会不稳定等等。为了治理失业问题,发达国家和多数发展中国家都有相当完备的失业统计制度和指标体系,用来监测劳动力市场趋势,以便采取积极有效的政策措施,促进和扩大就业,削弱失业问题对个人、家庭和社会的冲击和负面影响。

目前,中国对失业的统计调查包括:劳动部门城镇失业登记、统计部门城镇失业以及大量的零星调查。其中主要以城镇登记失业统计调查和城镇调查失业为主。

1. 城镇登记失业统计和城镇登记失业率

城镇登记失业人员是指有非农业户口,在一定的劳动年龄内(16 岁以上及男 50 岁以下,女 45 岁以下),有劳动能力,无业而要求就业,并在当地就业服务机构进行求职登记的人员。

中国在现行城镇登记失业率的统计中存在如下值得探究的问题:

(1)统计体系问题。中国城镇登记失业率的计算公式为:

$$\begin{aligned}\text{城镇登记失业率} = {} & \text{城镇登记失业人数} \Big/ \big(\text{城镇单位从业人员} - \text{使用的农村劳动力} - \text{聘用的离退休人员} - \text{聘用的港澳台及外方人员} + \text{不在岗职工} \\ & + \text{城镇民营业主} + \text{城镇个体户主} + \text{城镇民营企业个体从业人员} + \text{城镇登记失业人数}\big) \times 100\%\end{aligned}$$

但在实际统计中,由于劳动力市场指标体系还不健全,仍存在一些漏洞:第一,真正失业的人员由于种种原因没有去登记,而从事着有收入的劳动的人员仍在领取失业保险金;第二,有的城市失业者以农村剩余劳动力的身份在本市或另外一个城市谋取一份就业机会,而在当地就业管理部门中仍保留着失业者的身份;第三,下岗职工和农村剩余劳动力排除在失业统计之外等。

(2) 统计口径问题。由于上述统计指标体系的问题,在这计算公式中,对影响失业率高低的两个主要因素,即作为分子的失业人数和作为分母的经济活动人口数的统计没有严格保持统一口径(这是计算过程的最基本要求)。

(3) 人为因素。由于失业率的高低和政府对当地领导干部的政绩考核有关,有些地区存在人定数字等问题。另外,中国县以下的地区没有专职统计员,现有的统计员大多没有经过统计学知识的专门训练,有些地区统计误差较大。这一切都使得登记失业率的数据从基础统计开始就有失真之处。

因此可以说,城镇登记失业率大大低估了中国城镇的真实失业水平(蔡昉,2004)。

2. 城镇调查失业统计和城镇调查失业率

城镇失业人员是指城镇常住人口中一定年龄以上,有劳动能力,在调查期间无工作,当前有就业可能并以某种方式寻找工作的人员。在城镇劳动力调查中,将城镇16岁及以上,具有劳动能力并同时符合以下各项条件的人员列为失业人员:第一,在调查期间内未从事为取得劳动报酬或经营利润的劳动,也没有处于就业定义中的暂时未工作状态;第二,在某一特定期间内采取了某种方式寻找工作;第三,当前如有工作机会可以在一个特定期间内应聘就业或从事自营职业。城镇调查失业率的计算公式为:

$$城镇失业率=\frac{城镇失业人数}{城镇就业人数+城镇失业人数}\times 100\%$$

城镇调查失业率是利用国家统计局城镇劳动力住户抽样调查数据估计得出的。该调查按照国际上通行的就业定义,可以计算得到比较准确的调查失业率。但是,该调查的结果并没有全部公布,因此,也不能获得实际失业率,我们可以利用其提供的信息估计调查失业率。

(三) 就业风险因子分析

作为社会统计指标体系中的一个子系统,它首先要应满足一般指标体系的基本要求:① 规范性,即所设计的指标应尽量采用国际国内权威统计机构发布的规范化的统计数据;② 综合性,即要求就业风险指标具有高度的概括性,能准确地反映纷繁复杂的就业问题的本质;③ 敏感性就是要求指标的灵敏度高,即指标的细微变化能直接映射出劳动力的供求发展变化;④ 互补性,即要求指标体系内的各个指标能互相联系、互相补充;⑤ 可操作性,即要求每一指标都能有精确的数值表现;⑥ 特殊性,由于就业风险在不同地区、不同时期的成因及影响程度不同,因而在指标设计中必须根据国情和各地区的特点和阶段性特点,突出主要矛盾和矛盾的主要方面,恰当地确定各因素的相关系数,以提高风险预测的准确性。按照就业风险指标体系的规范性、综合性、敏感性、互补性、可操作性、特殊性的基本原则,我们选择以下宏观经济指标作为就业风险因子。

(1) 国民经济发展指标。该指标主要包括:GDP增长率(X_1)、工业增加值增长率(X_2)、第三产业增加值增长率(X_3)。

(2) 劳动力供给指标。劳动力供给对就业风险有直接的影响,过多的劳动力供给是造成失业的重要原因,用“人口自然增长率(X_4)”指标来反映劳动力供给水平。

(3) 投资指标。投资增加了企业的生产能力,并对用人数量产生了较大影响,用“全社会固定资产投资增长率(X_5)”指标来反映投资的影响。

(4) 财政政策指标。财政政策对就业的影响既有总量方面，又有结构方面。它在扩大就业需求和就业容量上的作用，会逐渐表现出来。从短期来看，不能很快地扩大劳动力需求。但从长期来看，财政政策不失为促进就业量扩大的政策手段。该指标主要包括：财政支出总额增长率(X_6)、抚恤和社会福利支出增长率(X_7)。

(5) 生活和价格指标。该指标包含了各种物价指标及构成、城乡居民收支情况等，它对失业的影响较直接，代表通货膨胀的水平，往往被认为与失业率呈此消彼涨的关系，用“商品零售价格指数(X_8)”指标来反映生活和价格水平。

(6) 贸易指标。贸易指标是产品走向最终消费的重要环节，是经济的晴雨表，代表了经济的活跃程度，也较能反映失业的状况，用“出口总额增长率(X_9)”指标来反映。

三、就业风险计量、评价和预测

(一) 就业风险计量的方法、模型

1. 就业风险计量的模型

由上文分析可知，失业率预测模型的描述公式为：

$$U=F(X_1,X_2,X_3,\cdots,X_i)$$

其中，U 代表失业率，X_i 代表影响失业的各种经济总量和结构因素。

2. 数据来源和处理

城镇调查失业人数和调查失业率计算方法如下：用城镇经济活动人口减去城镇就业人口，即可得出失业人口。城镇经济活动人口系用国家统计局提供的城乡加总数，减去农村就业人口数得出。由于农村家庭承包制保证了每个人拥有一块责任田，农村劳动力要么被视为在非农产业就业，要么被视为农业就业，失业率很低。所以，在不能获得农村真实失业率的情况下，我们假设农村经济活动人口的失业率为零，因而把农村就业人口与农村经济活动人口视为相等不会产生很大误差。其他数据均来自《中国统计年鉴》、《中国劳动统计年鉴》1978～2005 年的年度数据。①

我们对影响失业率的因素进行统计分析筛选后，得到以下 9 个反映失业率的主要因素。就业风险因子值，如表 1 所示。

表 1

就业风险因子值

单位：%

年份	X_1	X_2	X_3	X_4	X_5	X_6	X_7	X_8	X_9
1978	5.30	0.00	0.00	0.00	12.00	.00	0.00	0.00	0.00
1979	5.40	7.60	8.70	7.80	11.61	4.63	14.23	16.92	2.00
1980	4.90	8.40	13.70	6.40	11.87	4.08	−4.13	−8.14	6.10
1981	3.80	6.10	2.10	12.00	14.55	5.50	−7.36	6.94	2.60

① 城镇调查失业率和城镇调查失业人数来自于作者参照蔡昉(2004)方法计算所得。利用该方法获得的调查失业人数与《中国劳动统计年鉴》公布的 1995～1997 年 3 年的数据是一致的。

(续表)

年份	X_1	X_2	X_3	X_4	X_5	X_6	X_7	X_8	X_9
1982	3.20	11.00	7.20	16.40	15.68	27.99	8.04	−1.34	2.10
1983	2.30	14.50	12.80	21.70	13.29	16.26	14.60	12.18	1.70
1984	1.90	22.40	21.50	31.80	13.08	28.11	20.68	4.66	3.20
1985	1.80	22.90	30.20	35.80	14.26	38.82	17.83	23.81	10.40
1986	2.00	17.10	19.00	28.10	15.57	22.70	10.01	14.22	7.70
1987	2.00	24.30	28.40	37.40	16.61	21.51	2.60	5.12	−7.70
1988	2.00	26.40	37.20	39.30	15.73	25.37	10.12	11.68	44.60
1989	2.60	10.60	14.20	18.10	15.04	−7.22	13.35	18.75	30.70
1990	2.50	10.40	9.90	8.20	14.39	2.42	9.20	10.97	4.30
1991	2.30	25.90	43.90	32.00	12.98	23.85	9.83	22.31	6.00
1992	2.30	43.80	73.80	49.00	11.60	44.43	10.50	−1.29	11.50
1993	2.60	49.00	84.90	53.90	11.45	61.78	24.05	13.27	29.70
1994	2.80	52.40	96.00	54.90	11.21	30.37	24.78	26.40	55.30
1995	2.90	49.50	84.70	54.30	10.55	17.47	17.80	21.36	45.90
1996	3.00	50.30	86.10	57.10	10.42	14.46	16.32	10.89	21.70
1997	3.20	51.30	87.60	70.90	10.06	8.85	16.33	11.02	3.00
1998	3.10	47.30	76.70	61.30	9.14	13.89	16.94	20.49	−9.90
1999	3.10	49.70	80.00	74.10	8.18	5.10	22.13	5.03	−11.10
2000	3.10	59.00	99.70	84.60	7.58	10.26	20.46	18.43	−5.40
2001	3.60	63.10	96.90	97.50	6.95	13.05	18.99	25.18	−2.80
2002	4.00	74.80	121.20	109.50	6.45	16.89	16.67	39.86	−4.60
2003	4.30	90.00	170.40	110.00	6.01	27.74	11.78	33.74	−0.30
2004	4.20	99.60	173.40	127.70	5.87	26.83	15.57	12.96	9.70
2005	4.20	111.30	194.50	140.20	5.89	25.96	19.11	27.14	2.90

我们将上述筛选的 9 个变量作为解释变量，将调查失业率作为自变量来作多元回归分析。利用 SPSS11.5 计量分析软件的最小二乘法获得多元回归分析结果，如表 2 所示。我们发现，多元回归分析结果为 $R^2=0.867$，这说明方程的拟合优度较好；F 检验值＝13.08，通过了 F 检验，说明方程的显著性较好；D. W. 检验值＝1.90，通过了 D. W. 检验，说明方程不存在序列相关；但变量的显著性并不好，多数经济变量的 T 检验值未通过检验，说明变量之间存在着严重的多重共线性。

表 2

针对调查失业率的多元回归分析结果

变　量	回归系数	标准误差	T 检验值	P　值
C	10.826	1.743	6.21	0
X_1	−0.096	0.114	−0.839	0.412
X_2	0.046	0.044	1.041	0.312
X_3	0.006	0.037	0.167	0.869
X_4	−0.469	0.129	−3.638	0.002
X_5	−0.019	0.014	−1.343	0.196
X_6	−0.015	0.029	−0.521	0.609
X_7	−0.006	0.019	−0.298	0.769
X_8	−0.015	0.013	−1.161	0.261
X_9	0	0.009	−0.023	0.982
判定系数 R^2	0.867	回归标准差	0.75631	
调整后的判定系数	0.801	D.W. 检验值	1.90	
F 检验值	13.08	F 检验的实际显著性水平	0.000	

为了解决这一问题，我们需要通过逐步回归法来剔除存在着共线性的变量。这种方法的基本思想是：将变量一个一个引入模型，引入变量的条件是偏回归平方和检验是显著的，同时每引入一个新变量，对已选入的变量要逐个检验，将不显著变量剔除，这样可以保证最终得到的变量子集中的所有变量都是显著的。这样，经过若干步以后便得到"最优"变量子集。能够从大量相关变量中挑选出对因变量有显著影响的部分变量，并建立"最优"回归模型是逐步回归方法的特点。但同时，该方法也存在着一定的缺陷：第一，该方法预先假定有单一的最优 X 变量子集，但通常并没有唯一的最优子集；第二，当 X 变量高度相关时，有时会得到不合理的"最优"子集。为了弥补逐步回归法的不足，理论界提出了两种改进的寻找"最优"自变量子集的自动搜索方法：一种为向前选元法；另一种为向后剔除法。

我们运用 SPSS 统计分析软件中的向后剔除法来剔除存在共线性的多余变量。该方法从计算含有全部自变量的模型的统计量开始，然后将变量一个接一个地从模型中剔除，直到留在模型中的所有变量产生的 F 统计量的显著水平在 0.10 水平上为止。针对调查失业率的逐步多元回归分析结果，如表 3 所示。

表 3

针对调查失业率的逐步多元回归分析结果

变　量	回归系数	标准误差	T 检验值	P　值
C	10.344	1.416	7.304	0
X_1	−0.096	0.047	−2.036	0.054
X_2	0.05	0.027	1.86	0.076

（续表）

变　量	回归系数	标准误差	T 检验值	P　值
X_4	−0.439	0.104	−4.237	0
X_5	−0.021	0.011	−1.873	0.074
X_8	−0.02	0.01	−2.006	0.057
判定系数 R^2	0.863	回归标准差	0.69426	
调整后的判定系数	0.832	D.W. 检验值	1.90	
F 检验值	27.823	F 检验的实际显著性水平	0.000	

调查失业率实际值和拟合值，如图 2 所示。从拟合图中可以看出，实际值和拟合值基本重合，说明拟合优度高，表明这些变量相互作用可以很好地解释失业率。

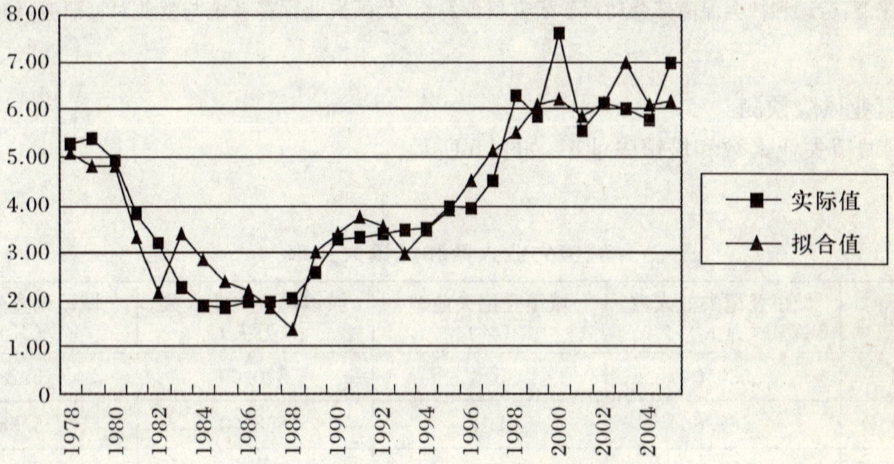

图 2　调查失业率实际值和拟合值

（二）就业风险的评价和预测

1. 计量结果

根据表 3，所得的预测方程为：

$$U=10.344-0.096X_1+0.05X_2-0.439X_4-0.021X_5-0.02X_8$$

根据国家统计局《中华人民共和国 2006 年国民经济和社会发展统计公报》，我们可以得到 $X_1=10.7$，$X_2=12.5$，$X_4=5.28$，$X_5=24$，$X_8=1$，将这些值代入上式，可以估计 2006 年的城镇调查失业率为 7.09%。

2. 计量结果的划分标准

国外对就业风险等级划分的大体标准如下：3%～4%的失业率属于劳动力供给紧张型，5%～6%属于劳动力供给宽松型，7%～8%属于就业风险问题突出型，9%以上属于就业风险严峻型。中国作为一个社会主义市场经济条件下的发展中国家，劳动力就业呈现出自己的特点，因此，对就业风险的等级划分也会与国际标准不尽相同。劳动和社会保障部课题组 2002 年首次利用德尔菲法确定了中国的就业风险等级。不过，需要说明的是，就业风险等级的划分并非一成不变的，需要经过实践的检验，更需要根据实践的变化重新修订。

我们可以得出就业风险的安全等级和等级分值,如表 4 所示。

表 4

就业风险的安全等级和等级分值

安全等级	风险指数	调查失业率	意　　义
高度安全	1	5%以下	处于适度失业状态
安　　全	2	5%～6%	失业率开始攀升,个别地区失业率达到警戒线,应及时予以解决
值得关注	3	6%～7%	局部地区失业率达到警戒线。在解决局部地区的高失业率的同时,密切注意失业率的变化,制定应付全国性高失业率的预案
危　　险	4	7%～10%	立即启动应付高失业率的全国性预案,调整宏观经济政策等
高度危险	5	10%以上	发出严重警报,立即采取紧急措施

资料来源:劳动和社会保障部劳动科学研究所课题组. 我国失业预警系统与就业对策研究. 经济研究参考,2002

3. 就业风险预测

中国城镇失业人数和城镇失业率,如表 5 所示。

表 5

城镇失业人数和城镇失业率

年　份	城镇登记失业人数(万人)	城镇登记失业率(%)	城镇调查失业人数(万人)	城镇调查失业率(%)
1978	530.0	5.3	530.00	5.28
1979	567.6	5.4	568.00	5.38
1980	541.5	4.9	542.00	4.90
1981	439.5	3.8	440.00	3.83
1982	379.4	3.2	379.00	3.21
1983	271.4	2.3	271.00	2.26
1984	235.7	1.9	236.00	1.89
1985	238.5	1.8	239.00	1.83
1986	264.4	2.0	264.00	1.95
1987	276.6	2.0	277.00	1.97
1988	296.2	2.0	296.00	2.03
1989	377.9	2.6	378.00	2.56
1990	383.2	2.5	574.00	3.26
1991	352.2	2.3	600.00	3.32
1992	363.9	2.3	630.00	3.41
1993	420.1	2.6	660.00	3.49

(续表)

年 份	城镇登记失业人数(万人)	城镇登记失业率(%)	城镇调查失业人数(万人)	城镇调查失业率(%)
1994	476.4	2.8	680.00	3.52
1995	519.6	2.9	790.00	3.98
1996	552.8	3.0	815.00	3.93
1997	576.8	3.2	980.00	4.50
1998	571.0	3.1	1 450.00	6.29
1999	575.0	3.1	1 397.00	5.87
2000	595.0	3.1	1 907.00	7.61
2001	681.0	3.6	1 407.00	5.55
2002	770.0	4.0	1 620.00	6.14
2003	800.0	4.3	1 643.00	6.02
2004	827.0	4.2	1 623.00	5.78
2005	839.0	4.2	2 052.00	6.98
2006	847.0	4.1	—	—

城镇登记失业率和调查失业率，如图 3 所示。

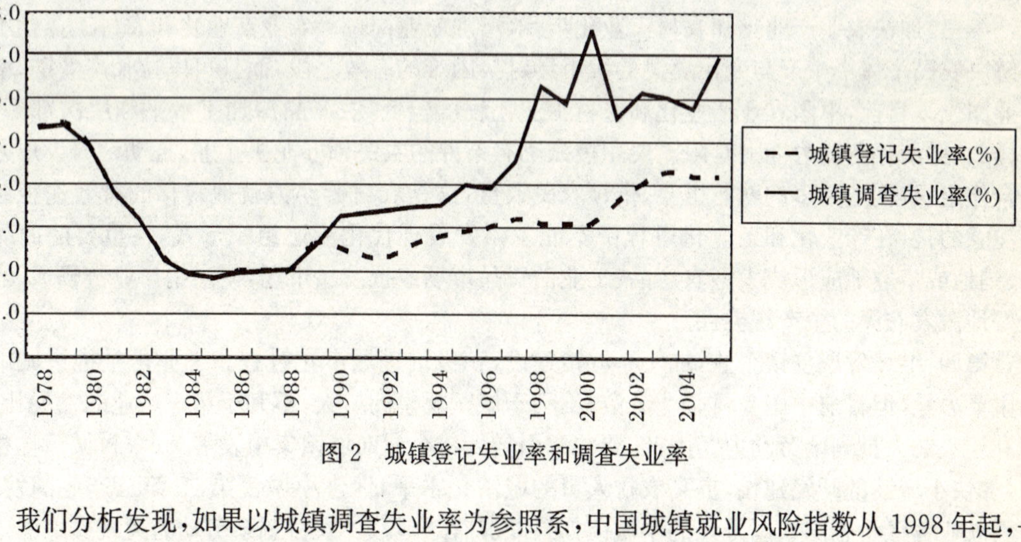

图 2 城镇登记失业率和调查失业率

我们分析发现，如果以城镇调查失业率为参照系，中国城镇就业风险指数从 1998 年起，一直在 2～3 级之间，并有上升到 4 级的趋势。根据我们的预测，2006 年的城镇调查失业率为 7.09%，就业风险指数已上升到 4 级。

如上文所言，城镇调查失业率是利用国家统计局城镇劳动力住户抽样调查数据估计得出的。该调查按照国际上通行的就业定义，可以计算得到比较准确的调查失业率。因此，我们可以认为，2006 年中国城镇就业风险非常严重，处在高度危险中。这需要政府采取积极的风险管理措施，预防和化解城镇就业风险。

四、就业风险管理的建议

(一) 减少城乡收入差距,实现农村剩余劳动力多元化转移,减轻城市就业压力

农业剩余劳动力的转移是所有发展中国家在二元经济结构转换过程中所面对的共同难题。中国目前有着大量的农村剩余劳动力,实现农村剩余劳动力的转移是中国经济走向现代化的必然过程。目前的状况是,一方面,大量农村劳动力剩余;另一方面,城镇和农村工业又不具备对农村剩余劳动力充分吸纳的条件,农村剩余劳动力除一部分就地转移到乡镇企业外,其余大部分形成浩浩荡荡的民工潮涌入城市。面对如此巨大的流动人口群,必须采取措施:

第一,可向农业的深度广度进军:一是变传统农业为农、林、牧、副、渔多种经营的大农业;二是在第一产业内部开发性转移农业劳动力,包括维护和重建农业基础设施特别是农田水利设施,治理大江大河,开发荒地、荒山、荒坡、近海滩涂,扩大农业内部的劳动力总量,减少剩余劳动力数量。

第二,调整农业产品结构,优化就业结构。目前,中国以粮棉生产为主的传统农业有两大弊端:一是与现阶段城乡居民的消费、营养结构不相适应,与市场脱节,不利于农民增加对劳动的投入。特别是中国进入小康阶段后,恩格尔系数逐步下降,相当一部分人们开始追求生活质量,对高质量的农副产品需求量越来越大,而目前农副产品质量较低,销售困难,降低了农民对农业投入的积极性。二是与人多地少的国情不适应,不利于农业吸纳劳动力。粮棉等传统农产品的生产属土地密集型农业,其发展与土地和劳动力资源都会产生矛盾,同时也难以与欧美等发达国家竞争。为应对加入 WTO 后对农业的挑战,中国应该在稳定粮食生产的前提下,大力进行产品结构调整,发展多样化的高质量农业,既增强农副产品的竞争力,又改善就业结构。

第三,加快农业产业化和农村工业化步伐,增加就业岗位。农业产业化和农村工业化不仅是解决农民个体小生产与变化莫测的大市场对接困难的有效手段,而且可以拉长产业链,增加就业岗位。目前,中国农业产业化和农村工业化程度较低,农产品深加工水平和层次都不高,这样,农村消化劳动力能力有限。要积极鼓励有条件的农民创办龙头企业,推动种养大户办经济合作组织,创造更多的就业机会,带领农民致富,这是农村劳动力就地转移的有效途径。需要注意的是,在产业化和工业化过程中不能忽略发展现代化流通组织形式,在重要的商品产地、销地或集散地应形成大型农产品、工业消费品市场或批发品市场,使产销产业链畅通无阻,更好地激发农民的生产积极性。

第四,继续发展乡镇企业,加快小城镇建设,积极推进城市化进程。工业化是推进城市化的主要力量,但目前中国乡村企业分散,不利于城镇规模的扩大,不利于第三产业的发展壮大,不利于吸纳大批剩余劳动力。因此,要注意引导乡村企业向城镇集中发展,同农村城镇化相结合,加快小城镇的开发建设,提高农村人口的城镇化水平,促进小城镇第二、第三产业的发展,扩大就业容量。全国数以万计的小城镇如果能够有效地减少农村剩余劳动力大规模地涌入城市,就会大大地缓解城市的就业压力和其他社会经济问题。因此,加快小城镇建设,推进城市化进程是农村剩余劳动力转移的基本途径。

第五,进行有组织、高层次的劳务输出。劳务输出是过去农村转移劳动力的主要手段,是今后农村劳动力转移的重要补充。随着产业改革的不断深化,对技术的要求越来越高,体力型劳务输出越来越困难,这迫切要求劳务输出提高层次,以适应新形势的需要。从目前劳务输出情况来看,85%以上是自发转移,盲目无序流动情况严重,增加了转移成本。所以,要对农村劳

动力转移加大组织力度，加快城乡劳动力市场建设步伐，加强地区之间的劳动力合作与交流，建立劳务中介组织，提高劳务输出有序化程度，加强劳务输出的管理和待转移劳动力的培训。另外，应该以就近就地转移为主，发展以乡镇企业为核心的农村第二、第三产业，拓宽流动领域，发展农村市场，兴建工业区和小城镇。同时，对跨地区、跨省市流动的民工潮和中西部地区与沿海地区区域之间的劳务输出进行正确引导和有效组织，变无序为有序。在支持中西部地区加快建设开发的同时，引导人多地少、农业剩余劳动力多的省、地、县有计划地组织劳务输出，异地转移，跨地区流动。

（二）大力发展民营经济，鼓励多种形式的就业方式

大力发展民营经济，有利于降低就业风险。

第一，要放开手脚，搞好服务，努力优化民营经济的发展环境。民营经济从一定意义上说就是环境经济，优化环境是民营经济发展的首要前提。这主要表现在：一是优化政治环境。运用各种新闻媒体宣传民营经济的地位和作用，宣传党的政策，特别是要进一步提高民营经济从业人员的社会、政治地位，鼓励他们大胆地发展民营经济。二是优化政策环境。首先，政策的制定必须坚持公平的市场竞争原则。对民营经济在优惠政策上，与公有制经济同等对待；其次，在产业政策上，要降低市场准入门槛，除国家明令禁止的外，凡国有企业和外资企业经营的领域，都允许个体民营企业参与生产经营。根据加入 WTO 的承诺，有关部门出台了一系列允许外资机构进入中国市场的法律法规文件，标志着中国的经济政策已经开始向实行深层次的“国民待遇”方向展开。但值得注意的是，到目前为止，还没有一个专门面对民营经济的市场准入文件。

第二，完善金融服务体制。深化国有银行体制改革，从根本上消除对非公经济的制度歧视，加大对非公经济的支持力度，建立健全非公有制企业融资的信用担保体系，设立担保机构。大力发展地方性中小金融机构，大力发展股份制商业银行和地方性中小金融机构，尽快建立和完善中小商业银行的市场准入和退出标准、风险管理制度、竞争规则以及监管办法。

第三，完善法律服务体制。加快有关民营经济的法制建设步伐，为民营经济的发展营造良好的法治环境，使个体民营企业主放心大胆地依法发展壮大。只要是合法财产，就一定要受到法律的保护，在保护合法财产方面不同的所有制经济主体是完全平等的。加快非公经济合法权益保护的立法工作，提高合法权益保护的标准，细化合法权益保护的法律，完善权益保护的法律体系，维护非公有制企业的正当权益，为非公有经济组织服务。

第四，优化社会环境。在市场机制难以发挥作用的领域，要大力加强和改善政府的公共服务职能，建立政府协调机构和行之有效的机制，发挥产业政策的导向作用，加强政府对民营经济运行的引导。同时，还要大力培育、发展和规范各类市场中介服务组织，认真解决好因市场中介服务组织化程度比较低而产生的可信度低的问题，为非公有制经济组织服务。

（三）逐步建立劳动力流动的市场调节机制和市场体系

第一，建立劳动力流动的市场调节机制的关键环节是国有企业改革。为建立劳动力流动的市场调节机制，今后仍把推进国有企业改革、建立现代企业制度作为战略重点。国有企业只有真正成为自主经营、自负盈亏的法人实体和市场主体，拥有用工和企业内部分配的自主权，国有企业从业人员的流动和就业才能进入市场调节的范围。突破这一关键环节，中国才算建立起完整的调节社会劳动力流动的市场机制。

第二，培育和完善劳动力市场体系。在创造市场机制基础条件的同时，要力争在 2010 年

前建立起完善的劳动力市场体系。为加速劳动力市场的建设,应做到:其一,政府的劳动部门应成为建立和完善劳动力市场体系的主导,不能放手让民间去搞职业介绍机构;其二,完善劳动力市场功能,逐步建立地区性、全国性就业信息网络,发布劳动力供求动态信息,提供职业介绍、就业指导、职业培训等公众服务;其三,规范劳动力市场秩序,保障劳动者能公平竞争择业,防止地区封锁,防止性别和民族歧视;其四,对智能型人才,要提供特别服务,为人尽其才创造条件;其五,逐步建立全国性统一劳动力市场,改变由劳动、人事、农业等部门分别管理的状态,形成由劳动部门统一管理劳动力市场的体制;最后,执行全国统一的劳动力市场政策和法规,逐步进行城乡户籍制度改革,为农业劳动力流动、加速城市化进程创造条件。

第三,建立适合中国国情的、具有激励就业和社会救济双重功能的失业保险制度。建立何种模式的失业保险制度,应从中国国情和今后 20 年发展形势来确定:其一,保险金水平要适当,其标准以不高于在职职工最低工资水平为宜。其二,在城镇要扩大覆盖面,力争使全部从业人员都加入社会失业保险,但在农业从业人员中,仍要实行个人自我保险,这是由中国国情决定的。其三,建立社会失业保险基金,是建立完善的失业保险制度的基础。失业保险基金应由国家、企业和个人共同负担,多渠道筹集。在起始阶段,国家从国债和部分国有企业国有股变现中提取一定资金来充实失业保险基金是完全可行的,也可通过发行彩票筹集部分失业救济金。其四,要保证失业保险基金的收缴筹集、支付领取的规范化、制度化,在国家法律允许范围内鼓励通过市场手段实现基金的保值增值,对基金加强监督,并形成必要的制度。

(四) 建立合理的工资增长机制

在中国,存在的一个突出矛盾是,在失业加剧的同时,工资水平却不断上升。根据国家统计局提供的统计资料,1995 年中国职工年平均工资为 5 500 元,2002 年为 12 422 元,年均增长 12.3%,同期 GDP 年均增长仅为 8.1%,而这正是中国失业状况不断深化的时期。这种情况的出现,主要是政府机关工作人员接连几次较大幅度提高工资,并牵动事业单位和部分企业跟随提高工资所致。

在抑制工资水平迅速上升的势头时,可以考虑采取以下做法:

一是建立工资增长(主要是政府机关工作人员的工资增长)不仅要和经济增长、物价水平变动相联系,而且要和失业变动挂钩的监测制度。近年来,国家行政机关、事业单位人员的工资得到了大幅度的增加,尽管这种调整有着充足的理由,其依据主要参考现实工资基础、经济增长和财政收入增长等情况,然而,这种调整却完全不顾及失业率、失业人数情况,因而造成了引起一般群众的不良反应、加大国企困难、削弱工资机制调节作用等不良后果。近几年的调资在时机和幅度的掌握上都存在不可取之处。鉴于此,建议以后进行全国机关、事业单位的工资调整时,失业状况应该作为重要依据。

二是注意消除传统体制影响,深化政企分开、产权明晰的改革。中国在工资调整问题上存在着一种联动机制,即国家行政机关、事业单位的工资调整在整个社会工资水平的调整中起着导向性作用,之所以会出现这种情况,主要有这样几方面原因:首先,受传统工资调整制度的影响。在长期的计划经济条件下,工资不能轻易变动,如果需要变动,就必须制定严格的指令性计划。在该计划中,首当其冲的是行政机关工资的调整,接着是事业单位、国有企业、集体企业依次进行,这种情况的影响至今还在延续。其次,国有企业政企不分、产权不清的状况还在相当程度上存在。过去,企业工资的调整与国家机关工资的调整没有多大联系。前者主要与企业经营状况和劳动力市场供求状况相连,后者主要与国家宏观经济状况相连。但是,现在的情况并非如此，由于计划经济条件下工资调整制度的影响仍然存在，国家机关及事业单位工资调整引起了企业工资的调整，这种分配状况的存在反映了企业产权的不明晰。因此，要从根本上解决上述工资联动调整问题，就需要继续深化政企分开、产权明晰的改革，要在企业内部构建起按自身经营状况和劳动力供求决定工资的分配机制，要使国有产权主体到位，形成国有产权主体和其他产权主体对收入分配的有效约束。同时，企业单位职工工资调整的依据只能是企业的生产经营状况和企业效益情况，不能是其他依据，更不能互相攀比，国家税务等部门对此应该进行严格监督和审查。

三是在确定最低工资时，其标准不能过高。迄今为止，中国大多数省市自治区都制定了最低工资标准，而且呈现出不断提高的趋势。制定最低工资标准对中国这样一个劳动力供给远远超过劳动力需求的国家来讲，无疑是对劳动者的一个强有力的保护。但是，我们也必须考虑到，如果不能充分利用工资弹性来灵活调节劳动力供求，我们就失去了依靠市场机制来促进就业这个最强大的工具，从而影响扩大就业。因此，在制定最低工资标准时，必须慎之又慎，通常参照三个主要因素的办法，即不仅与经济增长和物价水平挂钩，而且要与失业率挂钩。

四是进一步完善劳动力市场工资指导价位制度和建立民主协商的工资协调机制。要加快建立以中心城市为依托、广覆盖、多层次发布的工资指导价位制度，逐步扩大到所有具备条件的地级以上城市，并不断增加工资指导价位发布的信息量，提高信息质量，充分发挥其劳动力市场的价格信号作用，直接、及时、便捷地服务于企业和劳动者。

在抑制工资水平迅速上升，使工资由劳动力市场供求来决定的同时，要注意解决劳动力市场上出现的另外一类问题。在市场经济条件下，一些雇主出于自身和企业利益的考虑，经常过分地压低员工工资，在劳动力供过于求时更是如此，而依靠劳动者个人很难通过自身的努力来改变这种状况。2004 年以来，中国劳动力市场上出现了一种十分值得注意的现象——珠三角、闽东南、浙东南等制造加工业聚集地区出现了民工短缺现象，即“民工荒”。之所以出现民工短缺，工资低下和劳动条件差是主要原因。因此，借鉴国际经验，建立民主协商、集体谈判的工资协调制度十分必要，通过工会这种代表劳动者整体利益的组织，采取集体谈判的方式与雇主协调工资待遇问题，并且国家有关部门以适当的方式介入和给予指导，不失为解决上述问题的有效思路。

（五）促进贸易深化、增加就业

经过近 20 年的发展，中国的外贸出口已经逐步由追求数量扩张过渡到追求质量提高的阶段，从以出口创汇为目标过渡到整个国民经济发展的整体推进阶段。保持外贸出口的持续增长，不仅是为了拉动国民经济的增长，更重要的是，外贸出口在提供劳动就业、保持国际收支平衡和协调财政货币政策等宏观调控目标的实现上都有重要的意义。扩大外贸出口，将有利于缓解劳动就业、国企改革、结构调整等方面的矛盾；而扩大进口，进口先进的技术设备以促进国内产业结构优化升级，也有利于达到资源配置优化的目的。

第一，积极参与国际分工和竞争，发展开放型经济，实现对外贸易与国民经济协调发展。在经济全球化背景下，对外封闭和畏惧竞争只能导致更大差距。因此，要树立积极主动参与国际分工和竞争的意识，通过发展开放型经济，全面提升中国经济的国际竞争力。贸易发展要服务于国民经济增长，在保持沿海地区外向型经济发展势头的同时，加快中西部地区对外开放。

第二，优化出口产品结构。应限制加工技术水平较低、生产工艺水平落后、容易引起贸易摩擦的商品加工贸易，不断优化加工贸易商品结构，提高加工贸易发展水平。

(六) 建立失业预警机制

建议政府设立专职机构,实行对失业风险的监测与调控。鉴于中国目前严峻的就业形势,建立失业风险监测和调控机制至关重要。我们建议,从中央政府到各省、自治区、直辖市政府,都要建立专职失业风险监测机构,进行情况收集、风险监测、政策研究,并提出控制失业率和解决就业问题的各项政策建议,以确保中国就业形势的稳定和经济社会问题的缓解。

执笔人:李　雪

(本报告部分内容选自:上海立信会计学院中国立信风险管理研究院开放课题《城镇就业风险研究》,课题负责人:刘传江。)

参考文献

1. 蔡昉,王美艳. 中国城镇劳动参与率的变化及其政策含义. 中国社会科学,2004(4)
2. 郭庆松. 当前中国城镇失业人口问题研究. 北京:中国人口出版社,1999
3. 胡鞍钢. 中国就业状况分析. 管理世界,1997
4. 劳动和社会保障部劳动科学研究所. 2002 年中国就业报告——经济体制改革和结构调整中的就业问题. 北京:中国劳动社会保障出版社,2003
5. 劳动和社会保障部劳动科学研究所课题组. 中国失业预警系统与就业对策研究. 经济研究参考资料,2002(34)
6. 余士好,张永红. 安徽就业和社会保障基本情况及对策. 宏观经济研究,2005(4)
7. 虞立琪. 失业渐成中国经济头号风险. 商务周刊 2004(2)
8. 袁志刚. 失业经济学. 上海:上海三联书店,上海人民出版社,1997
9. 张车伟. 失业率定义的国际比较及中国城镇失业率. 世界经济,2003(5)
10. 赵建国. 城市就业问题研究. 北京:高等教育出版社,2005
11. 中国社会科学院《社会形势分析与预测》课题组. 2005～2006 年中国社会形势分析与预测. 中国经贸导刊,2006(1)
12. 中国劳动统计年鉴 1987～2006
13. 中国统计年鉴 1987～2006

税收政策与中国经济增长风险研究

一、引言

2006 年，中国税收收入达到了 37 636.3 亿元（不包括关税和农业税收），比 2005 年增收 6 770.3 亿元，增长 21.9%。2006 年，规模以上工业企业完成增加值增长（可比价）16.6%，工业品出厂价格指数上涨 2.9 个百分点，全口径工业增加值现价增长约 18%左右，社会消费品零售总额增长 13.7%。相应地，2006 年国内增值税完成 12 895 亿元，比上年增长 20.5%，增收2 196 亿元，其中，工业增值税增长 20.7%，商业增值税增长 19.6%。工、商业增值税均快于工、商业增加值增长。卷烟、汽车产销形势好带动国内消费税增长，2006 年，国内消费税完成 1 886亿元，比上年增长 15.4%，增收 251 亿元。建筑安装、房地产和金融业推动营业税快速增长，2006 年，营业税收入完成 5 129 亿元，增长 21.2%，增收 897 亿元。企业所得税、外商投资企业和外国企业所得税共完成 7 081 亿元，增长 28.5%，增收 1 570 亿元。个人收入较快增长带动个人所得税增长，2006 年，个人所得税完成 2 452 亿元，增长 17.1%，增收 358 亿元。①

自 1994 年税收制度改革以来，中国税收收入实现了持续快速的增长，13 年间，税收收入增加了 6 倍，年平均增长率为 18.3%，其增长率比当年价格的 GDP 增长率平均高出了 8 个百分点，由此引发人们对税制改革与经济增长风险研究的关注。20 世纪 80 年代由美国引领的税制改革浪潮席卷全球，有关税制改革对经济增长影响及风险的讨论也达到高峰，而讨论主要集中在税制改革对储蓄、投资、劳动供给、社会福利等方面的影响。随着全球经济的不断发展，经济理论的融合交叉趋势明显，一些新的研究框架和研究思路也应运而生。利用研究税收风险，讨论税制改革与经济增长之间的关系，就是这种趋势的表现之一。

排除非可控外生因素的冲击，结构失衡问题几乎是所有经济风险显化为经济衰退的原因，对中国的现实情况而言就是非均衡的高速增长。中国目前经济增长的结构性风险主要体现在投资需求与消费需求失衡风险、产业结构失衡风险、城乡二元经济失衡风险和参与国际经济中的内外失衡风险等。考虑到中国所处的历史阶段和现实国情，高增长依然是合理的，但不能忽视其中的潜在风险。鉴于篇幅所限，本报告仅对投资需求与消费需求失衡风险、区域发展失衡风险、资源环境约束风险、参与国际经济中的内外失衡风险及其税制因素进行研究，同时对税收负担和增值税改革可能引发的经济风险进行评估。

二、税收政策与中国经济增长风险因素识别

本报告对风险因子分析的基本框架采取因素分析法，首先，从经济结构发展视角及其税制因素选取风险因子；其次，从税收制度改革视角选取对中国经济增长的潜在风险因子。

---

① 国家税务总局网，http://www.chinatax.gov.cn

(一) 投资与消费失衡对中国经济增长的潜在风险及其税制因素

为了有效扩大国内需求，1998 年后的一段时间里，国家实施了积极的财政政策和稳健的货币政策，保持了国民经济的较快发展。但伴随着经济持续高速增长的一个不容忽视的事实是，近年来中国投资需求的增长持续快于消费需求的增长。主要表现在：第一，从 1998 年至 2006 年，除了 1999 年全社会固定资产投资增长速度比社会消费品零售总额增长速度低 1.7 个百分点之外，其余年份均高出后者不少，特别是 2003 年，前者竟比后者高出了 17.6 个百分点。(如图 1 所示)第二，从 2000 年至 2006 年，中国投资率(或资本形成率)表现出了比较强劲的上升势头，消费率(或最终消费率)呈现不断下降的趋势。同时，从国际比较来看，目前中国投资率大大高于世界平均水平，也明显高于各主要发达国家和发展中国家水平；而消费率不仅大大低于世界平均水平，也明显低于发展中国家的平均水平。(如表 1 所示)第三，据统计，中国总投资对 GDP 增长的贡献率逐年上升。1997 年，居民消费对经济增长的贡献率和总投资对 GDP 增长的贡献率分别为 76.3%和 20.6%，而 2006 年前三季度，这两项分别为 35.7%和 49.9%，表明投资消费失衡仍然比较严重。①

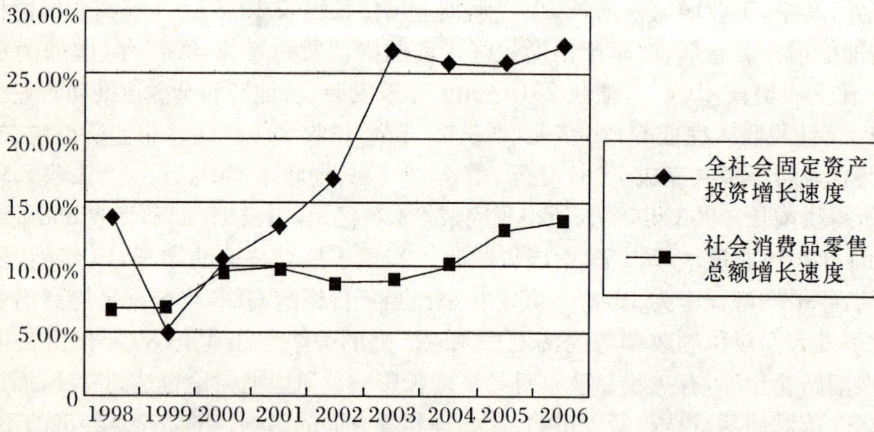

图 1　全社会固定资产投资增长速度与社会消费品零售总额增长速度

数据来源：《2006 年中国统计年鉴》和《2007 年政府工作报告》。

表 1

1998～2006 年中国全社会固定资产投资与消费对 GDP 增长的贡献核算

年　度	国内生产总值(亿元)	全社会固定资产投资(亿元)	社会消费品零售总额(亿元)	投资率	最终消费率
1998	84 402.3	28 406.2	33 378.1	0.34	0.40
1999	89 677.1	29 854.7	35 647.9	0.33	0.40
2000	99 214.6	32 917.7	39 105.7	0.33	0.39
2001	109 655.2	37 213.5	43 055.4	0.34	0.39
2002	120 332.7	43 499.9	48 135.9	0.36	0.40

① 谢伏瞻在 2007 中国经济形势解析高层报告会上的讲话. 中国网，2006 年 12 月 15 日(http://www.china.org.cn/market/news/450666.htm)

（续表）

年 度	国内生产总值（亿元）	全社会固定资产投资（亿元）	社会消费品零售总额（亿元）	投资率	最终消费率
2003	135 822.8	55 566.6	52 516.3	0.41	0.39
2004	159 878.3	70 477.4	59 501	0.44	0.37
2005	183 868	88 773.6	67 176.6	0.48	0.37
2006	209 407	109 870	76 410	0.52	0.36

数据来源：中经网统计数据库。

投资与消费比例关系不协调的状况，对中国经济社会协调发展的影响主要表现在以下几个方面：一是投资效率低下。投资率不断攀升而消费率持续走低意味着投资效率越来越低。目前中国投资效果系数①呈现不断下降的态势，1995 年该系数为 0.63，到 2006 年降至 0.23。二是造成部分行业生产能力过剩。消费率持续走低必将加剧消费与投资比例失调，使投资增长失去最终需求的支撑，造成大量生产能力过剩，供求失衡。据调查，目前全国 900 余种主要工业品生产能力利用率有半数不足 50%。企业库存大量积压，直接影响到企业的经济效益，从而对就业也会产生重要的影响，最终有可能形成"消费不足——产成品库存增加——资金回收障碍——扩大再生产困难——失业增加和收入下降——消费不足"的恶性循环。三是影响产业结构调整。消费率偏低制约了服务消费需求的发展。2006 年第一、第二和第三产业增加值占国内生产总值的比重分别为 11.8%、48.7%和 39.5%。第一、第二产业的比重比全球平均水平分别约高出 11 个和 21 个百分点，而第三产业的比重则比全球平均水平低近 32 个百分点。四是影响居民整体生活质量的提升。发展经济最终是要提高人民群众生活水平，除增长速度之外，还要考察在生存性消费得到满足的同时，发展性消费和享受性消费是否同步得到扩展。消费率偏低，表明居民整体生活水平和质量普遍提高的程度还很有限。税收因素不是造成投资和消费失衡的决定性因素，但是对其有重大影响，下面对投资长期走强和消费需求不足的税收因素分别进行考察。

1. 投资过快增长的税收因素

第一，税制结构因素。首先，中国当前税制结构仍然以间接税为主体。2005 年，统计数据表明流转税与所得税占全部税收收入的比重分别为 67.3%和 24.6%。这种税制结构的主要特点就是纳税集中在生产销售环节，税收收入高度依赖于工业生产。在这种税制结构下，分税制财政体制难以避免地造成地方政府通过盲目扩大本地区工业规模来获取财政利益。这种行为动机使得由地方政府主导的投资拉动型经济增长模式得以维系。目前实行的生产型增值税是中国的第一大税种，增值税的税基是国民生产总值中的增加值，而生产型增值税的一个主要特点就是固定资产投资所含的进项税款不能抵扣。在这一税制下，地方政府盲目追求固定资产投资规模扩张，不仅可以带来更大的工业增加值，而且还可以获取更多的增值税利益，这也在一定程度上加剧了地方政府推动投资增长的利益动机。其次，中国现行出口退税制度设计

① 投资效果系数是指用来衡量不同建设规模和不同产品的生产性建设项目，所取得的不同投资效果的一个综合性指标。通常用国民收入（或纯收入）的增加额与固定资产投资额之比来表示。用公式表示为：投资效果系数＝国民收入（或纯收入）增加额÷固定资产投资额。投资效果系数越大，说明投资效果越好。

未能在有效压缩出口导向型产能的同时释放内需,尤其在资源、能源等行业的出口退税率较实际经济情况所需要高,地方政府和企业出于逐利动机盲目扩张出口导向型投资。再次,现行资源税收体系未能有效淘汰低端产能,在投资普遍增加的大趋势下,低端产能投资不减反增。

第二,税收计划管理体制因素。当前在中国税收计划管理中,一些地方政府在片面的发展观和政绩观的指引下,为满足财政需求,增收指标随意追加的现象比较明显。首先,一些地方通过盲目上项目、铺摊子扩大经济税源;其次,一些税务部门在地方政府的压力下不得不"收过头税"、"寅吃卯粮",而靠这种办法增加的税收收入往往又成了地方政府搞"财政返还"、盲目支持投资建设的财力支撑。因此,从这个意义上说,税收收入计划管理体制中硬约束的缺乏在一定程度上成了地方政府满足其不符合经济实际的财政需求的途径,也对投资的过快增长起到了一定的刺激作用。

2. 消费率偏低的税制因素

(1) 促进公平收入分配的税收政策不健全的因素。一般而言,中产阶层的消费能力是最强的,因为低收入阶层受收入预算的限制而消费能力有限,同时高收入阶层的边际消费倾向和平均消费倾向都较低。因此,通过税收政策适当均富是扩大社会消费需求的有效措施。首先,中国个人所得税方面目前实行的是分类所得税制度,来自工薪阶层的税收收入占个人所得税的绝大部分。一方面,现行税制和在现有的征管条件下,对于从多处取得收入以及取得非工资薪金所得的个人,难以实现有效地控管,这主要是针对高收入阶层而言的。另一方面,现行个人所得税的基本费用扣除标准长期偏低,虽然从 2006 年起由原来的 800 元提高至 1 600 元,但是仍然没有针对不同的纳税人,考虑其婚姻状况、赡养人口、年龄、教育支出及社会保障费用等因素对收入的影响,确定不同的税前费用扣除标准,难以体现量能负担的原则,不利于扩大居民的即期消费。其次,中国的财产税制度尚不健全,使得运用税收的手段对个人存量财富进行有效调节的作用难以充分发挥。比如房地产税收制度不完善,对房屋保有环节的调节力度不够,尤其是对个人拥有多处房屋缺乏有效调节;另外遗产赠与税尚未建立,对社会财富分配不公平在代际间的转移难以发挥税收的调节作用。再次,现行税制对发挥第三次分配功能的慈善捐赠事业的税收引导力度不够。目前对企业的公益救济性捐赠扣除标准一般为应纳税所得额的 3%,对个人的公益救济性捐赠扣除标准为应纳税所得额的 30%,公益捐赠行为的残余税负不利于鼓励公益捐赠和促进社会财富公平合理流动。

(2) 促进就业、再就业税收政策欠完善的因素。在经济未达到充分就业均衡,从而社会上存在大量非自愿未就业人员时,扩大就业是促进消费的根本。中国当前失业状况一定程度上呈扩大趋势(如表 2 所示)。现行的税收政策在促进就业、再就业方面发挥了积极的作用,但同时也存在着改进空间。首先,现行促进就业、再就业的税收政策主要针对于城镇下岗失业人员、退伍军人、残疾人员就业,对于农村富余劳动力转移就业缺乏相应支持措施,不利于扩大农村富余劳动力就业和农民消费能力的提高。其次,中国鼓励就业的税收政策更多侧重于"扶贫"性质,临时措施多,过渡色彩强。例如,针对"下岗失业人员"的税收优惠措施,主要为了解决国有企业改组改制中的富余人员。"下岗失业人员"的内涵有着严格的限定和经济转型期的特点。随着经济改革的不断深入,居民就业形式发生了本质变化,大量劳动者在非公经济部门就业,对此给予税收政策支持,直接涉及社会的公平问题,同时也是给非公经济以"国民待遇"的原则问题。再次,对劳动者的职业教育和培训没有制定单独的税收优惠政策,不利于通过拓展劳动者技能培养和提升的途径来更好地实现扩大社会就业。

表2

1993年以来中国城镇登记失业率的变化

年　份	1993	1994	1995	1996	1997	1998	1999
登记失业数(万人)	420.1	470.4	519.6	552.6	576.8	571	575
登记失业率(%)	2.6	2.8	2.9	3	3.1	3.1	3.1
年　份	2000	2001	2002	2003	2004	2005	2006
登记失业数(万人)	595	681	770	800	827	839	
登记失业率(%)	3.1	3.6	4	4.3	4.2	4.2	4.1

数据来源:中华人民共和国国家统计局:中华人民共和国国民经济和社会发展统计公报(1993～2006各年)。

(3) 促进社会保障体系完善的税制尚未建立的因素。自20世纪80年代中期以来,中国大力推进了以养老保险、失业保险、医疗保险和最低生活保障制度为重点的社会保障制度改革,初步建立起适应社会主义市场经济需要的社会保障体系框架。但是与中国经济社会的市场化、全球化要求相比,还存在很大差距。而且现有社会保障体系本身就存在非稳定性,主要体现为社保资金筹集方式有待完善和保值增值方式有待完善。从世界各国的经验来看,通过税收的形式来筹集社会保障资金是一条规范且行之有效的途径。中国目前虽然建立了一套社会保障制度,但社会保障税一直未开征。这也是导致中国社会保障资金管理规范化、社会化程度不高,使用效率较低的一个重要原因。这势必给扶助和救济社会弱势群体带来较大的影响,不利于缓解贫富差距,提高低收入者的生活水平,促进其即期消费需求的扩大。

(二) 区域发展失衡对中国经济增长的潜在风险及税制因素

中国区域经济发展不平衡集中体现为东部、中部和西部地区间经济发展的巨大差距。中国东部地区与中、西部地区人均GDP的相对比例,1980年分别为1.53和1.8,1990年分别为1.62和1.97,2005年分别为2.24和2.55,①这种不断扩大的东部地区与中西部地区的发展差距,导致了中西部地区相对贫困的局面进一步加剧。2005年东部地区人均可支配收入已高出中西部地区50%以上。同时,中西部地区的相对贫困与农村的绝对贫困还往往是叠加交织在一起的。据国家统计局统计,中国农村绝对贫困人口分布有50%在西部地区,35.7%在中部地区,只有14.3%在东部地区。② 区域发展失衡的税制因素大致有以下几点。

1. 区域性税收优惠因素

长期以来,中国东部相当一部分地区适用明显优于中西部地区的税收政策,形成了地区间税负的不均衡,一定程度上导致或加重了地区间经济发展不均衡。虽然近年来国家对中西部地区、东北老工业基地和老、少、边、穷地区给予了一定的税收优惠,但力度总体上仍然是向东部发达地区倾斜,中西部经济欠发达地区获得的优惠相对较少。根据对2004年度278 496户企业的税收调查统计,江苏、广东、深圳享受税收优惠的企业占本地被调查企业的比例高出全国平均水平2～3倍;江苏、海南、深圳、厦门、大连、天津享受税收优惠企业的受益金额占其应交税金的比例高出全国平均水平2倍以上;江苏、上海、广东、山东、浙江、深圳和北京享受税收优惠的金额比青海、宁夏、甘肃等地应交税金还多。

① 国家统计局.2006年中国统计年鉴

② 国家统计局.2004年中国农村贫困状况监测公报

2. 地方税体系不健全

中国长期以来地方主体税种缺失，地方税体系尚不完善，这对地方财政能力尤其是经济不发达地区财政建设带来许多不利影响。一是弱化了地方因地制宜配置财政资源的功能。中国幅员内经济社会发展极不平衡，地区间资源优势和税源条件各不相同，在高度集中的税收管理体制下，税收全国统一立法，经常出现税种与税源不协调的情况。通常来看，地方特色税源对于欠发达地区而言相对更有财政意义。因此税权过度集中对这些地区因地制宜配置财政资源的影响也相对更为明显。二是影响了地方在获得可支配财力中的公平。在地方税体系不健全的情况下，地方实际可支配财力大多来源于中央的税收返还和转移支付。但是，现行的税收返还制度从一开始就是保证了地方的既得利益，这便导致了越落后的地区得到的返还比例越少。过度集中的税权使得地方政府从税收竞争转向竞争转移支付的财力，进一步加剧了地区间在获取可支配财力中的不公平，且受这种不公平负面影响较大的仍旧是相对落后的欠发达地区。三是引发了地方执行税收优惠政策中的偏差。税权的高度集中，使得中央在出台优惠政策时可以不受影响地让地方税种或共享税税种承担税收优惠功能，从而往往使地方政府承担优惠政策的成本，对地方财政利益造成了一定的影响，导致一些税收优惠政策不能得到全面贯彻执行。相对而言，欠发达地区比发达地区承担优惠政策成本的能力要弱，因此税收优惠政策不能执行到位的现象就更明显，这反而进一步损害了欠发达地区的投资环境，容易形成越落后地区政策环境越不宽松的恶性循环。

3. 税收收入归属地与税收收入来源地不一致

当前，中国绝大部分税种收入都属于中央地方共享收入或者是地方收入。在这种收入结构下，纳税地点的选择就成了关系到地区间财力分配的一个重要因素。从中国现行几个主要税种来看，由于纳税环节设置和汇总(合并)纳税等制度性原因，导致纳税地点与税收收入实际来源地不一致的现象普遍存在，进而引发了税收收入归属地与税收收入来源地的差异，造成了税收收入在征收环节就存在着政府间横向分配不公平的情况。第一，纳税环节设置的因素。从理论上讲，增值税和消费税都是由最终消费者负担的，因此其收入应该归属于消费者所在地政府更为合理。但是，现行增值税凭票扣税的机制和消费税在生产环节征收的规定，实际上将增值税和消费税的纳税地点放在了生产销售商品的企业所在地，所实现的这部分税收也自然归属于这些地区，并由这些地区按比例或通过增量返还的形式与中央分享。这无疑对税收来源地——消费者所在地的财政利益造成了影响。相对而言，由于生产销售商品的企业大多集中在城镇，因此在这一机制下受影响的主要是广大农村地区的财政利益。同样，相对于发达地区而言，受影响的主要是欠发达地区。第二，汇总(合并)纳税的因素。现行企业所得税、增值税、营业税都有一些总分机构或集团公司在总机构所在地汇总(合并)纳税的规定。这些规定大部分没有充分考虑分支机构所在地的财政利益，使得税收收入更多地向总机构所在地倾斜，而分支机构所在地则经常面临着“有税源无税收”的困境。相对而言，企业总机构大多集中在经济发达地区和大城市，从而导致了在这种税收收入归属机制下，发达地区和欠发达地区的财力差距被进一步拉大。

(三) 资源环境约束对中国经济增长的潜在风险及税制因素

20世纪中后期以来，随着世界各国工业化程度的不断提高和人口的快速增长，环境恶化和资源破坏的问题日益严重，并逐渐成为全球经济进一步增长的制约因素。资源环境的恶化不仅会对现期的经济增长带来风险，而且还将使这种风险在代际间转移。当前，中国所面临的自然资源和生态环境问题相当严峻，良田退化、资源衰竭、河流干涸、水质污染等一系列生态环境恶化的问题，对中国经济可持续发展也带来了严重影响。改善环境和资源状况，改变经济增长方式，促进经济可持续发展，已成为当前中国一项非常紧迫的任务。

根据有关资料，如果按年均 GDP 增长速度为 9.8%计算，20 世纪 90 年代的 4～6 个百分点是以牺牲自身生存环境换取的，如果要保持可持续发展，需每年从 GDP 新增部分拿出 40%～60%对环境进行补偿。① 有关统计表明，中国耕地面积从新中国成立至 90 年代减少了 300 万公顷，农业人口人均耕地降至 0.29 公顷以下；主要流域和湖泊的水质只有 26.9%的断面可供人体接触或做饮用；黄河、塔里木河、黑河、淮河均出现不同程度断流，湖泊面积严重萎缩。总体上看，中国生态环境还在进一步恶化之中。从资源利用角度看，一单位(千克石油当量)能源消耗在中国仅能创造不到 0.7 美元的 GDP，而世界平均为 3.2 美元多，日本则达到 10.5 美元，是中国的 14 倍。中国矿产资源综合利用率仅在 30%左右，美国、日本等发达国家则达 66%～92%。据匡算，2003 年中国钢材消耗量约占世界总消耗量的 25%，煤约占 30%，水泥约占 50%，而所产 GDP 折合美元后不足世界的 1/30。② 资源环境约束日益成为经济发展瓶颈的现状一定程度上有其税制因素。

1. 生态环境类税制缺失

中国还缺乏专门的环境保护类税种，在中国经济发展进入重化工业阶段，经济增长对生态环境的压力不断加大的背景下，这方面税制建设的缺失，不利于国家通过税收手段促使环境污染成本“内部化”，难以很好地体现可持续发展的要求。

2. 资源税费制度不健全

一是资源税实行从量定额征收，与资源品价格脱钩，不能建立起税收收入与资源品收益相联系的弹性机制。这一方面不利于体现国家作为资源所有者应有的权益；另一方面在资源品价格上涨的情况下，资源税负担并不随之增加，从客观上刺激了资源开采力度，相当于对资源保护起到了逆向调节的作用。二是征税范围过窄，难以体现资源保护的要求。目前资源税的征税对象仅限于应税矿产品和盐，其他许多资源品未能纳入进来，如水资源、森林资源等，在一定程度上影响了资源税调节功能的发挥。三是资源税与资源补偿费并存，不利于规范政府对资源品的调节方式。这种税费并存的现象，无疑会对资源税的征收构成一定的冲击，而且容易导致政府收入分配方式的混乱，对政府加强资源品有效调节会造成一定的影响。

3. 消费税促进环境保护功能尚未充分发挥

一是消费税征税范围尚不能充分体现环境保护的要求，从而使消费税在促进环境保护方面的作用空间受到较大限制。目前在消费税税目中一些高污染、高能耗的产品尚没有包括在内，如电池、一次性塑料产品等，二是部分税目税率结构仍不能体现“高污染、高税收”的特点。2006 年改革后的消费税，对排量 3.0～4.0 及 4.0 以上的乘用车税率仅分为 15%和 20%，调节力度仍显偏低。此外，对一些不可再生资源制品，如汽油、柴油的税收调节力度远远低于世界上大多数国家等，不利于更好地贯彻国家的环境保护政策，难以适应可持续发展的要求。

4. 部分资源类税种税负偏低或税负不公

据相关统计，因占用耕地而征收的耕地占用税全国每平方米平均仅 4 元左右，不到建设投

---

① 雷明. 经济增长需要绿色核算. 人民日报，2004-02-06

② 陈佳贵. 抑制局部经济过热的苗头. 人民日报，2004-02-24

资额的1%;现行城市维护建设税只对内资企业和个人征收,却不对外资企业和个人征收,造成了在同样资源环境条件下,内外资企业和个人税负不公。同时,随着城镇建设步伐的加快,在城市规划布局中,对环境污染较大的企业一般都安置在城乡结合区域,与位于城市内的企业所享用的市政基础设施已相差不大,但其适用的城市维护建设税税率却低于城市内的企业,这显然与环境保护的政策导向不相符合。

5. 税制产业导向的"绿化度"不够

引导经济结构优化升级,促进经济增长方式由粗放型向集约型、由资源消耗型向资源节约型、由环境污染型向环境友好型转变,是运用税收的手段促进生态环境保护的根本所在。现行税制在这方面已经发挥了一定的积极作用,但是与可持续发展的目标,与生产发展、生活富裕、生态良好的和谐社会建设要求还有着较大的差距。例如,现行税制对高能耗低产出、低水平重复建设项目限制力度不够,对高科技产业、农业产业等生态环境友好型产业的支持力度不足,对引进外资的政策导向尚未从数量型向质量型彻底转变等等。这些深层次的问题不解决,税收在促进生态环境保护方面的作用就难以有质的突破。

(四) 外贸与外汇双顺差对中国经济增长的潜在风险及税制因素

对外贸易和国际收支双顺差是近年来中国经济面临的突出问题。特别是2006年,中国顺差总额达到1 775亿美元,比上年增加755亿美元,增长74%,外汇储备10 663亿美元。① 持续较大的外贸和外汇双顺差,对中国的经济增长带来了新的问题:一是中国与主要贸易伙伴之间的贸易摩擦加大,出口企业遭遇国际贸易壁垒的风险增大;二是外汇储备急剧增加,外汇管理面临巨大的国际金融市场压力和汇率风险,在汇率浮动进一步放开的情况下,国际收支平衡和货币政策独立性面临双重考验;三是外汇占款增加所带来的基础货币投放增大,将使国内经济面临通货膨胀的潜在风险;四是经济增长的外向依存度加大,过度依靠外需拉动使中国经济容易受到来自外部市场波动的影响。不可否认,以外贸与外汇双顺差为外在形式的外向性经济增长风险的形成具有一定的税制因素。

1. 出口数量导向型税收政策

长期以来,扩大出口一直是中国经济增长的重要驱动力,并由此形成了出口导向型的产业结构和经济政策。税收手段的运用也主要着眼于出口数量的增长,而对出口结构的优化在最近几年才得到较多的重视。应该说,近年来出口退税政策的不断调整,对于优化出口结构,抑制外贸出口过快增长起到了一定的积极作用。但是仍然还存在着一些仅注重出口数量同时又容易引发贸易摩擦的问题。最为突出的就是对外商投资举办的出口企业给予所得税减半征收和再投资退税的优惠政策,既难以体现优化出口结构的要求,同时也受到了 WTO 成员国质疑,不利于营造对外贸易的良好国际环境。

2. 加工贸易税收优惠政策不合理

较长一段时期以来,中国对加工贸易给予了进口保税(关税、增值税、消费税)的税收政策。根据近年来外贸发展的规律和目前出口企业的价值取向,在出口退税率调低之后,企业通常会选择加工贸易方式规避退税率下调的影响,出口退税率下调的幅度越大,企业选择加工贸易的驱动力也越大,从而造成加工贸易扩张,一般贸易萎缩,降低了国家宏观调控的效率。加工贸

① 国家统计局. 2006年国民经济和社会发展统计公报

易的扩张，虽然能带动一定的劳动力就业，但是同时对中国经济增长也容易带来资源过度消耗的风险，并形成了中国贸易顺差的主要来源。据统计，2006 年，加工贸易进出口额占总额的 47.2%，占据主导地位，并成为贸易顺差的主要来源。2006 年，加工贸易顺差达到 1889 亿美元，同比增长 32.6%。①

3. 促进企业“走出去”税收政策不完善

大力实施“走出去”战略不仅是促进国内企业拓展海外市场、提高国际竞争力的重要要求，也是缓解中国外贸和外汇双顺差的重要途径。现行税收政策在促进企业“走出去”方面还存在着税收政策体系不完善、税收支持手段单一、税收政策导向不明确、税收管理手段落后等问题，尚未能充分发挥税收对企业“走出去”政策的引导促进作用。

（五）宏观税负对经济增长的潜在风险

2001 年至 2006 年，中国税收收入总额（不含关税，未扣除出口退税）由 15 710 亿元，增长至 37 636 亿元，5 年增加了一倍以上，年均增长率为 19.1%。宏观税负也由 2001 年的 13.95%，增长至 17.97%，5 年增长了 4 个百分点，为 1994 年税制改革以来增长最快的时期。（如图 2 所示）在税收收入持续快速增长的情况下，有关税收收入是否超经济增长，宏观税负是否对中国经济增长带来影响的问题，受到了社会各界的高度关注。对此，应该加以全面的分析和判断。

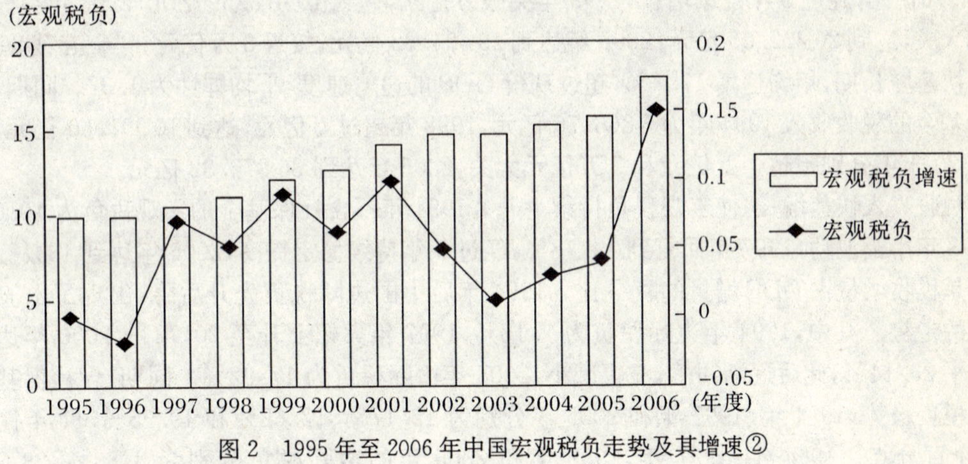

图 2 1995 年至 2006 年中国宏观税负走势及其增速②

数据来源：中经网统计数据库，《中国统计年鉴》(2006)。

1. 税收收入超经济增长的主要原因

第一，两者的统计口径不同。税收是按现价计算征收，而公布的 GDP 增长率是按可比价核算的。2006 年 GDP 可比价增长 10.7%，按现价计算增长是 13.89%，与税收增幅的差距缩小很多。第二，GDP 结构与税收结构之间有差异。税收主要来源于第二、第三产业。中国目前第一产业增加值增长较低，第二、第三产业增加值增长率大大高于 GDP 增幅。第三，外贸进

① 数据及相关核算根据《中国统计年鉴》(2007)得出。

② 在对税收收入统计时进行了一定调整：农业各税包括农业税、牧业税、耕地占用税、农业特产税和契税。2001 年以前，企业所得税只包括国有及集体企业所得税，从 2001 年起，企业所得税还包括除国有企业和集体企业所得税，与以前各年不可比。增值税不包括进口产品增值税。消费税不包括进口产品消费税。

出口对GDP和税收增长的影响不同。GDP核算的是进出口净额,一般贸易进口对核算GDP是减项,但是体现在税收上是加项,进口增加了,进口税收就增长。第四,累进税率制度促进了税收超经济增长。第五,税收征管加强,征收率进一步提高。2005年税务部门大力推进依法治税,加强税收征管,加大税务稽查力度,进一步优化纳税服务,也促进了税收收入的增长。通过实施科学化、精细化管理,税收征管的质量和效率不断提高。比如商业增值税收入完成1 853亿元,比上年增长18.6%,社会消费品零售总额同比增长12.9%,弹性为1.4,高于上年水平(2004年弹性为1),主要得益于一系列加强商贸企业增值税管理的措施。同时,大力清理欠税,严厉查处偷骗税案件,清理历史陈欠200亿元,查补税款367亿元。税收征管的加强也是税收收入增长高于GDP增幅的一个很重要的原因。

由上可见,税收收入近年来虽然持续高于GDP增长,但是这种增长主要是内生于经济本身的增长和征管的加强,其对经济增长的风险效应比较有限。

2. 宏观税负水平的适度性分析

不同的税收收入口径会影响宏观税负的高低,为确保国际间可比,我们选取税收收入的两个口径:一是不含社保基金的税收收入,指由国家税务总局负责征收的各税收入,减除出口退税,加上关税和农业税;二是含社保基金的税收收入,由不含社保基金的税收收入加上社保基金组成。1994年以来,中国不含社保基金的税收收入经历了几个跨越时期,1994年为5 124.76亿元,经过5年连续增长,1999年突破万亿元,达到10 673.59亿元,2003年突破2万亿元大关,达到20 222.05亿元,2005年达到29 494.82亿元,接近3万亿元。“十五”期间税收步入快速增长期,年均递增17.7%,超过现价GDP的递增速度,平均弹性为1.37。同期,包含社保基金的税收收入1994年为5 866.76亿元,1998年超过万亿元,达到10 991.60亿元,2002年和2004年分别跨越2万亿元和3万亿元大关,2005年达到36 375.32亿元。

税收收入快速增长,使宏观税负持续上升。1994年不含社保基金的宏观税负为10.63%,经过3年小幅波动,1997年回复到10.78%,经过9年持续稳定提高,2006年达到18%。边际税负是税收增量占GDP增量的百分比。1994年后中国边际税负先升后降,出现了由波动至稳定的走势。其中,1994年边际税负为7.18%,1997年大幅上升至20.72%,2000年达到最高水平25.14%,此后逐渐回落,波幅减小,2005年边际税负为17.92%。同期,含社保基金的宏观税负趋势,1994年、1997年和2005年分别为12.17%、12.62%和19.95%,11年提高了7.8个百分点。1994年、1997年、1999年和2005年的边际税负分别为8.86%、23.36%、35.90%和22.82%。

从理论上讲,中国宏观税负距离理论上的拉弗曲线禁区仍有相当距离。中国学者马拴友根据1979~1999年中国相关税收统计数据,采用对数形式变量对宏观税负和经济增长作了回归分析,根据其研究成果,使中国税收收入最大化的税率最高是税收收入占GDP的33.7%。同时根据尼斯坎宁对美国的估计,使美国税收最大化的税率为税收收入占GDP的47%,斯卡利对新西兰税收最大化的税率估计结果为57.8%。同时上述学者指出,即便是以税收最大化为目标,相关国家宏观税负不宜超过上述值,否则将进入税收随经济税基规模和GDP同步萎缩的拉弗曲线禁区。对比以上研究数据,中国宏观税负尚有较大的提升空间。

3. 中国宏观税负的国际水平比较

从国际经验数据来看,20世纪90年代以来,工业国家和发展中国家的整体宏观税负出现了由上升转为稳定的趋势。1994年以后中国宏观税负持续提高,但目前税负总体水平与世界相关国家比较仍然偏低。

(1) 中国不含社保基金的宏观税负大大低于大部分工业国家。中国宏观税负在2005年达到最高水平16.18%，这个水平比2000年以后工业国家30%左右的平均税负水平低约14个百分点，仅相当其一半。与税负水平较高的工业国家相比，中国宏观税负差距则更大。2005年中国宏观税负低于所有30个OECD(经济合作组织)国家2003年的宏观税负水平。OECD国家中最低的墨西哥宏观税负为19.5%，比中国高3个百分点多。1990年和1995年发展中国家宏观税负的算术平均值分别为19.40%和20.45%，2000年至2002年分别为20.83%、20.85%和20.63%。从1990年到1995年宏观税负上升了1.05个百分点，从1995年到2000年上升0.38个百分点。进入2000年以后，发展中国家的宏观税负趋于稳定，保持在20.63%～20.85%之间，变幅很小。与发展中国家2002年20.63%的平均宏观税负相比，2004年中国宏观税负低4个百分点左右。分层次比较，中国宏观税负与宏观税负较高的匈牙利和土耳其相比低9～10个百分点，与宏观税负次高的智利相比低7个百分点左右，与宏观税负水平在19%和20%附近的捷克、韩国、马来西亚和波兰相比低3～4个百分点。

(2) 含社会保障税或社保基金口径的宏观税负，中国也大大低于大部分工业国家。中国社保基金具有规模小、增长快、覆盖面窄的特点，2005年社保基金(包括基本养老保险、失业保险、医疗保险、工伤保险和生育保险等)为6 881亿元，1994年至2005年年均递增23%，以城市人口中的就业人员为主体。中国含社保基金的宏观税负2005年为19.95%接近20%。由于社保基金的增长速度高于税收收入的增长，1994年含社保基金的宏观税负比不含社保基金的宏观税负高出1.54个百分点，2005年则高出3.77个百分点。发达国家的社会保险水平高，覆盖面广，包含社会保障税的宏观税负与不含社会保障税的宏观税负比差距大于发展中国家。工业国家包含社会保障税的宏观税负在1990年至2002年间保持在37%～41%的区间里，比中国同期宏观税负水平高出一倍多。发展中国家包含社会保障税的宏观税负在1990年至2002年间保持在26%至29%的区间里，也比中国2005年的宏观税负水平高出6～9个百分点。

总体上讲，中国宏观税负与国际水平比较尚属于较低水平。结合中国具体国情分析，目前的宏观税负水平与中国生产力发展阶段和现阶段的税收征收管理水平是相适应的，与现行税制形成的理论税负以及政府财政资金需求程度也是相适应的，宏观税负水平的提高尚不足以构成加剧中国经济增长风险的因素。

(六) 推进增值税转型对投资增长的风险

2004年1月1日起，中国在东北地区率先进行增值税转型改革试点，该项措施为中国增值税改革的试点工作拉开了全国增值税转型改革的序幕。由于近年来中国固定资产投资增长一直处于高位运行，因此对于全面推进增值税转型是否会刺激投资过热这一问题目前社会上还存在着一定的担心。我们认为，实施增值税转型虽然对投资的增长具有一定的促进作用，但是它并不一定就会导致刺激投资过热的必然结果。

郭庆旺等人对中国平均资本有效税负和资本边际税负进行了测算，指出：中国当前资本平均有效税负在5%～6%之间，尽管今年来税收有大幅度增长，但是中国资本平均有效税负基本保持不变。中国总体资本边际有效税负在24%～27%之间，地区间的总体资本边际有效税负差异变化甚微。在各区域比较中，西部地区的资本边际有效税负高于东部地区，东部地区又高于中部地区。① 与发达国家相比较,虽然中国边际有效税负较高,但是,考虑到在今后相当长的一段时期,仍需要通过增加投资来维持较高的经济增长速度,可以说,在中国影响投资意愿和投资规模的资本边际有效税负略显偏高。这样看来中国增值税转型是符合经济形势,并同当前税收经济状况相适应的。

同时,根据实际发生的经济数据,我们对当前经济中投资形势及其与增值税转型的内在关联进行了考察:

首先,试点前,国税总局曾经对增值税扩大抵扣范围可能引起的减收进行测算,认为全国财政将减收 1 500 亿元,东北试点则减收 150 亿元。2007 年年初,国税总局总结了东北地区试点两年多的成效:从东北地区实际发生的固定资产进项税额总数来看,两年共发生约 93 亿元,平均每年不到 50 亿元,比政策出台前的预测数据低。因为许多大型技改项目都是在 2004 年 7 月 1 日实施新政策之前完成投资的,事实上实际数据偏低说明了预测发生的固定资产投资实际上没有进行,直接减少了可抵扣税额,并且近年来企业投资因受到宏观调控政策影响反而减少。因此在实证上否定了增值税转型对投资过热的刺激效应。

其次,目前投资形式具有结构性特点,不可因此轻言总体过热。2007 年一季度,全社会固定资产投资 17 526 亿元,同比增长 23.7%,增速比上年同期回落 4 个百分点。从城乡来看,城镇固定资产投资 14 544 亿元,增长 25.3%(3 月份增长 26.8%),回落 4.5 个百分点;农村投资 2 982 亿元,增长 16.7%。分产业看,第一、第二、第三产业投资为 99 亿元、6 381 亿元和 8 064 亿元,城镇投资中第一产业投资增长 20.3%,第二产业投资增长 27.0%,第三产业投资增长 24.0%。从地区特征来看,一季度后两个月黑、吉、辽三省城镇投资额共计 644.49 亿元,而江苏一省仅 3 月份就发生城镇投资增加额 1 786.74 亿元。从所有制结构来看,同期城镇投资中,国有及国有控股投资 6 224 亿元,同比增长 18.7%,明显快出民营资本许多。就中国目前对增值税改革所设定的分行业、分地区、分类地推行消费型增值税不但不会诱发总体过热,运行理想的话还可以起到结构性调整的作用。

再次,经过分析,我们认为目前固定资产投资增长率偏高,具有两个方面的原因。一是经济增长的内在需求所致。中国现在已进入人均 GDP1 000 美元的阶段,城市化、工业化和消费升级也随之提速,这样也使中国宏观经济进入新一轮经济周期的上升阶段。因而,经济增长对投资品的需求特别是对钢铁、水泥等上游产品的需求不断提高,使其市场的利润空间加大,并使得投资者产生增加投资的动因。二是地方政府项目投资所致。从统计数据来看,2007 年一季度中央项目投资 1 418 亿元,同比增长 24%;地方项目投资 13 126 亿元,中央政府项目投资仅增长 12.1%,而地方政府项目投资高达 64.9%,并且这些投资绝大部分投到效益低下的“形象工程”和“政绩工程”上面,这种非理性的投资成为投资过快增长的重要拉动力量。实际上增值税转型同这些因素相关度并不高,或缺乏影响。

结合以上的分析,我们就增值税转型对投资增长的影响,即其导致投资过热的风险效应作以下基本判断:

第一,2003 年以来中国部分行业部分地区出现过度投资,低水平重复建设问题有着多方面的原因。既有投资自发增长的市场因素,也有地方行政干预、投融资管理体制不到位的非市场因素。相对而言,非市场因素对投资过热的刺激作用更为明显。防止投资过热关键是消除

① 荆霞,郭庆旺,朗滔,吕冰洋等. 中国资本有效税收负担分析. 中国人民大学学报,2006(2)

刺激其增长的非市场因素。税制的调整既难以对投资过热起到根本的抑制作用，也难以对其产生过度的刺激结果。

第二，实施增值税转型后进项税款的抵扣范围仅仅只是扩大至企业购置的机器设备，而并不是所有的固定资产投资项目。在全社会固定资产投资总额中，机器设备的投资额仅占一小部分，如2006年一季度全社会固定资产投资完成额11 608亿元，其中设备工器具购置2 306亿元，仅占19.8%。按照这种比例状况，即便是实施增值税转型对机器设备投资会起到一定的拉动作用，但是这也难以将其归之为构成刺激全社会投资过热的主要因素。另外，增值税并不是在所有的行业都实行，对于不属于增值税征收范围的行业，如近年来投资过热的建筑业、房地产业等，实施增值税转型与这些行业的投资过热就更难以有直接的联系。

第三，从在东北地区实施增值税转型试点的情况来看，虽然自2004年下半年以来，整个东北地区的固定资产投资增长较快，但是实施增值税转型的8个行业并没有显示出投资过热的迹象，甚至8个行业的投资增长还出现了远低于该地区全行业投资增长的现象。如2006年二季度东北地区8个行业投资额比上季度增长53%，而同期全行业投资额比上季度增长96%，远远高于8个行业的增幅。这进一步表明实施增值税转型并不必然带来投资过热的结果。

第四，从增值税的税制内涵来看，在消费型增值税制度下，固定资产投资规模越大，可抵扣的进项税款就越多，地方政府盲目追求固定资产投资规模扩张，将必然影响其增值税利益。因此，从这一层意义上讲，实施增值税转型，不仅难以带来投资过热，而且还可以在一定程度上消除地方政府盲目追求投资规模扩张的税收利益动机，对防止地方政府主导下的投资过热将会产生积极的作用。

三、税收政策与中国经济增长风险的计量、评价

国内外学者对税收增长的分析多集中于对税收增长的原因的实证分析，但并没有取得一致结论，说明现有经济理论并不足以对影响各国税收增长诸因素的动态联系提供一个严密的解释。因此，本部分建立中国税收收入、GDP和社会消费品零售总额的向量自回归模型，利用脉冲响应函数和方差分解方法分析GDP和社会消费品零售总额对税收冲击的传递效应，从而对中国税收增长的长期趋势进行初步探讨。由于资料和水平有限，本报告未对其他影响经济增长的因子作计量模型研究。

（一）风险的计量方法和模型①

1. 向量自回归模型的设定和参数估计

（1）数据说明及区间。要探求中国税收、经济增长与社会消费品零售总额三者之间的动态数量关系，关键是要选取可靠的数据，为此，本报告收集的数据要满足两个基本要求：一是数据的真实性和连续性。所谓真实，就是要采用官方公开的统计数据。所谓连续，就是要求统计指标具有纵向可比性。二是收集指标应是大样本点，因为只有这样时间序列数据才能比较客观地反映变化趋势。根据这两个要求，我们采取《中国统计年鉴》(2001，2006)中中国税收（用TAX_t表示）、国内生产总值（用GDP_t表示）和社会消费品零售总额（用$TRSCD_t$表示）数据进

① 该研究模型引自中国立信风险管理研究院开放课题《税制改革与中国经济增长风险研究》(马海涛)。

行计量分析,而且对时间序列数据不作价格指数调整。由于 TAX_t、GDP_t 和 $TRSCD_t$ 都是非平稳时间序列数据,它们取自然对数以后,并不改变它们之间的数量关系,而且更有利于分析时间序列数据的变化率。所以,为使分析更加有效又不使数据扭曲而发生信息失真,本报告对 TAX_t、GDP_t 和 $TRSCD_t$ 自然对数变换后进行计量分析。数据分析的区间为 1978～2005 年。

(2) 单位根检验。对时间序列 TAX_t、GDP_t 和 $TRSCD_t$ 进行自然对数变换后,即可对 $\ln GDP_t$、$\ln TAX_t$ 和 $\ln TRSCD_t$ 进行单位根检验,在对 TAX_t、GDP_t 和 $TRSCD_t$ 进行检验时,从三个时间序列图可以看出(这里省略图示),它们都具有随时间变化的趋势特征,应包括趋势项 t,还因为三个时间序列的均值不为零,在检验时应有常数项 c,至于滞后阶数的选择,一般标准是取 AIC 值和 SC 值最小为好,经过滞后 1 期到滞后 8 期的试检验,在滞后 1 期的检验可以兼顾系统的稳定和自由度,所以,这里取滞后期为 1,至于对时间序列 TAX_t、GDP_t 和 $TRSCD_t$ 进行一阶后,从曲线图可以看出(这里同样省略图示),已不具有时间趋势特征,所以对 $DTAX_t$、$DGDP_t$ 和 $DTRSCD_t$ 进行单位根检验时,在检验中就没有趋势项了。单位根的检验方法很多,这里用的是 ADF 检验法,该方法检验的标准是:如果某序列的 ADF 统计量大于显著水平 5%的临界值或 10%的临界值,说明该序列是非平稳的,否则该序列是平稳的,表 3 是单位根的检验结果。可见,$\ln GDP_t$、$\ln TAX_t$ 和 $\ln TRSCD_t$ 经过一阶差分后是平稳序列,即,$\ln GDP_t \sim I(1)$、$\ln TAX_t \sim I(1)$ 和 $\ln TRSCD_t \sim I(1)$。

表 3

时间序列 $\ln GDP_t$、$\ln TAX_t$ 和 $\ln TRSCD_t$ 单位根检验

时间序列	ADF 统计量	5%临界值	10%临界值	AIC 值	SC 值	检验形式 (c,t,k)	结　论
$\ln GDP_t$	−2.8309	−3.5950	−3.2335	−3.2855	−3.0920	$(c,t,1)$	非平稳
$\ln TAX_t$	−3.0422	−3.5950	−3.2335	−1.2062	−1.0127	$(c,t,1)$	非平稳
$\ln TRSCD_t$	−2.5251	−3.5950	−3.2335	−2.9242	−2.7307	$(c,t,1)$	非平稳
$D\ln GDP_t$	−2.7828 *	−2.9862	−2.6326	−3.1389	−2.9926	$(c,0,1)$	平　稳
$D\ln TAX_t$	−4.1549 *	−2.9862	−2.6326	−0.9427	−0.7964	$(c,0,1)$	平　稳
$D\ln TRSCD_t$	−3.1140 *	−2.9862	−2.6326	−2.7945	−2.6383	$(c,0,1)$	平　稳

注:① 检验形式中的 c 和 t 表示有常数项和趋势项,k 表示滞后阶数;② 滞后期 k 的选择标准是以 AIC 值和 SC 值最小为准则;③ $D\ln GDP_t$ 表示 $\ln GDP_t$ 的一阶差分;④ * 表示在 10%的显著水平上拒绝非平稳假设。

(3) 协整检验。时间序列 $\ln TAX_t$、$\ln GDP_t$ 和 $\ln TRSCD_t$ 都是一阶单整[即 $I(1)$],则可能在变量之间存在长期稳定的均衡关系,这里利用 Johanson 协整检验方法,对 $\ln TAX_t$、$\ln GDP_t$ 和 $\ln TRSCD_t$ 进行协整检验,取滞后期 $k=3$,表 4 显示 Johanson 协整检验结果。从表 4 可知,通过迹统计量检验,显示在显著水平 5%的水平上有两个协整方程。用最大特征值检验,在显著水平 5%的水平上有一个协整方程。

表 4

Johanson 协整检验结果

特征值	迹统计量	5%水平临界值	原假设 H_0	备择假设 H_1
0.7941	53.3916*	29.68	r=0	r≥1
0.3978	15.4568	15.41	r≤1	r≥2
0.1280	3.28662	3.76	r≤2	R=3

* 表示在显著水平 5%的水平上拒绝原假设。

(4) 向量自回归模型的参数估计。取 $k=3$，设 $\ln TAX_t$、$\ln GDP_t$ 和 $\ln TRSCD_t$ 的无约束 $VAR(3)$ 模型为：

$$X_i=\Phi_0+\Phi_1X_{t-1}+\Phi_2X_{t-2}+\Phi_3X_{t-3}+\varepsilon_i \qquad (\mathrm{I})$$

其中：

$$X_t=\begin{bmatrix}\ln TAX_t\\ \ln GDP_t\\ \ln TRSCD_t\end{bmatrix}\ \Phi_0=\begin{bmatrix}b_{10}\\ b_{20}\\ b_{30}\end{bmatrix},\Phi_1=\begin{bmatrix}\alpha_{11}&\alpha_{12}&\alpha_{13}\\ \alpha_{21}&\alpha_{22}&\alpha_{23}\\ \alpha_{31}&\alpha_{32}&\alpha_{33}\end{bmatrix}\Phi_2=\begin{bmatrix}\beta_{11}&\beta_{12}&\beta_{13}\\ \beta_{21}&\beta_{22}&\beta_{23}\\ \beta_{31}&\beta_{32}&\beta_{33}\end{bmatrix}$$

$$\Phi_1=\begin{bmatrix}\gamma_{11}&\gamma_{12}&\gamma_{13}\\ \gamma_{21}&\gamma_{22}&\gamma_{23}\\ \gamma_{31}&\gamma_{32}&\gamma_{33}\end{bmatrix}\varepsilon_t=\begin{bmatrix}\varepsilon_{1t}\\ \varepsilon_{2t}\\ \varepsilon_{3t}\end{bmatrix}$$

利用 OSL 估计 VAR(3)模型的结果如下：

$$\begin{bmatrix}\ln TAX_t\\ \ln GDP_t\\ \ln TRSCD_t\end{bmatrix}=\begin{bmatrix}-0.52\\ 0.30\\ 0.25\end{bmatrix}+\begin{bmatrix}0.64&2.19&0.01\\ -0.08&2.41&-0.82\\ -0.06&1.46&0.21\end{bmatrix}\begin{bmatrix}\ln TAX_{t-1}\\ \ln GDP_{t-1}\\ \ln TRSCD_{t-1}\end{bmatrix}$$

$$+\begin{bmatrix}0.14&-4.97&1.55\\ 0.17&-0.67&-0.26\\ 0.20&-0.81&-0.28\end{bmatrix}\begin{bmatrix}\ln TAX_{t-2}\\ \ln GDP_{t-2}\\ \ln TRSCD_{t-2}\end{bmatrix}+\begin{bmatrix}-0.32&2.20&-0.38\\ -0.02&-0.45&0.69\\ -0.07&-0.10&0.41\end{bmatrix}\begin{bmatrix}\ln TAX_{t-3}\\ \ln GDP_{t-3}\\ \ln TRSCD_{t-3}\end{bmatrix}+\begin{bmatrix}e_{1t}\\ e_{2t}\\ e_{3t}\end{bmatrix}$$

本报告着重考察 GDP 和社会消费品零售总额对税收影响的动态关系，对 VAR(3)进行 AR 特征多项式根的检验，可知被估计的 VAR(3)模型所有根模的倒数小于 1，即位于单位圆内，说明 VAR(3)模型是稳定的。因此可以从上式中分离出当期 $\ln TAX_t$ 的与 TAX_{t-i} $\ln GDP_{t-i}$、$\ln TRSCD_{t-i}$ $(i=1,2,3)$ 方程，即：

$$\begin{aligned}\ln TAX_t=&-0.52+0.64\ln TAX_{t-1}+0.14\ln TAX_{t-2}-0.32\ln TAX_{t-3}\\ &+2.19\ln GDP_{t-1}-4.97\ln GDP_{t-2}+2.20\ln GDP_{t-3}\\ &+0.01\ln TRSCD_{t-1}+1.55\ln TRSCD_{t-2}-0.38\ln TRSCD_{t-3}\end{aligned} \qquad (1)$$

(1) 式表示当期 $\ln TAX_t$ 的变化与其滞后期、$\ln GDP_t$ 的滞后期和 $\ln TRSCD_t$ 的滞后期的

动态关系,解释变量的系数则表示偏弹性,即:

$$\eta=\frac{\partial x_t/x_t}{\partial y_{t-i}/y_{t-i}}$$

式中:x_t 表示 TAX_t;y_{t-i}表示 GDP_{t-i}或 TAX_{t-i}或 $TRSCD_{t-i}$;$i=1,2,3$。

可以看出,在其他条件不变的情况下,就解释变量 TAX_{t-1}而言,$t-1$ 期的税收增长 1%,将引起 t 期税收增长 0.64%。同理,$t-1$ 期的经济增长 1%,将引起 t 期税收增长 2.19%;$t-1$ 期社会消费品零售总额增长 1%,将引起 t 期税收增长 0.01%。

扰动项是否存在同期相关,可用残差的同期相关矩阵来描述。用 e_i 表示第 i 个方程的残差,$i=1,2,3$。其结果如表 5 所示。

表 5

残差的同期相关矩阵

	e_1	e_2	e_3
e_1	1.000000	0.333006	0.459676
e_2	0.333006	1.000000	0.840254
e_3	0.459676	0.840254	1.000000

从表 5 中可以看到中国税收、GDP 和社会消费品零售总额方程的残差之间存在的同期相关的系数比较高,进一步表明中国税收、GDP 和社会消费品零售总额之间存在着同期的影响关系,尽管得到的估计量是一致估计量,但是在(1)式中却无法刻画它们之间的这种同期影响关系。

2. 协整方程和向量误差修正模型

协整检验说明,$\ln TAX_t$、$\ln GDP_t$ 和 $\ln TRSCD_t$ 三者之间存在协整关系,因此可以建立一个包含协整方程的向量误差修正模型(VEC),这里用 $\ln TAX_t$ 作为被解释变量,$\ln GDP_t$ 和 $\ln TRSCD_t$ 作为解释变量,估计出三变量的协整(长期)方程为:

$$Ecm_{t-1}=\ln TAX_{t-1}-4.57\ln GDP_{t-1}+6.00\ln TRSCD_{t-1}-1.36$$

可得如下的 VEC 模型:

$$\begin{bmatrix}\Delta\ln TAX_t\\ \Delta\ln GDP_t\\ \Delta\ln TRSCD_t\end{bmatrix}=\begin{bmatrix}0.09\\ 0.06\\ 0.06\end{bmatrix}+\begin{bmatrix}-0.06\\ 0.07\\ 0.13\end{bmatrix}ecm_{t-1}+\begin{bmatrix}-0.03 & 1.15 & -0.74\\ -0.12 & 1.39 & -0.73\\ -0.14 & 0.93 & -0.26\end{bmatrix}\begin{bmatrix}\Delta\ln TAX_{t-1}\\ \Delta\ln GDP_{t-1}\\ \Delta\ln TRSCD_{t-1}\end{bmatrix}+\begin{bmatrix}e_{1t}\\ e_{2t}\\ e_{3t}\end{bmatrix}$$

模型中的一些参数不显著,可通过引入更多的滞后项进行调整,在此省略,由此分离出 $\Delta\ln TAX_t$ 的误差修正模型为:

$$\Delta\ln TAX_t=0.09-0.06ecm_{t-1}-0.03\Delta ln\mathrm{TAX}_{t-1}+1.15\Delta\ln GDP_{t-1}-0.74\Delta\ln TRSCD_{t-1} \quad (2)$$

(2) 式中,$\ln TAX_{t-1}$的短期波动会对 $\ln TAX_t$ 的短期波动产生负向影响,系数−0.03 表示当 $t-1$ 期的税收增长率比 $t-2$ 期的税收增长率高一个百分点时,t 期的税收增长率比 $t-1$ 期税收增长率回落 0.03%;$\ln GDP_{t-1}$的短期波动会对 $\ln TAX_t$ 的短期波动产生正向影响,系数 1.15 表示当 $t-1$ 期的 GDP 增长率比 $t-2$ 期的 GDP 增长率高一个百分点时,t 期的 GDP

增长率比 $t-1$ 期 GDP 增长率上升 1.15%；$\ln TRSCD_{t-1}$ 的短期波动会对 $\ln TAX_t$ 的短期波动产生负向影响，系数 −0.74 表示 $t-1$ 期的社会消费品零售总额增长率比 $t-2$ 期的社会消费品零售总额增长率高一个百分点时，t 期的社会消费品零售总额增长率比 $t-1$ 期社会消费品零售总额增长率回落 −0.74%。ecm_{t-1} 前的系数 −0.06 表示当 $\ln TAXt$、$\ln GDP_t$ 和 $\ln TRSCD_t$ 三者之间发生短期波动而偏离长期均衡 1% 时，将以 0.1% 的速率回到长期均衡状态上。

3. 脉冲响应函数和方差分解

(1) 脉冲响应函数。由于 $VAR(p)$ 模型是一种非理论性的模型，它无需对变量作任何先验性约束，因此在分析 $VAR(p)$ 模型时，往往不分析一个变量的变化对另一个变量的影响如何，而是分析当一个误差发生变化时，或者说模型受到冲击时系统的动态影响，这种方法称为脉冲响应函数方法。

图 3 是对 GDP 的冲击引起的税收收入变化的脉冲响应函数图，从图 3 可以看出，当在本期给 GDP 一个正冲击后，税收收入引起剧烈波动，并在第 2 期达到最高点，此后波动趋缓，从第 8 期以后开始稳定增长。这表明，GDP 受到外部的一个冲击，会迅速传递到税务部门，给税务部门带来同向的冲击，冲击效应在第 2 年时达到最大，之后回落并在第 8 年之后趋于稳定。即 GDP 的正向冲击对中国税收收入的增长具有显著的促进作用，而且这一显著的促进作用具有较长的持续效应。

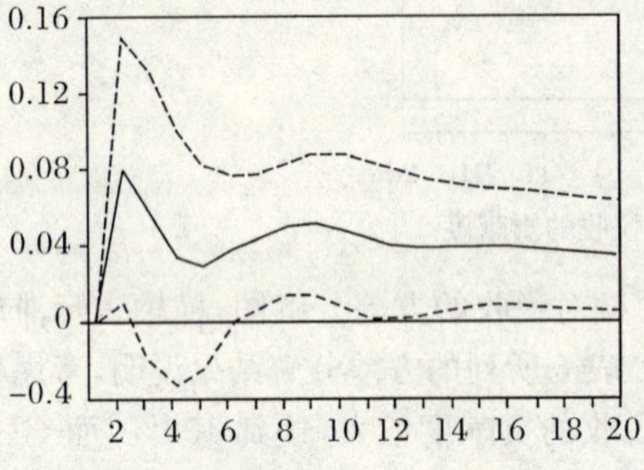

图 3 税收对 *GDP* 冲击的响应

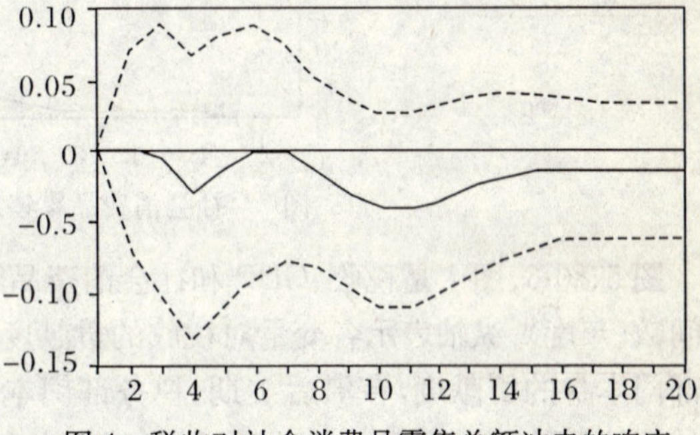

图 4 税收对社会消费品零售总额冲击的响应

图 4 是对社会消费品零售总额的冲击引起的税收收入变化的脉冲响应函数图，从图 4 可以看出，当在本期给社会消费品零售总额一个负冲击后，税收收入在第 1 到第 3 期几乎不引起波动，但在第 3 期后开始较大的波动，一直到第 14 期以后开始稳定。这表明，社会消费品零售总额受到外部的一个负冲击，不会很快传递到税务部门，所以对税收收入的变化不会带来较大的影响，但从第 2 年以后，给税务部门带来同向的冲击，冲击效应在第 4 年时达到最大，之后回落并在第 14 年之后趋于稳定。即社会消费品零售总额的负向冲击对中国税收收入具有显著的促退作用，而且这一作用同样具有较长的持续效应。

(2) 方差分解。脉冲响应函数是反映系统对一个内在变量的冲击效应，而方差分解是将系统的均方误差分解成各变量冲击所做的贡献。方差分解模型为：

$$RVC_{t\leftarrow j(s)}=\frac{\sum_{q=0}^{s-1}(\psi_{q,t\leftarrow j})^2\sigma_j}{var(TAX_t)}=\frac{\sum_{q=0}^{s-1}(\psi_{q,t\leftarrow j})^2\sigma_j}{\sum_{j=0}^{k}\left\{\sum_{q=0}^{s-1}(\psi_{q,t\leftarrow j})^2\sigma_j\right\}} \tag{3}$$

(3) 式中 $j=1,2,3$,分别税收、国内生产总值和社会消费品零售总额,$\psi_{q,t-j}$ 是税收对第 j 个变量的冲击的脉冲响应函数,σ_j 是第 j 个变量的标准差,$var(TAX_t)$ 是税收方差,$RVC_{t-j}(s)$ 表示第 j 个变量对税收的方差贡献度,s 表示滞后期间。如果 $RVC_{t-j}(s)$ 较大时,说明第 j 个变量对税收的影响大;反之,则影响小。

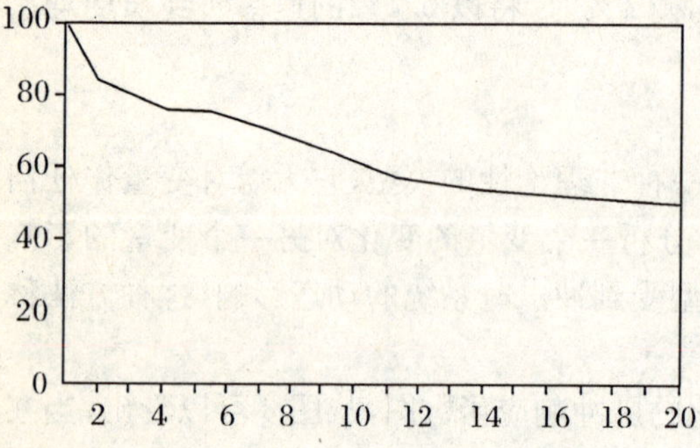

图 5 税务部门对税收的贡献度

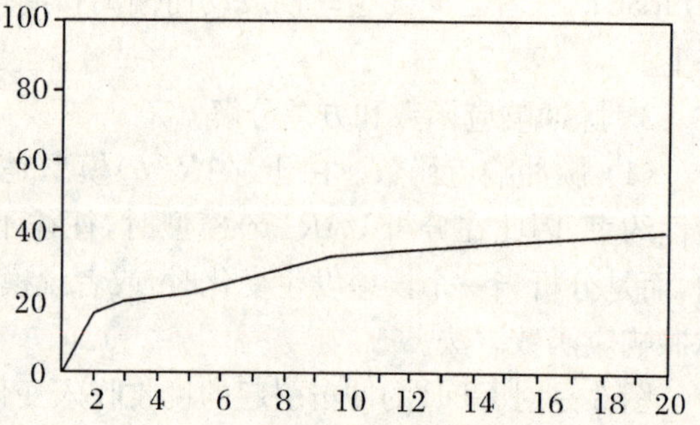

图 6 GDP 对税收的贡献度

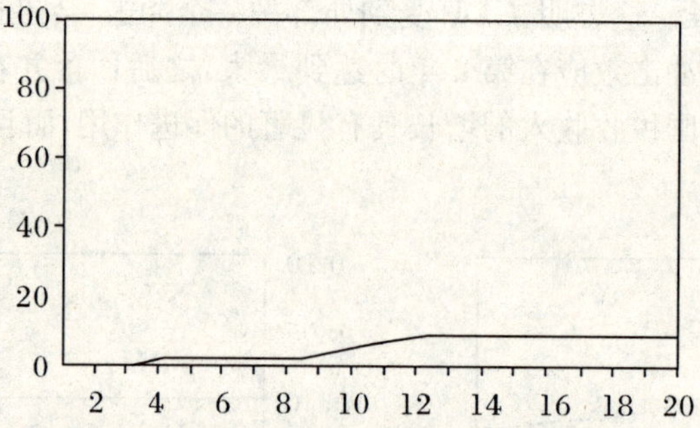

图 7 社会消费品零售总额对税收的贡献度

图 5、图 6、图 7 是税收、GDP 和社会消费品零售总额对税收的方差分解图,横轴表示滞后期间数(年度),纵轴表示各变量对税收的贡献度(%)。表 6 所列的方差分解结果说明,考虑税务部门本身的贡献度,在滞后 1 期,税务部门本身对税收的贡献度最大,达到 100%,而 GDP 和社会消费品零售总额为 0,此后,税务部门本身对税收增长的贡献度在下降,而 GDP 和社会消费品零售总额对税收增长的贡献度在上升。

表 6

对税收的方差分解结果

滞 后 期	税收冲击	GDP 冲击	社会消费品零售总额冲击
1	100.00	0.00	0.00
4	77.16	20.81	2.03
10	61.55	32.66	5.79
11	58.61	33.51	7.88
20	51.07	39.35	9.58

结论:

第一,中国税收、GDP 与社会消费品零售总额三者之间至少存在一个协整关系,但三者之间有频繁的短期波动，而且这种短期波动回归三者之间长期均衡状态的速度较慢，说明税收、GDP 和社会消费品零售总额之间有相互作用以外，还有许多因素对税收、GDP 和社会消费品零售总额产生冲击。

第二，当给税收、GDP 和社会消费品零售总额一个冲击以后，会引起税收的剧烈波动，GDP 的正向冲击对中国税收收入的增长具有显著的促进作用且有长期性，社会消费品零售总额的负向冲击对中国税收收入具有显著的促退作用且有较长的持续效应。

第三，从方差分析可以看出，在税务部门、经济增长和商品零售行业这三个因素来看，尽管都对税收增长作出了贡献，但税务部门对税收增长的贡献最大，说明在改革开放以来，尤其是1994 年税制变革以来，税务部门着力进行税收制度变革和加强税收征管，确实极大地促进了税收的增长。

（二）税收风险计量的划分标准

经济增长风险中的税制因素及度量结果，我们用表 7、表 8 说明。

表 7

计量结果的划分标准

安全等级	高度安全	安全	较低风险	中等风险	较高风险
等级分值	9	7	5	3	1
风险指数	1	2	3	4	5

表 8

经济增长风险中的税制因素及度量矩阵

中国经济增长中的潜在风险	经济增长潜在风险的税制因素	税制因素对风险的影响程度	安全等级	风险指数	税制因素对风险影响的可控程度
投资消费比例失衡的风险	税制结构不合理	中等	3	4	难以短期消除
	税收计划管理体制不合理	较低	5	3	逐步得以缓解
	税收产业引导力度欠缺	中等	2	4	逐步得以缓解
	促进公平收入分配税收政策不健全	中等	2	4	逐步得以缓解
	促进就业再就业税收政策欠完善	较低	5	3	逐步得以缓解
	促进社会保障制度完善的税制缺失	较低	5	3	难以短期消除
区域发展失衡的风险	区域性税收优惠政策所导致的不公平	中等	3	4	逐步得以缓解
	地方税体系不健全	中等	2	4	难以短期消除
	税收归属地与税收来源地不一致	中等	3	4	逐步得以缓解
资源环境约束的风险	生态环境类税制缺失	中等	2	4	难以短期消除
	资源税税制不健全	中等	2	4	逐步得以缓解
	消费税促进环境保护功能发挥不到位	较低	5	3	逐步得以缓解
	税制产业导向的“绿化度”不足	中等	3	4	逐步得以缓解

（续表）

中国经济增长中的潜在风险	经济增长潜在风险的税制因素	税制因素对风险的影响程度	安全等级	风险指数	税制因素对风险影响的可控程度
外贸和外汇双顺差的风险	税收政策的出口导向型特点明显	中等	3	4	逐步得以缓解
	加工贸易税收优惠政策不合理	中等	3	4	难以短期消除
	促进企业“走出去”税收政策不完善	较低	5	3	逐步得以缓解
宏观税负水平	税收超经济增长对经济的紧缩效应	较低	5	3	基本可控
增值税转型	刺激固定资产投资扩张的风险	中等	3	4	基本可控

四、中国经济增长风险的税收政策防范

对于经济增长而言税收制度是外生给定的，但是一定的税制所产生的经济效果同经济增长存在着本质的联系。这就要求税制改革过程中，应通过构建合理的财税体制和科学的税收政策体系，在宏观上促进经济均衡增长和可持续发展，从微观上提高企业核心竞争力，以应对经济增长风险。

（一）构建防范经济增长风险的弹性税收制度

科学的税制体系应该是同经济协调相关的，并且具备适当的弹性以适应经济形势变化。考察税收与经济相关程度及税制弹性的一个重要变量是税收弹性，它在数量上反映税收收入随经济增长变化而变化的动态特征，以及税收参与分配比重的变化趋势，定义为现行税制下税收收入变化率与经济增长率(通常用 GDP 增长率)之比，即：

$$Et=\frac{\Delta T/T}{\Delta Y/Y}$$

式中：Et 为税收弹性，T 为税收收入总量，ΔT 为税收收入增量；Y 代表国内生产总值 GDP(或国民生产总值、国民所得)，ΔY 代表其增量。

为了考察税收制度弹性，我们把通过一定计量手段，剔除特定时期内税收征管等特殊因素而得出的税收弹性称为税制内在弹性。

从西方国家的历史数据来看，处于经济发展黄金时期的税收弹性值普遍大于 1，从较长时期看税收增长比经济增长快(如表 9 所示)。改革开放至 1994 年税制改革之前，中国税收弹性明显偏低，平均值只有 0.66，利改税后弹性平均值仅为 0.45。对比表 10 所提供的当前税收总收入弹性和分税种的税收弹性发现，1994 年税制改革改变了原来税收收入占 GDP 比重逐步降低的趋势。同时，中国税制内在弹性仍然偏低，税收弹性与税制内在弹性的离差较大，说明税收弹性主要来源于税制以外的因素。另外，中国税制结构以流转税为主体，而增值税和营业税作为流转税的主要部分，其税制内在弹性小于 1，在 GDP 中呈萎缩趋势。根据国家税务总局计统司发布的数据，2006 年中国税收弹性为 1.5，表明近年来税收弹性又发生了轻微下降的趋势。

表 9

1965～1979 年 15 年间西方主要工业国家税收弹性平均值

国　别	税收弹性值	国　别	税收弹性值	国　别	税收弹性值
英国	1.1	澳大利亚	1.28	葡萄牙	1.44
加拿大	1.19	希腊	1.31	挪威	1.45
美国	1.2	新西兰	1.35	比利时	1.47
法国	1.2	荷兰	1.37	西班牙	1.47
芬兰	1.22	土耳其	1.39	瑞典	1.56
奥地利	1.24	爱尔兰	1.44	瑞士	1.84
联邦德国	1.28	丹麦	1.44	卢森堡	1.85

资料来源:王宏伟:《论弹性税收》,《财经科学》1995 年第 3 期。

表 10

当前中国税收弹性及税制内在弹性

项　目	税收总收　入	增值税	消费税	营业税	企　业所得税	外商投资企业和外资企业所得税	个　人所得税
税制内在弹性	1.03	0.94	0.72	1.22	1.11	2.35	1.06
税收弹性	1.56	1.55	0.98	1.65	1.58	3.26	3.29
差异	0.53	0.61	0.26	0.43	0.47	0.91	2.33

数据来源:引自乔宝云、王道树:《税收收入浮动率和税收收入弹性》,《税务研究》2005 年第 1 期,总第 236 期。

注:该测算选取 1994～2003 年数据,对税收弹性(原文中称为税收浮动率)直接按照税收弹性公式以最小平方法计算,计算税制内在弹性(原文中称为税收弹性)利用双向随机估计方法,对税收征管等外在因素进行年度与区域差异控制。

从近年的经济增长水平和财政需要看,目前中国的税收弹性维持在 1～2 应该是比较合适的,一方面可以使税收收入略快于经济增长,强化税收筹集资金和调控经济作用;另一方面又不至于税负过高而伤及税基,阻碍经济的发展。由于中国现实的经济发展状况和较为薄弱的税基,税收暂时无法达到部分发达国家高弹性水平。影响中国当前税收收入弹性的因素主要包括三个方面:第一,税制结构和相关税制改革。1994 年税制改革以来,中国的税收制度总体上是基本稳定的,尽管期间也有若干税收政策的重大变化,如取消农业税、农业特产税等,但对税制弹性的本身都影响不大,两税合并的效应还没有体现出来。对于特定税种的调整,如增值税转型试点的实施,消费税的调整,石油特别收益金开征等,对税收收入的影响还是值得关注的。第二,税收征收管理方面的影响十分突出,特别是"金税工程"的稳步推进明显地改变了增值税税收收入的征收状况,提高了这一税种的征收率。第三,税收制度的内生影响。1994 年税改以来,随着经济增长,税基在 GDP 中的份额扩大了,同时税基向高税率的行业倾斜,主要体现为第三产业经济效益增长显著。原有税制中的弹性机制,包括各种累进因素,起到了相应作用。

为了更有力地促进经济增长并防范经济增长的风险,加强税收政策的宏观调控效果,应当构建一个同经济增长相协调的弹性税制。

第一,必须认识到当前税收收入的增长主要来源于税收征管,特别是增值税征管水平的提高以及其他一些临时的政策性变化,而征管对于税收弹性的贡献在达到一定程度后是有限度的。剔除掉征管因素和临时性税收政策调整,中国税制弹性接近于1,从公共产品增长需求和宏观调控的需要看还是比较低的,因此有必要进一步依赖税制改革提升税制弹性。

第二,流转税作为当前税制结构的主体,其税制弹性相对偏低。增值税作为当前第一大税种,从其向消费型增值税转型的大趋势看,暂时无法通过增值税改革提高税制整体弹性。为了不至于严重影响税收收入稳定,应该在转型中,充分侧重促进内涵性税基扩大,通过鼓励投资结构性调整,鼓励企业风险投资和再投资,鼓励企业提升投资绩效的制度设计,确保税收收入随经济增长弹性变动。

第三,内外资企业所得税的合并有利于稳定企业所得税的制度弹性。在经济结构进行内外结构调整、产业调整和区域结构调整的过程中,内外资统一税收待遇及统一的以产业优惠为主、区域优惠为主的优惠政策有利于税收对经济增长的弹性适应。但是在统一的《企业所得税法》框架之内,利用政策空间稳步推进5年过渡期的平稳推进,进一步提高征管水平,加强反避税工作,处理好引进外资和"两法合并"的相互关系成为保障弹性税制的关键。

第四,随着国民生活水平的提高和纳税人纳税意识的增强,个人所得税将是一个富有弹性和有很大潜力的税种。提升个人所得税税制弹性的具体措施包括:进一步优化个人所得税税率设计,扩大税率级距,使税负在不同收入水平纳税人之间合理分配;根据不同人群和地区的经济差异,应实行差别税率;尽早推进个人收入综合纳税,完善纳税申报制度等等。

第五,对于房地产税、资源税等对经济影响较大,而且其涉及利益纠葛较为复杂的个别税种,建议实行浮动的弹性税率,房产、资源等课税对象价格调整时,税率随之同向变动,同时设置免税界限和最高税率。

(二) 缓解经济非均衡增长风险的税收对策

1. 引导投资合理增长的税收对策

在中国税制以流转税为主体、流转税和所得税并重的结构特点难以在短期内改变的情况下,充分发挥税收引导投资合理增长的作用,重点应该体现在引导投资结构优化和抑制地方政府投资扩张的财政利益动机两个方面。

在引导投资结构优化方面,应进一步加大对农业、高新技术产业、环保节能产业等国家鼓励类产业的税收支持力度;进一步加大对一些高能耗、高污染、资源消耗型等国家限制类产业的税收调节力度,以促进社会投资产业结构的优化;进一步创造促进中西部地区、东北老工业基地、中部地区加快发展的税收环境,引导社会资金更好地向这些区域流动,以促进社会投资地区结构的改善。

在抑制地方政府投资扩张的财政利益动机方面,第一,改进税收计划管理方式,实现以税收收入预测和能力估算为基础的收入管理制度,切实淡化对税收计划指标的考核。税务部门要将以计划任务为目标的工作模式,转变到以依法治税为核心的工作思路上来。加强执法能力和水平,依法规范征管行为。坚持组织收入原则和依法治税相统一。① 第二,严肃地方政府干预税收执法的法律责任,建立税法审查机制,一方面要消除地方政府对税收计划层层加码的现象,另一方面要杜绝地方政府违背国家统一的税收政策,擅自制定税收优惠政策,擅自进行

---

① 王春成,王赫. 论税收计划管理与税收执法风险. 辽宁经济,2006(11)

税收减免的情形，坚决抑制地区间有害税收竞争。第三，积极稳妥地推进增值税转型。尽管理论上增值税转型宜尽早在全国范围内全面推开，但考虑到财政收入的压力，可以在总结东北老工业基地试点经验的基础上，采取区域引导、产业引导或逐年提高抵扣比例的改革策略。具体而言，可以考虑先行在中西部地区推行，然后再在全国范围内铺开，从而贯彻和体现国家的区域发展战略；可以考虑选择基础设施建设产业、高科技产业等国家鼓励类发展的产业先行实施转型，以促进全社会加大对这些领域的投资；可以考虑在全国范围内统一实施增值税转型，但固定资产进项税款的抵扣比例分3～5年逐步过渡到100%，从而既保持全国范围内的政策统一，又缓解财政压力。

2. 扩大居民消费的税收对策

根据中国当前收入分配差距的现状，加强税收对个人收入分配的调节，必须着眼于整个税制体系的建设，综合运用各种税收手段，建立起一个以个人所得税为主体，财产税、流转税、社会保障税并用的，对个人收入分配进行多环节、多层次调节的税收制度体系。

一是继续完善个人所得税制度，积极建立综合与分类相结合的税制模式，适当调整税率和级距，增加赡养老人、抚育子女、教育医疗等专项费用扣除，强化对高收入行业和个人的税收监管，减轻低收入者税收负担，调节过高收入。

二是进一步完善财产税制，按照中共十六届三中全会的要求，建立统一规范的物业税制度，加大对房地产保有环节特别是高档次房屋以及个人持有多处房屋的税收调节力度。积极研究开征遗产和赠与税，缓解收入分配不公平在代际间转移，增强用于扶助贫困人口的财力。

三是积极研究开征社会保障税，规范社会保障资金的筹集渠道，加大对低收入者基本生活需求的保障力度，促进社会保障体系的完善，促进全社会消费预期的改善和消费倾向的提高。

四是积极鼓励慈善捐赠事业的发展，加大对单位和个人慈善捐赠的税前扣除力度，通过加强对第三次分配的税收引导促进公平分配、缩小贫富差距。

五是进一步完善扩大就业的税收政策，逐步实现两个转移：首先，政策扶持面由城镇失业人口向所有需要就业的城乡劳动力转移，为各类劳动力就业创造公平的税收环境；其次，政策扶持方式由针对特定就业人群的优惠向产业优惠转移，通过加大对城市居民服务业、中小企业等劳动密集型产业的税收支持力度，促进城镇就业岗位的增加，扩大城镇失业人口和进城务工农民的就业；通过加大对县域经济的税收支持力度，进一步贯彻落实促进乡镇企业发展的税收政策，扩大农村富余劳动力就地转移就业。在此基础上，进一步加大对失业人口自主创业以及职业技能教育培训的税收支持力度，从而从多环节、广范围地发挥税收促进就业、增加低收入群体收入、扩大居民消费能力的作用。

（三）缩小区域非均衡发展风险的税收对策

促进区域均衡发展的税收政策包括区域性优惠政策调整，地方税体系构建和完善地区间税收收入归属机制等诸多方面。

（1）为促进区域均衡发展，对现行的区域性税收优惠政策作进一步调整，大体上也可以采取分两步走的策略：首先，根据国家目前的区域发展战略，将区域性税收优惠的重心由东部地区向中西部地区转移，在保持现有西部地区优惠政策的基础上，适度加大对中部地区的税收扶持力度。其次，逐渐将区域性优惠政策向产业性优惠政策转移，充分利用中西部地区资源和特色产业优势，结合产业、行业的发展需要，制定相应的税收优惠政策，引导这些地区在加快区域发展的同时实现产业结构的合理调整和升级，减小中西部地区同东部地区的差距。

(2) 积极构建地方税体系。按照中共十六届三中全会提出的“赋予地方适当税政管理权”的要求来改进现行的税收管理体制,根据统分适度的原则,合理下放一部分税权,科学构建地方税体系,以建立物业税为契机,确立地方主体税种,规范地方取得财政收入的渠道,更好地兼顾地方实际,尤其是欠发达地区的财力所需,促进地方财政能力的建设和地区经济的发展。

(3) 建立合理的地区间税收收入归属机制。合理确定增值税、营业税、企业所得税等税种汇总纳税的纳税地点,保证相关地区的税收权益都能得到合理、合法的体现,特别是要保证经济落后地区合理的税收收益,保证企业能够按照真实的经营需要选择组织形式和营业地点。在增值税和营业税方面,可考虑选择有关因素(如资产分布、人员工资比例等)确定跨地区的税收分享比例,从机制上保证落后地区(尤其是资源出产地)的税收权益。在企业所得税上可考虑采取因素法对法人应纳税额进行汇总计算,然后各地区就其所占比例以规范的方式获取应有的税收收入。

(四) 缓解外贸和外汇双顺差风险的税收对策

1. 推进出口税收支持政策的转型

按照优化出口产品结构的要求进一步调整出口退税政策,对属于国家短缺资源和不可再生资源取消出口退税政策,对生产过程高污染、高能耗的产品降低或取消出口退税率,对已经引起或容易引起贸易摩擦的出口商品适当降低出口退税率,重点鼓励高附加值产品出口,提高其出口退税率。结合企业所得税改革,取消针对外商投资举办出口企业的税收优惠政策,将其纳入出口结构优化的调控范围,消除由此引发的国际贸易争端。

2. 完善加工贸易税收政策

进一步扩大加工贸易禁止类目录范围,将涉及“高能耗、高污染、资源性”产品纳入其中,对禁止类目录的商品进口一律征收进口关税和进口环节增值税、消费税。对容易引起贸易摩擦的产品列入限制类目录,仍保留其加工贸易的贸易方式,但对出口加工区以及其他具有保税加工的特殊区域内的企业,仍准予按现行政策从事保税加工贸易,对区外企业从事该类加工贸易进口货物恢复征收进口关税和进口环节增值税、消费税。

3. 完善促进国内企业“走出去”的税收政策

完善海外投资风险防范的税收政策,参照国际经验,建立境外投资风险准备金制度,允许企业按境外投资总额的一定比例提取境外投资风险准备金,并在投资活动发生起的5个纳税年度内予以所得税税前扣除;完善境内外税收会计成本摊销差异的税务处理政策,对海外投资的固定资产等资本性支出采取加速折旧方法,境外项目人员工资的据实列支,适当放宽援助捐赠性支出的列支标准和范围等;完善海外投资所得的税收抵免政策,建立直接抵免与间接抵免(多层抵免)相结合的税收抵免制度,扩大可抵免的外国税收范围,支持石油企业通过控股或参股的形式扩大对海外的投资,调整外国税收抵免限额计算方法,改分国抵免限额为综合抵免限额,进一步加大消除国际重复的力度,同时可考虑对石油企业在境外不同投资国所发生的盈亏,可以允许互抵,盈亏相抵后的余额为企业从境外取得的应纳税所得额,以此作为按国内税法计算所得税的依据;充分发挥饶让抵免的政策效应,对企业海外投资在境外获得的所得税减免视同已纳税款予以抵免。

执笔人:赵迎春

(本报告部分内容选自:① 上海立信会计学院中国立信风险管理研究院开放课题《税制

改革与中国经济增长风险研究》,课题负责人:李万甫;② 上海立信会计学院中国立信风险研究院开放课题《税制改革与中国经济增长风险研究》,课题负责人:马海涛。)

主要参考文献

1. 吴易风.当代西方经济学流派与思潮.北京:首都经济贸易大学出版社,2005

2. 高鸿业.西方经济学(第三版).北京:中国人民大学出版社,2004

3. 李万甫.商品课税经济分析.北京:中国财政经济出版社,1998

4. 杨志勇.比较财政学.上海:复旦大学出版社,2005

5. 财政部财政科学研究所.中国财经前沿问题讲稿.北京:经济科学出版社,2006

6. 乔宝云,王道树.税收收入浮动率和税收收入弹性.税务研究,2005(1)

7. 王宏伟.论弹性税收.财经科学,1995(3)

8. 黄运.浅谈中国地方财政风险特点及其防范.中央财经大学学报,2002(2)

9. Yingyi Qian and Gerard Roland, 1998, Federalism and the Soft Budget Constraint, American Economic Review, (December)

10. 李勇.以财政改革和制度创新促经济增长方式转变.2007年3月18日在中国发展高层论坛上的演讲(http://theory.people.com.cn)

11. 贾康.分税制改革的思路及政策安排.改革,2005(12)

12. 许善达,杨元伟,王道树,黄运.减轻农民的税收负担任重道远.乡镇论坛,2005(11)

13. 李万甫,马衍伟.加入WTO:中国税制改革面临的机遇与挑战.税务研究,2000(7)

14. 白宇飞.中国涉外税收优惠政策的调整路径.改革,2006(5)

15. 部分相关数据援引自中国国家统计局.中华人民共和国国民经济和社会发展统计公报,1994~2006年各期

16. 马拴友.税收政策与经济增长.北京:中国城市出版社,2001

17. 付广军.中国税收统计与计量分析.北京:中国市场出版社,2005

中央与地方财政分权模式与中国经济增长风险研究

一、中央与地方财政分权模式基本情况描述

(一) 现行财政管理体制的形成背景

1994 年,当中国经济体制改革进入新阶段时,财税体制运行的宏观经济环境发生了重大变化,宏观领域要求逐步建立财政、金融、计划之间相互制约和相互配合的宏观调控体系,对税收、国债、财政补贴、政府投资等财政政策工具的运用提出了更高的要求。这意味着财政体制要从单纯的放权让利转向制度创新,使得财政体制要为市场机制在资源配置中发挥基础作用创造条件,同时,还要运用财政政策工具,调节市场运行,克服市场失灵,实现资源合理配置。在这个历史条件下,1994 年财税体制变革也是整个经济体制转轨一个必然的选择。

(二) 现行财政管理体制的内容

第一,根据中央和地方政府的事权确定相应的财政支出范围。事权与支出的划分不仅是财政管理体制的重要构成要素,而且是确定财政管理体制其他内容的前提。1994 年财税体制变革确定的中央财政支出范围主要包括:中央统管的基本建设投资,中央直属国有企业的技术改造和新产品试制费、地质勘探费等,国防费,武警经费,外交和援外支出,中央级行政管理费和文化、教育、卫生等各项事业费支出,以及应由中央负担的国内外债务的还本付息支出。地方财政支出主要包括:地方统筹的基本建设投资,地方国有企业的技术改造和新产品试制经费,支农支出,城市维护和建设经费,地方文化、教育、卫生等各项事业费和行政管理费,价格补贴支出以及其他支出。

第二,中央与地方收入划分。根据事权与财权相结合的原则,按税种划分中央收入和地方收入。将维护国家权益、实施宏观调控所需的税种划分为中央税;将同经济发展直接相关的主要税种划分为中央与地方共享税;将适合地方征管的税种划分为地方税,充实地方税税种,增加地方税收入。分设中央与地方两套税务机构,中央税务机构征收中央税和中央与地方共享税,地方税务机构征收地方税。

第三,实行中央对地方的税收返还制度。为了保持地方既得利益格局,逐步达到改革的目标,中央财政对地方税收返还数额以 1993 年为基期年核定。按照 1993 年地方实际收入以及税制改革后中央和地方收入划分情况,合理确定 1993 年中央从地方净上划的收入数额,并以此作为中央对地方税收返还基数,保证 1993 年地方既得财力。1994 年以后,税收返还额在 1993 年的基数上逐步递增,递增率按全国增值税和消费税增长率的 1∶0.3 系数确定,即全国增值税和消费税每增长 1%,中央财政对地方的税收返还增长 0.3%。

改革后的财税体制规范了中央和地方间财权和事权划分,重构了财政收入运行机制,使得国民收入分配格局、中央和地方财政分配格局又一次进行调整,使得财政体制顺利从原来的财

政包干制过渡到中央地方分税制：

一是分级财政管理体制的总体框架基本确立，明确了各级财政的支出范围。依据现行事权划分中央与地方的支出范围，明确了各级财政的支出范围，大大提高了财力分配的透明度和规范性，这促使了地方政府转变理财思路，实现规范管理，如减少税收的随意减免；狠抓非税收入和预算外资金管理；注意自我发展中的自我约束；强化支出管理；等等。

二是建立了财政收入稳定增长机制，中央财政取得主导地位。分税制改革调动了各级政府理财的积极性，扭转了“两个比重”下滑趋势，促使财政收入迅速增长。分税制改革以来，国家财政收入也急剧增长，在 1994～2006 年财政收入年均增长率高达 17.9%，占 GDP 的比重从 1994 年的 11.2%提高到 2006 年的 18.8%。就中央财政收入占国家财政收入的比重而言，1994 年为 55.7%，大大高于 1993 年的 22%。财政体制的规范和国家财力的充足为 1998 年后实施积极财政政策打下了坚实的基础。

（三）分税制改革后中国税收增长的特征与趋势

1994 年分税制改革以来，中国税收收入一直呈现高速增长的态势。2006 年，全国税收收入达到 37 636 亿元（不包括关税和农业税收），为 1994 年的 7.4 倍，年均增长 18.3%（见表 1）。从 1996 年开始，中国税收收入的增长速度一直高于 GDP 的增长速度，税收弹性在 1999 年一度达到了 2.16，税收收入占 GDP 的比重在 2005 年已经攀升到 16.9%。我们注意到，从 1998 年中国经济开始出现通货紧缩以来，国民经济在长达 5 年左右的时间内处于不景气状态，并且，大约自 20 世纪 90 年代中期以来，就开始有中国经济增长“宏观好，微观不好”这样看似矛盾的说法（易纲、林明，2003）。税源是建立在微观经济主体活力的基础上，既然有“宏观好，微观不好”的判断，那么微观经济主体经济效益不提高是如何带来税收的大幅度增长的呢？原本人们关注的如何提高“两个比重”的问题逐渐转向了对宏观税负是否过重的思考，而对于税收收入长期超 GDP 的增长①原因的剖析更是吸引了诸多分析家的目光。

表 1

1995～2006 年税收增长率与 GDP 增长率比较

单位：%

年　份	1995	1996	1997	1998	1999	2000	2001	2002	2003	2004	2005	2006
GDP 增长率（名义）	26.1	17.1	11.0	6.9	6.2	10.6	10.5	9.7	12.9	17.7	14.0	14.4
税收增长率	17.8	18.0	16.7	10.5	13.4	22.8	19.7	12.1	20.4	25.7	20.0	21.9
增值税增长率	14.2	15.7	11.2	10.0	17.0	22.2	15.3	14.8	24.0	24.7	18.1	19.7
营业税增长率	27.8	22.5	27.0	18.8	5.5	11.2	10.6	18.4	16.3	24.9	18.1	21.2
企业所得税增长率	20.3	10.7	17.3	−3.3	18.1	44.3	48.8	−1.7	17.7	33.7	35.3	28.5
个人所得税增长率	80.9	22.5	27.0	18.8	5.5	11.2	10.6	18.4	16.3	24.9	20.5	17.1

数据来源：历年《中国统计年鉴》、《中国税务年鉴》。

① 关于近几年税收的高速增长，更多的人喜欢用税收超常增长这一称谓。由于本报告所探寻的是税收高速增长的原因，并不讨论增长是否超常，因而用税收收入超 GDP 增长这一中性说法。

究竟是什么因素在推动税收收入长期超 GDP 高速增长?可谓仁者见仁,智者见智。有学者指出,税收收入占 GDP 比重的逐年提高,是宏观总体税负的理性回归,拿 2004 年(税收收入增收最多、增幅最大的年份)来说,税收增长结构与其对应的经济税源增长结构是基本一致的、是协调的,税收收入高幅增长是宏观经济良性运行的反映(杨崇春,2005)。有学者认为,近年中国税收的快速增长,主要来自加强征管和许多一次性因素的作用,若去掉临时性因素(各年不同),税收增长和经济增长是大体一致的(贾康、刘尚希等,2002)。也有学者认为,中国税收的快速增长,除了通常所说的经济增长、政策调整和征管力度几个方面的原因外,还包括其他一些原因,如产业结构升级、外贸持续快速增长、企业经济效益的持续好转和居民收入的快速增长、所有制结构的优化以及市场化程度不断提高等(许宪春,2005)。而米建国(2005)将税收高速增长的原因归结为经济基础坚实、经济运行质量提高、征管水平提高、诚信纳税意识增强、除费正税等。还有学者从方便预测税收增长的趋势及评价对经济的可能影响出发,依据超常增长是否反映税收的真实性,将税收超常增长的因素分为实增和虚增两大类因素(余显才,2005)。

上述观点是业内人士从不同的角度、不同的层面对中国现阶段税收超 GDP 增长因素作出的分析,综合这些分析,可以将中国税收超 GDP 增长的原因归为四种因素:经济因素、管理因素、政策性因素和税款“虚收”因素(安体富,2002)。经济因素对税收增长的作用是显然的,不过当前的实证分析主要是用 GDP 增长率和总体税收增长率进行回归分析,从回归系数判断经济因素对税收增长的影响,但是由于不同税种的税源基础不同,经济因素对各税种税收增长的作用机制相差极大,实证研究需要更进一步深入。就管理因素而言,研究者一般都注意到分税制改革以来以“金税工程”为代表的税源监控体系的加强,但是很少有人对管理因素的作用效果进行定量分析。至于政策性因素和税款“虚收”因素,当前学术界已有较详尽的研究(刘尚希,2002;胡怡建,2003;孙玉栋,2006),从既有的研究结论来看,这两个因素对税收超 GDP 增长的作用是次要的,并且其影响作用大多属于一次性。

从研究方法来看,近几年来国内对税收超 GDP 增长原因的分析大多停留在定性分析或者说是粗略的数据比较层面上,难以给出令人信服的答案。

二、中央与地方财政分权模式下的经济增长风险因素识别

根据契约理论,理清中央与地方财政收入分权契约形式的种类和性质,通过分税制与财政收入包干制的制度激励和成本比较,不同契约形式下财政收入分权的效率与成本比较,实证税收激励在分占所有权契约形式下的重要作用,在此基础上,我们侧重于研究中央与地方财政分权模式和经济增长风险之间的传导机制,其传导机制是识别财政分权模式下经济增长风险因素的关键所在。

(一) 中央与地方财政收入分权契约形式的种类和性质

在现实中,地方政府在地区经济发展水平、税收潜力、政府组织效率、地方财政支出需求等方面存在很多差异,为便于分析,可以把地方政府分为两类:一类地方政府税源比较充足(称为高税收地方政府),它所取得的税收为 T_H;另一类地方政府税源比较紧缺(称为低税收地方政府),它所取得的税收为 T_L。假设中央政府在对中央和地方财权划分上,其目标是在地方政府能够接受的前提下,中央政府税收收入最大化,而地方政府的目标是地方能够支配的税收收入最大化。那么本研究报告认为,根据税收收入初次分配的差别,兼以对

税收征收权的区分,中央和地方政府可以采取的组织税收收入的契约形式有两种:一是分成制,二是分权制。

1. 分成制

税收收入由地方政府来组织,然后由中央政府决定中央和地方政府税收分成比例,这其中又分为两种合同形式:

(1) 定额分成。中央政府要求地方政府每年上交固定的税收收入,其余的全部留存地方支配使用。但是中央政府在设计定额分成时,允许地方政府保留最低税收收入,免得地方政府财力不足,我们称其为保留收入 S_0,这样,中央政府从高税收地方政府得到的税收定额为 $R_H=T_H-S_0$,从低税收地方政府得到的税收定额为 $R_L=T_L-S_0$。

(2) 比例分成。中央政府将地方政府税收收入的 α 留给地方政府,将地方政府税收收入的$(1-\alpha)$留给中央政府,这样,中央政府从高税收地方政府得到的税收收入为 $R_H=(1-\alpha)T_H$,从低税收地方政府得到的税收收入为 $R_L=(1-\alpha)T_L$。

2. 分权制

分权制指的是中央政府对中央和地方政府之间的税收征收和支配权力进行分配,这其中也分为两种形式:

(1) 独占所有权。税收收入由地方政府来组织征收,地方政府所有税收收入上交中央,然后中央政府根据各地区财政支出的需要统一调拨。典型事例就是我国在新中国成立后相当长的一段时间内实行财政"统收统支"制度。

(2) 分占所有权。通过税制设计,中央政府和地方政府各自拥有某些税种的征收和支配权。如中国现行的分税制就是中央政府享有增值税和消费税的完全征收权和大部分支配权,地方政府享有营业税大部分征收权和支配权。分成制与分权制的比较见表 2。

表 2

中央和地方政府财政收入分权的契约形式区别

项目	契约形式	划分标准	征收机关	税收初次分配
分成制	定额分成	税收收入初次分配形式	地方政府	中央政府取得固定税收收入,剩余税收收入归地方政府
	比例分成		地方政府	中央和地方政府就税收收入按比例分成
分权制	独占所有权	税收收入初次分配形式、税收征收权	地方政府	税收全部归为中央政府
	分占所有权		中央政府和地方政府	中央和地方政府各自拥有部分税种的征收权和支配权

根据以上分类,我们可以详细剖析 1994 年分税制改革的契约性质。为作比较,我们先分析分税制改革以前财政收入包干体制的契约性质。1988～1993 年中国财政收入分权实行的是"收入递增包干"体制,针对各省不同情况,共实行六种财政收支包干形式,即"上解额递增包干"、"定额上解"、"收入递增包干"、"总额分成"、"总额分成加增长分成"和"定额补助"。具体分析六种财政包干的契约性质,"上解额递增包干"、"定额上解"办法应属于定额分成合同,"定额补助"属于一种特殊的定额分成合同(固定租金为负值),"收入递增包干"、"总额分成"、"总额分成加增长分成"应属于比例分成合同,见表 3。

表 3

分税制采取的中央和地方税收分权契约形式

时　间	税收分配体制	契　约　形　式
1988～1994 年	财政收入分级包干	定额分成合同:上解额递增包干、定额上解、定额补助 比例分成合同:收入递增包干、总额分成、总额分成加增长分成
1994～2001 年	分税制	比例分成合同:增值税(75%)、证券交易税 分占所有权合同:除增值税和证券交易税外其他税种
2002 年以后	分税制	比例分成合同:增值税(75%)、企业所得税(增量 60%)、个人所得税(增量 60%) 分占所有权合同:除增值税、证券交易税和所得税外其他税种

注:表中括号内表示中央政府的税收分享比例,2002 年《所得税分享方案》规定,从 2002 年 1 月 1 日起,对企业所得税和个人所得税收入超过 2001 年的增量部分实行中央和地方按比例分享;2002 年按五五比例分享;2003 年按六四比例分享;2003 年以后年份的分享比例以后再定。分税制之初,证券交易税为中央与地方五五分成,经过几次变化,2002 年调整为中央分享 97%,地方分享 3%。

而分税制改革,依据的是事权与财权相结合的原则,按税种划分中央与地方的收入。中央固定收入包括关税、海关代征消费税和增值税、消费税、中央企业所得税、地方银行和外资银行及非银行金融企业所得税、铁道等几个部门集中交纳的收入、中央企业上交利润,对这部分收入,中央既完全拥有税收征收管辖权,也完全拥有税收收益,同时地方政府也完全拥有营业税等十七个适合地方征管的税种的征收管辖权和税收收益,因而,对中央政府和地方政府都拥有部分税种的完全征收和支配权这种形式,它们的契约性质属于分占所有权。对中央与地方共享收入,如增值税、资源税、证券交易税来说,它仍属于比例分成合同,但是由于地方政府分成比例较低(增值税地方分享 25%),因而税收受比例分成合同的契约性质的影响比较微弱,而受分占所有权的契约性质影响较大。在 2002 年,为加强中央政府财力,又出台了《所得税分享方案》,对企业所得税和个人所得税实行中央和地方分享。因而,目前中国实行的分税制按中央和地方税收收入征收权和分配权分类的契约形式可归为两种:一是分占所有权;二是比例分成。采取分占所有权契约形式的税种有营业税、消费税,以及地方税务局征收的房产税、土地使用税等小税种;采取比例分成契约形式的税种有增值税、企业所得税、个人所得税、证券交易税等(见表 3)。由于当前中国税收制度安排上不存在独占所有权形式,下面我们集中分析其他三种契约形成的制度激励和成本。

(二) 分税制与财政收入包干制的制度激励和成本比较

1. 定额分成合同和比例分成合同的制度激励比较

假定税收收入是税收努力 w、时间 t、国民产出 Y 的函数,写成 $T=F(w,t,Y)$,并假定 $F_w>0, F_{ww}<0; F_t>0, F_{tt}>0; F_Y>0, F_{YY}=0$。作这样假设的理由是:税收随着税收努力的上升而提高,但是上升的幅度会逐渐减少①;经济总量年复一年在扩大,当经济增长率保持不变时,税基增量会逐渐扩大,税收增量也年年在扩大,因而有 $F_t>0, F_{tt}>0$;$F_Y>0$ 无须解释,

① 典型事例就是当开始加强税收稽查时,所查处的偷逃税款较多,可是反复的稽查并不能使查处税款等量增长,一般是越来越少。

$F_{YY}=0$ 意味着税收是比例税，当然，如果税收是累进的，会有 $F_{YY}>0$，这不会影响本报告的研究。

在上述假设下，设地方政府的税收收益为 G，地方政府税收收入需上交给中央政府的税收定额为 R，则定额分成合同中地方政府税收收益为 $G=F(w,t,Y)-R$。设中央政府将地方政府税收收入的 α 留给地方政府，将地方政府税收收入的 $(1-\alpha)$ 划给中央政府，则比例分成合同中地方政府税收收益为 $G=\alpha F(w,t,Y)$。

现在首先考虑中央政府针对不同地方政府对定额分成和比例分成的分配。当中央政府面对的是高税收和低税收两类地方政府时，如果两类地方政府所需要的保留税收收入相差不大，中央政府会将定额分成合同提供给高税收地方政府，而将比例分成合同提供给低税收地方政府，这是因为高税收地方政府税源充足，它可以在地方政府取得保留税收收入情况下上交中央政府较高的固定税收。

其次考虑不同分成形式对中央和地方政府的激励。首先观察随时间变化分成形式对中央政府和地方政府税收收益的影响。在图 1 中，我们观察到，在 t_0 时刻，中央政府从定额分成和比例分成取得的收入都是 BM，地方政府从定额分成和比例分成取得的收入都是 AB。不过从图 2 中可看到，当地方政府付出的税收努力为 w_0 时，其取得收入都是 AB；可是当其付出的税收努力为 w_1 时，其从定额分成取得的收入却为 DC，从比例分成取得的收入为 DE，明显地，当地方政府的税收努力提高后，其从定额分成取得的收入更多。因而，在 t_0 时刻，地方政府偏好定额分成。

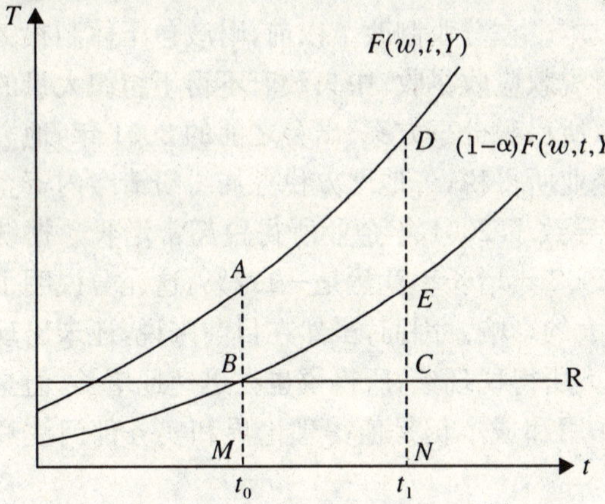

图 1　分成合同中地方税收收入在时间 t 上的投影

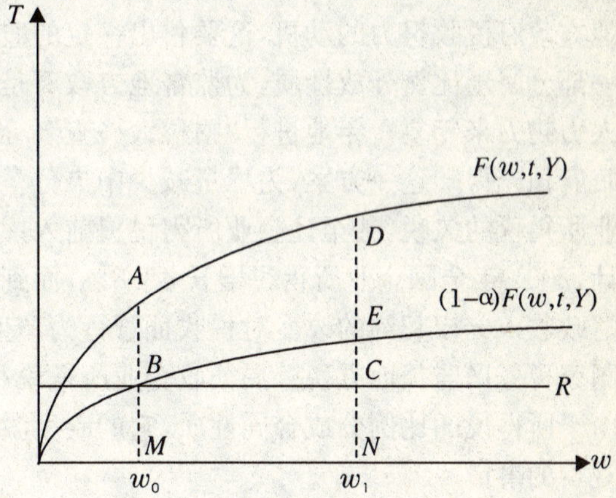

图 2　分成合同中地方税收收入在税收努力上的投影

在 t_1 时刻，如果税收定额和分成比例不发生变化，那么从图 1 中可看出，中央政府从比例分成取得的收入为 EN，从定额分成取得的收入仍为 CN，此时中央政府偏好比例分成。地方政府从定额分成中取得的收入为 DC，从比例分成中取得的收入为 DE，此时地方政府仍偏好定额分成。

于是，中央政府和地方政府对合同形式的偏好可简明扼要地写为：

(1) t_0 时刻：

中央政府偏好：在高税收地方政府中实行定额分成，在低税收地方政府中实行比例分成。

地方政府偏好：定额分成。

(2) t_1 时刻：

中央政府偏好：比例分成。

地方政府偏好:定额分成。

这样,中央政府和地方政府在税收分配合同形式上产生了矛盾,此时,中央政府可选择的方案有:

方案 A:迁就地方政府实行定额分成。

方案 B:借用中央政府的权威强行实行比例分成。

方案 C:税收定额随时间调整。

这三种方案都有利有弊。方案 A 会调动地方政府税收积极性,但是会减少中央政府收入;方案 B 会增加中央政府收入,但是对地方政府税收激励不如方案 A;方案 C 双方利益调整随税收定额而定,但是需要中央政府掌握大量信息,双方的讨价还价无疑使契约制定的交易费用大大提高。

2. 分占所有权合同与比例分成合同的制度激励比较

在比较完定额分成合同和比例分成合同制度激励后,现在我们比较分占所有权合同和比例分成合同的制度激励,后两者是分税制体现的主要财政收入分权形式。假定国家税务局、地方税务局分别是中央政府和地方政府的税收征收代理者,在分占所有权形式下,中央政府和地方政府征收的税种互不交叉,它们的税收收入分别是各自税收努力程度的函数,税收收益完全归自身所有。而在比例分成合同下,地方政府所征税款按比例上交给中央政府,在它们付出一定的税收努力后,只能部分地拥有税收收益,这样,与分占所有权契约形式相较,比例分成契约形式对地方政府的税收激励就较小。为防止地方政府降低税收努力,中央政府就会产生监督地方政府税收努力的动机,这要付出一定的监督成本。在分税制改革以前,财政包干体制很大一部分属于比例分成性质,为监督地方政府是否对税款应收尽收,中央政府不得不组织大量的人力物力来年复一年地进行"财税大检查"。而在《所得税分享方案》出台之前的 2001 年,地方政府预先得知这一方案,为尽量减少中央分享的企业所得税,各地地方税务局纷纷清缴内资企业所得税的欠税,甚至让企业所得税提前入库,这导致了 2001 年企业所得税超常增长。据统计,2001 年全国企业所得税增长 48.8%,而到了 2002 年增长率竟然是-1.7%,这充分说明了财政收入分权契约的改变对税收征管行为产生极大的影响。因而,虽然在目前来说,还未出现国家税务局监督地方税务局征收企业所得税和个人所得税现象,所得税也在迅速地增长,但是由于所得税的比例分成合同性质,它的制度激励作用和成本仍是值得理论界和实务部门注意观察的事情。

(三) 不同契约形式下财政收入分权的效率与成本比较

综合分析,定额分成、比例分成和分占所有权合同的制度激励和成本可概括分析如下。

1. 定额分成

对地方政府而言,定额分成比比例分成更有激励作用,地方政府在上交给中央政府税收定额后,可以完全拥有税收的"剩余索取权",但是地方政府需要独自承担税收风险(如经济不景气时税源不足,税收满足不了政府支出需要)。不过,与完全拥有税收的"剩余索取权"相比,税收风险毕竟是第二位的。但是,由于税收潜力随时间不断变化,定额分成要么使得中央政府丧失经济增长带来的税收收益,要么使得中央政府经常逐个与地方政府就税收定额额度进行讨价还价,这可能使得订约成本很高。

2. 比例分成

比例分成使得地方政府拥有部分税收的"剩余索取权",也承担部分税收风险。与定额分成相比较，它可能给地方政府带来税收“偷懒”激励。对中央政府而言，它也拥有部分税收的“剩余索取权”，承担部分税收风险；同时，它需要付出监督地方政府税收努力的成本。

3. 分占所有权

由于中央政府和地方政府都拥有部分税种的完全征收和支配权，因而避免了中央政府对地方政府的税收激励和监督，这也是世界上很多国家采用分税制的原因。这种契约形式的最大不足之处就是由于机构增设，税收管理成本大大高于上面两种契约形式，并且，一旦由于税收需要中央政府和地方政府相互配合时，信息交换和协调的效率就明显不如上面两种形式①。

为便于比较，将上述三种契约形式的效率优劣和成本进行了排序，见表4和表5。

表4

契约形式的效率优劣排序

效率优劣排序	强	中	弱
对地方政府的激励	分占所有权	定额分成	比例分成
对中央政府的激励	分占所有权	比例分成	定额分成

表5

契约形式的成本排序

成 本 排 序	高	中	低
监督地方政府税收努力成本	比例分成	定额分成	分占所有权
与地方政府讨价还价成本	定额分成	比例分成	分占所有权

注：与地方政府讨价还价成本，定额分成需随时间调整，其他契约一旦制定，可以维持相当长的一段时间。

从上述分析可知，分占所有权合同确实比分成合同给地方政府和中央政府带来更大的制度激励，而且中央政府的监督成本也最低。1994年分税制改革改变了中央政府和地方政府税收收入分配的契约性质，即由定额分成合同和比例分成合同向以分占所有权合同为主、比例分成合同为辅转变。并且，我们还注意到，从征管难易角度分析，中央财政所享有的收入大都是易征税种，这样，中央政府尽力避免了与地方政府相比的信息劣势，中央政府和地方政府各自拥有一部分税种的征收和支配权，与财政包干办法相比较，税收风险和收益基本由双方自己承担，在提高税收激励和降低监督成本上，无疑前进了一大步，这是1994年以来税收迅速增长的制度原因。下面我们对由分税制改革的制度激励作用带来的税收征管效率提高进行测算。

根据前文研究，中国税收能够保持多年的高速增长，很大一部分原因在于分税制改革改变了原有的财政收入分权的契约性质，从而产生很强的税收激励作用。下面我们将对这种税收激励作用进行实证分析。

（四）现有契约形式下税收激励作用的实证分析

要定量分析中国税收快速增长的原因，首先要分离出税收征管效率提高值对税收增长的

① 目前，收入征管机构无论是个数还是人员都急剧膨胀，仅收入征管机构就增加到四个，分别是国家税务局、地方税务局、农业税征收管理局（隶属于财政部门或地税部门，也有被称作农税科/处等）、预算外资金（非税收入）管理局，财政收入的征收成本增长迅猛，机构协调的难度进一步加大。

影响,我们用 Malmquist 指数测算各地区税收征管效率提高水平。Malmquist 指数最早由曼奎斯特(Malmquist,1953)作为一种消费指数提出,它是距离函数的比值(Cavesetal,1982),普遍用于企业技术进步效率的评估。

假定 t 期第 i 个决策单元的 DMU_i 的税收输入向量为 $X_i^t=(x_{i1}^t,x_{i2}^t,\cdots,x_{im}^t)$,输出为税收 Y_i^t,共有 n 个决策单元,税收输入输出组合为 (X^t,Y^t)。假定从输入 X^t 到输出 Y^t 存在税收征管效率水平 S^t,它的数学表达式为:

$$S^t=\{(X^t,Y^t):X^t \text{ 决定着 } Y^t \text{ 的输出水平}\}$$

t 时期决策单元 DMU_i 的输出距离函数定义如下:

$$D_i^t(X_i^t,Y_i^t)=\inf\{\theta_i:(X_i^t,Y_i^t/\theta_i)\in S^t\} \tag{1}$$

$$=\sup\{\theta_i:(X_i^t,\theta_i Y_i^t)\in S^t\}^{-1} \tag{2}$$

当 $D_i^t(X_i^t,Y_i^t)=1$ 时,意味着 (X_i^t,Y_i^t) 位于税收征管效率的前沿,或者说,当税收征管效率为 100%时,$D_i^t(X_i^t,Y_i^t)=1$。Malmquist 指数可表示为:

$$M_i(X_i^{t+1},Y_i^{t+1},X_i^t,Y_i^t)=\left[\left(\frac{D_i^t(X_i^{t+1},Y_i^{t+1})}{D_i^t(X_i^t,Y_i^t)}\right)\left(\frac{D_i^{t+1}(X_i^{t+1},Y_i^{t+1})}{D_i^{t+1}(X_i^t,Y_i^t)}\right)\right]^{1/2} \tag{3}$$

根据上式,我们就可求出中国各省份税收征管效率进步水平。

1. 指标的选取

用 Malmquist 指数测算各地区税收征管效率提高水平的关键是决策单元的输入向量的选取,使之能较全面地反映出它对税收输出的影响。为评价中国各地区税收征管效率,输入变量选取以下六个指标。

(1) 国民生产总值(GDP)。GDP 反映着一个地区经济的总规模,毫无疑问,它对总税收的规模具有重要影响。

(2) 第二产业和第三产业之和占 GDP 的比重(Industry)。由于税源绝大部分集中在第二产业和第三产业,因此,在经济规模一定的情况下,这两个产业占 GDP 的比重越高,说明该地区经济越发达,税收潜力越大。

(3) 市场化指数(Mindex)。市场化指数反映着某地区市场经济发育程度,它由政府与市场的关系、非国有经济的发展、产品市场的发育、要素市场的发育、市场中介组织发育和法律制度环境等五部分构成。一般而言,市场化指数越高,该地区市场经济越发达,因而货币化程度高、商品流转速度快、产销越旺盛,由此带来的税收也越多。①

(4) 营业盈余与 GDP 的比(Profit)。各地区国内生产总值由劳动者报酬、固定资产折旧、生产税净额、营业盈余组成,营业盈余相当于一个地区企业的营业利润加上生产补贴,但要扣除从利润中开支的工资和福利等。营业盈余占 GDP 的比重可近似地描述该地区经济效益水平,它对税收尤其是企业所得税具有重要影响。

(5)税务人员总数(People)。能较好地反映税收机关对税收征管的投入指标:一是税务人员总数,二是税收信息化建设,三是税收征管制度建设。本报告在研究中无法获得各地区的公开的税收信息化建设投入数据,并且各地区税收征管制度效率无法量化,便以税务人员总数来

① 本研究报告中市场化指数来自樊纲、王小鲁的测算(2004)。

反映一个地区税收征管投入水平。一般而言,同经济规模的地区税务人员投入越多,税收征管越可能细化,税收稽查的力量可能越强,于是可征的税收也就越多,当然,这忽略了个体间征管效率的差异和税收成本的影响。

我们以各地区的税收总收入为输出变量。

2. 各地区税收征管效率提高值分析

根据上述方法,我们计算出各地区1996～2005年历年税收征管效率提高值(见表6)。从表中看到,除西藏税收征管效率有所降低外,各地区税收征管效率都有明显提高,并且幅度比较大,1996～2005年各省平均税收征管效率提高值为9.6%。征管效率提高较大的省份集中在广东、浙江、江苏、上海等东部经济相对发达地区,其他大部分中西部地区税收征管效率年均提高值也在6%以上,这对税收增长会产生极大的促进作用。

表6

各地区1996～2005年税收征管效率提高值

单位:%

地名＼年份	1996	1997	1998	1999	2000	2001	2002	2003	2004	2005	各省平均值
北京	9.4	25.1	4.6	31.4	11.7	22.2	4.4	2.2	7.9	10.2	12.9
天津	−2.6	5	−0.7	10.7	19.2	15.3	7.4	1.7	11.4	8.2	7.6
河北	3.1	20.7	7	3.3	4.7	22.6	1.3	10.8	31.5	13.4	11.8
山西	3	1.6	1.7	1.5	−0.1	17.9	4.1	5.9	18.2	19.2	7.3
内蒙古	6.8	2.9	3	2.7	7.8	1.4	2.5	2.9	20.3	16.2	6.7
辽宁	15.4	−7.9	7.9	7.6	8.6	10.4	1.7	13	17.3	6.2	8.0
吉林	9.9	26.1	8	−5.2	−6.3	38.5	2.7	7.9	3.4	5.6	9.1
黑龙江	9.5	5.4	−8.7	19.6	11.2	−7.2	−1.2	−0.2	9.3	7.3	4.5
上海	14.2	23.9	2.7	17.1	23.4	18.1	16.7	20.4	15.9	18.4	17.1
江苏	5.6	25.1	13.3	13	27.5	19.9	21	17.2	28.6	20.4	19.2
浙江	5.1	13.1	15.8	11.3	41.9	32.9	12.6	18.7	22.7	21.6	19.6
安徽	55.5	−1.5	21.1	2	0.5	16.5	1.1	3.4	10.5	10.1	11.9
福建	11.4	10.7	7.5	13	17.2	27.1	5.9	10.1	10.6	14.6	12.8
江西	2.1	15.7	3.2	8.6	21.8	28.8	−3.6	5.7	6	8.7	9.7
山东	19.5	2.2	6.5	16.6	21.5	7.9	7.2	25.7	24	20.7	15.2
河南	38.6	13.2	−6.9	2.9	6.4	12.9	−4.2	6.4	21.4	15.6	10.6
湖北	28.4	26.3	17.6	6.5	0.6	4.1	3.7	8.2	18.2	16.7	13.0
湖南	1.8	12.4	0.8	2.2	7.7	13.6	1.8	5	16.3	13.5	7.5
广东	40.5	5	27.3	20.1	27.2	13.6	12.7	6.9	18.9	17.6	19.0
广西	−28.6	25.2	12	1.2	6.3	61	−5.4	−5.8	6.5	8.2	8.1
海南	31.5	16.1	−6.1	−2.2	0.8	22.1	−0.8	16.4	9.5	10.9	9.8
重庆	—	—	8.3	16.3	−0.7	12.4	3.6	0	5.7	6.8	6.6

（续表）

年份 地名	1996	1997	1998	1999	2000	2001	2002	2003	2004	2005	各省平均值
四川	—	—	22.8	6.3	1.2	16.8	2.3	0	16.8	12.3	9.8
贵州	13.6	11.4	34.7	14.2	−18.2	0.1	5.2	1.7	10.6	9.8	8.3
云南	1.1	3.3	5.2	3.5	−2.8	−13.8	3.7	0	4.5	5.8	1.1
西藏	−8.9	4.4	−2.5	2.2	0.8	−5.2	−4.7	−0.6	9.5	3.5	−0.2
陕西	5.9	9.9	11	−0.1	31.5	42.3	−22.6	6.1	11.5	12.6	10.8
甘肃	−8.3	5.1	−4.4	−1.8	0.6	20.8	6.3	1	4.9	6.9	3.1
青海	−8.5	7.7	2.5	−1.2	6.8	9.1	−5.8	−0.7	3.2	3.4	1.7
宁夏	8.7	11.1	7.9	−3.1	−3.1	16.5	−7.2	−0.1	18.5	16.5	6.6
新疆	20.8	5.2	8.7	1.2	0.1	11.8	4.4	−0.4	15.9	14.2	8.2
全国平均值	10.5	11.2	7.5	7.1	8.9	16.5	2.5	6.1	13.9	12.1	9.6

（五）中央与地方财政分权模式和经济增长风险之间的传导机制

1. 金融约束的形成

(1) 中国金融约束形成的根源。中国的金融体制具有典型的金融抑制特征，这使得经济发展受到很强的金融约束。几年前，在积极财政政策实施时，中央政府也试图采取货币政策与之配套。自 1996 年 5 月至 1999 年 6 月，中国央行已 7 次下调了利率，然而效果也不尽如人意。如占投资比重最大的自筹资金部分，其增长情况完全背离了利率走势。1998 年 3 次下调利率，贷款利率平均下调幅度为 0.6%、1.12%和 0.5%，然而自筹资金增长率却从 1997 年的 11.8%下降到 1998 年的 7.1%，到了 1999 年增长率更下降到 6.9%，降低利率没有起到拉动民间部门投资作用。货币政策表现不足还表现在：降低利率未能刺激股市，利率的杠杆效率不足；由于贷款主要为国有企业服务，尽管可贷资金充足，但中小企业得益不多，消费信贷刚刚起步，规模还较小；降低利率本应抑制储蓄，扩大耐用消费品支出，但储蓄快速增长，降低利率对抑制储蓄、刺激消费作用不大。从 2003 年 9 月央行实施宏观调控第 1 次上调准备金率和 2004 年 10 月第 1 次加息以来，截至 2006 年年底中国已经 4 次加息，5 次上调准备金率，以抑制经济由偏快转向过热。当前中国经济运行中存在的突出问题包括工业增长偏快、外贸顺差大、投资增速继续在高位运行、流动性过剩问题突出、价格上涨压力加大等。与前些年降低利率未能刺激股市效果相仿，提高利率同样没有抑制目前股市的强劲走势。货币政策的效果仍需拭目以待。

货币政策实施的不理想根源在于中国金融体制的约束，它不但压缩货币政策操作空间，对财政政策的实行也起到了极大的束缚作用。例如，几年前积极财政政策的实行的一个重要目标是通过财政投融资机制与银行信用相对接，将家庭部门滞留在银行账户上的储蓄沉淀吸纳转化为政府公共投资，然而受中国金融体制的局限，这一目标很难实现，积极财政政策对投资的推动更多地取决于财政直接投资增长上。下面我们分析金融体制约束是如何限制民间部门储蓄向投资转化的，以此来说明金融约束对财政支出分权的影响。

对中国金融体制形成的根源，我们认为金融体制的问题主要内生于国有企业的稳定和发展，这点吴敬琏(2003)和林毅夫(2005)曾有近似的表述。中国渐进主义改革路径的典型特征曾概括为“存量不动，增量改革”，意思是在经济改革中不触及或少触及既有的利益格局，在率先进行改革的部门和那些改革后发展起来的部门实现新的、有效的资源配置方式和激励机制，这样就避免了如前苏联和东欧改革那样巨大的调整成本。由于这种渐进式改革的特点，维持国有企业的稳定和发展对经济转轨成功甚至经济增长具有重要的稳定意义，作为改革的资金支持部门，中国的金融体制就内生于这种经济要求，形成金融抑制和金融深化的一对悖论：要转轨成功，就要保持国有企业的稳定和增长，就需要对国有企业采取金融支持和倾斜政策，实行金融抑制；而要保持经济未来增长，又要积极推动市场化建设，实行金融深化。在多个经济目标出现时，当局经济政策的采取就要首先基于经济和政治中各种目标的优先性判断：什么是第一目标，什么是第二目标，哪个目标是紧迫性的，哪个目标可以暂时置后。在长达20多年的改革中，我们可以从“稳定压倒一切”这一口号判断，“稳定”既是改革的前提，也是改革的第一目标。国有企业存在和增长是保证中国经济顺利转轨的关键，它避免了经济在改革开放后的大规模下滑，防止了大量破产、失业和政府财政巨大压力出现①。然而，也正是要保证国有企业的稳定和增长，国有企业本身也成了全社会的重要负担。国有企业的主要问题就是企业亏损严重，企业的盈利能力下降。国有工业企业固定资产净值利润率1980年为23.2%，2001年下降到6.0%，而同年全国工业企业固定资产净值利润率为8.4%。2002年全国国有工业企业为41 125个，其中亏损企业为14 865个，亏损面达36.1%②。正是由于国有企业对保持经济转轨和经济增长的稳定具有重要意义，因而金融体系首要服务目标就是要维持国有企业的稳定和发展，这就形成了一系列制度性扭曲，从而产生对民间部门融资的严重限制，影响了财政政策效果的发挥。

下面我们利用图3来详细分析当金融体系内生于国有企业的稳定和发展时，它是如何产生一系列企业融资限制的。

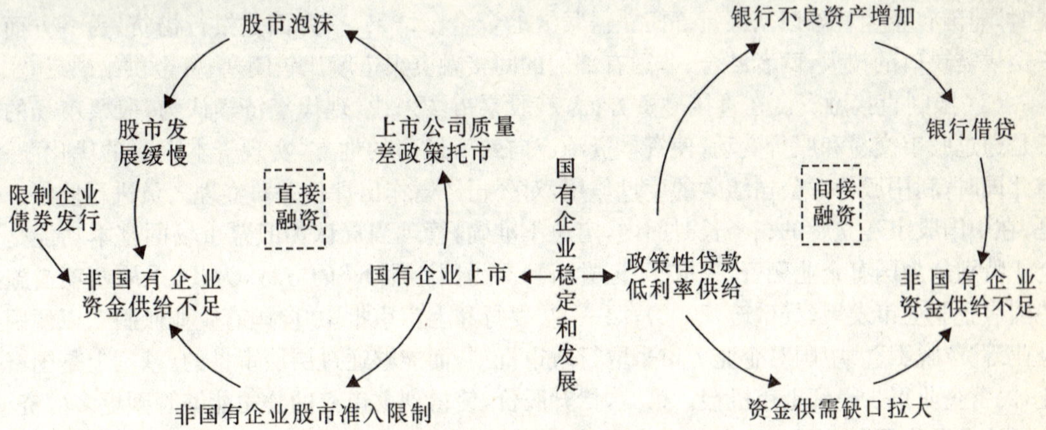

图3 中国管制型金融体制的融资限制

① 杨开忠等(2003)指出，对于理解转轨背景下的中国经济增长而言，问题的本质并不在于国有企业是否比非国有企业效率更加低下，而是在转型过程中，国有企业在相当一段时间内保持一定的增长，甚至带来生产力的改进，至少要比大规模破产好得多。东欧国家正因为没有保持国有企业的稳定和增长，才经历了很长一段时间的痛苦转轨期，才由国有部门特别是中小企业带动经济复苏。

② 数据来源：《中国工业经济统计年鉴(2003)》，其中2002年国有企业指的是国有及国有控股企业。

(2) 限制间接融资。在图 3 的右侧图中,显示了间接融资体制内生于国有企业稳定和发展需要。在金融管制下,通过国有银行的信用垄断、外资银行的准入控制及资本市场抑制等政策措施,居民部门缺少多样化的金融资产选择,国有银行垄断了社会信用,使居民部门的金融剩余绝大多数进入国有银行的账户。如 2004 年全国金融机构存款达 241 424.3 亿元,其中国有银行存款就达 134 650.3 亿元,占总存款的 55.7%。而在这之前,银行业垄断程度更高,如 1997 年,四大国有银行基本垄断了金融市场,四大银行总资产占同期国内银行业总资产比率高达 93.1%,贷款总额占同期国内银行业贷款总额比率高达 70%。

为扶持国有企业,国有银行就要将汲取的社会剩余以低利率贷给国有企业,因而存款利率也要随之降低,使得国有金融机构以远低于均衡价格的成本动员和聚集居民部门庞大的金融剩余,这种市场均衡价格和限定利率之间的差就形成了金融部门的垄断租金,金融部门以低利率贷给国有企业就是一种将垄断租金转移给国有企业的过程。由于国有部门取得的金融剩余也需以利率形式付出资金使用成本,并且无法在市场上以市场利率变现,因而国有部门取得的金融剩余是一种"隐性"的剩余。政府通过金融垄断扶持国有企业发展,就无须采取征收通货膨胀税来筹集资金的办法,避免了恶性通货膨胀的压力;同时,也减轻了政府的财政支出压力。

然而,即使是金融部门以低利率将资金贷给国有企业,使得国有企业取得大量的"隐性"金融剩余,由于国有企业所承担的政策性负担和内部治理结构的问题,国有企业盈利水平仍然较低,这使得还贷能力较低,形成银行部门的大量不良资产。一旦紧缩银根,银行就表现明显的"惜贷"行为,减少对非国有企业的资金供给。如 2001 年年底中国银行系统不良资产总损失达 2.80 万亿元,约占当年 GDP 的 29.2%;而 2001 年中国的财政收入仅为 1.64 万亿元,因而,银行体系巨额不良资产成为中国经济发展的一个沉重的包袱,大大限制了银行的资金配置效率。

在银行以低利率将资金贷给国有企业的同时,资金的供需缺口就人为地拉大了。由于贷款利率统一,不能对国有企业和非国有企业实行差别对待,在政策优先考虑国有部门稳定和发展时,非国有企业就难以从银行部门获得紧缺的资金。结果,一方面是银行惜贷;另一方面是资金供需缺口的拉大,两者结合,非国有部门的间接融资渠道就比较闭塞,资金供给缺乏。

(3) 限制直接融资。在直接融资方面,就股票市场来说,现代经济学认为,股票市场的核心是通过股市交易和股价变动,使资本资源流向效率最高的地方,实现资本资源的优化配置;与此同时,利用股价对公司绩效的度量作用,对公司经营作出评价并对经理人员进行监督。但是,在中国股市建立后的相当长时间内,定位不准确,管理当局认为股票市场的基本功能是为企业特别是为国有企业融资,采取了"证券市场要为国企服务"的方针,为此,采取两项措施扶持国有企业上市发展(吴敬琏,2003),第一,在发行和上市审批中"向国有企业倾斜",以便国有企业筹资"脱困"。中国对企业上市采取行政审批制,而能够通过层层审批的,基本上是国有企业,民营企业很少得到上市机会。第二,抬升股价,使得到上市权的公司能够筹到更多的资金。为了让上市公司在发行新股和上市后增发新股有较高的溢价,管理当局除了不时发表鼓励性言论,实行"政策托市"外,还从供给和需求两个方面入手来抬高股价。在供给方面采取的主要措施:一是设立上市额度,"限制扩容";二是划分"流通股"和"非流通股",只让 1/3 的股票上市流通。在需求方面的主要做法,就是鼓励和组织各种资金入市。从供、求两方面双管齐下,使二级市场上的市盈率(股票市价/每股盈利)高达数十倍,甚至更高。

在债券市场上,交易的主要金融工具是国债和政策性银行发行的金融债券,企业债券发展得很慢。2004 年,国债发行 6 923.9 亿元,政策性金融债券发行 4 148 亿元,而企业债仅发行

327 亿元，比例悬殊。债券市场发育缓慢的主要原因在于企业债券功能定位不准确，政府常常把债券市场看做是固定资产投资筹集资金的工具，由计划机关在进行项目审批时与国家财政、拨款、银行贷款等一并考虑；同时，企业债券市场上缺少成熟的机构投资者、债券发行采取计划机关的审批制、企业缺乏信用、债券利率没有市场化等，都限制企业债券的发行。

综上所述，由于经济转型与发展的协调刚性、公有经济部门是实现政府目标的主要依托等原因，中国金融体制形成了一系列制度扭曲，根据本研究报告对中国直接融资和间接融资结构扭曲的分析，可以认为，中国金融型资本积累是一种管制式的金融型资本积累，而不是市场式的金融型资本积累，它内生于中国的渐进主义改革战略。这种管制式的金融型资本积累的直接结果就是融资低效率，其典型特征是金融市场不发达，融资渠道狭小，致使资金在储蓄盈余部类和储蓄不足部类中流动性受阻。如 20 世纪 80 年代，全社会固定资产投资与城乡居民储蓄的比重平均为 153.4%；进入 20 世纪 90 年代以来，该比重平均为 60.4%；而自 1998 年以来，该比重直至 2003 年仍低于 55%，比重的迅速下滑反映了在财政型资本积累向金融型资本积累转变过程中，由于金融融资效率低，大量储蓄无法转为投资，从而资金沉淀在以银行为主的金融部门。

金融体系的扭曲对财政政策的扩张产生了收缩效应，其突出表现在两方面：一是对民间投资拉动不强，其后果就是财政政策过度依赖政府投资，如 1998～2002 年国债资金占当年新增固定资产投资的比重平均为 43.5%，这强化了政府投资的体制性冲动；二是减少了政府可控财力水平，这典型表现在政府对国有银行的存贷款提供了各种显性和隐性的担保，如通过发行政府债券募集资金或者直接运用国家财政资金来向国有银行注入资本金、国家承担对国有银行不良资产的剥离和处置。

2. 消费约束的形成

自 20 世纪 80 年代末以来，中国居民平均消费倾向持续下降，如 1988 年城镇居民平均消费倾向为 0.94，到 1998 年下降到 0.80，与此相对应，在国民支出结构中，居民消费占 GDP 的比重也不断下滑，积极财政政策的实行也没有阻止这一趋势，从图 4 中可看到，在 2000 年后居民消费率仍在迅速下滑。国家经贸委对 2002 年上半年全国主要商品供求情况排队分析调查结果显示，在调查的 600 种主要商品中，供求基本平衡的商品 82 种，供过于求的商品 518 种，占商品总数的 86.3%，没有供不应求的商品。这意味着几年前积极财政政策在启动居民消费需求方面效果不理想。

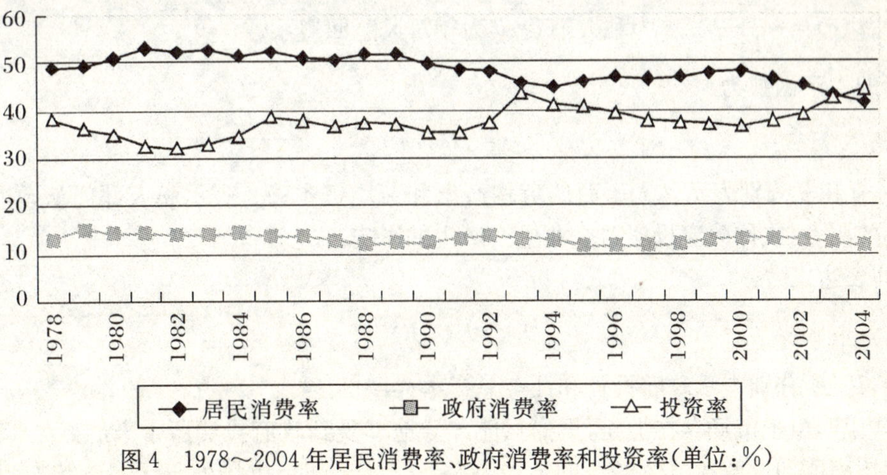

图 4　1978～2004 年居民消费率、政府消费率和投资率(单位:%)

1993 年中国城乡居民储蓄为 15 203.5 万元，而到了 2006 年高达 161 587 万元，增长了 9.6 倍。有人将居民巨额储蓄称之为“笼中虎”，也就是说一旦将这些储蓄转化为消费，那将会对市场造成巨大冲击。然而，尽管政府采取降低利率、开征利息税等方式试图驱虎出笼来释放内需，可由于居民未来消费预期不稳定性增加，储蓄是居民自我保障的最重要凭借，政策在促使居民储蓄向消费转化方面效果有限。而从 2006 年央行的几次上调利率和存款准备金率来看，储蓄有向房市和股市流动的倾向。

消费需求增长缓慢除了社会保障改革增加了居民消费预期不稳定的原因外，还有两方面重要原因：一是收入分配差距的扩大；二是产业结构升级缓慢。收入分配差距的一个重要表现是在城乡居民收入差距上，1984 年中国城乡居民人均收入比率为 1.17∶1，到 1998 扩大到 2.51∶1，而到了 2006 年更扩大到 3.28∶1，如果考虑到城市居民享有的实物性福利，差距还要大。另外，收入分配差距也体现在城乡内部收入差距上，由于不同收入水平的消费者消费倾向不同，高收入消费者的消费倾向较低，而低收入者的消费倾向较高，因此，当收入分配差距的扩大使财富向少数人集中时，全体居民的消费倾向会随之下降。在积极财政政策实行的 6 年间，面对的居民消费格局是由于中国收入差别过大，高收入阶层对消费品的需求已经饱和，而低收入阶层由于受到收入水平的限制又无法消费，从而产生了消费需求的断层，导致整个社会消费需求不足。

综上所述，由于中国市场运行机制上的金融约束和消费约束，财政政策发挥空间受到严重限制，在刺激有效需求、恢复经济自主增长方面作用没得到充分发挥，投资需求越来越依赖政府，对居民消费拉动弱，而政府消费率却节节上升。这些现象表明，财政政策对经济的直接产出效果要大于调控作用，其实质是以直接贡献于经济增长的方式掩盖了政策传导受阻的事实(吕炜，2004 年)，于是，由于市场运行机制障碍存在，经济产生很强的政府投资依赖，这种政府投资依赖由于现行财政分权体制得到进一步强化。

3. 政府投资依赖的形成

我们在一个最优化框架下分析当市场运行机制存在障碍时，政府投资依赖形成的逻辑及其决定因素。设一个代表性行为者的效用函数为：

$$\max\int_0^{\infty} u(c)e^{-\rho t}dt \tag{4}$$

其中，$u(c)=\dfrac{c^{1-\theta}-1}{1-\theta}$；$c$ 为私人消费；θ 为相对风险回避系数。

厂商的生产函数为：

$$y=f(k,I_{g,s}) \tag{5}$$

其中，y 和 k 分别表示私人厂商的劳均产出和劳均资本；$I_{g,s}$ 表示私人部门从政府投资中所享受到的服务，或称政府投资对企业生产产生的影响。

$I_{g,s}$ 的表达式为：

$$I_{g,s}=I_g(k/K)^{1-\sigma} \tag{6}$$

其中，I_g、K 分别表示政府投资和社会总资本存量。

(6)式说明由于市场存在拥挤，厂商只能部分地享受到政府投资所带来的好处，享受程度与市场拥挤程度和厂商在整体经济的地位有关。当 $\sigma=1$ 时，市场处于无拥挤状态，$I_{g,s}=I_g$，厂商享受到政府投资带来的全部好处；当 $\sigma=0$ 时，$I_{g,s}=I_g(k/K)$，厂商按其在整体经济中所占的份额等比例地享受政府投资的好处，市场拥挤达到极致，此时，政府投资类同私人品。因而，市场拥挤程度可用$(1-\sigma)$的大小来衡量。

在新增长理论中，政府支出可归纳为三种形式：一是政府能够直接为私人部门提供生产性服务(如大坝建设、能源开采等)；二是解决市场拥挤问题(如交通建设、司法服务等)；三是能保护私人产权(如国防、警察等)(Barro and Sala-i-Martin，1995)。这样，(5)式和(6)式结合在一起，能够同时体现政府投资提供生产性服务和解决市场拥挤的作用。假定政府投资占政府支出的比例为 ϕ，并且政府实行平衡预算，政府收入以线性税形式征收，税率为 τ，于是有：

$$I_g=\phi G=\phi\tau Y \tag{7}$$

假定由于消费市场运行机制存在某种障碍，有一部分消费品未能出清，那么市场均衡条件为：

$$y=f(k,I_{g,s})=c+\theta_1+i+\tau y \tag{8}$$

其中，i 表示厂商投资；θ_1 表示未出清的那部分消费品，$\theta_1>0$。

假定投资市场运行机制也存在某种障碍，有一部分投资品未能全部转化为资本，那么有：

$$\dot{k}=i/\theta_2,\theta_2\geqslant 1 \tag{9}$$

θ_2 可作为衡量资本积累有效性指标，显然 θ_2 值越高，资本积累有效性越低。联立(8)、(9)式，于是有：

$$\dot{k}=(1/\theta_2)[(1-\tau)f(k,I_{g,s})-c-\theta_1] \tag{10}$$

在(10)式中，没有考虑资本折旧因素，一是为了简化分析需要，二是因为在(9)式中 θ_2 本身就包含了资本折旧因素。现定义一个汉密尔顿函数为：

$$H=u(c)e^{-\rho t}+\lambda[(1-\tau)f(k,I_{g,s})-c-\theta_1] \tag{11}$$

极大化条件为：

$$c^{-\theta}e^{-\rho t}=(1/\theta_2)\lambda \tag{12}$$

$$\dot{\lambda}=-H_k=-\lambda(1/\theta_2)(1-\tau)f_k \tag{13}$$

TVC 条件为：

$$\lim_{t\to\infty}\lambda k e^{-\rho t}=0 \tag{14}$$

于是可求得消费和资本积累的动态方程为：

$$\dot{c}=F(k,c,I_{g,s},\theta_2)=(1/\theta)\cdot[(1/\theta_2)(1-\tau)f_k-\rho]\cdot c \tag{15}$$

$$\dot{k}=G(k,c,I_{g,s},\theta_1,\theta_2)=(1/\theta_2)\cdot[(1-\tau)f(k,I_{g,s})-c-\theta_1] \tag{16}$$

从(15)式可看到，投资约束的存在使得均衡时经济增长率低于无投资约束下的经济增长率。在市场竞争处于长期均衡时，有：

$$\dot{c}=F(k,c,I_{g,s},\theta_2)=0 \tag{17}$$

$$\dot{k}=G(k,c,I_{g,s},\theta_1,\theta_2)=0 \tag{18}$$

根据(17)式和(18)式，可得出：

$$D^I=\frac{dI_g}{d\theta_2}=-\frac{\partial F/\partial\theta_2}{\partial F/\partial I_g}=(1/\theta_2)(f_k/f_{k,I_g}) \tag{19}$$

$$D^c=\frac{dI_g}{d\theta_1}=-\frac{\partial G/\partial\theta_1}{\partial G/\partial I_g}=[1/(1-\tau)](1/f_{I_g}) \tag{20}$$

(19)式和(20)式表示当存在市场运行机制障碍时，由于投资约束和消费约束的存在，竞争均衡对政府投资的要求。因而 D^I 可表示“投资约束对政府投资的依赖性”，D^c 表示“消费约束对政府投资的依赖性”，两者简称“政府投资依赖”。由生产函数的性质可得 $D^I>0$，$D^c>0$，即当市场运行机制存在投资和消费两大障碍时，政府投资规模与障碍程度正相关。于是我们可以得到分析政府投资依赖问题的两个命题。

命题一：市场运行机制中消费和投资约束程度越高，所需政府投资规模越大。

下面我们进一步分析决定政府投资依赖程度的因素。为使结论更清晰，假定企业生产函数是科布—道格拉斯式，即：

$$y=Ak^\alpha I_{g,s}^{1-\alpha} \tag{21}$$

在市场处于竞争均衡时，所有厂商采取相同的行动，因而有 $K=Ny$，$Y=Ny$，N 就表示企业数目，可以用它来表示市场规模大小。于是 $I_{g,s}=I_gN^{\sigma-1}$，厂商从政府投资中所享受到的服务与政府投资的规模、市场规模、市场拥挤程度相关。于是厂商的生产函数可进一步写成：

$$y=f(k,I_g)=Ak^\alpha I_g^{1-\alpha}N^{(1-\alpha)(\sigma-1)} \tag{22}$$

将(22)式代入(7)式可求得竞争均衡时，政府投资 I_g 与厂商劳均资本 k 之间的关系为：

$$I_g=[A\tau\phi N^{(1-\alpha)(\sigma-1)+1}]^{1/\alpha}k \tag{23}$$

由(22)式和(23)式可分别求得：

$$f_k=A^{1/\alpha}\alpha(\tau\phi)^{(1-\alpha)/\alpha}N^{(1-\alpha)\sigma/\alpha} \tag{24}$$

$$f_{I_g}=(1-\alpha)(\tau\phi N)^{-1} \tag{25}$$

$$f_{k,I_g}=(1-\alpha)\alpha(\tau\phi N)^{-1}k^{-1} \tag{26}$$

代入(19)式和(20)式可得：

$$D^I=\{1/[\theta_2(1-\alpha)]\}(A\tau\phi)^{1/\alpha}N^{[1+(1-\alpha)(\sigma-1)]/\alpha}k \tag{27}$$

$$D^c=\{1/[(1-\tau)(1-\alpha)]\}(\tau\phi N) \tag{28}$$

根据(27)式和(28)式，我们可以分析各变量变动对政府投资依赖性的影响，见表7。

表7

各变量与政府投资依赖的关系

项　　目	$1-\sigma$ 增加	N 增加	增加
D^I 变化	−	+	+
D^c 变化	无关	+	无关

由此我们可看到，当市场运行机制障碍体现在投资领域时，随着市场拥挤程度$(1-\sigma)$的加重，政府投资依赖减弱；随着市场规模 N 扩大，以及劳均资本积累的提高，政府投资依赖增强。当市场运行机制障碍体现在消费领域时，政府投资依赖与市场拥挤程度和劳均资本积累规模无关，而与市场规模正相关。

其理论解释就是当市场运行机制约束体现在投资领域时，市场拥挤程度越高，政府投资产生的公共物品越接近私人物品，政府投资对私人部门生产的外部效应越低，政府投资依赖程度也就随之降低。而随着市场规模的扩大和企业劳均资本积累程度提高，投资领域的市场约束对整体经济或企业生产的负面影响会越来越大，此时更需要政府投资来克服这种市场约束，政府投资依赖程度加强。举例来说，假定有 A、B 两个村子从事不同产品生产并进行交易，这两个村子之间横亘一条河流，河流上有一个简易的石板桥，当两个村子生产规模较小时，它们之间交易有限，石板桥对交易的约束有限。随着两村生产规模的扩大和交易额的上升，石板桥对交易的约束也越来越强，假定桥梁拓宽必须由政府出面解决，那么显然，两个村子形成的交易市场规模越大，所需桥梁投资规模也越大，即政府投资依赖越强。这个例子可以放大到中国长江大桥的建设，改革开放初始时，中国仅在武汉、南京等有限几个地方建设跨江大桥，而现在长江大桥已达 59 座(包括在建)。

当消费领域存在市场约束时，由于消费与投资相比，较少受市场拥挤和企业资本积累的限制，具有相对独立性，因而市场拥挤和劳均资本对消费的政府投资依赖影响较小。与投资领域的市场约束一样，而随着市场规模的扩大，消费的市场约束会增加对政府投资的依赖。于是我们可以得到分析政府投资依赖的命题二。

命题二：当投资领域存在市场约束时，政府投资依赖与市场规模和劳均资本积累正相关，与市场拥挤程度负相关；当消费领域存在市场约束时，市场拥挤和劳均资本积累对政府投资依赖影响较小，政府投资依赖主要与市场规模正相关。

4. 市场约束下政府投资冲动与经济增长风险累积

1994 年后，中国经济宏观调控加强，1997 年成功地实行“软着陆”，但是随之而来的就是亚洲金融危机的冲击，中国经济陷入供给过剩、通货紧缩境地。从 2003 年起，经济又迅速升温，其中地方政府发挥了主导作用。根据国家统计局和国资委的数字，中国 2006 年固定资产投资增长较快，全年全社会固定资产投资 10.987 万亿元，比 2005 年增长 24.0%，中央企业实际完成固定资产投资 1.339 万亿元，同比增长 23.9%，比全国城镇固定资产投资增幅低 0.6%，地方政府固定资产投资大于中央政府固定资产投资。下面我们进一步分析这种政府投资冲动所带来的经济增长风险累积。

(1) 市场约束下政策工具选择的限制。在对经济进行宏观调控的政策选择上，政府要么选择财政政策，要么选择货币政策，要么财政政策和货币政策一起实行。但是由于中国市场运行机制上存在着双重约束，这使得财政政策发挥空间受到严重限制。一方面，金融约束导致货币政策受阻，并降低政府可控财力水平。目前，中国货币政策工具的选择主要有调整利率水平和信贷力度两种，然而，由于中国金融制度存在一系列外生约束，中国货币政策在调控经济方面存在一系列不足，这使得政府在财政和货币两大政策工具选择中，更多地依赖财政政策工具来推行，实际上是财政政策在跳“独脚舞”，这不但限制了政府政策工具选择空间，而且也限制了财政政策工具发挥程度。另一方面，消费约束导致减税政策受阻。从中国目前的财政状况来看，减税几乎没有空间。

于是,由于金融约束和消费约束的存在,积极财政政策可采取的主要工具只能是增加财政支出,而为了满足财政支出扩张的需要,就需要以增税和发行国债为依撑。1998～2003 年,税收由 9 262.8 亿元增长到 20 017.31 亿元,占 GDP 的比重由 12.03%增长到 17.15%,增支与增税政策的同时实行体现着积极财政政策的工具性约束。在财政支出政策中,尽管存在为提高城镇居民收入水平的转移支付政策,但是不可否认,财政支出主要以政府投资为主,特别是基础设施投资,包括农田水利设施、公路铁路交通设施、城市基础设施等,1998～2004 年,7 年间中国累计发行长期建设国债 9 100 亿元,实际上是通过政府投资的关联需求效应替代了政府投资的乘数效应①。

上述分析是以几年前积极财政政策的实行为例进行剖析的,实际上,政府投资依赖现象不仅表现在经济不景气时期,也表现在经济“过热”时期。在经济过热时,一般可采取减少财政支出、增税、提高利率等财政政策和货币政策组合。但是消费约束和金融约束的存在仍会影响增税政策和提高利率政策的发挥,政府所能采取的最有效措施可能就是通过减少土地供应、压缩贷款和政府投资等强烈的行政手段来完成。实际上,自改革开放以来,面对几次经济过热局面,经济的自发调节能力始终难以发挥作用,政府所采取的“降温”措施主要是行政手段。如 1978～1983 年第一次经济波动时,采取压缩投资和基建项目、冻结企业存款等措施;1984～1986 年第二次经济波动时,国务院派出检查组分赴各省检查、监督压缩基建项目;1987～1990 年第三次经济波动时,中央决定采取“强行着陆”的宏观调控政策;1991～1995 年第四次经济波动时,中央宣布了稳定经济的“16 点计划”,措施中以重新审定投资项目、加强对贷款额度控制等行政措施为主。而在 2004 年上半年,面对当时急剧升温的经济形势,中央陆续发布冻结土地审批、清查投资项目、提高准备金率等六项强烈宏观调控措施,条条措施指向固定资产投资。

(2) 地方政府投资冲动强化与经济增长风险累积。政府投资依赖的形成强化了投资的体制性冲动,它主要体现在地方政府投资行为上。这不但会对积极财政政策的顺利淡出造成障碍,而且也由于地方政府投资行为动机与私人投资不同,容易造成一系列经济增长风险累积。而与传统计划体制下投资饥渴和预算软约束不同的是,这次发生在转轨背景下的政府投资冲动,是在市场经济体制基本框架已经确立,政府管理经济职能和投融资体制改革又远未完善的情况下进行的,因此投资冲动启动后就不再直接以政府预算内资金增长来体现,而主要表现为民营、外资等企业投资和银行信贷资金的扩张,但这些投资行为和项目都与政府的发展目标和意图紧紧相连(吕炜,2004)。如果这类投资盈利前景具有很大的不确定性、经济后果又无人负担的规模过大,当投资决策出现失误、产品销售发生困难、企业发生亏损、又无人承担还贷责任时,信贷风险就会完全落在银行身上,中国金融系统就有因为不良资产大量积累而发生系统风险的危险,最终要由纳税人“埋单”。可以想像,这种地方政府推动的投资与市场竞争中企业自主决策自主盈亏的投资有着本质的区别,后者无论决策正确与否,都不会对宏观经济造成冲

---

① 政府投资的关联需求效应的传导途径是政府投资对民间部门投资产生关联需求,从而带动民间部门投资需求扩张。如三峡工程建设需要大量的建筑材料,这种建筑材料需求会促使民间部门进行投资。而政府投资的乘数效应传导途径是政府投资需要政府采购和支付劳动者工资,使得民间部门收入提高,通过政府支出的乘数作用,民间部门增加投资和消费(吕冰洋. 中国资本积累:路径、效率与制度供给. 北京:中国人民大学出版社,2007)。

击，而地方政府推动的投资扩张，往往不顾成本与资源约束，会带来一系列资金链、产业链、生态链的隐患。并且，地方政府主导的投资先天带有重复性建设的弱点，在新一轮经济增长中，某些领域需求转旺诱导地方政府带动企业在该领域的迅速扩张，重复性建设特别体现在汽车、住宅等高档消费品上，形成市场的过度竞争。

目前，中国的钢铁、电解铝、电石、铁合金、汽车等行业产能已明显过剩；水泥、煤炭、电力、纺织等行业目前虽然产需基本平衡，但在建规模很大。资料显示，仅钢铁产业生产能力就已经大于市场需求 1.2 亿吨，但还有在建能力 7 000 万吨；电解铝行业产能已经高达 1 030 万吨，闲置能力 260 万吨。据统计，到 2010 年止，钢铁行业剩余产能约 2.5 亿吨，煤炭行业潜在产能过剩将达 4 亿吨，铜冶炼行业在 3 年后多数企业可能会出现“无米下锅”情况。

随着新建扩建产能的陆续投产，同时落后的生产能力退出缓慢，产能过剩有加剧之势。来自国家发改委的数据显示，2006 年 1～5 月份，有 9 个产能过剩行业的国内贷款继续增长，仅钢铁行业就增长 45%。但在现有产能过剩行业中，只有极少数行业投资增长有所回落，其他多数行业投资冲动依然强烈，其投资增长幅度仍然远远高于已经很高的城镇投资总体增速。如 2006 年前 5 个月，铜冶炼投资同比增长 78%、煤炭投资同比增长 64%、纺织投资同比增长 45%、汽车投资同比增长 39%，钢铁与电解铝行业已连续数年以 40%、50%的速度增长，目前仍在继续。由于经济高速增长，目前部分行业“产能过剩”问题还没有为市场所完全感受，但随着经济的平稳回调，这一问题会更明显地突出出来。

产能过剩带来产成品库存量增多、产品价格的大幅度下滑和企业利润亏损面扩大等一系列问题。目前，在产成品增速居前 10 位的行业中，大部分属于产能严重过剩的行业。其中，黑色金属冶炼及压延加工业的产成品增速最高，达到 49.04%；化纤制造业为 26.38%；医药行业为 21.71%；有色金属冶炼及压延加工业为 20.06%。受产能过剩集中释放和原材料价格上涨的双重挤压，2005 年全国企业亏损额同比上升 57.6%。2005 年前 10 个月，汽车行业利润同比下降 36.7%，企业亏损额增长 86.2%；水泥行业利润同比下降 60.6%，企业亏损面超过 40%。2005 年上半年，电解铝行业中占总能力 80%的 86 家独立电解铝企业，盈利同比下降 72.6%，企业亏损额 5 亿多元，亏损面 63%；铁合金行业亏损面 50%；2005 年前 8 个月，焦炭大省山西省焦炭行业亏损额已达到 6.53 亿元，同比增亏 4.19 倍。产品价格下滑可以钢铁产业为例，从 2005 年 4 月开始，中国钢铁价格出现连续暴跌；10 月份主要钢材平均价格与 4 月份相比下跌近 50%，一部分钢材的价格跌破了成本；11 月中国最大的钢铁企业宝钢集团全线产品大幅度降价，最高降幅达 22%，其股票价格与年初时相比下跌了近 50%。这将为下一轮生产过剩的到来造成隐患，并通过大量的银行呆、坏账形式，最终传导为金融风险①。

总结上文分析，中国财政分权模式对经济增长风险的影响可用图 5 表示。

在图 5 中，财政分权主要包括财政收入分权和财政支出分权两方面，根据前文研究，财政收入分权的实质是中央与地方之间财政收入分配由分成合同为主的契约向分占所有权为主的契约转变，由此产生强烈的税收激励，从而带动了十多年财政收入高速增长，这为一系列财政政策的实行提供了强有力的财力支持。而在财政支出分权方面，由原来的行政性分权向经济

---

① 银监会主席刘明康在中国银监会 2006 年年会上指出：商业银行务必密切关注和防范产业结构调整与产能过剩压缩过程中的新增风险(中国金融网，http://www.zgjrw.com/News/2006719，“银监会警告银行业当前三大突出问题”)。

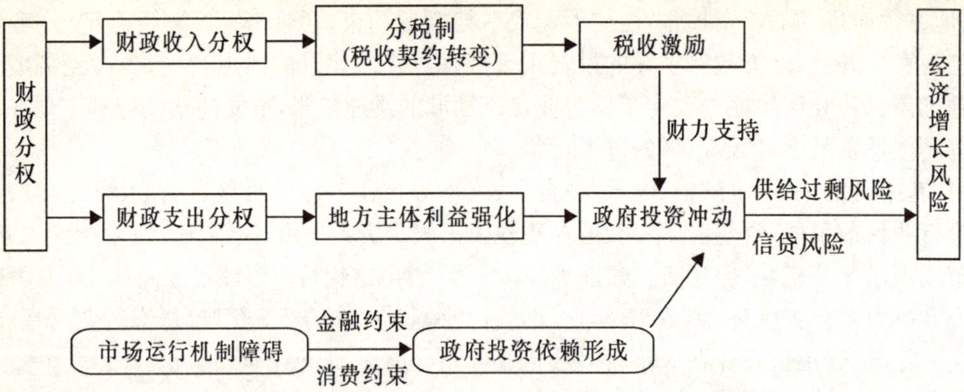

图 5　中国财政分权模式与经济增长风险的影响机制

性分权转变，强化了地方主体利益，从而了强化地方政府投资冲动。并且，由于中国市场机制存在严重的消费约束和金融约束，经济增长形成了财政政策的工具性限制，政府投资依赖现象严重。这样，在财政政策和货币政策两大政策工具选择中，由于转轨时期特殊的金融制度安排，货币政策的有效性大打折扣，政策工具选择不得不过多地依赖财政政策。又由于市场机制存在着各种形式的消费约束，通过减税来拉动消费需求的作用效果有限，于是财政政策又不得不过多地依赖增加财政支出政策，包括扩大政府购买和增加转移支付等。在增加财政支出政策中，政府投资不但具有乘数效应，而且还具有关联需求效应，作用效果比较明显，成为政府政策工具的首选。在中国财政分权制度设计和政府考核机制激励下，这一切又强化了地方政府投资冲动，其后果就是推动金融风险和供给过剩风险累积，最终会导致经济增长风险累积。

三、中央与地方财政分权模式下的经济增长风险计量模型与评价

(一) 建立中国财政收支与经济增长风险模型

下面我们就中国财政收支与经济增长风险之间的联系建立模型。假定在一段时间内，国家的经常性收入 R 和经常性支出 S 为常数，收支之间的差额为 c，或者称为财政收支的净收益。同时假定国家的资金总量也是固定的，记为 u。假定从零时刻开始到未来 t 时刻的或有支出由某一种支出构成，记为 $\sum_{i=1}^{n(t)} X_i$，其中 $N(t)$ 表示从 0 时刻到 t 时刻或有支出的到达次数，设为参数为 λ 的泊松过程，$\{X_i, i=1,2,\cdots\}$ 为独立同分布的随机变量序列且与 $N(t)$ 独立，其中 X_i 表示第 i 次该类支出的额度。因此，如果用 $D(t)$ 表示 t 时刻国家的资金总量，用 T 表示财政风险发生的随机时刻，则有：

$$D(t)=u+ct-\sum_{i=1}^{N(t)} X_i \tag{29}$$

如果令 $\psi(u)=P(T<\infty)$，即财政风险在未来一定发生的概率；令 $\phi(u)=1-\psi(u)$，即财政风险在未来不发生的概率。利用经典概率知识，可知：

$$\psi(u)=\left(1-\frac{\lambda\mu}{c}\right)\sum_{n=1}^{\infty}\left(\frac{\lambda\mu}{c}\right)^n \overline{(F_X^S)^{*n}}(u) \tag{30}$$

其中，$\mu=EX_i$，$\forall i=1,2,\cdots$表示 X_i 的数学期望；$F_X^S(x)=\frac{1}{\mu}\int_0^x[1-F_X(y)]dy$，表示 F_X 的积分尾分布；$\overline{F(x)}=1-F(x)$，表示 F_X 的尾分布；$F^{*n}(x)$ 为 F_X 的 n 重卷积。分析(30)式，

有如下结果：

(1) 如果 $\lambda\mu > c$，即单位时间内的财政支出大于财政收入，则 $\psi(u)=1$，即风险一定发生。

(2) 当 λ、μ、c 变化时，如果把 ψ 当作 λ、μ、c、u 的函数，即 $\psi=\psi(\lambda,\mu,c,u)$，如果定义：

$$\pi(\lambda,\mu,c,u)=\sum_{n=1}^{\infty}\left(\frac{\lambda\mu}{c}\right)^{n-1}\left[n-(1+n)\left(\frac{\lambda\mu}{c}\right)\right]\overline{(F_X^S)^{*n}(u)} \tag{31}$$

那么有：

$$\psi'_\lambda(\lambda,\mu,c,u)=\mu\pi(\lambda,\mu,c,u)$$

$$\psi'_\mu(\lambda,\mu,c,u)=\lambda\pi(\lambda,\mu,c,u)$$

$$\psi'_c(\lambda,\mu,c,u)=-\frac{\lambda\mu}{c^2}\pi(\lambda,\mu,c,u)$$

$\pi(\lambda,\mu,c,u)$ 的符号 λ,μ,c,u 随的取值范围变化而变化，如果 $X_i, i=1,2,\cdots$ 服从参数 $\frac{1}{\mu}$ 的指数分布，则有：

$$\psi(\lambda,\mu,c,u)=\frac{\lambda\mu}{c}\exp\left[-\frac{u}{\mu}\left(1-\frac{\lambda}{c}\right)\right] \tag{32}$$

于是有：

$$\psi'_\lambda(\lambda,\mu,c,u)=\left(\frac{\mu}{c}+\frac{\mu}{c^2}\right)\exp\left[-\frac{u}{\mu}\left(1-\frac{\lambda}{c}\right)\right]$$

$$\psi'_\mu(\lambda,\mu,c,u)=\frac{\lambda}{c}\left[1-\frac{u}{\mu}\left(\frac{\lambda}{c}-1\right)\right]\exp\left[-\frac{u}{\mu}\left(1-\frac{\lambda}{c}\right)\right]$$

$$\psi'_c(\lambda,\mu,c,u)=-\left(\frac{\lambda\mu}{c^2}+\frac{\lambda^2\mu}{c^3}\right)\exp\left[-\frac{u}{\mu}\left(1-\frac{\lambda}{c}\right)\right]$$

由此可得相关的经济学含义：

第一，无论财政或有性支出 $X_i, i=1,2,\cdots$ 服从什么分布，$\psi'(u)<0$ 一定成立。其含义是在任何一个时点上，资金总额越多发生风险的概率越小，国家抵抗风险的能力越强。

第二，在或有性支出 $X_i, i=1,2,\cdots$ 服从参数为 $\frac{1}{\mu}$ 的指数分布时：$\psi'_\lambda(\lambda,\mu,c,u)>0$，即单位时间内或有性支出发生次数的期望越大，风险发生概率越大；$\psi'_c(\lambda,\mu,c,u)<0$，即单位时间净收益越大发生风险的概率越小；在现实中，单位时间内发生或有性支出的次数应该是一个非常小的数值，而支出数额往往很大，也即 μ 很大，故假设 $\mu\gg c\gg\lambda$ 是合理的，于是有 $\frac{\lambda}{c}\ll 1$ 成立，故有 $\frac{\lambda}{c}\left[1-\frac{u}{\mu}\left(\frac{\lambda}{c}-1\right)\right]>0$，于是 $\psi'_\mu(\lambda,\mu,c,u)>0$，即或有性支出的期望越大，财政风险发生的可能性越大。注意前面 $\{X_i, i=1,2,\cdots\}$ 与 $N(t)$ 相独立的假设，即 λ 与 μ 之间没有相互影响。

假定在一时点上，经济性收入和支出比较固定，各种或有风险发生概率可以获得，如金融风险、社会保障风险等社会风险可以通过统计数据得到，自然灾害的频率和大小可以根据自然科学的研究结果获得，其他的或有风险的大小和频率也可以相应地根据不同的资料和方法获得，这样就得到了上述模型中的或有部分。根据上面的分析，在现有经济政策条件下的财政危机发生的概率就容易求得。

对于风险发生的概率可以根据相应的理论进行分段,如 0.01%～0.1%是轻度危机,0.1%～0.3%为中度危机,0.3%以上为重度危机。这样,可以根据此概率的大小确定危机的程度,然后利用各种政策工具影响实际中的经济指标,使危机发生的概率降低到一个可接受的范围。比如,在积极财政政策实行中,支出过大,收入较小,c 比较小,这样财政危机概率较大,为将财政危机发生概率控制在一个可接受的范围内,可降低支出,增加收入,使 c 变大。同理,如果风险发生的概率比较小,国家可以在危机概率可接受的范围内适当加大投入,促使经济更快增长。

就或有性支出而言,λ 或 μ 过大,即或有性支出发生过于频繁或者每次或有性支出较大,则导致财政危机发生的概率较大,所以控制或有性支出发生的频率和额度是国家应该重视的工作。如就中国而言,金融风险时有发生且损失较大,因而完善金融制度是降低财政风险发生概率的一条有效途径。同时,加强基础设施建设,提高对自然灾害的抵抗力,完善灾害应急系统,降低自然灾害的破坏力也是降低财政危机发生概率的有效方法。

(二) 中央与地方财政分权模式下的经济增长风险评价

(1) 财政收入分权实质是中央与地方之间就财政收入分配订立契约,在各种契约中,分占所有权对地方政府的激励高于定额分成,后者又高于比例分成,这也是 1994 年后税收大幅度高于经济增长的制度原因之一。中国财政收入分权的实质就是中央与地方之间财政收入分配由分成合同为主的契约向分占所有权为主的契约转变,由此产生强烈的税收激励,从而带动了十多年财政收入高速增长,这为一系列财政政策的实行提供了强有力的财力支持。

(2) 由于中国市场机制运行存在金融和消费两大约束,财政政策工具选择受到严重限制,这是政府投资依赖形成的外在原因,而政府投资依赖形成的内在原因是财政分权导致地方政府投资冲动的强化。在一个包含政府投资的内生增长模型中,市场运行机制中消费和投资约束程度越高,所需政府投资规模越大。当投资领域存在市场约束时,政府投资依赖与市场规模和劳均资本积累正相关,与市场拥挤程度负相关;当消费领域存在市场约束时,市场拥挤和劳均资本积累对政府投资依赖影响较小,政府投资依赖主要与市场规模正相关。

(3) 通过建立风险分析模型,说明国家抵抗风险能力与财政收入规模具有强正相关关系,而或有性支出发生过于频繁或者每次或有性支出较大,则导致财政危机发生的概率较大,因而政府应控制或有性支出发生的频率和额度。如果风险发生的概率比较小,国家可以在危机概率可接受的范围内适当加大投入,促使经济更快增长。

(4) 中国财政分权模式通过两种途径累积了经济增长风险:一是目前很多投资行为和项目都与政府的发展目标和意图紧紧相连,如果这类投资盈利前景具有很大的不确定性、经济后果又无人负担,当投资决策出现失误、产品销售发生困难、企业发生亏损、又无人承担还贷责任时,信贷风险就会完全落在银行身上,中国金融系统就有因为不良资产大量积累而发生系统风险的危险;二是地方政府主导的投资先天带有重复性建设的弱点,在新一轮经济增长中,某些领域需求转旺诱导地方政府带动企业在该领域的迅速扩张,形成市场的过度竞争,这为下一轮生产过剩的到来造成隐患,形成经济增长风险。

四、中央与地方财政分权模式下的经济增长风险管理建议

(一) 政府应考虑各种契约形式的利弊

在各种中央政府和地方政府财政收入分权契约形式中,比例分成组织收入的效率低于分

占所有权和定额分成，中国在改革开放后曾实行上长达十数年的财政收入包干体制，其中大部分以比例分成为主，这曾引起中央财政收入比重下滑和国家财政收入总量增长缓慢问题。但是我们看到，中国 2002 年实行所得税分享改革，比例分成又有回归趋势。中央政府在注重增强中央政府财力的同时，应充分考虑到财政收入分权各种契约形式的利弊。

（二）充分利用信息优势，降低税收成本

一个最优契约要能充分利用一切可能的信息，而在税收征收问题上，地方政府无疑比中央政府更具有信息优势。因而，中央政府在设计财政收入分权形式时，应充分利用地方政府在税收征管的信息优势，将难征管的税种划归地方税务局管理，而不能为照顾中央财力集中的要求，将税收收入较高的税种划归国家税务局管理。例如，2002 年所得税分享方案规定，自 2002 年 1 月 1 日起，在各级工商行政管理部门办理设立（开业）登记的企业，其企业所得税由国家税务局负责征收管理。这不但加大了税收管理成本，而且，企业所得税在各税种中属征管要求较高的税种，将新开办企业的企业所得税交由国家税务局管理有可能降低税收组织效率。

（三）明确中央和地方财权与事权的划分，减轻经济增长风险

针对中国财政分权特点和体制约束，要抑制地方政府的投资冲动，减轻经济增长风险，就要积极推进财政体系改革，从根本上消除经济增长的政府投资依赖。这样，在财政支出分权上，要理顺中央和地方政府间的关系，明确财权与事权的划分。1994 年分税制改革几乎没有对各级政府应承担的支出事权作出任何的改革调整，存在各级政府间事权交叉模糊、边界不清、非固定性缺点。政府财权和事权的不对称，影响了政府投资活动的规范，使得政府投资所具有的功能和作用得不到有效发挥。对中央政府经济行为来说，它的主要目标在全社会范围内关心资源合理有效配置的同时，更重要的是承担收入分配和调节经济的职责。对地方政府经济行为来说，它的主要目标是达到本区域内资源的合理有效配置，尤其是提供健全而有效的地方性公共产品。这需要明确各级政府的经济管理权限，中央政府的经济管理权限是拥有各种经济法规、政策的制定权，掌握宏观调控的决策权、调控权和重点工程的投资权，综合运用经济杠杆，实现国民经济的持续、稳定和协调发展。地方政府的经济管理权限是在执行中央统一政策的前提下，制定地区性法规，掌握区域性经济调控的决策权、调控权和投资权，促进地区经济的发展。例如，负责制定本地区经济发展战略规划，组织本地区基础设施、公共工程和重要项目的投资和建设，促进本地区市场化进程，管理地方国有资产，调节地区内部的收入分配关系等。为了进一步明确中国各级政府之间的事权与支出范围，要以法律形式取代文件形式，明确政府间的事权与支出范围。这种法律规范包括两方面：一是中央与地方政府之间的事权与支出范围，可由全国人民代表大会立法；二是地方政府上下级之间的事权与支出范围，可由地方立法机关通过法律形式予以明确。

（四）推进市场化改革，理顺中央和地方政府间的关系，降低经济增长风险

尽管在走向市场经济的过程中，政府职能已经发生了重要改变，但相对于经济市场化进程而言，这种转变还仅仅是初步的，甚至在主要方面是滞后的，政府在不同程度上充当了市场中一个重要的竞争主体的角色。现在的资本积累尽管主要是市场主导型的，但是旧体制财政主导型资本积累仍会通过政府介入银行和企业决策来产生影响。针对中国财政分权特点和体制约束，主要是要做好以下两点来降低经济增长风险：一是要推进市场化改革，从根本上消除政府投资冲动的体制性约束。市场化为目标取向的改革之本意在于发挥市场这只“看不见的手”在市场配置资源的作用。在市场体制得到进一步完善的情况下，软预算约束、不明晰的产权关

系以及投资风险机制的缺失等问题都将不复存在，企业、居民等社会投资都将成为真正的投资主体，在经济发展的过程中也将扮演着越来越重要的角色。而要做到这点，就要转变政府职能，让政府从竞争性领域退出，改变经济增长严重依赖政府投资的特点。二是理顺中央和地方政府间的关系，明确财权与事权的划分。1994 年分税制改革几乎没有对各级政府应承担的支出事权作出任何的改革调整，各级政府间事权存在交叉模糊、边界不清、非固定性的缺点。政府财权和事权的不对称，影响了政府投资活动的规范，使得政府投资所具有的功能和作用得不到有效发挥。

执笔人：闫 锐 吕冰洋

(本报告部分内容选自：上海立信会计学院中国立信风险管理研究院开放课题《中国与地产财政分权模式与中国经济增长风险研究》，课题负责人：吕冰洋。)

参考文献

1. 张新泽. 当前中国的融资收缩及应对政策. 中国社会科学，2001(1)

2. 张培森，潘亚岚. 中国税收成本与效率问题研究. 中国税收理论前沿. 北京：中国税务出版社，2003

3. 余显才. 税收超常增长的再认识. 财贸经济，2005(8)

4. 杨开忠，陶然，刘明兴. 解除管制、分权与中国经济转轨. 中国社会科学，2003(3)

5. 杨崇春. 税收收入增长的原因及特点. 税务研究，2005(3)

6. 许宪春. 税收收入增长与 GDP 增长. 税务研究，2005(3)

7. 吴忠群. 中国经济增长中消费和投资的确定. 中国社会科学，2002(3)

8. 吴新联，刘新利. 析征管因素对税收收入的作用. 税务研究，2003(2)

9. 吴敬琏. 当代中国经济改革. 上海：上海远东出版社，2003

10. 吕炜. 体制性约束、经济失衡与财政政策. 中国社会科学，2004(2)

11. 吕冰洋. 中国资本积累：路径、效率与制度供给. 北京：中国人民大学出版社，2007 年

12. 吕冰洋，樊勇. 分税制改革以来税收征管效率进步分析和省际差别. 世界经济，2006(10)

13. 林毅夫. 自生能力、经济发展与转型：理论与实证. 北京：北京大学出版社，2004

14. 胡书东. 经济发展中的中央与地方关系——中国财政制度变迁研究. 上海：上海人民出版社，2002

15. 郭庆旺，吕冰洋. 分税制改革为何带来税收快速增长?. 税务研究，2006(10)

16. 安体富. 如何看待近几年中国税收的超常增长和减税的问题. 税务研究，2002(8)

17. Y. 巴泽尔著. 产权的经济分析. 费方域，段毅才译. 上海：上海人民出版社，1997

18. Chelliah R. J.. Trends in Taxation in Developing Countries. *IMF Staff Papers*. 18,1971

19. Cheung S. N. S.. The Theory of Share Tenancy: With Special Application to Asian Agriculture and The First Phase of Taiwan Land Reform. University of Chicago Press, 1969

20. Caves D. W., Christensen L. R., W. E. Diewart. The Economic Theory of Index

Numbers and Measurement of Input, Output and Productivity. *Econometrical* 50, 1982

21. Turnovsky S. J., W. H. Fisher. The Compositions of Government Expenditure and Its Consequences for Macroeconomic Performance. *Journal of Economic Dynamics and Control*, 19, 1995

22. R.科斯,R.阿尔钦,D.诺斯等.财产权利与制度变迁——产权学派与新制度学派译文集.上海:上海人民出版社,2002

23. Barro Robert J., Xavier Sala-I-Martin. Public Finance in Models of Economic Growth. *Review of Economic Studies*, 59, 4(October), 1992

24. Malmquist S.. Index Numbers and Indifference Surfaces. Trabajos de Estatistica 4, 1953

25. Barro R. J.. Government Spending in a Simple Model of Endogenous Growth. *Journal of Political Economy* 98, 1990

26. Goode R.. Government Finance in Developing Countries. Brookings Institute, 1984

27. Bahl R. W.. A Representative Tax System Approach to Measuring Tax Effort in Developing Countries. *International Monetary Fund Staff Papers*. Vol. *XIX*, 1971b

28. Bahl R. W.. A Regression Approach to Tax Effort and Tax Ratio Analysis. *IMF Staff Papers* 18, 1971a

基于人民币汇率变动的中国通货膨胀风险研究

一、人民币汇率变动和通货膨胀基本情况描述

在中国经济的快速发展和变革历程中，国内通货膨胀率及人民币汇率作为内外经济的两个重要变量，也经历了一个不断变动和发展的过程，本报告对此进行介绍和解析。

（一）人民币汇率制度的改革及汇率变动的历史与现状

改革开放前，在传统的计划经济体制下，人民币汇率主要由国家实行管理和控制；改革开放后，人民币汇率则开始有目的、有步骤地逐渐向自由化方向迈进，其变化大致可以分为三个阶段。

1. 第一个阶段：1978～1994年

1978年，中国进入了向社会主义市场经济过渡的改革开放新时期。为鼓励外贸企业出口的积极性，中国的汇率体制从单一汇率制转为双重汇率制，经历了官方汇率与贸易外汇内部结算价并存（1981～1984年）和官方汇率与外汇调剂价格并存（1985～1993年）两个汇率双轨制时期。1981年1月到1984年12月，贸易外汇1美元＝2.80元人民币，官方牌价即非贸易外汇1美元＝1.50元人民币。1984年年底公布的人民币外汇牌价调至1美元＝2.7963元人民币，与贸易外汇内部结算价持平。1985年1月1日，中国取消了贸易外汇内部结算价，实行单一汇率制，1美元＝2.80元人民币。1986年，随着全国性外汇调剂业务的全面展开，又形成了统一的官方牌价与千差万别的市场调剂汇价并存的新双轨制。20世纪80年代中期以后，中国物价上涨速度加快，而西方国家控制通货膨胀则取得一定成效。在此情况下，中国政府有意识地运用汇率政策调节经济与外贸，对人民币汇率作了相应持续下调。从1985年的1美元＝2.90元人民币一直下调，经过多轮贬值，直到1994年1月1日，两种汇率合并，再次实行单一汇率，人民币汇率贬值为1美元＝8.170元人民币。

2. 第二个阶段：1994～2005年

1994年1月1日，人民币官方汇率与外汇调剂价格正式并轨，中国开始实行以市场供求为基础的、单一的、有管理的浮动汇率制。企业和个人按规定向银行买卖外汇，银行进入银行间外汇市场进行交易，形成市场汇率。中央银行设定一定的汇率浮动范围，通过调控市场保持人民币汇率稳定，并开始实行人民币在经常项目下“有条件”的可兑换。但是，随着中国经济的启动并进入新一轮周期上升轨道，升值压力逐渐显现。为了保持汇率稳定，中国采取了企业强制结售汇、商业银行周转头寸限额管理和央行干预三位一体的制度安排。目前的外汇交易市场也是一个买卖双方垄断的市场：中国银行是最大的卖方，中国人民银行是最大的买方，全部托盘买入，汇率变动的幅度被严格控制在0.13%。之后，中国作出了资本账户开放的承诺，由于经济不断走强，双顺差持续发生，热钱大量流入，再加上央行的强力干预，一方面人为地扩大了外汇供给，另一方面又抑制了外汇需求，于是，在美元不断走低的情况下，出现了人民币升值

的巨大压力。

3. 第三个阶段是:2005 年 7 月至今

中国于 2005 年 7 月 21 日出台了完善人民币汇率形成机制改革。改革的内容是:人民币汇率不再盯住单一美元,而是根据中国国内外经济金融形势,以市场供求为基础,参考“一篮子货币”计算人民币多边汇率指数的变化,对人民币汇率进行管理和调节,维护人民币汇率在合理均衡水平上的基本稳定。根据对汇率合理均衡水平的测算,人民币对美元即日升值 2%,即 1 美元=8.11 元人民币,自此,拉开了人民币对美元不断升值的序幕,从 2005 年 7 月到 2007 年 7 月,人民币对美元汇率由 1 美元=8.27 人民币逐渐升值到 1 美元=7.57 人民币。另外,中国政府按照主动性、可控制与渐进性原则,努力完善有管理的浮动汇率制度体系,其中包括:放开日波幅的限制,完善人民币即期汇率形成机制,在即期外汇市场上引入询价交易方式,引入做市商制度;完善人民币远期汇率定价机制,建立银行间人民币远期市场,推出银行间外汇调期交易。在汇率改制以来,虽然人民币名义汇率对美元不断升值,但目前还是面临着较大的升值压力,这主要表现在:中国的贸易顺差持续扩大,热钱不断流入,中国外汇储备由 2005 年 6 月底的 9 411 亿美元扩大至 2007 年 3 月的 12 020 亿美元,外汇储备的扩大也形成潜在的通货膨胀压力。

(二)中国通货膨胀的历史与现状

改革开放以来,随着中国经济增长的加速,中国的通货膨胀也日趋严重,其中,20 世纪 80 年代中后期和 90 年代前期通货膨胀幅度较大,问题较为严重。自 2003 年至今,中国又开始了新一轮的通货膨胀。下面分别对这三轮通货膨胀进行介绍。

1. 1984~1989 年:“价格放开”和“过度投资”导致的通货膨胀

改革开放之初,中国由封闭的计划经济向开放的市场经济转轨过渡,价格改革是经济体制改革的主要内容之一,包括“调整价格”和“放开价格”,调整价格与价值严重背离的商品和服务项目价格,放开能由市场供求关系形成的商品价格。放开的价格在“过热”经济拉动下引发了物价水平的迅速上涨,而物价上涨又导致了市场对通货膨胀预期的增强,1988 年,全国零售物价指数上涨 18.5%,是 1952 年以来涨幅最大的一年。在价格放开的同时,中国经济体制和价格改革进入了一个新的阶段。国有企业开始具有相对独立的经济利益和经营自主权,地方财政也有了一定的“分成”自主权,结果在企业和地方出现了强烈的“投资饥渴症”。由于投资过度,导致 1987~1989 年中国的通货膨胀高达 20%左右,1989 年,尽管国家把控制通货膨胀作为“治理整顿”的首要任务,并采取了一系列强有力的政策,但由于政策时滞的问题,当年通货膨胀率仍高达 18%。通过持续 3 年的治理整顿,价格总水平才回落到 1990 年和 1991 年的 3.1%和 3.4%。

2. 1993~1995 年:“过度投资”的通货膨胀

从 1992 年起,全国又掀起了新一轮经济建设的热潮,经济迅速回升并高速增长。全社会固定资产投资规模 1992~1994 年平均增长 42.1%,推动了投资品价格大幅度上涨,1993 年生产资料价格上涨 24%。投资品价格的上涨带来消费品以及工资的上涨。从 1993 年 1 月到 1995 年 12 月,通货膨胀率几乎都在 10%以上。在 1994 年 10 月份达到 27.6%,成为 1952 年以来的最高点。此轮通货膨胀是在供给大于需求的形式下,由投资过度以及货币超额供给引起的,持续的时间长达 2 年之久,并且通货膨胀率非常高,平均为 15%以上。但是,由于国家的宏观调控及时,这场通货膨胀终于在 1995 年年末得以抑制。国家在 1994 年开始实行“软着陆”,采用财政、货币双紧缩的经济政策,降低货币供给,5次提高利率,减少公共投资等手段,虽然存在政策效应滞后,但是,1996年的各项经济指标都表明中国已经走出“过热”的经济状态。受到1997年东南亚金融危机的影响,以及中国由供不应求转为内需不足,物价水平开始走入低谷,在某些年份的通货膨胀率甚至为负。

3. 2003年至今:“成本推动”引起局部通货膨胀

2000年前后,中国经历了通货紧缩。到2003年,中国似乎走出了通货紧缩,消费者物价指数CPI在2003年上升了1.2%,出现正向的变动。这一时期,消费者价格指数比较低,基本处于5%以下,而原料、燃料、动力价格指数却一直高于5%,甚至在2004年处于10%~15%。对于这次通货膨胀,理论界有不同的见解,有些人认为,中国已处于通货膨胀区间,应该对经济进行降温;有些人认为,CPI一直处于5%以下,中国还没有走出通货紧缩时代。本轮通货膨胀是从2002年年底启动的,2003年价格水平逐渐小幅走高,2004年则进入加速上涨阶段。从上游到下游的各个环节的价格指数来看,出现了全面上涨的局面。2004年,工业品出厂价格上涨了6.1%,原材料、燃料、动力购进价格上涨了11.4%,固定资产投资价格上涨了5.6%,房屋销售价格上涨了9.7%,商品零售价格上涨了2.8%,农业生产资料价格上涨了10.6%,而居民消费价格则上涨了3.9%。但与前几次发生的严重通货膨胀相比,本次通货膨胀是温和性的,年膨胀率低于4%,且具有明显的结构性变动特征,主要表现在生产资料价格的上涨大大高于生活资料价格的上涨。本轮通货膨胀是在全球经济加速复苏、中国城市化和工业化进程加快推进的大背景下,由于资源瓶颈制约造成的,主要属于“成本推动型”通货膨胀。

(三)人民币汇率与通货膨胀间的相互变动关系分析

人民币汇率、商品价格及其他相关经济指标间的相互变动是否存在某些因果关系,在此通过图示法和简单的因果分析进行描述,以便于进行下面的实证分析和对某些特殊的实证结论进行有效的解释。

1. 人民币汇率、商品价格的相互关系

中国1990M01~2007M03间人民币名义汇率(R)、人民币实际有效汇率(REER)、国内消费价格指数(CPI)和进口价格指数(PIM),如图1所示①。其中,人民币名义汇率为直接标价法,上升表示贬值;实际有效汇率为间接标价法,上升表示升值。

人民币名义汇率自1994年1月的1美元兑换8.7元人民币缓慢稳步升值到1997年年底的8.28元人民币,直到2005年7月的人民币汇率制度改革前,基本稳定在这一汇率,2005年7月后开始逐渐稳步升值,到2007年6月的7.64元人民币左右,其变动幅度一直很小。人民币实际有效汇率(REER)与人民币名义有效汇率指数变动基本一致,东南亚金融危机后有所升值。

中国国内消费价格在1994年人民币汇率制度改革前后上升很快,快速的价格上涨直到1996年才趋于缓和,直到1997年年底才彻底降下来,1997年下半年之后国内出现通货紧缩,并出现负增长,直到2003年转为低速正增长,然后涨幅逐渐上升。从汇率变动与物价变动的关系来看,1994年前后的物价快速上涨与汇率制度改革时的大幅贬值有一定的联系,1997年以后的通货紧缩与东南亚金融危机后人民币实际升值有一定联系。

① 作图时,对各项指标以1990M1=1进行标准化处理。

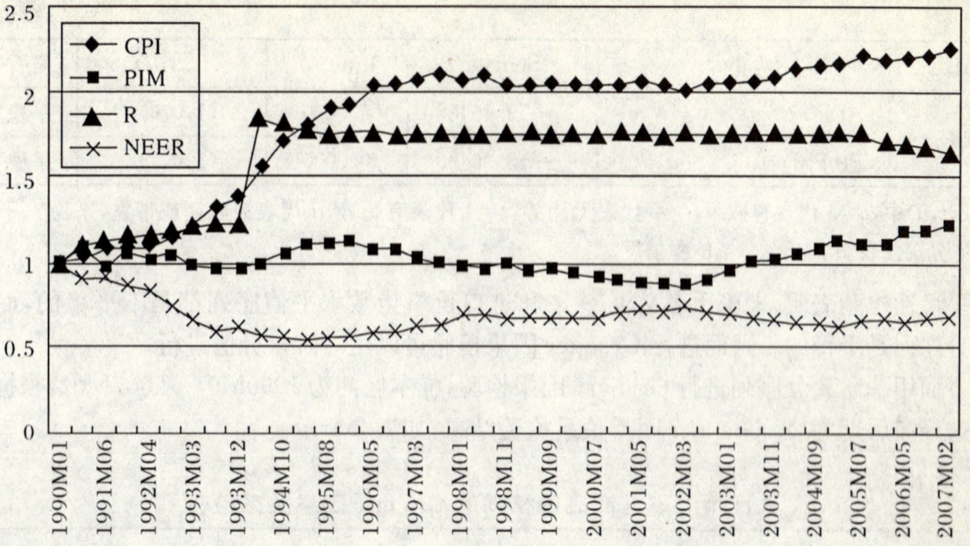

图 1　1990 年以来人民币汇率和商品价格变动情况

综上所述，人民币汇率与中国国内消费价格之间有一定的相关关系。现在，人民币汇率制度正处于改革时期，人民币汇率制度改革后，人民币汇率自由浮动的空间将越来越大，人民币汇率变动对进出口商品价格和国内消费价格的影响将变得越来越重要、越来越复杂。

2. 人民币汇率与中国消费价格间的因果关系分析

这里不妨用 Granger 因果检验法对 1990～2007 年间的人民币汇率变动与通货膨胀间的因果关系进行检验。

Dahmani-Oskooee 和 Alse(1993)指出，如果时间序列数据是非平稳的，非平稳的时间序列数据又存在协整关系，则 Granger(1969)因果关系检验无效，所以，在因果检验之前要进行平稳性检验，这里采用扩大的 ADF(Augmented Dickey-Fuller)和 PP 检验变量是否存在单位根，参照 AIC 和 SC 准则由程序自动选择最优滞后阶数。通过分析、观察各变量的走势并结合检验效果选择是否取趋势项，样本区间为 1990M01～2007M03 的月度数据。平稳性检验结果，如表 1 所示。

表 1

人民币汇率与商品价格时间序列的单位根检验

Variable	Method	Statistic	Prob. **	(c,t,d)	是否平稳
CPI	ADF-Fishert-Stat	−3.810678	0.0033	(1,0,12)	平稳***
	PP-FisherAdj. t-Stat	−2.648584	0.0850	(1,0,9)	平稳*
PIM	ADF-Fishert-Stat	−1.223302	0.9025	(1,1,1)	不平稳
	PP-FisherAdj. t-Stat	−0.925997	0.9500	(1,1,2)	不平稳
D(PIM)	ADF-Fishert-Stat	−10.64200	0.0000	(1,0,0)	平稳***
	PP-FisherAdj. t-Stat	−10.60507	0.0000	(1,0,)	平稳***
R	ADF-Fishert-Stat	−2.455727	0.1280	(1,0,0)	不平稳
	PP-FisherAdj. t-Stat	−2.453026	0.1287	(1,0,2)	不平稳

(续表)

Variable	Method	Statistic	Prob. **	(c,t,d)	是否平稳
DR	ADF-Fishert-Stat	−13.96486	0.0000	(1,0,0)	平稳***
	PP-FisherAdj. t-Stat	−13.96485	0.0000	(1,0,1)	平稳***

(c,t,d)中,$c=1$代表有截距,$t=0$代表无趋势,$t=1$代表有趋势,d代表滞后期或带宽,平稳*、平稳**、平稳***分别代表10%、5%、1%的置信度。

平稳性检验表明,人民币名义汇率R和进口价格指数水平值序列都是不平稳的,而其一阶差分序列是平稳的。因而进行Granger因果检验可以用一阶差分值进行。

下面用一阶差分序列进行Granger因果检验,样本区间为1990M01～2007M02,根据AIC标准选择滞后期为2。Granger因果关系检验结果,如表2所示。

表2

人民币汇率与商品价格间的Granger因果关系检验

Null Hypothesis	F-Statistic	Probability
DR does not Granger Cause DCPI	0.28577	0.75174
DCPI does not Granger Cause DR	5.69385	0.00394
DPIM does not Granger Cause DCPI	0.71231	0.49176
DCPI does not Granger Cause DPIM	4.27841	0.01516
DPIM does not Granger Cause DR	0.48454	0.61670
DR does not Granger Cause DPIM	2.15742	0.11832

根据表2,1990年以来,人民币汇率和消费价格指数间的因果关系是单向的,是消费价格变动导致汇率变动;反之,不成立,即CPI⇒R。消费价格与进口价格的因果关系也是单向的,由消费价格上涨拉动进口价格上涨,而不是进口价格上涨推动消费价格上涨,即CPI⇒PIM。汇率变动与进口价格变动没有因果关系,这可能是因为进口价格用工业化国家出口价格指数表示不适合,因为从理论上来讲,人民币汇率变动也不能影响进口价格变动。

所以,根据中国历史数据,不是人民币汇率变动影响通货膨胀,而是国内通货膨胀导致了人民币汇率水平的偏离后,我们才被迫调整汇率。但人民币汇率制度改革后,汇率变动幅度增大,汇率和通货膨胀间的因果关系可能就会颠倒过来,由汇率变动引起通货膨胀就成了可能。

(四)主要研究思路

关于汇率变动对通货膨胀的风险,我们就可以从以下两个方面进行分析(见图2):第一,汇率变动通过价格传递过程直接影响通货膨胀。汇率变动首先影响进出口价格,然后进出口价格通过成本、工资,以及进口品与国产品的替代作用影响国内价格,从而影响国内通货膨胀①。第二,汇率通过货币传递过程间接影响通货膨胀。汇率变动以及汇率预期通过影响国际贸易、FDI、国际投机资本等的流动等使国内货币存量产生变化,从而导致物价水平变化。

---

① 相对来讲,出口价格对国内消费价格是拉动作用,进口价格对消费价格是推动作用,其影响具有对称性。由于一国相对世界是小国,进口价格传递弹性要明显大于出口传递弹性,受篇幅限制本报告只从进口的角度分析汇率变动对国内通货膨胀的推动作用。

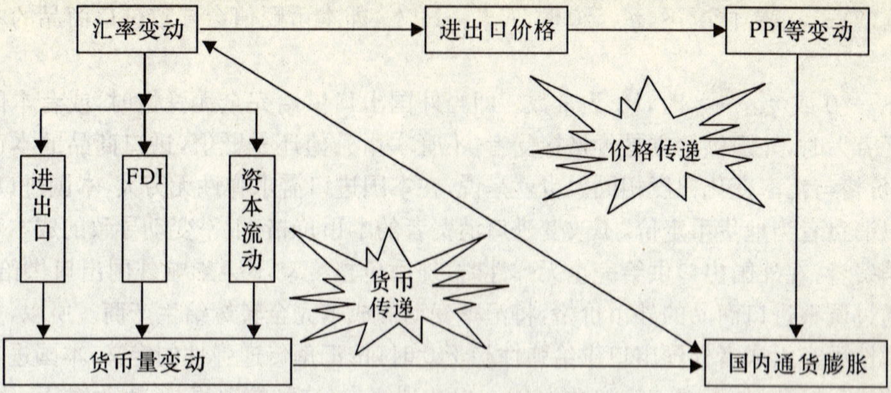

图 2　汇率变动对通货膨胀的传递路径

二、基于人民币汇率变动的通货膨胀风险识别

本报告从汇率变动影响商品价格和货币供求两个方面来分析汇率变动影响通货膨胀的风险机制。为便于下文的分析，先约定下列符号：A 代表本国，B 代表外国；P、P^* 分别代表国内和国外的消费价格指数；P_a、P_b 分别代表本币表示的 A、B 两国的进口商品价格；P_a^*、P_b^* 分别代表外币表示的 A、B 两国的进口商品价格；π 代表本国的通货膨胀率；X_b 代表外国的出口供给量；M_a 代表本国的进口需求量；$\eta_{Ma}=\dfrac{dM_a \cdot P_a}{dP_a \cdot M_a}$ 代表本国进口需求的价格弹性，且有 $\eta_{Ma}\leqslant 0$；$\xi_{Xb}=\dfrac{dX_b \cdot P_b^*}{dP_b^* \cdot X_b}$ 代表外国的出口供给价格弹性，且有 $\xi_{Xb}\geqslant 0$；R、Q 分别代表名义汇率（外币的本币价格）和实际汇率。

（一）通货膨胀风险来源：人民币汇率变动的价格传递

汇率变动影响通货膨胀风险机制的表现形式之一是汇率变动的价格传递风险。从价格传递的角度来看，汇率变动对国内通货膨胀的影响程度主要取决于汇率传递的途径和汇率传递的效率。从传递的途径来看，汇率传递包括汇率变动的进口价格传递和国内消费价格的传递，汇率变动通过进口价格传递对国内生产价格的影响从而对国内消费价格的传递。从汇率传递的效率来看，主要有下列因素：进口产品的供求价格弹性、厂商的市场定价策略、一国的开放程度、外国厂商在国内的市场占有率、国内的市场结构、国家的宏观经济政策等等。

1. 人民币汇率进口价格传递与通货膨胀风险

关于汇率的进口价格传递的分析，Menon(1995)以弹性分析为基础，根据国外出口等于国内进口这一基本公式，推导并定义了一国的进口汇率传递弹性。下面借鉴 Menon 的方法，对人民币汇率变动的进口价格传递规律进行分析。

用 $\overline{P}_a$ 代表 A 国进口市场均衡时进口商品的本币价格，均衡时，本国的进口等于外国的出口，即：

$$X_b\left(\frac{\overline{P}_a}{R}\right)=M_a(\overline{P}_a) \tag{1}$$

根据(1)式，对 R 全微分有：

$$\frac{d\overline{P}_a}{dR}=\frac{\overline{P}_a}{R}\cdot\frac{\xi_{Xb}}{\xi_{Xb}-\eta_{Ma}}\geqslant 0 \tag{2}$$

根据(2)式，正常情况下，$\eta_{Xb} \neq 0$ 时，$R \uparrow \Rightarrow \overline{P}_a \uparrow$，即本币贬值会导致进口商品的本币价格上涨。

当 $\xi_{Xb} \to 0$ 或 $\eta_{Ma} \to \infty$时，$\overline{P}_a$ 为常数。即当外国出口供给完全无弹性时，或者本国进口需求弹性无穷大时，外国供给方是价格接受者，不管本币升值还是贬值，进口商品的本币价格不变，外币价格与汇率变化幅度相同。也就是说，在本国进口需求弹性无穷大，本国进口时，进口商一般以消费者当地货币定价，不改变进口消费者的本币价格，汇率变动导致的成本和利润不转嫁给消费者；在外国出口供给完全无弹性时，外币价格变动不会影响外国出口供给，因而进口商可通过调整进口商品的外币价格，将汇率变动的成本完全转嫁给生产商。所以，如本国进口需求弹性无穷大或者外国出口供给弹性趋于 0 时，按汇率传递弹性的定义，本国进口时汇率完全不传递(进口时的汇率传递弹性为 0)。但在现实中，这种情况很少，因为对于大多数商品来说，一国的进口只是世界市场的一小部分，一国更可能是价格接受者而不是价格操纵者。就中国的情况来看，人民币汇率变动对中国进口商品的本币价格影响较大，外币价格影响很小，这主要是因为中国进口商品需求的价格弹性较小①。因此，从长期来看，人民币贬值基本上都能通过进口本币价格上涨传递国内通货膨胀。当然，随着世界制造业向中国转移，中国对某些中间产品和原材料国际进口比重的上升，中国对这些进口商品外币价格的影响力会增大，本币价格影响会相应减小，但因进口比重增加，进口价格对国内消费价格的影响还是会增大。

当 $\xi_{Xb} \to \infty$或 $\eta_{Ma} \to 0$ 时，汇率的变化幅度与 $\overline{P}_a$ 的变化幅度相同。也就是说，如世界供给弹性很大，而国内进口需求弹性很小时，本国是价格接受者，国外出口商可将汇率变动的成本全部转嫁给进口消费者。由于一国市场相对世界市场较小，在正常情况下，对于大多数商品，进口国消费者更容易是价格接受者。对于中国来说，中国进口的大多数产品，如高技术产品、基本原材料、燃料等，其进口需求弹性较小，中国的进口很可能改变其市场均衡价格。因此，在人民币贬值时，因进口商品外币价格不变，中国进口商品的人民币价格就得随汇率贬值而上升，且由于这类商品进口量较大，不会因贬值而减少进口，因而进口价格对国内通货膨胀的影响较大。当人民币升值时，中国进口商品的成本可能会大大降低，进口商品的人民币价格会下降，但由于“棘轮效应”，一般情况下，国内商品的人民币价格不会因进口价格下降而下降，但可以抑制通货膨胀或带来通货紧缩。也就是说，人民币汇率贬值对进口本币价格的影响率可能很大，贬值很可能导致国内通货膨胀，而升值则对抑制通货膨胀有利。

2. 人民币汇率的国内消费价格传递与通货膨胀风险

根据汇率传递理论，汇率变动对消费价格传递过程为：汇率变动首先影响进出口价格，然后影响国内生产价格，最后才影响到国内消费价格(Jonathan McCarthy，2000)。汇率变动通过进口价格变动能在多大程度上对国内消费价格产生影响，受制于以下因素：进口占国内市场比重、进口商品与国内商品的替代程度、市场竞争结构、外国厂商进入本国市场的方式和目标、外国出口商的定价方式(是 PCP 还是 LCP)、国内通货膨胀率、汇率制度和贸易壁垒等等。

(1) 汇率变动对国内消费价格传递过程分析。汇率变动对国内消费价格的传递可分为两个阶段，下面以贬值为例进行分析。

本币贬值后，正常情况下，进口汇率传递弹性为正，进口商品本币价格和国内消费价格都

---

① 厉以宁(1991)以 1970～1983 年度的数据估算出中国进出口需求弹性分别为－0.6871 和－0.506；陈彪如(1992)以 1980～1989 年度的数据估算出中国进出口需求弹性之和为－1.0248。

会上涨。由于价格刚性,汇率变动引起国内消费价格变动需要一个过程,只要一国不发生恶性通货膨胀,进口价格对汇率变动的反应程度和速度总是大于国内消费价格对汇率变动的反应程度和速度,其相互关系和相互影响过程大致可分两个阶段描述。

第一阶段是汇率变动传递给进口商品价格的过程。在这一阶段,如果进出口市场一价定律成立,在小国模型假设下①,本国为价格接受者,本国进口时,由于本币贬值,进口商品本币价格上涨,且上涨幅度与汇率贬值幅度相同,外币价格不变,本国进口的汇率传递弹性趋于1,此时本国进口汇率完全传递。第二阶段是汇率变动传递给国内消费价格的过程。在这一阶段,汇率贬值传递给本国进出口商品价格,本国进出口商品价格上涨之后,国内非贸易品价格随贸易品价格上涨。同时,由于非贸易商品相对价格下降,国内对其需求会上升,需求上升使其产生价格上涨的压力,最终因出口增加带来的货币流入导致全面价格上涨,结果贬值很快被国内的通货膨胀所抵销。

(2) 汇率变动对国内消费价格传递的主要影响因素。影响汇率对消费价格传递的因素很多,在此可以借鉴国外的分析模型和方法进行分析。Menon 根据进口市场供求均衡弹性分析,当国内和国外商品可完全替代时,国内消费价格的汇率传递弹性 η_{Pa}^{R} 为:

$$\eta_{Pa}^{R}=\alpha_a\cdot\xi_{Xb}/[\alpha_a\cdot\xi_{Xb}+(1-\alpha_a)\cdot\xi_a-\eta_a]$$

其中:$\eta_{Pa}^{R}=\dfrac{d\overline{P}_a}{dR}\cdot\dfrac{R}{\overline{P}_a}$;$\alpha_a$、$\xi_a$、$\eta_a$分别代表本国进口品占国内市场的份额、国内供给弹性和国内需求弹性。

当国内和国外商品可完全替代时,且国内外标准厂商以 Cournot 模型进行竞争,国内和国外标准化厂商数目分别为 n_a、n_b,总的厂商数目 $n=n_a+n_b$,国内和国外厂商的边际成本分别为 C_a、RC_b,在需求弹性不变,均衡时国内消费价格的汇率传递弹性 η_{P}^{R}为:

$$\eta_{P}^{R}=n_b\cdot RC_b/(n_aC_a+n_b\cdot RC_b)$$

当 $RC_b=C_a$ 时,

$$\eta_{P}^{R}=n_b/(n_a+n_b)$$

当国内和国外商品不能完全替代,Feinberg(R. M. Feinberg,1989)将全部商品(Q)看成是国内商品(D)和进口商品(M)替代弹性不变的 CES 函数②,推出汇率的国内消费价格传递弹性 η_{P}^{R}为:

$$\eta_{P}^{R}=-F-\frac{(\eta_{Pm}^{R}-F)(\sigma-1)(\sigma+\eta_q)\alpha(1-\alpha)}{(n/V)\eta_d^2+\eta_d+(\sigma-1)(\sigma+\eta_q)\alpha(1-\alpha)}$$

其中:F 代表商品成本中的进口份额;n/V 代表市场竞争结构,厂商数目 n 越大,市场竞争就越激烈;α 代表进口商品市场份额;η_q、η_d分别代表对总体商品的需求弹性和对国内商品的需求弹性;σ 代表进口品和国产品的替代弹性。

我们可将进口商品分为两类:一类是进口的消费品,这类产品的价格变动直接影响国内价格;另一类是进口的中间产品和原料、燃料等,这类产品进口之后要进行再加工才能流通到最

① 对于大多数进出口商品,一国的进出口相对于世界市场来说是较小的,为了分析的方便,这里使用小国模型。

② 其模型的详细介绍可参考 Melo, Jaime de, and Sherman Robinson (1985)。

终产品市场上,其价格变动是通过最终产品的成本变化间接影响国内价格指数。这两类产品的价格传递效率不同,第一类进口品的价格变动对国内消费价格的影响很大,特别是当国内商品和进口商品可完全替代时,汇率变动对进口价格的影响完全传递给国内消费价格,即汇率的进口价格传递等于汇率的国内消费价格传递,这时估计汇率的进口(国内消费)价格传递弹性就等同于估计汇率对国内消费价格的传递了弹性。而第二类产品的传递作用比较复杂,因为它要经过生产销售环节才能转为最终产品。汇率变化传递给进口中间产品之后,进口中间产品的价格变化使得最终产品的成本跟着变化,但由于进口中间产品只是最终产品成本的一部分,因而最终产品的成本变化小于进口中间产品价格的变化。即使中间产品都是进口品,汇率的生产价格传递是完全的,但只要最终产品存在替代品,在消费价格传递过程中也是不完全的,即生产厂商要承担部分成本变动损失。可见,第二类产品的价格传递一般是不完全的。

结合进口价格传递和消费价格传递理论分析,汇率变动对进口价格指数、生产者价格指数和消费者价格指数的影响,主要受进口品占国内市场的份额 α_a、进口产品构成(主要是原料产品还是最终消费品)、国内的边际成本 C_a、国外厂商的边际成本 RC_b 表示、成本加成 K_b(主要由国外供给弹性 ξ_a 和国内需求弹性 η_a 决定)、进口品和国内产品的替代弹性 σ 决定。

(二) 通货膨胀风险来源:人民币汇率变动的货币传递

人民币汇率变动通过对货币供应量的影响而导致潜在的通货膨胀风险,这一影响途径主要体现在汇率变动对贸易收支、FDI 和短期资本流动的影响。由于热钱流入主要隐含在前两种途径之中,因此这里主要分析前两种途径导致的外汇储备增加隐含的通货膨胀风险。

1. 人民币汇率变动对贸易收支的影响

关于汇率变动对贸易收支的影响,大多理论认为汇率贬值有利于贸易收支改善,升值可能恶化贸易收支。但从近期人民币汇率变动与中国贸易收支变动的实际情况来看,一方面人民币汇率不断小幅升值,另一方面中国的贸易顺差不断增长。从理论方面来看,本报告认为主要可以从以下几个方面进行分析。

(1) 进出口需求弹性和汇率传递弹性。根据弹性理论,汇率贬值能改善贸易收支的前提是马歇尔—勒拿条件成立。即当出口需求弹性和进口需求弹性之和大于 1 时,汇率贬值能改善外贸收支。对中国进出口商品弹性条件是否满足马歇尔—勒拿条件的分析,比较有代表性的如厉以宁(1991)以 1970～1983 年度的数据估算出中国进出口需求弹性分别为－0.6871 和－0.506;陈彪如(1992)以 1980～1989 年度的数据估算出中国进出口需求弹性之和为－1.0248;戴祖祥(1997)以 1981～1995 年度的数据估算出中国进出口需求弹性分别为－0.3 和－1.0331;殷德生(2004)以 1980～2001 年度的数据估算出中国进出口需求的汇率弹性分别为 0.0112 和－0.5689①。从这些数据来看,中国进出口商品的需求弹性都不大,这些估计出的长期弹性都不一定满足马歇尔—勒拿条件,短期弹性可能就更不能满足马歇尔—勒拿条件,因此从弹性条件来看,人民币汇率升值不一定导致逆差。

(2) 时滞效应分析与"J 曲线"效应。以局部均衡分析为基础的弹性理论对汇率变动的贸易收支效应分析是不完善的,弹性分析法没有对汇率变动后的贸易调整过程进行分析。时滞效应分析法认为,货币贬值后,厂商会根据汇率的变动调整其进出口商品价格、产量和贸易量。

① 考虑到汇率传递问题,估计进出口需求的汇率弹性比估计进出口需求的价格弹性更利于判断汇率变动对贸易收支的影响程度。

汇率变动对进出口的影响过程可分为货币合同、汇率传递和产量调整三个阶段(Stephen P. Magee,1973)。由于在短期内,进口数量难以下降,出口的供给和需求也没有弹性,也就是说,数量调整慢于价格调整,汇率贬值后贸易收支可能进一步恶化。从长期来看,进出口需求弹性增加,当马歇尔—勒拿条件成立时,贸易收支开始改善。在整个过程中,贸易收支与汇率的关系在时间上呈“J曲线”形态。国内学者对人民币汇率变动与贸易收支关系的研究结论大多数支持了“J曲线”效应存在。例如,钟伟(2001)、李建伟和余明(2003)等对中国的实证分析都证明了“J曲线”效应存在。如果人民币贬值的“J曲线”效应存在,则目前人民币升值形成的反“J曲线”效应就很可能使中国的贸易收支顺差不但不会下降,反而会增加。

(3) 贸易条件恶化导致劳森—梅茨勒效应。即使马歇尔—勒拿条件成立,贬值也不一定能改善外贸收支。由于贬值后进口成本上升,导致贸易条件恶化①,贸易条件恶化使一国财富减少,正常情况下,由于边际消费倾向<1,该国的支出下降幅度小于收入下降幅度,也就是说,该国要通过进口的增加来平滑消费。由于一国的产出不能马上增加,在短期内,贬值的收入效应为负,而一国的财政支出、投资支出和消费支出则可能因进口成本上升而增加,也就是说,贬值可能导致吸收增加,从而在短期内使贸易收支恶化,这就是劳森—梅茨勒效应。但是从长期来看,由于产出增长,使收入大于吸收,贸易收支改善,贬值对一国国际收支的影响在时间上也可能呈现“J曲线”效应形态。

(4) 汇率升值给企业带来的生存压力使企业出口竞争力不断提高。史学家们在分析工业革命为什么发生在欧洲、中国为什么会落后时,有一种观点认为,巨大的生存压力迫使小国不得不创新、变革,从而可以解释近代欧洲崛起的原因。担心人民币升值影响中国出口的人认为,中国大多数出口企业,特别是占中国出口半壁江山的加工贸易企业,其利润率很低,估计为3%~5%,如果人民币升值大于5%,这些企业将因为没有利润而不得不破产。其实不然,人民币升值之后,一方面,通过汇率传递,进口方承担一部分;另一方面,出口方可以通过控制成本、提高生产经营管理效率等多种途径将其吸收。若将人民币升值幅度控制在一定范围内,升值幅度以大多数出口企业不破产为最大临界点,同时使企业承受不改革不创新就得破产的压力,增强企业的忧患意识,那么,人民币汇率升值不但不会削弱中国企业的出口竞争力,相反会增强中国企业的出口竞争力,中国的出口商品结构也会得到改善。

总之,汇率变动通过影响贸易收支这一途径影响货币供应量的短期效应不明显,一般情况下,研究汇率变动对通货膨胀的风险时,这一传递途径可以不予考虑。但当汇率严重偏离均衡时,汇率对贸易收支影响的长期积累,可能成为汇率变动导致通货膨胀风险的基本原因。

2. 人民币汇率变动对 FDI 的影响

20世纪80年代,国际上普遍认为,货币贬值与直接投资增加关系显而易见,货币贬值使得本国资产变得便宜,增加对外资的吸引力。此后,很多经济学家对此进行批判。McCulloch指出,由于进出口汇率风险敞口不同,因而当直接投资涉及进出口时,不同类型直接投资企业

---

① 贸易条件 T 是出口产品价格 P^x 与进口产品价格 P^m 之比,即 $T=P^x/P^m$,当各国的出口价格与国内价格一致时,出口产品价格 P^x 可用国内价格指数 P 表示,进口产品价格可用国外价格指数 P^* 表示,将国外价格指数 P^* 根据汇率折算为本币价格 eP^*,则 $T=P/eP^*$,而实际汇率 $q=eP^*/P$,可见,贸易条件是实际汇率的倒数,实际汇率贬值,q 上升,T 下降,贸易条件恶化。当名义汇率变动影响到各国的出口价格时,当 $\eta_x\eta_m<\xi_m\xi_x$ 成立,名义汇率贬值导致贸易条件恶化。

会受到汇率不同的影响。P. Patrie 在对国际直接投资的动机差异进行研究后认为，跨国公司的对外直接投资的动机不同，使贸易和投资的关系也不同，他将国际直接投资分成了三大类：市场导向型直接投资、生产导向型直接投资和贸易促进型直接投资。市场导向型直接投资的生产和销售均在被投资国实现；成本导向型直接投资的生产在被投资国完成，销售在宗主国或者第三国实现；贸易促进型直接投资则是由跨国公司配合母公司或总公司的出口提供各种服务。

不同类型的直接投资受汇率的影响不同，由于本币升值会提高本国生产成本，进而抑制成本导向型直接投资，却可以增加市场导向型直接投资企业利润，促进市场导向型直接投资。究其根源，在于成本导向型直接投资的产品销售在海外实现，收入以外币表示，而生产在国内发生，成本以本币表示，当存在汇率风险敞口时，本币升值，生产成本增加，而以外币表示的利润降低，从而减弱了其投资激励。市场导向型直接投资的生产、销售均在本国发生，以本币表示的净利润与汇率无关，当本币升值时，以外币表示的利润水平提高，增加了投资的激励。

中国正在成为世界的加工制造中心，因此，中国的 FDI 主要是成本导向性的，跨国公司主要是利用中国生产成本低的优势，产品生产后主要销售到世界各地，中国的加工贸易主要也是外企，人民币汇率升值预期可能使之加大对中国的直接投资，一旦人民币升值，在中国投资成本增加，而国外销售收入相对减少，可能导致 FDI 减少。但是在人民币存在升值预期的情况下，人民币升值实际上并没有导致中国的 FDI 减少，2007 中国的 FDI 仍在不断增长。

（三）人民币汇率变动对短期资本流动的影响

随着中国宏观经济的腾飞以及人民币升值预期的加强，国际资本从各条途径涌入中国资本市场。有人说，国际市场上有上万亿美元套利资金准备进入中国市场，并已有几百亿美元“热钱”流入中国。目前对于短期资本流入的计算方法多种多样，计算的结果也大相径庭。

2002 年，中国国际收支平衡表净误差与遗漏项在连续 12 年呈现负数后，首次出现了正数。这一符号的变化发出了强烈的经济信号：中国地下资本跨境流动的方向发生了扭转，由资本外逃变成了大量投机资本流入。

人民币汇率变动之所以影响资本流动，主要还是利益驱动。下面不妨结合购买力平价理论和利率平价理论对此进行分析。国外资本流入中国的预期净收益（扣除机会成本后）可分为四大部分：因为持有人民币的升值带来收益 Δe、因为持有人民币的利息收入高于其他货币带来的收益 Δi、因为人民币通货膨胀低于其他货币而带来的收益 $\Delta\pi$、因为国内外投资利得差而带来的收益 ΔP，即：

$$P=\text{汇率升值收益}(\Delta e)+\text{利息收益}(\Delta i)+\text{通货膨胀收益}(\Delta\pi)+\text{资本利得收益}(\Delta P)$$

因此，国外资本持有 1 美元的人民币预期净收益减去机会成本后为：

$$P^e=(e^e-e)-e(R-R^*)+e(\pi^{e*}-\pi^e)+e(\Delta P^e-\Delta P^{e*})$$

其中：e^e、e、π^e、π^{e*}、ΔP^e、ΔP^{e*} 分别代表预期的汇率、现期的汇率、本国的预期通货膨胀率、外国的预期通货膨胀率、本国的预期资本利得和外国的预期资本利得。

当 $P^e\geqslant 0$ 时，国外短期资本流入中国。

目前，由于人民币升值预期，因此 (e^e-e) 为正且相对较大，这是短期资本流入中国的主要动机。热钱流入中国的另一项收益就是由于资本管制导致的在中国的投资收益率高于国外投资收益，如热钱进入中国后，通过购买人民币资产（房地产等）进行短期资本投机，以获得中国资产升值带来的收益，即（$\Delta P^e-\Delta P^{e*}$）为正。能抑制短期资本流入中国的相对力量就是 $e(R-R^*)$ 和 $e(\pi^{e*}-\pi^e)$ 两项，前一项表示，使人民币的利息收入相对下降，可以增加外部短期资本流入的机会成本，从而减少目前的短期资本流入冲击；后一项表示，国内通货膨胀相对高于国外也可以减少外资流入中国的利得，但稳定一国通货是政府的主要宏观经济目标，政府不可能通过这种途径减少目前的短期资本流入冲击。

因此，解决短期资本流入冲击的最根本措施是通过调整（e^e-e）项，即释放人民币升值压力，减少人民币升值预期。现阶段，人民币升值预期和国内资产价格上涨相互加强，人民币升值预期导致热钱流入，热钱流入大量投资于房地产又导致房地产价格上涨，热钱因此获得人民币升值和资产价值升值双收益，这些收益又进一步导致热钱流入，显然这一循环潜藏着巨大的经济金融危机。中国的热钱流入阶段正好和人民币升值预期阶段相适应。自 2002 年起，人民币升值预期开始出现，国外游资开始从各个渠道（贸易、FDI、地下钱庄、QFII 等）潜入中国。2005 年 7 月汇率制度改革之后，人民币升值压力得到缓解，升值压力得到部分释放，国外游资进入中国在某种程度上有所收敛。但是，人民币升值压力仍然存在，在资本账户不完全流动的情况下，国外游资仍然在不断流入中国，这些游资具有投机性、短期性特征，一旦人民币升值预期消失，甚至出现贬值预期时，这些游资会迅速撤离中国，这对于中国金融体系的稳定和宏观经济的平稳发展很不利。

可见，在汇率过度低估的前提下，汇率升值仍然会导致资本项目顺差，而持续的资本项目顺差是中国通货膨胀的潜在风险之一。

三、基于人民币汇率变动的通货膨胀风险计量、评价和预测

这里利用中国的数据实证分析人民币汇率变动可能导致的中国通货膨胀风险，并对风险进行评价和预测。

（一）汇率变动影响通货膨胀的实证模型、分析方法及样本

1. 汇率变动的价格传递模型

一般来讲，一国的进出口市场更接近于垄断竞争的市场，因此我们不妨借鉴 J. Menon（1996）、S. N. Brissimis 和 T. S. Kosma（2006）的研究方法，假设一般厂商按 Cournot 寡头模型定价。这里假设本国和外国生产同样的产品，并且外国企业直接与本国企业在本国市场竞争，C_1、P_1 分别代表外国企业的边际成本和产品价格，C_2、P_2 分别代表本国企业的边际成和产品价格，R 代表为直接标价的名义汇率，那么外国企业的反应函数如下①：

$$P_1=RC_1\left[1-\frac{s_1}{\gamma_{11}(1-\theta_1)}\right] \tag{3}$$

根据(3)式，外国企业的产品价格是边际成本的一个加成，加成率为 $1-\frac{s_1}{\gamma_{11}(1-\theta_1)}$，$s_1$ 是外国企业的市场份额，$\gamma_{11}=\frac{\partial s_1}{\partial \ln P_1}$，$\theta_1=\frac{\partial P_2}{\partial P_1}\frac{P_1}{P_2}$。

① 详细证明请参阅 Sophocles N. Brissimis and Theodora S. Kosma(2006)。

同样，国内企业的反应函数为：

$$P_2 = RC_2\left[1-\frac{s_1}{\gamma_{22}(1-\theta_2)}\right]$$

通过反应函数，我们可以得到外国厂商的价格方程为：

$$\ln P_1 = -\frac{a_1(2-\theta_2)}{\gamma_{11}F}-\frac{a_2}{\gamma_{22}F}+\left(\frac{G}{F}\right)\ln C_1+\left[\frac{(1-\theta_2)}{F}\right]\ln C_2+\left(\frac{G}{F}\right)\ln R \tag{4}$$

其中： $F=(2-\theta_1)(2-\theta_2)-1$、$G=(1-\theta_1)(2-\theta_2)$

同理，本国厂商的价格方程为：

$$\ln P_2 = -\frac{a_2(2-\theta_1)}{\gamma_{22}F}-\frac{a_1}{\gamma_{11}F}+\left(\frac{H}{F}\right)\ln C_2+\left[\frac{(1-\theta_1)}{F}\right]\ln C_1+\frac{(1-\theta_1)}{F}\ln R \tag{5}$$

其中： $H=(2-\theta_1)(1-\theta_2)$

根据(4)式，本国进口价格传递的回归方程式可表达为：

$$\ln P_1 = \varepsilon_0+\varepsilon_1\ln C_1+\varepsilon_2\ln C_2+\varepsilon_3\ln R \tag{6}$$

其中： 本国的进口汇率传递弹性 $\varepsilon_3=\frac{\partial \ln P_1}{\partial \ln R}=\frac{(1-\theta_1)(2-\theta_2)}{(2-\theta_1)(2-\theta_2)-1}$ (7)

当 $\theta_1 \rightarrow 0$，Cournot 寡头模型就成了 Stackelberg 价格领导模型，外国商品价格跟从国内商品价格定价，此时根据(7)式，进口汇率传递弹性 $\varepsilon_3=\frac{2-\theta_2}{3-2\theta_2}$，当 $\theta_2\in\left(0,\frac{3}{2}\right)$，汇率传递弹性随 θ_2 的增大而增大。在 $\theta_2=1$ 时，汇率传递弹性等于单位弹性。特别是 $\theta_1=\theta_2=0$，就成了 Nash 策略模型，这时，国内国外厂商都以竞争者价格为给定价格，汇率不完全传递。

根据(5)式，本国出口价格传递的回归方程式可表达为：

$$\ln P_2 = \beta_0+\beta_1\ln C_1+\beta_2\ln C_2+\beta_3\ln R \tag{8}$$

但是，根据汇率出口传递弹性的定义，在实证分析中，(8)式中的 P_2 应换算为外币价格表示。

实际上，估计汇率变动对通货膨胀的风险，当(6)式的因变量 P_1 用进口价格 P_a 替代时，估计的就是汇率的进口价格传递弹性，进口价格 P_1 用国内消费价格 P 替代时，估计的就是国内消费价格的传递弹性。

2. 汇率变动的货币传递模型

汇率变动的价格传递模型只是汇率传递通货膨胀的微观价格传递模型，它没有考虑汇率变动通过影响货币供求从而影响通货膨胀的宏观机制，因此，模型中应该引入货币存量 M 这一变量。

本报告对此不作严格推导，只需要在汇率变动的价格传递模型(6)式中直接加入货币存量 M，形成下面的模型：

$$\ln P = \varepsilon_0+\varepsilon_1\ln C_1+\varepsilon_2\ln C_2+\varepsilon_3\ln R+\varepsilon_4\ln M+\varepsilon_5\ln a \tag{9}$$

根据(9)式，可以估计一国货币存量对国内消费价格传递的影响，(9)式还加入了进口比重 a 对方程进行调整。(9)式进一步完善了汇率变动对通货膨胀影响的风险传递模型。

由于一国货币存量的变动部分不一定来源于汇率变动，要真正估计汇率变动通过货币这一中介影响通货膨胀，还得估计汇率变动对货币存量的影响。这一估计主要包括三个方面：汇率变动对贸易收支的影响、汇率变动对 FDI 的影响、汇率变动对短期资本流动的影响。

3. 分析方法

(1) 关于分析方法，根据 Engle & Granger(1987)的研究，对不平稳时间序列样本进行回归分析会导致错误的结论。因此，先要对样本进行平稳性检验，如果样本平稳可用一般 VAR 模型或几何分布滞后模型等直接进行回归分析，滞后期选择可参考 t 值和 Akaike AIC 值。如果样本不平稳则要进行数据处理。使样本平稳的数据处理方法一般就是对时间序列样本进行差分处理，但差分前要对样本数据进行协整检验，因为对存在协整关系的不平稳序列的差分可能会遗漏来自协整的长期关系中潜在的因果关系。协整检验后，对于存在协整关系的样本组，可用误差修正模型、冲击反应模型等进行分析(Teame Ghirmay 和 Richard Grabowski,2001)。对于不存在协整关系的不平稳数据再进行差分处理，当然采用相对值或增长率数据也是使样本平稳的好方法。可见，平稳性检验和不平稳时间序列样本的协整检验是样本数据处理中必不可少的。

(2) 在估计汇率对中国贸易收支影响时用的是面板数据模型，其他估计都是时间序列模型。面板数据双变量的一般模型可写为：

$$S_{it}=a_i+c_iR_{it}+\mu_{it}$$

其中：因变量 S 代表贸易差额；自变量 R 代表汇率；参数 a_i 与 c_i 代表个体时期恒量，其取值只受截面单元不同的影响；μ_{it} 代表随机误差项，随个体和时期变动而变动。

对面板数据模型中截面效应和时期效应的检验包括：Hausman 检验和冗余变量检验。通过 Hausman 检验和冗余变量检验，我们就可以确定最优的分析模型。

4. 样本数据来源

本文样本数据主要来源于 IMF(International Financial Statistics)CDROM 光盘数据(2006 年)，最新数据来源于 IMF 网站①和中华人民共和国国家统计局网站②。

分析的样本主要有：① 中国和世界及主要贸易伙伴的各种价格指数、相对价格指标，如中国消费价格指数 P③，进口价格指数 P_a、世界消费价格指数 P_b^*、世界原材料价格指数 P_c^*、中国与贸易伙伴国国内消费价格相对指数 P_j/P，中国的主要贸易伙伴为美国、日本、加拿大、澳大利亚、印度尼西亚、马来西亚、泰国、韩国、新加坡、俄罗斯、英国、德国、法国、意大利、中国台湾、中国香港地区。② 进出口指标，包括中国对贸易伙伴的双边进口 IM_j、双边出口 EX_j、贸易收支 TB_j，用中国对贸易伙伴的双边出口与双边进口之比表示，当比值大于 1，就是顺差，小于 1 就是逆差。③ 汇率指标，包括人民币双边名义汇率指标 R_j，分别用人民币对贸易伙伴的货币名义汇率表示，中国与德国、法国、意大利的双边汇率 1999 年 1 月以前用人民币兑换对方货币的汇率，1999 年 1 月以后用人民币兑换欧元汇率，只需要对序列进行单位调整即可，名

① http://www.imf.org/external/data.htm

② http://www.stats gov cn/tjlj/index.htm

③ 由于国内消费价格指数月度数据为同期相比指数，可将之换算为以 2000 年=100 的价格指数序列。

义有效汇率指标 NEER。④ 产出指标,由于 GDP 没有月度样本,本报告以工业增加值指标代表产出指标,并用 Y_j、Y、Y^* 分别代表贸易伙伴国工业增加值指数、本国工业增加值指数和世界工业增加值指数,并记 $ry=\log(Y_j/Y)$ 或 $ry=\log(Y/Y^*)$。⑤ 其他指标,如货币数量 M(包括 IMF 统计的货币和准货币两项:Money+Quasi-Money)、人民币银行借出利率、美元银行借出利率 i^*,并记 $ri=\log(i/i^*)$,利用国外的直接投资 FDI①、进口占工业增加值的比重 a 等等。

估计人民币汇率的进口价格传递弹性时,受进口价格指数样本的局限,只能用季度样本,样本区间 1994M01~2007M03,且世界价格指数为美元价格指数序列。其他估计采用月度样本,样本区间为 1990M01~2007M03。

(二)数据处理及计量分析

1. 平稳性检验

为避免谬误回归,这里采用扩大的 ADF(Augmented Dickey-Fuller)进行平稳性检验,参照 AIC 和 SC 准则由程序自动选择最优滞后阶数。通过分析观察各变量的走势并结合检验效果选择是否取趋势项。

关于汇率传递估计的季度样本其平稳性检验结果,如表 3 所示。表 3 中的各变量基本上存在随时间递增的趋势值,除趋势值后,只有生产价格指数不平稳外,而主要变量中国的进出口价格指数和人民币汇率指数都是水平值平稳的。因此,本报告直接采用对数水平值样本进行回归分析。

表 3

人民币汇率与商品价格时间序列的单位根检验(季度样本)

Variable	Method	Statistic	Prob.**	(c,t,d)	是否平稳
LR	ADF-Fishert-Stat	−2.707494	0.0800	(1,0,0)	平稳*
LPIM	ADF-Fishert-Stat	−4.155657	0.0104	(1,1,3)	平稳***
LCPI	ADF-Fisher-Stat	−4.433399	0.0049	(1,1,2)	平稳***
LPPI	ADF-Fishert-Stat	−2.049130	0.2657	(1,0,4)	不平稳
LWPPI	ADF-Fishert-Stat	−1.745122	0.7143	(1,1,4)	不平稳

(c,t,d) 中,$c=1$ 代表有截距,$t=0$ 代表无趋势、$t=1$ 代表有趋势,d 代表滞后期或带宽,平稳*、平稳**、平稳*** 分别代表 10%、5%、1%的置信度。LR 代表人民币名义汇率的对数值,LPIM、LCPI 分别代表本国进口价格和国内消费价格的对数值,LPPI、LWPPI 分别代表本国出口商品和外国进口商品的成本价格的对数值。

月度样本区间为 1990M01~2007M03,采用表 3 同样的方法进行平稳性检验。在数据处理时,考虑到美元指标变动受人民币汇率变动的影响,这里将这些美元指标乘以人民币汇率,调整成相应的人民币指标,然后进行平稳性检验。平稳性检验结果,如表 4 所示。

① FDI 数据来自中国咨询行统计数据库,仅有 1999M01 以来的数据。

表 4

各变量的单位根检验

Variable	Method	Statistic	Prob. **	(c,t,d)	是否平稳
FDI	ADF-Fishert-Stat	0.399515	0.9826	(1,0,1)	不平稳
D(FDI)	ADF-Fishert-Stat	−10.50734	0.0000	(1,0,0)	平稳***
a	ADF-Fishert-Stat	−2.229972	0.4699	(1,1,13)	不平稳
M	ADF-Fishert-Stat	−3.168301	0.0234	(1,0,9)	平稳**
NEER	ADF-Fishert-Stat	−2.849431	0.0533	(1,0,1)	平稳*
RES	ADF-Fishert-Stat	−1.601795	0.7892	(1,1,1)	不平稳
D(RES)	ADF-Fishert-Stat	−10.54803	0.0000	(1,1,0)	平稳***
RI	ADF-Fishert-Stat	−1.301861	0.6288	(1,0,2)	不平稳
D(RI)	ADF-Fishert-Stat	−7.578527	0.0000	(1,0,1)	平稳***
RY	ADF-Fishert-Stat	−4.647028	0.0011	(1,1,4)	平稳***
WCPI	ADF-Fishert-Stat	−3.440662	0.0107	(1,0,14)	平稳***
WPPI	ADF-Fishert-Stat	−1.067099	0.9309	(1,1,0)	不平稳
D(WPPI)	ADF-Fishert-Stat	−12.60609	0.0000	(1,1,0)	平稳***

(c,t,d)中，$c=1$ 代表有截距，$t=0$ 代表无趋势、$t=1$ 代表有趋势，d 代表滞后期或带宽，平稳*、平稳**、平稳*** 分别代表 10%、5%、1%的置信度。

一般来讲，相对值指标、增长率指标是没有趋势项的，但结合检验结果，我们发现，进口比重 a、外汇储备 RES、相对产出 RY、世界生产价格指数 WPPI 四个指标具有趋势值。其中进口比重 a 是趋势平稳的；直接投资 FDI、名义汇率 R、相对利率 RI 都是水平不平稳的，但差分平稳；消费价格指数 CPI 和 WCPI 都是水平平稳的，货币量指标也是水平平稳的。

2. 人民币汇率变动的传递弹性估计

当不考虑货币变动因素时，根据(6)式估计人民币汇率变动对进口价格和国内消费价格的传递弹性。表 5 以进口价格指数 LPIM 为因变量估计人民币汇率的进口传递弹性，根据 DW 值，回归过程中加入因变量的一期滞后可以减弱序列相关性的影响，加入汇率的滞后变量则发现汇率的各期滞后与进口价格关系不显著。根据表 5，人民币汇率进口价格传递弹性约 0.93。

表 5

人民币进口汇率传递弹性估计

Variable	Coefficient	Std. Error	t-Statistic	Prob.	
LR	0.931596	0.581368	1.602420	0.0936	AdjR^2＝0.57438
LWPPI	0.161674	0.085162	1.898426	0.0642	
LPPI	−0.025076	0.194769	−0.128746	0.8981	DW＝1.648571
C	−0.522466	1.378415	−0.379034	0.7065	
LPIM(−1)	0.622266	0.117581	5.292226	0.0000	

表 6 以国内消费价格指数 LCPI 为因变量估计人民币消费价格传递弹性,人民币汇率消费价格传递弹性约 0.22,但根据 t 检验结果,人民币汇率变动对国内消费价格的影响不显著。

表 6

人民币汇率消费价格传递弹性估计

Variable	Coefficient	Std. Error	t-Statistic	Prob.	
LR	0.223686	0.174005	1.285515	0.2053	AdjR^2=0.98869
LPPI	0.195294	0.028206	6.923933	0.0000	
LWPPI	0.041381	0.011180	3.701209	0.0006	DW=1.844956
LCPI(−1)	0.730494	0.025658	28.47041	0.0000	
C	−0.176043	0.223759	−0.786754	0.4356	

3. 汇率变动的货币传递弹性估计

首先,估计货币存量变动对通货膨胀的影响;然后,再估计汇率变动对贸易收支的影响及汇率变动对 FDI 的影响;最后,经这些估计值估算汇率变动通过货币途径对国内通货膨胀的影响。

(1) 货币存量变动对通货膨胀的影响估计。根据(9)式估计货币存量变动对国内消费价格的影响,以各变量的一阶差分值进行回归分析,回归分析因变量为 D(CPI),样本区间为:1990M04～2007M03(adjusted),表中对应的符号为:消费价格指数 P 对应于 CPI、进口比重 a 对应于 A、C_1 和 C_2 分别用世界成本价格指数 WPPI 和世界消费价格指数 WCPI 替代。回归过程分析表明,货币存量对国内消费价格影响显著。在方程中加入货币存量和名义汇率的多期滞后进行回归分析,结果如表 7 所示。

表 7

货币存量变动对中国通货膨胀的影响估计

Variable	Coefficient	Std. Error	t-Statistic	Prob.	
DM	0.078604	0.032528	2.416476	0.0166	AdjR^2=0.23303
DM(−1)	0.108557	0.032095	3.382420	0.0009	
DM(−2)	0.024006	0.033166	0.723819	0.4700	DW=2.02662
DR	−0.748251	0.162016	−4.618371	0.0000	
DR(−1)	0.006423	0.022727	0.282597	0.7778	
D(WPPI)	−0.013539	0.042311	−0.319979	0.7493	
D(WCPI)	0.791090	0.155340	5.092639	0.0000	
A	0.004038	0.001674	2.412254	0.0168	
C	−0.009151	0.003296	−2.776638	0.0060	

货币存量和汇率变动与国内消费价格显著正相关，且货币增长在 2 个月内都能导致消费价格上涨。货币存量对国内消费价格两期的弹性之和约为 20%。也就是说，将汇率等其他因素作为控制变量之后，所谓的“中国货币之迷”不存在。近几年，中国货币增长率远远高于 GDP 增长率，之所以没有导致通货膨胀，人民币升值对通货的紧缩效应显然是其中的一个主要原因。

(2) 人民币汇率变动对贸易收支的影响估计。因为汇率变动与进出口的关系存在国别差异，用总量数据分析会导致合成谬误，所以 Bahmani-Oskooee 和 Brooks(1999)，Khim-sen Liew、Kian-ping Lim 和 Huzaimia Hussain(2003)等认为，总量分析不足以估计汇率变动与进出口的关系，应该采用双边数据进行实证分析。将 Bahmani-Oskooee 和 Brooks 的模型约作调整得：

$$\ln TB_{jt}=\beta_0+\beta_1\ln R_{jt}+\beta_2\ln P_{jt}/P_t+\beta_3\ln Y_{jt}/Y_t+\epsilon_t$$

其中：变量 $TB_{j,t}$、$R_{j,t}$、P_{jt}、P_t、Y_{jt}、Y_t、ϵ_t 分别代表 t 期中国对贸易伙伴 j 的贸易收支、人民币对 j 国货币的双边名义汇率(外币的人民币价)、j 国的国内消费价格指数、中国的国内消费价格指数、j 国的真实 GDP、中国的真实 GDP、误差项。

用中国的国别面板数据估计人民币汇率变动对中国双边贸易收支的影响，面板数据的平稳性检验表明，贸易收支 tb?① 双边汇率 r? 相对价格 rp? 相对产出 ry? 四个变量都是水平值平稳的，且不存在时间趋势。可见，采用相对值样本能很好地克服序列的不平稳性和时间趋势，从而有利于下面的分析。

因为 Hausman 检验表明截面效应对方程影响显著，时期效应不显著，故适合采用截面固定和时期随机效应模型进行分析。对于人民币汇率变动对贸易收支影响的时效长短问题，可在截面固定的时期随机效应模型中引入多期滞后②，根据表 8，回归结果表明，汇率变动对贸易收支有显著影响只有两期，汇率贬值当期会导致贸易收支恶化，第二期之后有显著改善，表明“J 曲线”效应存在。

表 8

汇率多期滞后的截面固定的时期随机效应模型回归结果

变量	c	r?	r? (−1)	r? (−2)	r? (−3)	rp?	ry?	tb? (−1)
系数	−0.9799	−0.6082	0.8641	0.2240	−0.1674	0.5499	−0.1237	0.5091
t 值	(−1.839)	(−4.656)	(4.533)	(0.993)	(−0.886)	(2.083)	(−2.590)	(9.454)
截面效应	JP-C	0.460296	KR-C	0.600719	CA-C	−0.12623	IT-C	−0.16893
	MA-C	−0.16169	UK-C	−0.08083	GE-C	−0.22437	DW=	0.8939
	SG-C	−0.09762	US-C	−0.00803	FR-C	−0.19332	Adj−R^2=	2.2330

可见，人民币汇率的实际升值可能是中国目前顺差不断扩大的原因之一。由于汇率变动

① tb? 中的“?”为通配符，代表各截面的时间序列数据。

② 时期随机效应模型中不能用非平衡样本，当在模型中引入自变量的滞后时，因变量必须引入同样阶数的滞后，这里根据 t 检验效果，因变动和汇率各引入二期滞后。

通过影响贸易收支从而影响货币存量，再影响通货膨胀需要经过一个较长的传递过程，所以，人民币汇率的短期变动即使能影响贸易收支，也很难通过此途径影响通货膨胀。在目前的升值压力下，一方面，人民币汇率长期低估，可能通过顺差导致目前中国货币供应量扩大，形成潜在的通货膨胀；另一方面，汇率低估又从相反的方向抑制了中国的通货膨胀，所以目前中国暂不存在汇率导致通货膨胀的风险。但是在汇率贬值的压力下，一旦人民币过度贬值，一方面，贬值通过进口价格传递通货膨胀；另一方面，贬值通过贸易顺差由货币供给增加传递通货膨胀，这样汇率贬值的通货膨胀风险就较大。

(3) 汇率变动对 FDI 的影响估计。估计汇率变动对 FDI 的影响，可用如下回归方程式：

$$k=\beta_0 r+\beta_1 ry+\beta_2 ri \tag{10}$$

(10)式中，k 代表 FDI 的对数值序列，$ry=\log(Y/Y^*)$、$ri=\log(i/i^*)$。

因为时间序列 k、r、ri 不平稳，可对之进行协整检验，下面对样本组：k、r、ri 分别采用迹检验和最大特征值检验。检验的样本区间为 1999M01～2007M03(adjusted)，结果如表 9 所示。

表 9

FDI、汇率、利率间的协整关系检验

Unrestricted Cointegration Rank Test(Trace)；滞后=9				
H0：协整个数	特征值	迹统计量	5%极值	概　率
None*	0.109876	29.98655	29.79707	0.0475
A most 1	0.034975	7.056844	15.49471	0.5710
A most 2	0.000220	0.043314	3.841466	0.8351
Unrestricted Cointegration Rank Test(Maximum Eigenvalue)；滞后=9				
H0：协整个数	特征值	迹统计量	5%极值	概　率
None*	0.109876	22.92970	21.13162	0.0276
A most 1	0.034975	7.013529	14.26460	0.4876
A most 2	0.000220	0.043314	3.841466	0.8351

* 代表在 5%显著性水平拒绝原假设。

根据协整检验结果，中国的 FDI、人民币汇率、人民币与美元相对利率三者间存在一个协整关系。下面就这一协整关系用误差修正模型进行分析，分析时可将平稳时间序列相对产出 ry 作为外生变量。

下面仅将误差修正模型结果中的误差修正项列于表 10。

表 10

FDI、汇率、利率间协整方程的误差修正项

Sample(adjusted)：1990M04 2007M03，滞后期(1,2)			
	−0.00303×[fdi(−1)−1.19811×r(−1)+1.14499×ri(−1)+5.3547]		
t 值	[−1.4768]	[−3.77521]	[0.58139]

汇率变动对 FDI 的短期影响可根据误差修正模型的误差修正项进行分析。根据表 10,二期滞后的误差修正项表明,FDI、汇率、利率间具有收敛的协整关系,但不十分显著(t 值=[−1.4768]);汇率贬值在短期内能显著导致 FDI 增加(t 值=[−3.77521]),汇率对 FDI 的短期弹性较大(1.19811),但向均衡回归的速度则相当缓慢(−0.00303)。本币相对利率变动对 FDI 的影响不显著。这说明,从汇率的 FDI 传导途径来看,汇率贬值的当期就能导致资本流入,但这一过程是向均衡的回归。汇率贬值从 FDI 途径具有引致通货膨胀的趋势,这从另一方面说明中国的 FDI 是成本主导型的,人民币汇率的升值将会导致长期资本外流。

对于汇率变动对 FDI 的长期影响,误差修正模型各期滞后项的 t 检验结果表明,汇率变动对 FDI 的长期影响不显著(表略)。所以,汇率变动对长期资本流动的影响是短期的,长期效应不明显。

(4) 中国外汇储备变动对货币供应量的影响估计。中国外汇储备由 2001 年年初的 2 121.65亿美元急增到 2007 年 3 月的 12 020 亿美元(见表 11),位居世界第一。与国家巨额外汇储备增加相对应的是,外汇占款已成为基础货币投放的主渠道(根据表 11,外汇储备的数量基本上等于外汇占款的数量)。外汇占款逐年增加,外汇占款余额占基础货币的比重由 2001 年 1 月的 47%上升到 2005 年 6 月的 90%以上,这势必形成物价上涨的压力。为保持人民币币值稳定和防范通货膨胀,中国人民银行多次实施货币冲销政策,试图将外汇储备增加的通货膨胀效应降到最低。

表 11

2001 年以来中国外汇储备和货币发行的变动情况

时　期	2001M12	2002M12	2003M12	2004M12	2005M12	2006M12	2007M03
外汇储备(亿美元)	2 121.65	2 864.07	4 032.51	6 099.32	8 188.72	10 663.44	12 020.31
货币和准货币(亿元)	152 888.50	183 246.94	219 226.81	250 802.79	296 040.13	345 577.91	364 104.66
外汇占款(亿元)	17 856.43	23 223.34	34 846.92	52 592.64	71 211.12	98 980.27	107 747.79

为了冲销外汇占款导致的基础货币快速增长,中央银行在 2002 年 9 月开始发行央行票据这一新的货币政策工具。一方面,随着冲销规模的增大,央行逆回购的压力也进一步加大,央行的冲销政策面临巨大的压力,央行票据发行疲于应对票据兑付的局面,使其对货币流动性的调节力度明显受限。另一方面,国际市场对人民币升值的预期仍然非常强烈,在金融经济一体化的形势下,一旦人民币升值显现出可能的迹象,在短时间内将有数额庞大的境外热钱涌入,所以今后一个时期对冲外汇占款的压力可能更甚于以前年度。

可见随着中国外汇储备的增加,外汇占款数量不断增大,由于央行冲销能力有限,基础货币的投放必然增长,加上货币乘数效应,中国的货币供应量就会大幅增长。

(三) 人民币汇率变动的通货膨胀风险预测

1. 通货膨胀风险以及各引致指标的设定

所谓通货膨胀率,实际上也就是物价指数。一般来说,各国用以计算通货膨胀率的物价指数主要有消费物价指数(CPI)、零售物价指数(RPI)、批发物价指数(WPI)、生产价格指数(PPI)以及国内生产总值缩减指数(IPD)等五种。其中以 IPD 反映的范围最广泛,内容最全面。但由于计算 IPD 的工作量很大,统计数字发表较滞后,所以西方国家一般都把数字发表较为及时的价格指数作为反映通货膨胀的主要指标,并以消费者价格指数的应用较为常见。

与汇率传递风险过程相联系,本报告选取消费物价指数(CPI)和进口价格指数(PPI)作为通货膨胀风险的衡量指标。考虑到中国居民的价格承受能力,假定当消费者价格指数月上涨 0.5%时(年通货膨胀率 6%),通货膨胀风险发生(此时 y=1,其他时候 P=0);当生产者价格指数月上涨 0.5%时(年通货膨胀率 6%),通货膨胀风险发生(此时 y=1,其他时候 P=0)。

对于引致指标的选择,本报告在前文实证分析的基础上选择人民币名义汇率 R①、货币存量 M(货币+准货币)、世界消费价格指数 WCPI、进口占工业增加值比重 a,进口价格指数 PIM。

由于因变量是增长率时间序列,所以自变量除指标 a 外,所有其他时间序列换算成增长率时间序列。样本区间为 1990M01～2007M03。

2. 汇率变动的通货膨胀风险测量结果

(1) 汇率变动的国内消费价格风险的测度。本报告先用消费者价格指数变动率 GCPI(月度数据)来衡量通货膨胀风险,以名义汇率 GR 的变动率为主要自变量,加入进出口价格指数变动率 GPIM(以工业化国家出口价格指数替代)、货币变动率 GM、进口比重 a 作为调整变量。

对于消费者价格(GCPI) Logit 模型和 Probit 模型,都采用牛顿插值法估计,得出人民币名义汇率对消费价格风险发生的系数估计值为 1.02566 和 0.851477②,该系数的大小与发生风险的概率成正比,但 t 检验表明人民币名义汇率变动引致通货膨胀风险非常不显著,说明人民币汇率变动基本上不是通货膨胀高于 6%的原因。从表 12 和表 13 来看,最能引致中国通货膨胀风险的是世界消费价格指数(WCPI),其系数大且显著,这可能表明世界商品价格通过进口传递国际通货膨胀风险。从方向上来看,人民币升值可能会导致通货膨胀风险的下降,贬值引起通货膨胀风险增加。

表 12

人民币汇率变动引致消费价格风险的估计(Logit)

	Coefficient	Std. Error	t-value	t-prob	
C	−1.51687	0.5468	−2.77	0.006	mean(GCPI)
GR	1.02566	8.057	0.127	0.899	=0.412621
GM	5.37005	5.967	0.900	0.369	Chi^2=28.722
a	0.0200825	0.05023	0.400	0.690	[0.0000]* *
WCPI	123.340	30.88	3.99	0.000	

① 这里用名义汇率而不用实际有效汇率的原因主要有:一是名义汇率便于观察和控制;二是实际汇率与名义汇率的关系为:$q=R_{jt}P^{*}/P$,实际汇率中同时包含了名义汇率和价格指数两个变量,所以在模型中要么同时引入价格指数和名义汇率,要么引入实际汇率而不要再引入价格指数,否则存在冗余变量和多重共线性问题。

② 这里用的是增长率水平值回归,增长率水平值序列在平稳性上与总量值的一阶差分值序列相似,所以根据前面的平稳性检验可知,这里的样本序列都是平稳的。

表 13

人民币汇率变动引致消费价格风险的估计(Probit)

	Coefficient	Std. Error	t-value	t-prob	
C	−0.913858	0.3267	−2.80	0.006	mean(GCPI)
GR	0.851477	4.366	0.195	0.846	=0.412621
GM	3.09701	3.517	0.881	0.380	Chi^2=34.855
a	0.0110758	0.03037	0.365	0.716	[0.0000] * *
WCPI	73.0172	17.97	4.06	0.000	

(2) 汇率变动的进口价格风险测度。现在以进口价格指数变动率 GPIM(月度数据)来衡量汇率变动传递通货膨胀的风险。同样以名义汇率 GR 的变动率为主要自变量,加入世界初级产品价格指数变动率 WPPI 为调整变量。Logit 模型和 Probit 模型估计结果,如表 14 所示。由于这里的进口价格指数是以美元度量的,所以人民币名义汇率前的估计系数的符号为负。两模型估计结果表明,人民币名义汇率变动对引致进口价格指数高于 6%的通货膨胀率风险的系数较大,也不很显著,但比对消费价格的影响要显著得多。世界原材料价格引致进口价格的风险较显著,但引致系数相对较小。

表 14

人民币汇率变动引致进口价格风险的估计

Logit 模型	Coefficient	Std. Error	t-value	t-prob	
C	−0.396625	0.1474	−2.69	0.008	mean(GCPI)
GR	−49.7542	38.27	−1.30	0.195	=0.409756
GWPPI	8.51850	3.752	2.27	0.024	Chi^2=9.5869 [0.0083] * *
Probit 模型	Coefficient	Std. Error	t-value	t-prob	
C	−0.243588	0.09063	−2.69	0.008	mean(GCPI)
GR	−22.0984	18.42	−1.20	0.232	=0.409756
GWPPI	5.29231	2.294	2.31	0.022	Chi^2=15.872 [0.0012] * *

(3) 近期人民币汇率变动引致通货膨胀风险可能性及其程度指数估计。表 15 根据 Logit 模型和 Probit 模型计量结果初步估计了近期人民币汇率引致通货膨胀的程度和概率大小,其中概率大小用零假设显著性水平的相反数估计。根据表 15,1990 年 1 月至 2007 年 3 月间。人民币汇率变动从价格传递途径引起通货膨胀风险的可能性仅 10%~15%,说明人民币汇率变动基本上不能从价格传递途径引起通货膨胀风险。这主要是因为,2005 年 7 月以前中国实行固定汇率制度,2005 年 7 月之后虽然实行盯住一篮子汇率制度,但人民币汇率变动幅度并不大,且人民币不断升值,升值则是抑制国内通货膨胀。从货币传递途径来看,人民币汇率变动引起通货膨胀风险的可能性为 62%~63%,说明人民币汇率低估导致外汇储备增加很可能通过货币途径导致通货膨胀风险。虽然人民币汇率变动引起通货膨胀的风险不明显,但人民

表 15

人民币汇率变动引致通货膨胀风险指数

估计模型	价格传导途径		货币传导途径		进口价格风险	
	影响程度指数	风险可能性指数	影响程度指数	风险可能性指数	影响程度指数	风险可能性指数
Logit 估计	1.02566	10%	5.37005	63%	49.7542	80%
Probit 估计	0.851477	15%	3.09701	62%	22.0984	77%

币汇率变动对进口价格的风险则较显著,可能性达 77%~80%,且其影响程度系数远大于汇率变动对通货膨胀的影响系数。

实证得出,目前人民币汇率变动带来严重通货膨胀风险的可能性很小。其原因:一是人民币汇率小幅变动(渐近升值)基本上不传递给进口商品价格;二是目前人民币变动对通货膨胀影响的两种主要机制作用方向相反,使人民币汇率变动的通货膨胀风险相互抵销。但是一旦人民币升值压力消失,人民币汇率变动的两种传递机制对通货膨胀的影响方向就是一致的,从而可能使人民币汇率变动对通货膨胀的风险加大。

四、基于人民币汇率变动的通货膨胀风险管理

根据本报告的研究结论,汇率与通货膨胀风险的管理思路应该是:一是控制和管理汇率与通货膨胀风险本身,这主要是改革当前的汇率制度和调整当前的汇率水平,控制外汇储备增长的通货膨胀风险;二是从汇率传递风险的途径和传递途径上的各种影响因素进行管理和控制。

(一)从汇率与通货膨胀本身进行风险控制的建议和措施

1. 人民币汇率制度改革及变动幅度管理

目前,人民币升值压力源于汇率制度的不灵活,不灵活的汇率制度造成的汇率对均衡的长期偏离导致外汇供给过多,从而产生潜在的通货膨胀风险。因此,解决中国汇率变动导致物价水平变动最为有效的措施是深化人民币汇率制度改革。而汇率制度改革的主要内容有两项:一是逐步放开对资本项目的管制,实现资本自由流动和人民币完全可自由兑换;二是逐步扩大人民币汇率的浮动区间,最终实行完全由市场供求关系决定的浮动汇率制度。

(1) 逐步放开对资本项目的管制,实现资本自由流动。中国将成为世界经济大国,经济政策的选择应该以国内均衡为重,实行浮动汇率制度,增强货币政策的独立性将是汇率制度改革的方向。实行浮动汇率制度,资本账户也要达到一定的开放程度。在一个非常"浮动"的汇率制度下,要关闭资本账户是不可能的,汇率制度改革必须和资本项目放开相协调。中国的经常项目已经实现了自由流动,资本项目的自由流动只是一个时间表的问题。资本流动的放开可以增大外汇需求,降低外汇储备增加的压力。中国外汇储备增长的一个主要原因是外汇管制。截至 2007 年 3 月,中国外汇储备数量已经超过 1.2 万亿美元,过多的外汇储备不仅造成资源的浪费,而且造成通货膨胀压力。而造成外汇储备增长的原因除了经济基本面外,结售汇制度以及中国的贸易政策也是主要原因。从长期来看,取消结售汇制度是必然的选择。此外,可以允许企业在国外持有外币账户,这样可以缓解外汇储备迅速增长的压力。

(2) 逐步扩大人民币汇率的浮动区间,最终实行浮动汇率制度。中国过去的盯住美元汇率制度是造成汇率偏离均衡,从而影响通货膨胀的最主要原因。当外部经济出现不平衡、人民

币汇率面临升值或贬值的压力时，在盯住美元汇率制度下，政府有必要采取措施维持汇率的稳定。在这种情况下，贸易顺差和资本项目顺差的必然结果是外汇储备增加；在不冲销的条件下，外汇储备的增加必然导致通货膨胀。即使冲销，但限于多方面的原因造成的冲销不完全，也将造成潜在的通货膨胀压力。例如，目前中国大量的外汇储备造成汇率升值预期，升值预期又进一步导致资本大量流入，大量流入的外资投向房地产，导致房地产价格上涨从而导致通货膨胀并可能累积全面的经济金融风险。但在完全浮动汇率制下，汇率不均衡的唯一结果仅是汇率变动。这样，外部经济失衡到通货膨胀的传导就会被阻塞。

我们应该采用何种方式扩大人民币汇率浮动区间呢？目前，大家认同的路径主要是逐步扩大汇率浮动范围，逼近汇率均衡水平之后再完全放松浮动区间。这样一方面，我们可以避免当前因无法确定汇率均衡水平而可能产生汇率超调的风险；另一方面，汇率小幅变动基本上不传递给商品价格，这样就可减少汇率变动对进出口和通货膨胀的冲击。例如，在当前在人民币升值压力下，首先可以选择给人民币汇率上下5%的浮动区间。如果汇率是低估的，经济运行的结果可能是汇率很快升值5%。经过一段时间的观察，我们确信中国的经济运行已适应了这一升值，再给汇率一个更大的浮动区间。与之相反，当经济面临贬值压力时，就从贬值一侧出发逐渐扩大汇率浮动空间。因此，逐步放大汇率浮动区间是一种渐进稳妥的汇率制度改革方案。

2. 通货膨胀率管理

通货膨胀率是控制汇率变动对通货膨胀风险的目标变量。通货膨胀率管理主要是控制通货膨胀率，稳定物价水平。

(1) 实行稳定通货膨胀的货币财政政策。中国作为一个大国，其经济政策应该以国内均衡为重，稳定国内通货膨胀率应该成为财政货币政策的首要目标。目前，在存在人民币升值压力的环境下，中国的通货膨胀率有上升扩大之趋势，虽然国内通货膨胀有利于部分缓解人民币升值压力，但是适当地保持人民币汇率低估和维持低的通货膨胀，有利于增强人民币信心，有利于人民币逐渐成为国际货币。20世纪60～70年代，德国马克之所以成为国际货币，一方面与德国的经济实力有关，另一方面与德国长期坚持稳定通货膨胀的货币政策是分不开的。

(2) 重新构建新的价格指数。反映通货膨胀率的价格指数有消费价格指数、生产价格指数、进口价格指数等等，但这些价格指数的变动并非一致。例如，中国最近一轮的通货膨胀中，原材料、燃料物价上涨较大，但是消费者价格指数却仍然处于低位，不同价格指数的走势出现了背离。中国当前的消费者价格指数不能很好地反映当前的物价走势。指数编制过程中存在的种种缺陷导致中国的价格指数存在低估的可能，其主要原因是包括房地产在内的服务业权数过低，而食品的权数过高，中国的通货膨胀水平可能被低估了。因此，制定新的价格指数，如消费价格指数时，对于能敏感反应国内经济状况冷热的房地产业应该给予更高的比重，否则消费价格指数不能准确反应经济过热现象，从而不便于及时采取稳定经济发展的措施。

(3) 加强对各物价指数的统计和监测，确定通货膨胀的原因。对各物价指数的及时有效的统计是控制通货膨胀的前提。政府应当关注原料、燃料、动力价格指数、生产者价格指数，批发物价指数，消费者价格指数等与通货膨胀相关的指数变动情况。如果各物价指数出现背离，如原料、燃料价格上涨，而消费者价格没有发生变动，就说明这是供给推动的通货膨胀，通货膨胀可能并不是由于汇率变动造成的，所以，我们还应当对汇率、货币供应量等宏观变量进行分析，以确定通货膨胀产生的原因。

(4) 建立通货膨胀风险预警系统。通货膨胀预警系统相当于生活中的晴雨表,预先告诉我们通货膨胀发生的可能性,藉此采取适当的预防措施。

(二) 从风险传递途径进行风险控制的建议和措施

汇率变动对通货膨胀的传递主要有两条途径:价格传递和货币传递。如果对人民币汇率变动以及升值压力的调控没有做好,另一保护措施就是对两个传递机制的传递程度的监控。下面我们从汇率变动的价格传递机制和货币传递机制两个方面讨论防控汇率变动通货膨胀风险的对策。

1. 对价格传递机制的监控

价格传递机制的主要环节在于汇率变动对进口价格的传递以及进口价格对于国内价格的传递。

(1) 对进口价格传递弹性的调控措施。进口价格的传递弹性受进出口供求弹性、厂商市场垄断程度、关税壁垒等多种因素的影响。一般来讲,如果一国出口供给弹性大,则本国出口价格较少受汇率变动的影响;如果一国进口需求弹性大,则本国进口价格也较少受汇率变动的影响。实际上,在这两种情况下,该国在进出口中处于垄断地位,在国际贸易中较主动。各种有关自由贸易的措施,如关税和贸易壁垒、跨国公司对市场占有率的重视、跨国公司的资源战略、汇率变动的幅度等等都将减小汇率的传递弹性,从而使汇率变动对进口价格的影响减小,也会使汇率对国内价格的影响减小。因此政府可以根据需要,从宏观上采取相应的措施影响汇率的进口价格传递来达到相应的目的。

(2) 对国内价格传递弹性的调控措施。影响汇率对国内价格传递的因素也很多,如进口比重、进口商品与国内商品的替代程度、国内企业的技术改进措施、国内的货币政策等等都能影响汇率的国内价格传递弹性。对国内价格传递弹性的调控措施就是要尽量使汇率的传递弹性减小。当然,有些措施并不适合采用,如通过降低进口比重可以减小汇率传递弹性,但这不是好的策略,好的措施就是推动企业技术进步,加强管理。例如,在当前人民币汇率不断升值的情况下,进口原料所占比重大的企业的生产成本下降,如果产品是国内销售当然会使企业利润上升;如果产品是出口的,则会面临更低的出口价格,这时企业更需要降低生产成本。此时,最好的方法当然是企业能通过技术进步以抵销汇率升值导致的国内生产成本部分相对价格的增加。这样,一方面减小汇率升值对进出口的冲击,另一方面减小汇率变动对通货膨胀的影响。

2. 对货币传递机制的监控

对于货币传递机制来说,汇率变动对外汇储备的影响、外汇储备对货币供给的影响以及货币供应量与物价之间的关系是三个主要的环节。如何控制这三个环节的传递效率,将影响到汇率传递风险的大小。

(1) 对外汇储备的监控。这些年来,中国经常项目和资本项目同时存在双顺差,外汇储备急剧增加。与国家巨额外汇储备相对应的是,外汇占款逐年增加,对基础货币投放的影响逐年放大,外汇占款的平均增长速度超过货币供给增长速度1倍以上。

中国国际收支顺差主要原因在于贸易顺差以及FDI的流入。近几年,由于人民币存在升值压力,热钱流入量对顺差的贡献比较大。国际收支顺差直接导致外汇储备的增加,而外汇储备的增加,一方面增加了人民币升值的压力,另一方面对通货膨胀也产生压力。所以,我们也应该从贸易、FDI、热钱流入,以及外汇储备的需求方面进行调控,同时对外汇制度进行改革。

(2) 对货币供应量的监控。2000 年以来,中国的国际收支一直保持较大幅度的顺差。为保持人民币币值稳定和防范通货膨胀,中国人民银行多次实施货币冲销政策,试图将外汇储备增加的通货膨胀效应降到最低。但是经常性的冲销也带来不少问题,如国内利率的上升、外资的进一步流入、冲销压力持续增大、冲销成本的增加等,因此从长期来看,冲销政策是不可维持的。货币冲销只是当前抑制通货膨胀的重要政策工具。行政干预或许能产生立竿见影的效果,但会扭曲市场供求规律和市场配置。货币冲销作为市场化较高的政策,能有效控制外汇储备增加的通货膨胀效应,是当前的主要政策工具。但是,单一的货币冲销政策无可避免地存在各种负面影响,因此,我们要尽量避免使用单一化的冲销政策。为避免过度使用单一冲销方式可能带来的负面效应,可考虑采用多种政策进行综合冲销,如增大票据发行力度,在票据期限、发行方式等方面进行创新;通过对各类票据的组合管理,提高货币政策的操作效率,降低货币对冲成本;下调法定准备金率,使央行票据对金融机构更加具有吸引力,同时也可降低冲销成本。

执笔人:赵大平

(本报告部分选自:① 上海立信会计学院中国立信风险管理研究院开放课题《人民币汇率波动与中国通货膨胀风险研究》,课题负责人:陈浪南。② 上海立信会计学院中国立信风险管理研究院开放课题《人民币汇率波动与中国通货膨胀风险研究》,课题负责人:黄燕芬。)

参考文献

1. 毕玉江,朱钟棣. 人民币汇率变动对中国商品出口价格的传递效应. 世界经济,2007(5)

2. 陈彪如. 人民币汇率研究. 上海:华东师范大学出版社,1992

3. 戴祖祥. 中国贸易收支的弹性分析:1981~1995. 经济研究,1997(7)

4. 何新华,吴海英,刘仕国. 人民币汇率调整对中国宏观经济的影响. 世界经济,2003(11)

5. 李建伟,余明. 人民币有效汇率的波动及对中国经济增长的影响. 世界经济,2003(11)

6. 厉以宁等著. 中国对外经济与国际收支研究. 国际文化出版公司,1991

7. 马宇. 人民币汇率对出口价格传递率的实证分析:以家电行业出口为例. 经济科学,2007(1)

8. 柳建光,李子奈. 关于投资乘数及边际消费倾向计算方法的讨论. 统计研究,2006(12)

9. 施建淮,余海丰. 人民币均衡汇率与汇率失调:1991~2004. 经济研究,2005(4)

10. 谢建国,陈漓高. 人民币汇率与贸易收支:协整研究与冲击分解. 世界经济,2002(9)

11. 殷德生. 中国贸易收支的汇率弹性与收入弹性. 世界经济研究,2004(11)

12. 钟伟,胡松明,代慧君. 人民币J曲线效应的经验分析. 世界经济,2001(1)

13. Bahmani-Oskooee M., Brooks T. J.. Bilateral J-curve between U.S. and her trading partners. Weltwirtschaftliches Archiv, 1999(135)

14. Engle R. F., Granger C. W. J.. Cointegration and error correction: representation and testing. Econometrica, 1987,55(3)

15. Feinberg. R. M.. The effects of foreign exchange movements on U. S. domestic prices. Review of Economics and Statistics, 1989, 71

16. Giovanni P. Olivei. Exchange rates and the prices of manufacturing products imported into the United States. New England Economic Review. First Quarter, 2002

17. Granger C. W. J.. Investigating causal relationship by econometric model and cross-spectral models. Econometrica, 1969, 37(11)

18. Jayant Menon. Exchange rate pass-through[J]. Journal of Economic Surveys, 1995, 9(2)

19. Jayant Menon. The degree and determinants of exchange rate pass-through: market structure, non-tariff barriers and multinational corporations[J]. Economic Journal, 1996, 106(435)

20. Jonathan McCarthy. Pass-through of exchange rates and import prices to domestic inflation in some industrialized economies. Research Department Federal Reserve Bank of New York, September, 2000

21. Khim-sen Liew, Kian-ping Lim and Huzaimia Hussain. Exchange rate and trade balance relationship: the experience of Asian countries. International Trade , 2003(7)

22. Lars E. O. Svensson, Assaf Razin. The Terms of Trade and the Current Account: The Harberger-Laursen-Metzler Effect. The Journal of Political Economy, 1983, 91(1)

23. Melo Jaime de, Sherman Robinson. Product differentiation and trade dependence of the domestic price system in computable general equilibrium trade models. Amsterdam: North-Holland, 1985

24. Robert M. Feinberg. The effects of foreign exchange movements on U. S. domestic prices. The Review of Economics and Statistics, 1989, 71(3)

25. Stephen P. Magee. Currency Contracts, Pass-Through, and Devaluation, Brookings Papers on Economic Activity, 1973 (1)

26. Sophocles N. Brissimis and Theodora S. Kosma. Market conduct, price interdependence and exchange rate pass-through. Working paper series: No. 51 December, 2006

27. Teame Ghirmay, Richard Grabowski. Exports, invesment, efficiency and economics growth in LDC: an empirical investigation. Applied Economics, 2001(33)

能源安全风险研究

一、中国宏观经济运行与能源安全基本情况

(一) 中国的宏观经济运行与能源消费

1. 中国的经济增长与能源消费弹性和能源消费强度

能源消费强度和能源消费弹性系数是两个较为常用的反映能源消费和经济增长关系的指标。一些经济学家在分析世界经济近200年来的发展过程时发现，能源消费强度和能源消费弹性系数的变动趋势呈倒"U"形变动，如图1所示，它们的变化趋势是与工业化进程紧密联系的。能源消费弹性系数是指当经济增1%时能源消费增长的比率，反映了能源消费和经济增长之间的增量关系。能源消费强度又称单位国内生产总值能耗，它的倒数反映了能源经济效率。

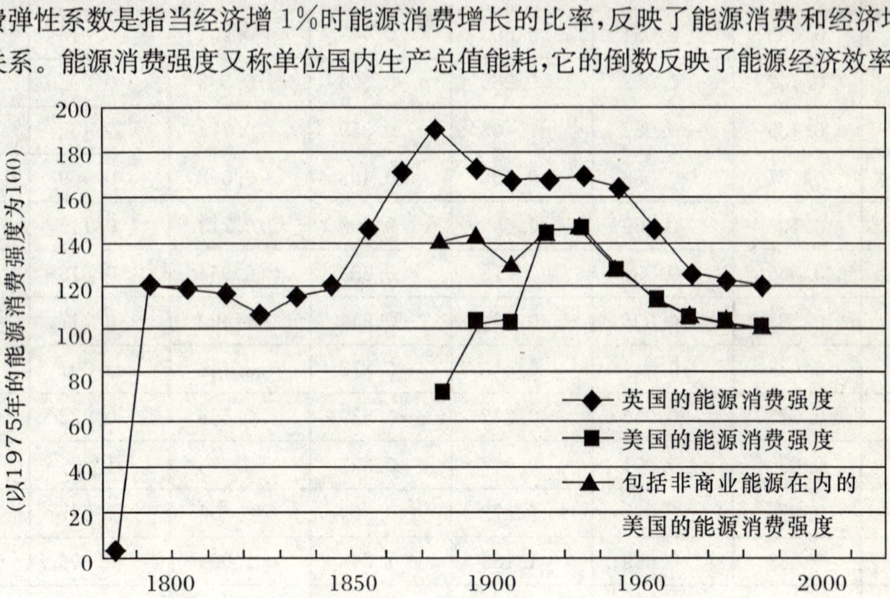

图1　英国和美国自1800年以来能源消费强度变化趋势①

表1计算了中国自1981～2005年各年的*GDP*、能源消费增长速度以及总能源、煤炭、石油、天然气、电力消费弹性系数。根据表1，可以发现自改革开放以来中国经济除1989年和1990年的增长速度在4%左右以外，其他各年均保持高速增长。1982～2005年这24年间的平均增长速度达到9.75%左右，而同期能耗平均增长速度为5.4%左右，1997年和1998年甚至出现负增长。中国的能源消费弹性在这期间的变动可以分为两个阶段：第一阶段自1982～2001年，这一阶段经济的高位增长和能源的低速增长使得中国的能源消费弹性在总体水平上比较低，平均为0.4左右，在1997～1999年之间甚至出现负增长；第二阶段自2002～2005年，

---

① 资料来源：史丹. 中国是如何以较低的能源消费实现高速经济增长的. 中国能源，2002(11)

表 1

1981～2005 年中国能源消费弹性系数①

年　份	GDP 增长速度	能源消费增长速度	能源消费弹性系数	煤炭消费弹性系数	石油消费弹性系数	天然气消费弹性系数	电力消费弹性系数
1982	0.090	0.044	0.489	0.649	−0.148	−0.752	0.661
1983	0.109	0.064	0.588	0.654	0.174	0.197	0.668
1984	0.152	0.074	0.485	0.590	0.212	0.485	0.485
1985	0.135	0.081	0.605	0.658	0.467	−0.064	0.668
1986	0.089	0.054	0.613	0.613	0.683	1.154	1.067
1987	0.116	0.072	0.618	0.667	0.510	−0.187	0.917
1988	0.113	0.073	0.652	0.652	0.652	0.652	0.857
1989	0.041	0.042	1.041	1.008	1.192	1.041	1.793
1990	0.038	0.018	0.476	0.511	−0.301	0.476	1.624
1991	0.092	0.051	0.560	0.545	0.904	0.015	1.001
1992	0.142	0.052	0.365	0.326	0.537	−0.005	0.810
1993	0.135	0.062	0.463	0.359	0.778	0.463	0.818
1994	0.127	0.058	0.459	0.493	0.092	0.459	0.782
1995	0.105	0.069	0.655	0.600	0.713	0.119	0.784
1996	0.096	0.059	0.618	0.633	0.934	0.618	0.771
1997	0.088	−0.008	−0.094	−0.544	1.402	−0.717	0.547
1998	0.078	−0.041	−0.518	−0.878	0.143	3.091	0.356
1999	0.071	−0.016	−0.222	−0.539	0.868	−0.222	0.853
2000	0.080	0.001	0.017	−0.333	0.773	1.725	1.185
2001	0.075	0.035	0.473	0.305	0.304	1.577	1.150
2002	0.083	0.099	1.189	1.248	1.009	0.796	1.398
2003	0.095	0.153	1.614	1.986	0.970	1.984	1.741
2004	0.095	0.152	1.604	1.622	1.604	1.155	1.505
2005	0.102	0.990	0.970	1.112	0.341	2.212	1.320
1981～1985	0.121	0.066	0.543	0.635	0.205	0.028	0.610
1986～1990	0.076	0.051	0.671	0.689	0.549	0.361	1.107
1991～1995	0.127	0.060	0.474	0.433	0.523	0.258	0.800
1996～2000	0.079	−0.016	−0.201	−0.573	0.805	0.859	0.726
2001～2005	0.090	0.285	1.170	1.255	0.846	1.545	1.423

① 如无特别说明,本报告数据均根据历年《中国统计年鉴》和《中国能源统计年鉴》计算得出。

这4年中国的能源消费弹性系数分别为1.189、1.614、1.604和0.970，远高于前期水平。

从表1中，我们还可以看到煤炭消费弹性系数的变化同能源总量变化趋势基本相同且数值相近，电力消费弹性系数总体较高，1982～2004年平均值为0.63，但其变化趋势也与前两者大致相同。天然气与石油消费弹性系数总体趋势增长，但变动幅度较大，1998年天然气的消费弹性高达3.091，1999年降到－0.222，这说明两者的消费量不稳定。但自2002年以来，各类能源消费增长趋势趋同，消费系数在1左右。

一般来说，发展中国家能源消费弹性系数比较高，大于或接近1；发达国家一般不超过0.5，个别国家甚至会出现负弹性系数。表1同时展示了中国自1981年起5年间各指标的平均增长值，我们可以明显看出能源弹性系数受到能源消费增速的影响。在"六五"、"七五"和"八五"期间，中国平均能源消费弹性系数分别为0.543、0.671及0.474，说明能源需求一半靠开源，一半靠节能。"十五"期间，平均能源消费弹性系数骤然上升到1.170，出现历史新高，相当于日本20世纪60～70年代的水平，初步暴露了中国经济增长粗放的弊端。

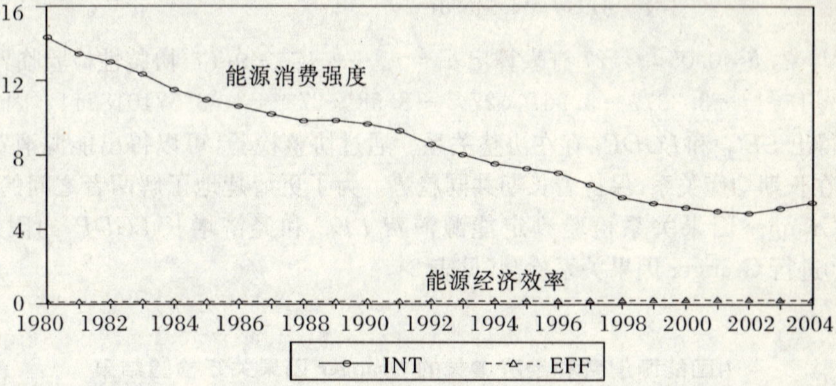

图2 1980～2004年中国能源消费强度及能源经济效率变化

图2显示了中国自1980～2004年能源消费强度及能源经济效率变化趋势。从图2可以看出，中国能源强度自改革开放以来持续下降，自1980年的14.349万tce/亿元下降到2002年的4.87万tce/亿元，降幅达66.03%，这是产业结构调整、节能技术进步、管理水平提高以及体制创新的结果。2003年和2004年的能源消费强度分别是5.13万tce/亿元、5.44万tce/亿元，较2002年略有上升。

2. 中国能源消费和经济增长的协整性和因果关系分析（史丹，2002；钱永坤等，2003；马超群等，2004；张宗成，2004）

下面我们采用协整检验和Granger因果关系分析的方法，对中国能源消费和经济增长的长期趋势和因果关系进行研究。

为消除异方差的影响和数据的剧烈变动，我们对能源消费量序列和实际*GDP*序列分别取对数，记为*LEC*和*LGDP*，利用EVIEWS5.1采用ADF检验法对*LEC*和*LGDP*序列进行单位根检验，检验中的滞后阶数通过AIC定阶准则确定。检验结果表明在5%的显著水平下，序列*LEC*和*LGDP*的ADF检验值大于临界值，因此可以判定序列*LEC*和*LGDP*是非平稳的。再对序列*LEC*和*LGDP*的差分序列*LEC*和*LGDP*进行单位根检验，滞后阶数以AIC定阶准则确定。在5%的显著水平下，序列*LEC*和*LGDP*的ADF检验值小于临界值，可以判定序列*LEC*和*LGDP*是平稳的，因此*LEC*和*LGDP*均为一阶单整序列。

建立 LEC 和 $LGDP$ 之间的协整方程，通过 OLS 回归得到两者之间的协整回归方程为：

$$LEC_t = 6.998639 + 0.481717 LGDP_t \quad (1)$$

$$(43.05432) \qquad (27.85716)$$

$$R^2 = 0.968790$$

非均衡误差为：

$$E_t = LEC_t - 6.998639 - 0.481717 LGDP_t$$

对残差进行 AEG 检验，根据 AIC 准则，滞后阶数取 1，AEG 回归式如下：

$$\Delta E_t = -0.304367 E_{t-1} + 1.033678 \Delta E_{t-1} \quad (2)$$

$$(-4.548981) \qquad (8.792309)$$

$$R^2 = 0.776796$$

$$AEG = -4.548981$$

根据 $N=2$，$\alpha=0.05$，$t=27$ 查表算出 $C_\alpha = \phi_\infty + \phi_1 T^{-1} + \phi_2 T^{-2}$ 协整性检验临界 $C_{0.05} = \phi_\infty + \phi_1 T^{-1} + \phi_2 T^{-2} = -3.3377 - 5.967 \times 27^{-1} - 8.98 \times 27^{-2} = -3.571018244$。因此，$AEG < C_{0.05}$，可以得出 LEC_t 和 $LGDP_t$ 存在协整关系。通过协整检验，可以得出能源消费总量与实际 GDP 存在长期均衡关系，保持着长期共同趋势。为了更清楚地了解两者之间的因果关系，本节运用 Granger 因果关系检验判定能源消费 LEC 和经济增长 $LGDP$ 的因果关系，用 LISREL5.0进行 Granger 因果关系检验(见表 2)。

表 2

中国能源消费和经济增长的 Granger 因果关系检验结果

原假设 H_0	F 统计量	P 值
LEC 不是 *LGDP* 的因	0.05127	0.95015
LGDP 不是 *LEC* 的因	6.59504	0.00631

由检验结果可以看出，在 1%的显著水平上，可以拒绝"*LGDP* 不是 *LEC* 的原因"的原假设，接受"*LGDP* 是 *LEC* 的原因"这个结论。通过 Granger 因果关系检验，得出实际 GDP 对能源消费存在单向的因果关系，即经济增长拉动能源消费，而能源消费对经济增长的影响却不明显。

3. 中国经济增长对能源的需求(韩智勇等，2004a)

下面我们根据模型(1)的结果来预测中国经济增长对能源需求的长期变化，并建立误差修正模型，反映中国经济增长对能源需求的短期变化。①

(1) 经济增长对能源需求的长期模型。长期模型(1)反映出实际 GDP 每上升 1 个百分点，能源消费上升 0.481717 个百分点。这一模型表明，从 1978～2004 年长期来看，中国能源消费弹性系数基本上处于 0.481717 的水平，而实际中国在此期间的能源消费弹性系数为

① GDP 折算成 1978 年可比价格。

0.519211，与预测值相差不大，说明本模型较精确地模拟了现实能源经济系统。根据国家统计局国民经济核算司司长许宪春①预测，“十一五”（2006～2010 年）期间，中国 GDP 年均增长率将达到 8.5%左右；“十二五”（2010～2015 年）期间，GDP 年均增长率将达到 8%左右；“十三五”（2016～2020 年）期间，GDP 年均增长率将达到 7%左右。根据长期模型（1），我们可以估计出“十一五”、“十二五”、“十三五”能源消费年均增长率，结果列于表 3。

表 3

中国长期能源消费增长率估计值

阶　　段	“十一五”	“十二五”	“十三五”
能源消费年均增长率	4.09%	3.85%	3.37%

（2）经济增长对能源需求的短期模型。首先，建立误差修正模型的标准形式，通过 OLS 回归得到误差修正模型为：

$$\Delta LEC_t = 0.541542\Delta LGDP_t - 0.130573E_{t-1} \qquad (3)$$

$$(6.620532) \qquad (0.3244)$$

$$R^2 = 0.218116 \qquad D.W. = 0.438738$$

根据模型（3）的 $D.W.$ 值可判断，模型存在自相关。为消除自相关，在模型（3）中加入 ΔLEC_t 和 $\Delta LGDP_t$ 的滞后一期变量，同时把误差修正项改为滞后两期，通过 OLS 回归得到新的误差修正模型为：

$$\Delta LEC_t = 0.566831\Delta LGDP_t - 0.298097E_{t-2} + 0.728534\Delta LEC_{t-1} - 0.400433\Delta LGDP_{t-1} \qquad (4)$$

$$(3.607485) \qquad (-4.320346) \qquad (6.040314) \qquad (-2.320184)$$

$$R^2 = 0.822657$$

然后，用 EVIEWS 5.1 对该模型进行自相关性检验，从检验结果可以看出，模型（4）不再存在一阶或二阶自相关。并且模型（4）各项系数均通过了 t 检验，且拟合优度较高，因此，模型（4）是一个较合适的误差修正模型。从误差修正模型（4）可以看出，能源消费量的变动可分为两部分：一部分是短期变动，另一部分是长期均衡。所有作为解释变量的各差分项反映了各变量短期变动对能源消费量短期变动的影响。从各自变量的回归系数可以看出，对本期能源消费变动影响最大的是上一期能源消费变化，在其他自变量不变的条件下，上一期能源消费每增加 1 个百分点，本期能源消费会增加 0.728534 个百分点；其次是本期 GDP 变化，在其他自变量不变的条件下，本期 GDP 每增加 1 个百分点，本期能源消费会增加 0.566831 个百分点；最后是上一期 GDP 变化，在其他自变量不变的条件下，上一期 GDP 每增加 1 个百分点，本期能源消费会降低 0.4 个百分点。而误差修正项反映各变量间关系偏离长期均衡状态对短期变动的影响。误差修正项系数为－0.298097，说明了上两期 GDP 与能源消费的非均衡误差以 0.298097 的比率对本期的能源消费作出调整。上一期能源消费量变化、本期 GDP 的变化对本期的能源消费量变化有正向促进作用，而上一期 GDP 变化对本期的能源消费量变化起反向作用。

---

① 中国证券报. 许宪春预测 2020 年中国人均 GDP 逾 5 000 美元. www.xinhuanet.com，2005-11-18

比较长期模型(1)和短期模型(4)可以发现,两者反映的经济增长对能源需求的拉动程度是不同的。短期模型反映出经济增长对能源需求的拉动程度更大,主要是因为当前中国经济发展速度较快,工业化、城镇化加速发展,以及以汽车工业为龙头拉动了高能耗行业比重上升所造成的能源需求扩大。长期模型有利于反映能源需求的长期趋势,有利于中国制定中长期的能源发展计划;而短期模型有利于反映能源需求的短期变动。短期能源供应短缺对国民经济发展具有明显的制约性,因此,中国应注意能源需求的短期波动,把握其长期发展规律,加强能源供应管理,平衡能源供需矛盾,以确保国民经济的稳定增长。

4. 中国不同能源品种对经济增长贡献的关联分析

灰色关联分析是用灰关联顺序来描述因素间相关程度的方法,并强调了因素间相关程度的顺序。本节对中国"六五"、"七五"、"八五"、"九五"和"十五"各阶段的各能源品种消费量与国内生产总值进行灰色关联分析,可以得出各阶段能源品种消费量与国内生产总值的关联度,并按照关联度数值从大到小排序,结果列于表4。

表4

中国各经济发展阶段不同能源品种对经济增长贡献的关联度和关联序

阶段	关联度				关联序			
	煤炭	石油	天然气	水电	1	2	3	4
"六五"	0.776002	0.626166	0.586699	0.793484	水电	煤炭	石油	天然气
"七五"	0.675636	0.625701	0.504558	0.738956	水电	煤炭	石油	天然气
"八五"	0.618479	0.67616	0.575197	0.857807	水电	石油	煤炭	天然气
"九五"	0.618479	0.67616	0.575197	0.857807	石油	天然气	水电	煤炭
"十五"	0.658544	0.898654	0.733661	0.828744	石油	天然气	水电	煤炭

从表4我们可以看出,在不同的经济发展时期,不同能源品种对经济增长的关联度不同,具体表现为:

(1) 经济发展阶段不同,能源品种与国民经济的关联序也不同。"八五"以前,煤炭与国民经济的关系大于石油,"八五"及以后,石油与国民经济的关系超过煤炭。在"九五"和"十五"阶段,石油成为与国民经济关系最大的能源品种。

(2) 从量上来说,中国煤炭消费仍占主导,但自"九五"以来,煤炭与国民经济发展的关系相对于其他能源品种是最小的,这应该与单位煤炭所创造的经济效益低于其他能源品种有很大关系。尽管中国煤炭资源丰富,但其利用效率低,环境污染严重使之消费前景受到限制。

(3) "九五"以来,石油、天然气与国民经济关系最为密切,分别位居第一、第二位,说明了对优质、清洁能源的需求刚性,也说明单位优质能源的国民经济贡献度更大。

5. 中国经济结构变化的能源消费影响和能源消费强度影响

(1) 中国经济结构变化的能源消费影响(史丹,1999;路正南,1999)。我们以实际GDP、各产业比重 S_1、S_2、S_3、S_4、S_5 为自变量,分别以能源消费总量(EC)、煤炭消费量(CC)、石油消费量(OC)、天然气消费量(GC)和水电消费量(WEC)为因变量建立五个回归模型,以反映经济结构变化对能源消费总量及各能源品种消费量的影响。为了消除异方差的影响和数据的剧烈波动,对各变量取对数,分别记为 $LGDP$、LS_1、LS_2、LS_3、LS_4、LS_5、LEC、LCC、LOC、LGC、

LWEC,模型的基本形式如下:

$$LEC=C+\alpha LGDP+\beta_1 LS_1+\beta_2 LS_2+\beta_3 LS_3+\beta_4 LS_4+\beta_5 LS_5 \quad (5)$$

$$LCC=C+\alpha LGDP+\beta_1 LS_1+\beta_2 LS_2+\beta_3 LS_3+\beta_4 LS_4+\beta_5 LS_5 \quad (6)$$

$$LOC=C+\alpha LGDP+\beta_1 LS_1+\beta_2 LS_2+\beta_3 LS_3+\beta_4 LS_4+\beta_5 LS_5 \quad (7)$$

$$LGC=C+\alpha LGDP+\beta_1 LS_1+\beta_2 LS_2+\beta_3 LS_3+\beta_4 LS_4+\beta_5 LS_5 \quad (8)$$

$$LWEC=C+\alpha LGDP+\beta_1 LS_1+\beta_2 LS_2+\beta_3 LS_3+\beta_4 LS_4+\beta_5 LS_5 \quad (9)$$

利用EVIEWS 5.1,采用OLS回归进行参数估计,在显著性水平为30%的条件下,删除一些系数统计量不明显的解释变量后,各模型的回归结果列于表5。从表5可以看出,能源消费总量受工业比重影响最大,煤炭消费量受第一产业和工业比重的影响较大,石油消费量受工业比重影响最大。因此,工业比重上升,会明显增加能源消费量。

表5

中国经济结构变化对能源消费总量及各能源品种消费量影响模型回归结果

被解释变量	解释变量系数						R^2
	α	β_1	β_2	β_3	β_4	β_5	
LEC	0.661332	0.808686	1.019337	—	0.239753	0.218855	0.976651
LCC	0.665469	1.274982	1.108405	0.294444	0.392084	0.317892	0.95529
LOC	0.510611	−0.344282	1.223313	−0.42759	—	—	0.995339
LGC	0.193809	−1.409404	—	−0.809626	−0.321367	−0.207341	0.94099
LWEC	0.848245	—	−0.811867	—	−0.208006	−0.240337	0.994108

(2) 中国经济结构变化的能源消费强度影响(史丹,1999;韩智勇等,2004b)。我们对能源强度公式进行分解,以便找出能源强度变化的影响因素。

$$e=\frac{\sum_i E_i}{\sum_i Y_i}=\frac{\sum_i e_i Y_i}{\sum_i Y_i}=\sum_i e_i y_i \quad (i=1,2,3,4,5,6) \quad (10)$$

其中:E_i 表示第 i 部门的能耗总量,Y_i 表示第 i 部门的国内生产总值,e_i 表示第 i 部门的能源消耗强度,y_i 表示第 i 部门产值占GDP的比例。

由 $e=\sum_i e_i y_i$ 可以看出能源强度(不包含生活用能源)取决于各部门的能源强度以及国民经济的部门结构。

$$e^n=\sum_i e_i^n y_i^n=\sum_i e_i^0 y_i^0+\sum_i e_i^0(y_i^n-y_i^0)+\sum_i(e_i^n-e_i^0)y_i^n \quad (11)$$

$$(i=1,2,3,4,5,6;\ n=1981,1982,\cdots,2004)$$

其中:e^n 表示第 n 期GDP能耗强度,y_i^n 表示第 n 期 i 部门产值占GDP的比例,e_i^0 表示基期 i 部门的能耗强,y_i^0 表示基期 i 部门产值占GDP的比例。

根据进一步的分解,将各年能耗强度 e^n 分成三个部分:基数部分 $\sum_i e_i^0 y_i^0$、结构影响量 $\sum_i e_i^0(y_i^n-y_i^0)$ 表示第 n 年相对于基年产业结构变动所产生的能耗强度变化、效率影响量 $\sum_i(e_i^n-e_i^0)$

y_i^n 表示第 n 年相较于基年能源利用效率变动所产生的能耗强度变化。同时,通过 $\frac{\sum_i e_i^0(y_i^n - y_i^0)}{\sum_i e_i^n y_i^n - \sum_i e_i^0 y_i^0}$ 及 $\frac{\sum_i (e_i^n - e_i^0) y_i^n}{\sum_i e_i^n y_i^n - \sum_i e_i^0 y_i^0}$ 分别算出结构份额和效率份额,两者分别表示了相对于基期,第 n 年各部门比例变化和各部门能源利用效率变化对能源强度变化的贡献度。份额的绝对值表明对能耗强度变化的影响程度,正、负号表示结构和效率对能耗强度降低起的是正向还是反向作用。

表 6

1981～2005 年中国产业能耗强度变动分析表(以 1980 年为基期)

年　　份	1981	1982	1983	1984	1985
结构变动量	−0.29	−0.50	−0.61	−0.67	−0.47
效率变动量	−0.64	−0.84	−1.27	−1.95	−2.32
总变动量	−0.93	−1.35	−1.88	−2.62	−2.79
结构份额	0.31	0.37	0.33	0.26	0.17
效率份额	0.69	0.63	0.67	0.74	0.83
年　　份	1986	1987	1988	1989	1990
结构变动量	−0.44	−0.39	−0.17	−0.12	−0.10
效率变动量	−2.59	−2.98	−3.56	−3.52	−3.67
总变动量	−3.03	−3.37	−3.72	−3.64	−3.77
结构份额	0.14	0.12	0.05	0.03	0.03
效率份额	0.86	0.88	0.95	0.97	0.97
年　　份	1991	1992	1993	1994	1995
结构变动量	0.19	0.55	0.93	1.31	1.55
效率变动量	−4.28	−5.23	−6.09	−6.85	−7.27
总变动量	−4.08	−4.68	−5.16	−5.54	−5.72
结构份额	−0.05	−0.12	−0.18	−0.24	−0.27
效率份额	1.05	1.12	1.18	1.24	1.27
年　　份	1996	1997	1998	1999	2000
结构变动量	1.76	1.94	2.02	2.13	2.28
效率变动量	−7.77	−8.41	−9.02	−9.43	−9.79
总变动量	−6.00	−6.46	−7.00	−7.30	−7.50
结构份额	−0.29	−0.30	−0.29	−0.29	−0.30
效率份额	1.29	1.30	1.29	1.29	1.30
年　　份	2001	2002	2003	2004	2005
结构变动量	2.37	2.47	2.66	2.84	2.17
效率变动量	−10.05	−10.25	−10.26	−10.17	−9.86
总变动量	−7.68	−7.78	−7.60	−7.33	−7.69
结构份额	−0.31	−0.32	−0.35	−0.39	−0.28
效率份额	1.31	1.32	1.35	1.39	1.28

从表6结构份额和效率份额的比较中可以看到，自1980年以来，效率对能源强度降低的贡献一直远大于结构的贡献，驱动并主导着能耗强度降低，这说明自1980年以来中国能耗强度的下降主要是能源使用技术的进步等所引起的效率提高的结果。结构份额的变化可分为两个阶段:阶段一是1981～1990年，这一阶段的数值为正但绝对值呈下降趋势，说明部门间结构的调整有利于能耗强度的降低，但这一影响程度越来越小；阶段二是1991～2005年，这一阶段的数值为负且绝对值呈上升趋势，2005年又开始下降，说明部门结构调整不利于能耗强度降低，且影响程度呈扩大之势。从能耗强度总量变动的数值来看，除1989、2003、2004年这3年的绝对值小于上一年，其他各年的绝对值均逐年递增。2003年和2004年较上一年结构变动量分别增加0.19和0.18，效率变动量分别出现增加0.01和减少0.09的现象，结构变动量大于效率变动量，由于结构变动份额为负、结构变动量为正将促使能耗强度增加，因此，近年出现的能耗强度上升的现象是由于结构变动提升能耗的部分大于效率变动减少能耗的部分所致。

通过以上分析，我们得出如下基本结论。首先，2002年以来，中国能源消费弹性和能源消费强度均表现出大幅提高，初步暴露了中国经济增长粗放的弊端；其次，在中国，实际GDP对能源消费存在单向的因果关系，即经济增长拉动能源消费，而能源消费对经济增长的影响却不明显；第三，与长期相比，短期内经济增长对能源需求的拉动程度更大；第四，目前中国煤炭消费仍占主导，但自“九五”以来，煤炭与国民经济发展的关系相对于其他能源品种是最小的，而石油、天然气与国民经济发展的关系最为密切，分别位居第一、第二位，这充分说明了对优质、清洁能源的需求刚性，也说明单位优质能源对国民经济贡献度更大；第五，中国能源消费总量受工业比重影响最大；最后，中国能源利用效率提高对能源强度降低的贡献一直远大于结构的贡献，驱动并主导着能耗强度降低，这说明中国能耗强度的下降主要是能源使用技术的进步等所引起的效率提高的结果。

(二) 现阶段中国能源安全基本态势

现阶段中国能源安全基本态势主要表现为以下几方面。

1. 资源约束明显，供需矛盾突出

能源资源是社会经济发展的物质基础，能源的供需状况与社会经济的发展相互影响、相互制约，能源的供需状况在很大程度上又受制于能源资源条件。由于能源需求刚性和能源供给的有限性并存，中国能源供需矛盾日益突出，具体表现在供需总量不平衡和供需结构不平衡两个方面，其中结构性矛盾是能源供需矛盾的主要方面。

(1) 能源供需总量不平衡。1991年以前，中国经济发展的能源问题主要是消费不足，能源供需的总体形势是消费小于供给。1992年以后，能源消费总量开始超过一次能源生产总量(见图3)，中国由能源出口国转变为进口国，能源供需缺口经历了“扩大—收缩”这样一个过程，2000年达到历史最高点——20 452万吨标准煤。2005年，这一缺口收缩为17 251万吨标准煤，净进口量达到17 163.2万吨标准煤。当前虽然能源供需矛盾有所缓和，但受工业化进程不断向纵深发展的拉动，再加之能源资源储量的日益减少，能源供需矛盾在很长一段时间内将长期存在。据权威部门预测，2010年，中国能源需求总量将达到20.4亿～22.4亿吨标准煤，未来能源供需缺口将继续维持在1亿吨标准煤以上。受经济发展、能源投资等多种因素影响，能源生产和消费增长率呈交错上升趋势(见图4)，基本情况是消费大于生产之后往往伴随着能源生产的超前发展，反映了中国能源工业以需定产、发展滞后于经济的基本状况。此外，中国能源资源地区分布的不均衡，使得生产和消费错位，运输路线过长，资源优势和经济优势

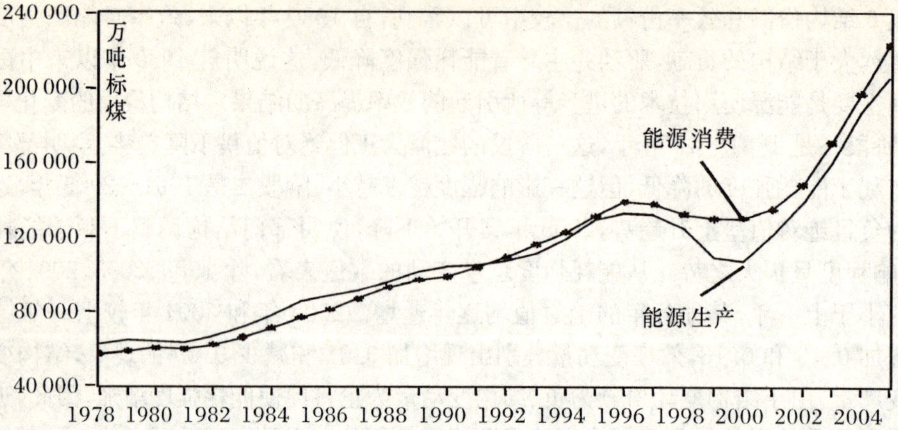

图 3　1978～2005 年中国能源生产和消费总量比较

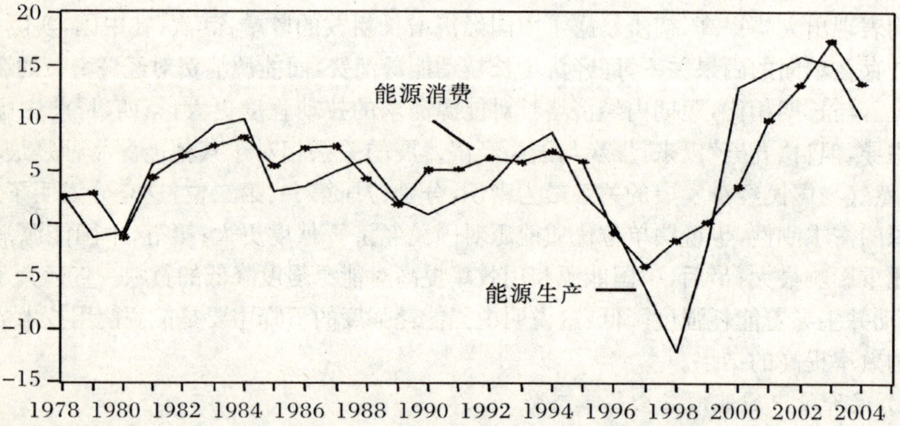

图 4　1978～2005 年中国能源生产和消费增长比较

难以互补,凸现了能源供需总量不平衡的区域矛盾。

(2) 能源结构性矛盾突出。自 20 世纪 90 年代初起,中国的能源安全形势就由供需失衡为主转化为结构性矛盾突出。结构性矛盾突出的最根本原因在于富煤、贫油、少气的能源资源条件不能满足中国能源消费结构的需求变化。

首先,优质能源需求膨胀,能源供应受制于人。与煤炭相比,石油和天然气污染小、效率高,是较为理想的优质能源。从中国 1980～2000 年的能源消费情况来看,石油消费总量在前 10 年和后 10 年的年均增长速度分别为 2.75%和 6.93%;与此同时,天然气消费总量年均增长速度分别为 0.82%和 4.86%。2000～2005 年间,石油和天然气的消费量年均增长速度迅速上升至 5.70%和 30.08%。由此可见,中国优质能源需求增长强势。从能源进口方面来看,自从 1993 年中国转变为石油净进口国以来,石油进口量从 1995 年的 3 673.2 万吨一直上升到 2005 年的 17 163.2 万吨,增长了 3.67 倍,对外依存度从 1995 年的 22.86%上升到 2005 年的 42.9%,据预测,中国石油对外依存度将进一步提高(崔民选,2007)。所以,将中国的能源供应建立在国外的基础上,一旦发生能源危机、价格变动等不可预料事件,必将导致中国的能源供应受制于人。世界能源消费结构基本上都是以油、气为主,而中国是世界上为数不多的几个以煤为主的国家,煤炭消费比重畸高,严重背离了世界能源发展的趋势(见表

7)。从表 7 可见，中国优质能源消费比重，包括石油、天然气、水电和核电，皆低于美国、日本、经合组织国家等发达国家水平，同时也低于印度和世界平均水平。由此可见，中国优质能源消费的增长空间还很大，但其供给能力却相当有限。而用煤替代石油和天然气等清洁能源，必须通过深度加工的代价来开发洁净煤、洁净燃料新技术。从成本与收益的角度分析，在短期内也未能奏效。

表 7

中国和世界能源消费结构比较

单位：%

地区 国家	煤 炭	石 油	天然气	水 电	核 电
中国	67.9	23.4	2.5	5.4	0.8
美国	25.0	39.8	24.6	2.7	7.9
日本	22.2	49.3	13.6	4.5	10.3
经合组织国家	21.4	41.2	22.9	5.2	9.4
印度	53.7	32.8	7.8	4.5	1.2
世界平均	26.5	37.3	23.9	6.1	6.2

数据来源：煤炭工业洁净煤工程技术研究中心. 能源数据 2006 版. 北京：煤炭工业出版社

其次，电力作为优质、便捷的二次能源，消费稳步上升。图 5、图 6 显示了电力消费和 GDP 的增长速度、消费弹性系数比较。可以看出，2000 年以后，中国电力消费增长速度开始超过 GDP 增长，2005 年，GDP 增长速度为 10.24%，而电力消费则以 14.64%的速度快速增长，凸现电力消费强势于 GDP 增长的态势(见图 5)。相比总体能源消费增长情况，1989～2005 年间，除 2004 年外其他各年度的电力消费弹性系数均大于能源消费弹性系数(见图 6)，这再次说明中国电力消费增长趋势强劲。2006 年，中国电力供需大体平衡。而中国电力行业预测报告称，中国电力供需将从 2007 年起出现“短暂的过剩”局面，但很快“又会被新出现的电力短缺打破”。因此，电力短缺问题始终是中国电力供需面临的主要问题。

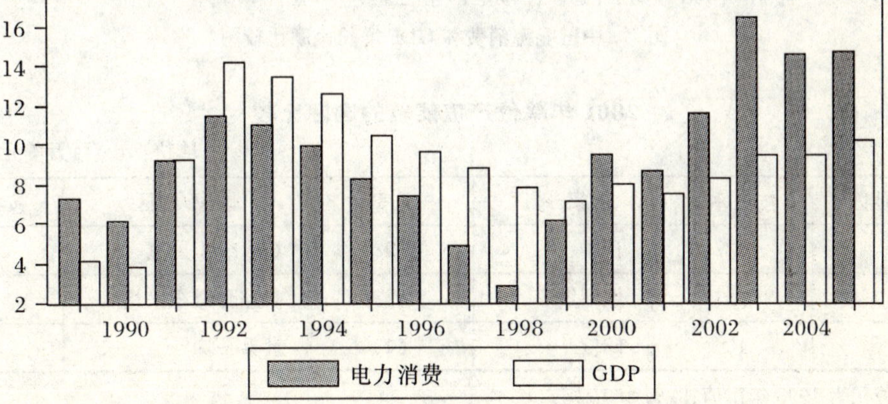

图 5 1989～2005 年中国电力消费和 GDP 增长速度

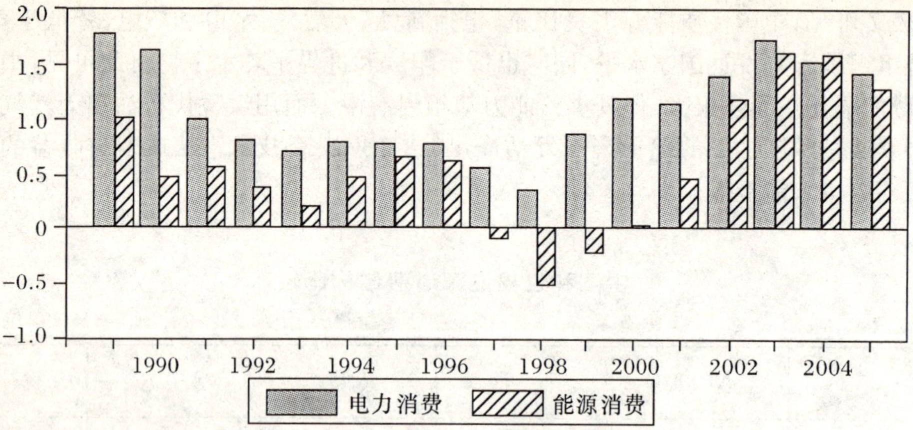

图 6　1989～2005 年中国电力消费和能源消费弹性系数比较

2. 能耗水平居高,能源效率偏低

长期以来,中国能源消耗的增长速度落后于 GDP 的增长速度,但自 2002 年以后,这种局面突然扭转,能源消耗迅猛增长,其增长速度远远快于 GDP 的增长速度(见图 7)。2005 年,中国能源消费总量达 223 319 万吨标准煤,约占世界能源消费总量的 11%,位居世界第二。与国际水平比较,2001 年,中国单位产值能耗达 827toe/百万美元 GDP(按汇率计),除了比俄罗斯低以外,分别是美国、欧盟、日本、印度、经合组织国家和世界平均水平的 3.27 倍、5.51 倍、8.99 倍、1.29 倍、4.33 倍和 3.14 倍(见表 8)。由此可见,中国能源强度大,能耗水平偏高的能源安全形势相当严峻。

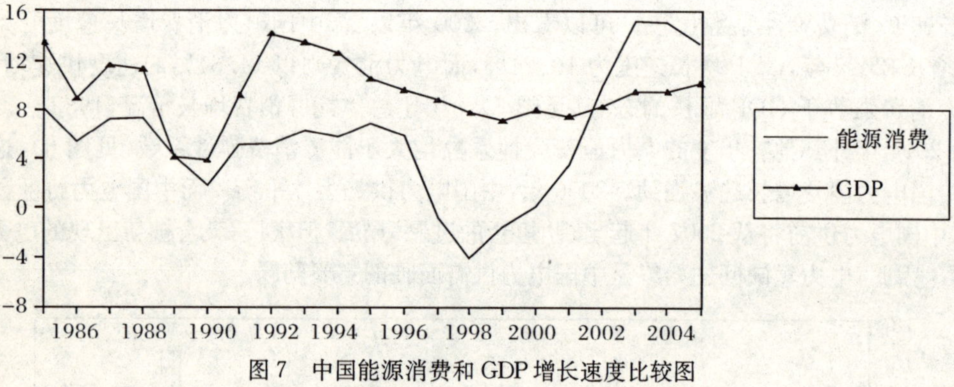

图 7　中国能源消费和 GDP 增长速度比较图

表 8

2001 年单位产值能耗的国际比较

单位：toe/百万美元 GDP

国家/地区	按汇率计	国家/地区	按汇率计	国家/地区	按汇率计
中国	827	日本	92	经合组织国家	191
美国	253	俄罗斯	1 626	非经合组织平均	558
欧盟	150	印度	643	世界平均	263

注：美元为 1995 年币值;欧盟为 15 国。

数据来源:煤炭工业洁净煤工程技术研究中心. 能源数据 2006 版. 北京:煤炭工业出版社

能源密集产品的高强度耗能是导致中国能耗水平居高的直接原因。由表10可见，中国的火电、钢铁、电解铝、水泥、炼油和乙烯生产的耗能量均比国际先进水平高出许多，这同时也说明了中国能源效率偏低的现状。能耗高、效率低还与中国的产业结构不合理有很大关系。按实际GDP(1978年可比价)计算，2004年，中国第一产业能耗水平为2.37万吨标准煤/亿元人民币，第二产业为5.13万吨标准煤/亿元人民币，第三产业为0.0008万吨标准煤/亿元人民币。较之美国、日本、其他发展中国家及世界平均水平，中国能耗高的第二产业比重大，而能耗水平低的第三产业所占比重较小(见表9)。

表9

2004年中外产业结构比较

单位：%

国　　家	第一产业	第二产业	第三产业
中国	12.95	45.65	40.16
美国	1.0	20.4	78.6
日本	1.3	30.4	68.3
发展中国家	11.6	35.0	53.4
世界平均	3.9	29.8	66.3

数据来源：国家统计局。

表10

1990～2003年几种能源密集产品能耗的国际比较

产　　品	1990年		2000年		2003年	
	中　国	国际先进	中　国	国际先进	中　国	国际先进
火电供电煤耗，gce/kw.h	427	322	392	316	381	312
钢可比能耗，kgce/t	997	629	789	646	726	
电解铝综合交流电耗，kw.h/t	16 223		15 480		1 5080	14 100
水泥综合能耗，kgce/t	201.1	122.6	181.0	125.7		
炼油综合能源，kgce/t	151	71.7	117	73	103.9 *	72.7
乙烯综合能耗，kgce/t	1 580	857	1212	714	889.8 *	629.0

注：国际先进是居世界先进水平的国家的平均水平；* 为中国石油化工集团公司指标。

数据来源：煤炭工业洁净煤工程技术研究中心.能源数据2006版.北京：煤炭工业出版社

3. 能源结构脆弱，环保压力剧增

能源消费结构取决于能源供给结构，能源供给结构又取决于能源资源的赋存状况。随着国民经济的发展和产业结构的调整，中国能源结构性矛盾突出，以煤为主的供给结构不能满足优质能源需求快速增长的消费结构。总体而言，中国能源结构的脆弱性体现在两个方面：一是供给结构弹性小，消费结构具有刚性，供给无法满足消费的高质量需求；二是以煤为主的消费结构导致生态环境日益脆弱。由于消费结构的刚性，生态环境恶化的压力将逐步增大，并直接影响到经济的健康发展以及人民生活的文明，由此能源结构的脆弱性蔓延至生态环境的脆弱。大气污染是目前世界各国面临的主要生态问题，中国排入大气中的85%的二氧化硫、70%的烟尘、85%的二氧化碳和60%的氮氧化物来自于煤的燃烧。从排放总量来看,2001年,中国的二氧化碳排放量占世界总排放量的13.48%,仅次于美国,已居世界第二位。与世界其他发达国家相比,中国二氧化碳的排放量分别是俄罗斯、日本、英国、韩国等国家的2.04倍、2.65倍、5.43倍和8.68倍,是发展中国家印度的3.02倍(见表11)。预测表明,到2025年前后,中国的二氧化碳排放总量很可能超过美国,居世界第一位。从排放强度来看,由于中国能源技术和设备相对落后,生产每单位GDP排放的温室气体量也相对较高。中国单位GDP(2000年可比价)所排放的二氧化碳在2000年达到2.6千克/美元,是世界平均水平的3.7倍,分别是日本、美国、英国、德国的13倍、4.3倍、6.5倍和6.5倍(见表12)。

表11

2001年世界CO_2排放量及燃煤排放比重

国　别	CO_2排放量,Mt-C	燃煤CO_2排放量,Mt-C	燃煤排放比重,%
美国	1 568	588.6	37.5
中国	868	688.0	80.0
俄罗斯	425	115.6	27.2
日本	327	108.0	33.0
印度	287	193.3	67.4
德国	236	91.8	38.9
英国	160	43.0	26.9
加拿大	142	33.2	23.3
韩国	100	46.4	39.0
意大利	109	14.5	12.2
世界总计	6 440	2 529.4	39.2

注:Mt-C为百万吨碳;碳排放量根据煤炭消费量和CO_2排放系数1.08t-C/toe(吨碳/吨油当量)计算。

数据来源:中国统计年鉴(2002).北京:中国统计出版社

表12

2000年世界各国单位GDP二氧化碳排放量比较

单位:千克/美元

	2000年		2000年
美国	0.6	德国	0.4
中国	2.6	英国	0.4
俄罗斯	5.5	加拿大	0.6
日本	0.2	韩国	0.8
印度	2.3	世界平均	0.7

数据来源:煤炭工业洁净煤工程技术研究中心.能源数据2002版.北京:煤炭工业出版社

4. 石油需求膨胀,国际形势严峻

石油是创造社会财富的关键因素。几乎所有国家都把石油安全置于能源战略的核心位置。2005 年,中国石油消费达 3.25 亿吨,预计到 2020 年,中国石油需求量将达到 4.5 亿～5 亿吨。与持续膨胀的石油需求相比,中国的原油供给能力几乎达到了极限。目前,中国剩余可采储量为 23.8 亿吨,储采比仅为 14.8,已开发油区的储采比只有 10.9。在这样的储采比配置下,中国原油稳产已处于临界状态,原油供需缺口将逐年加大,中国原油的生命线将越来越脆弱。石油需求膨胀导致中国能源安全面临重大国际风险,具体表现在:

(1) 国际油价变动,能源安全和经济安全风险增大。价格的剧烈变动是石油不安全的重要表现。在和平时期,由于石油生产国的内部博弈,供应中断的危险在逐步减少,价格变动所带来的能源危机却日益加强。20 世纪的油价变动呈现出明显的阶段性,并出现过多次油价暴跌暴涨的现象。20 世纪 50、60 年代油价低落,70 年代油价高涨,80 年代油价暴跌,90 年代油价基本保持平稳状态,21 世纪以来油价又开始飞涨。一般来说,油价的大幅变动通过影响石油的供需情况而对经济产生冲击。国际油价上涨对中国宏观经济的影响主要表现为:外汇支出增加、净出口减少,进而降低 GDP 增长率,并拉动物价上扬。据世界最大投资银行美林公司测算,以中国每天进口 200 万桶石油计算,如果国际油价每桶上涨 5 美元,外汇支出将增加 1 000万美元,而当每桶原油价格达到 33 美元以上,东亚地区的经济增长率将减少 0.5 个百分点。更为重要的是,石油价格持续上涨一旦引发了严重的通货膨胀,其结局将是经济的衰退和滞胀。因此,油价的变动对经济的冲击是显而易见的。

(2) 石油进口路线单一,国际形势严峻。目前,中国石油进口路线单一,主要是通过马六甲海峡和霍尔木兹海峡,不符合能源进口多样化的能源安全原则。2004 年,中国原油进口主要来源于中东和非洲,分别占 45.4%和 29%,俄罗斯、中亚及东南亚地区的进口总量只达到 14.4%(见图 8)。从进口路线来看,中国从中东和北非的进口石油都依赖海上运输,海上运输路线单一,85%以上要经过印度洋—马六甲海峡—南中国海航线,这条路线基本上是在美国的控制之下。从目前中国同大国之间的关系来看,美、日、俄等国在能源领域已对中国构成了较大牵制,中国利用国际能源的环境并不十分理想。中国近半数的进口原油来自中东,而美国不惜动用武力加强对中东地区的石油控制权,并且通过各种手段插手中国同中亚、俄罗斯的能源合作项目,阻挠中国能源外交顺利进行。

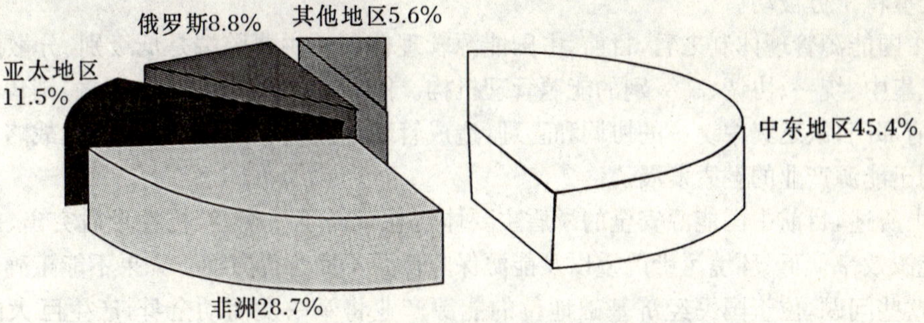

图 8 2004 年中国原油进口来源地及其结构份额

数据来源:崔民选. 2006 中国能源发展报告. 北京:社会科学文献出版社

(3) 石油对外依存度大,国际风险凸显。2005 年,中国石油对外依存度达到 42.9%,预计到 2020 年,中国石油对外依存度将超过 60%,超过美国目前 50%的水平。中国对海外石油依存度的增长受到国际石油产量不足及中国对外能源利益的强力维护手段不足等条件的严重制约,这将使中国在短期内无法化解和承受石油消费对外依存度持续扩大所带来的风险及资本支出。显然,中国在能源安全问题上面临着严峻的国际挑战。

5. 能源保障体系薄弱,能源管理体制不完善

能源可持续发展要求以提高效率、保护环境、稳定供给、持续发展为基本目标,建立稳定、经济、清洁、可靠、安全的综合能源保障体系。目前,中国的能源保障体系薄弱,主要表现在:其一,煤炭生产存在较大安全隐患;其二,电力基础建设投资失控,电力供需游走于“过剩—短缺”的怪圈之间;其三,能源技术落后,节能和环保意识不到位(见图 9),中国节能率低,且呈现急剧下降的趋势,提高效率的潜力还很大;其四,石油战略储备体系不完善,应对石油风险能力不足。

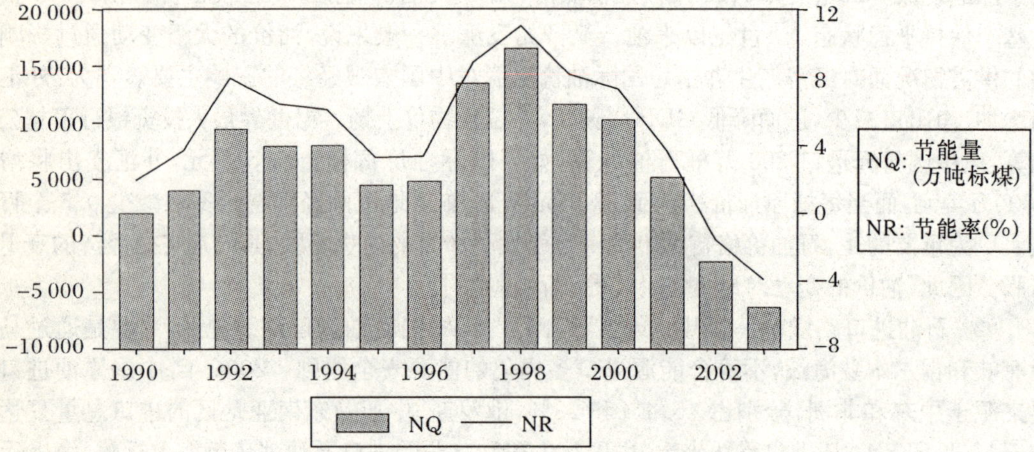

图 9　1990～2003 年中国节能效率及节能量

数据来源:倪建民. 国家能源安全报告. 北京:人民出版社,2005

石油战略储备体系是中国能源保障体系的重要组成部分。石油储备是稳定供求关系、平抑市场价格、应对突发事件、保障经济安全的有效手段。目前,中国的石油战略储备体系还十分落后,现有原油、成品油存储多属生产和流通的配套设施,难以发挥储备功能,一旦遇到突发事件,处境将十分被动。

从中国能源管理体制来看,目前,中国能源管理体制的主要弊端是低级别、分散的能源管理,缺乏集中、统一、协调、高级别的能源管理机构。能源勘探、开发、生产、运输、销售等环节分散在政府部门,缺乏集中统一的协调和管理,造成管理分散,职责不分,缺少长远战略和规划管理,不利于能源产业的健康发展。

综上所述,目前中国能源安全的矛盾主要体现在供需不平衡、结构性矛盾突出、能源结构脆弱、能源效率低下、环境污染严重以及能源保障体系不完善等方面。如果不能正确对待和有效解决这些问题,位于国民经济基础地位的能源产业将牵一发而动全身,产生巨大的波及效应,危及国家经济安全、政治安全和军事安全。

二、中国宏观经济运行中的能源安全风险识别

(一) 能源安全风险系统的建立

能源安全系统是一个涉及因素多、范围广、关系复杂的大系统。我们对能源安全态势的评价采用层次分析法。能源安全评价指标体系目标层为能源安全度,准则层中的元素即

关于能源安全目标与判断标准的各指标。这些指标是评价能源安全度的准则和措施。适当地确定各个指标的预警界限，是保证安全状态评价准确的基础。预警界限的作用是将各指标的观测值转换为安全状态评价值。为了合理地确定有关指标的预警界限，一般根据过去的实际情况、各个时期的经验和政策，并参考未来能源发展的目标等，进行综合考虑。我们这里将指标的安全状态划分为五个等级，即高度危险、危险、值得关注、安全和高度安全。确定与五个安全等级相对应的安全标准的关键是确定风险标准，也就是确定安全与值得关注两个状态的分界线。这个分界线若能准确确定，则其他安全等级的标准也就容易确定。将不同时期的能源安全状态评价结果依照时间顺序在坐标图上连续描述出来，可以反映能源安全的变动情况。

建立中国的能源经济安全预测预警系统，必须紧紧围绕构筑稳定、经济、清洁的能源供应体系的战略方针，统筹考虑能源信息、预测预警模型和反应机制。在完善能源信息体系的基础上，正确评价和预测能源运行状况和变化态势，及时作出有针对性的判断和反应。具体来说，建立能源经济安全预测预警系统主要包括如下内容：

一是建立完善的能源信息库。这是建立能源预测预警系统的基础。能源信息库的主要内容包括：煤炭、电力、油气以及新能源和可再生能源的建设、产量、消费、价格、进出口，高耗能行业和产品的生产和投资数据，宏观经济政策，能源发展政策，能源发展规划，节能和能效指标、主要能源指标的国际比较，能源法律法规。这里要根据中国的具体国情以及特定经济发展阶段面临的突出矛盾和问题对能源信息库中的具体内容特别是能源数据指标有所调整。

二是构建能源经济安全预测预警模型。以准确的统计调查资料为基础，借鉴国际能源机构以及美国、日本采用的能源预测模型，考虑到中国能源管理体制的变化，建立能够反映能源发展与经济发展之间的数量、速度、时间关系，能够进行短期和长期能源需求预测和能源运行预警的能源预测预警模型。模型的基本功能包括：能够满足短期和较长时期能源动态需求预测的具体需要；能够准确表述能源运行态势，及时发出问题警示；模型结构尽可能简单、实用；以国家官方统计为基础，以利于模型日后的完善和应用；能够对各国能源统计数据进行校核。要根据历史经验，考虑不同能源发展阶段的特征，合理确定各指标的预警界限和由预警界限所划分的安全状态和安全等级。

三是模型运行与应对措施提示。用选定的数据处理方法，通过多渠道的信息反馈系统，借助能源运行变动状态的警兆指标，对能源运行中出现的不平衡状态事先发出警告，开展调查研究，及时发现苗头性、倾向性问题，提出应对措施。为提高能源预测预警的准确性，要充分了解宏观经济运行情况，及时把握国家宏观经济政策和产业政策取向，广泛听取相关部门和专家的意见，最大限度地减少预测和预警误差。

进行能源经济安全预警研究主要有三个步骤，其方法是采用系统的观点进行分析：系统分析、系统设计和系统运行（见图 10）。在注重理论分析与方法研究的基础上，本报告对能源经济安全预警系统进行了初步分析，分为经济发展保证性指标（供应安全）、能源经济成本指标（经济安全）和可持续发展指标（环境与外交安全）。

能源经济安全的警源和警情作为一种深层机制隐含在社会经济活动中，是一个渐变的量化过程。我们只有把握住每次警情变动之前由警源产生的各种经济现象或者其扩散过程中的共生现象，并加以量化分析，进一步解释是否有警、何时爆发等问题，才能达到预警的目的。这

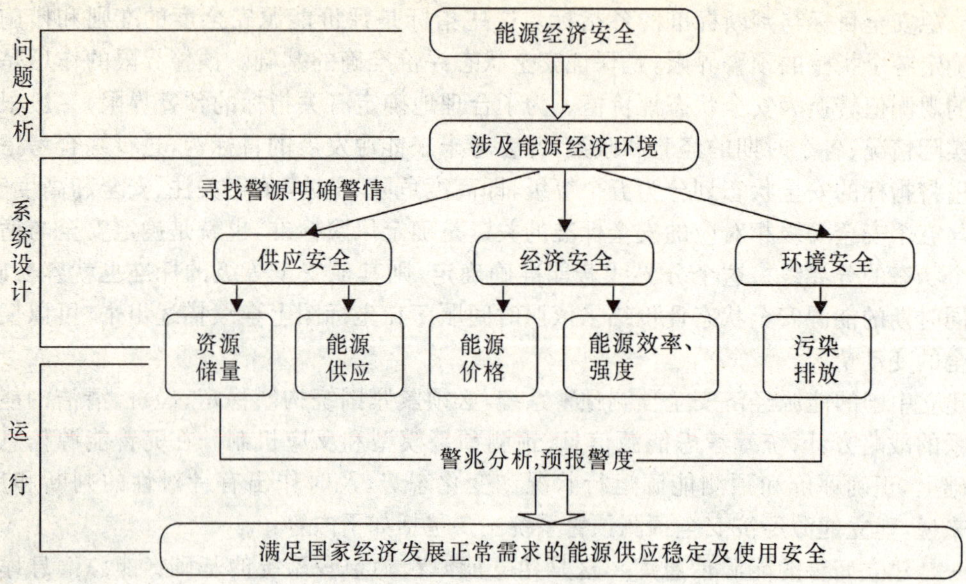

图 10 能源安全概念及构成风险体系示意图

些可以用数量来表示的经济现象,我们视之为警兆,用指标来表示就是风险指标。警兆是指能源供需关系和价格变动过程中大的变动和前兆,它是能源经济预警过程的关键环节,包含了警情的孕育、发展、扩大和爆发。警情在爆发之前必然有一定的先兆,即警兆。警兆分析的正确与否,关系到能源经济预警的正确与否。能源的供需变动和价格变化,一方面受其他因素的制约,另一方面又制约和影响其他因素,因此,能源经济预警系统是开放系统,其警兆的分析又是复杂的。不同的经济发展时期和环境,对能源供需变动变化的承受力是不同的,因而警兆的衡量是不同的。警兆的分析,既是警情的进一步研究,又是预报警度的开始。

构建中国能源风险安全指标系统可以成为建立预警模型的基础,因为,模型的自变量及其基本指标值来源于风险指标,而且通过风险指标,我们能够观察出今后一段时期内警情指标的变化方向、程度,同样可以达到预警的目的。在确定中国风险安全指标系统的过程中,我们遵循以下三个原则:

(1) 立足于现有统计指标及数据,即使用统一、公认的各种指标和以其为基础的变化量,以便于中间结果、最终结果的可比性。

(2) 对序列指标数据不能进行改动处理。虽然有的年份中有的数据不真实,或者有些年份属于特殊异常状况,但不能删除或修改。因为这不是一般的预测或时间动态的描述,我们突出的是"警",这种不正常状态正是我们要预测的。如某年的国民经济结构大调整,随之能源的供求平衡关系必然有所变动。那么,在此之前会有许多因素或经济指标早已出现明显的变动,我们研究的正是这种变动与能源供求关系的变化,所以不能对任何数据进行修改。

(3) 一种风险源可采取选择多个风险指标进行分析的方式,即扩散指标方式。这样不仅能详细地表现警源,还可以为风险指标建立时的筛选提供更多的选择。在扩散指标的基础上,进行综合指标分析更便于问题的分析和相关关系的考察。

根据以上原则和前文的研究分析,我们选择以下监测指标建立中国能源风险安全指标系统(见表 13)。

表 13

能源安全监测指标系统

<table>
<tr><th>目标层</th><th>约束层</th><th colspan="2">指标层</th></tr>
<tr><td rowspan="9">供应安全</td><td rowspan="2">资源储量</td><td>资源潜力</td><td>煤炭、石油、天然气</td></tr>
<tr><td>资源储采比</td><td>煤炭、石油、天然气</td></tr>
<tr><td rowspan="6">能源供应(主要以石油安全作为重点分析)</td><td rowspan="3">能源总量消费指标</td><td>能源消费弹性系数</td></tr>
<tr><td>非煤、油类能源消费比例</td></tr>
<tr><td>能源自给率</td></tr>
<tr><td rowspan="3">石油安全</td><td>石油进口风险指数(与外交有关)</td></tr>
<tr><td>石油对外依赖度</td></tr>
<tr><td>石油储备</td></tr>
<tr><td rowspan="3">经济安全</td><td>能源价格</td><td>一次性能源价格</td><td>煤炭、石油、天然气</td></tr>
<tr><td rowspan="2">能源效率</td><td>经济效率</td><td>能源经济效率</td></tr>
<tr><td>节能率</td><td>能源技术效率</td></tr>
<tr><td>环境安全</td><td>污染排放</td><td>煤炭、石油、天然气污染</td><td>二氧化碳、二氧化硫排放量</td></tr>
</table>

(二) 能源安全风险评价指标体系的建立

1. 能源安全风险评价指标

能源经济安全预警的实质就是对经济运行中将出现的"危险点"或"危险区"作出预计,发出警报,从而为宏观经济的管理、控制和决策提供依据。警兆或警情的严重程度,即"危险点"或"危险区"的危险程度就是宏观经济预警的警度。宏观经济预警的目标和最终结果是预报警度。这就要求在预警中,除了必须建立科学的预警指标体系、监测经济运行情况、及时发现警兆或警情外,更重要的是确定一个与预警指标体系相适应的合理测度。作为经济运行正常的衡量标准,这种合理测度在宏观经济预警中称为警限。

本文综合采用直接赋值、间接赋值和主观赋值三种赋值方法,即对指标赋值一方面通过资料综合对比,另一方面通过征求专家意见加以确定。根据能源安全的程度,按等差数列将评价指标分值分为 5 个等级(见表 14),即高度安全、安全、值得关注、危险和高度危险,或以 A 级、B 级、C 级、D 级和 E 级来表示。

假设在当前的能源生产与经济状况下,储采量与能源生产在短时间内不会出现大幅度变化。资源储量以及国际形势不会发生突变,而且中国作为发展中国家,二氧化碳的排放目前没有限制,因此,在预警时忽略处理。我们对其他能源安全风险评价指标的安全标准作如下设置:

(1) 能源自给率。当能源自给率为 1 时,代表国内的供给(生产)满足国内需求,即供需平衡,因此,自给率为 1 可作为划分安全与值得关注的界限。当自给率为 70%时,有 30%的国内需求得不到满足,此界限应视为划分值得关注与危险区的标准。当自给率下降到 50%时,意味着有 50%的供给为其他国家所控制,这是很危险的,因此,自给率 50%应作为划分高度危险与危险区的标准。当自给率为 130%时,占总需求 30%的生产量可供出口,即使资源出现结构性不协调也可满足国内需求，或者全部采油企业停产，也可满足一个季度的用煤需求。故自给率为 130%可作为划分高度安全与安全区的界限。

(2) 石油进口风险指数。石油进口风险指数与各地区的进口份额及各地区的进口风险系数有关，这是一项综合反映石油进口安全的指标。而各地区的进口份额比例(进口集中度)及风险系数和外交有间接关系，因此，外交、政治的间接影响力在这一指标中也体现出来了。按照 HHA 标准，这里 0 为高度安全状态，0.15 为安全状态，0.30 为值得注意状态，0.45 属于危险状态，0.60 则为高度危险状态。

(3) 对外依存度(包括石油进口依赖度)。当对外依存度为 0 时，表明本国的资源供给可全部满足本国的需要，因而资源的供给处于绝对的安全状态。在开放的经济条件下，通过国际市场购买一定数量的石油以满足本国的生产需要，仍可以保证国民经济的安全运营。而如果该种产品很大一部分需求依靠进口，则其安全程度就降低。如果绝大部分的资源需求依赖进口，那将是非常危险的。因此，我们选取对外依存度为 0、15%、25%、30%、50%分别作为划分高度安全、安全、值得关注、危险、高度危险的标准。当然，如果中国对资源供给国该种矿产的开发有一定的控制作用，或者该种矿产在国际市场上较易买到或供货来源较稳定，则对外依存度可适当放宽一些。

(4) 石油储备。国际能源机构(IEA)规定各成员国的应急石油储备的规模应不低于该国上年 90 天的石油净进口量，欧盟规定成员国必须保有相当于上一年度 90 天国内石油消费量的石油储备量。本文将 3 个月消费量作为战略石油储备度的安全点。截至 2005 年年底，中国尚没有战略性的石油储备库存，中国的战略石油储备属于基本空白。因此，该指标的安全等级处于高度危险水平。

(5) 其他各项指标以国家标准为主。如环境安全，以国家目前目标减排量作为基准向前后各推 2%。除此之外均以世界平均水平作为基本安全点向前后类推。

于是得到中国能源安全预警指标体系安全标准表(见表 14)。

表 14

中国能源安全预警指标体系安全标准表

二级指标	三级指标	高度安全	安　全	值得关注	危　险	高度危险
能源供应	能源消费弹性指数	0	0.4	0.8	1.2	1.6
	非煤、油能源比例	16	12	8	4	0
	能源自给率	1.3	1.0	0.7	0.5	0.3
能源价格	石油价格	20	40	60	70	90
石油安全	石油进口风险指数	0	0.15	0.3	0.45	0.6
	进口依赖度	0%	15%	25%	30%	50%
	石油储备	5 个月	4 个月	3 个月	2 个月	0
能源效率	能源技术效率	100%	80%	60%	40%	20%
	能源经济效率	0.82	0.67	0.52	0.37	0.22
环境安全	SO_2 排放减少百分比	4%	2%	0	−2%	−4%

2. 各指标权重的确定

权重的确定常用德尔菲(Delphi)法、模糊数学(Fuzzy)法和层次分析(AHP)法等。这里采用层次分析法,即通过专家咨询打分对能源安全的层次结构进行分析比较,分别构建判断矩阵,然后计算出能源安全各评价指标的权重。这里分为3个一级指标、5个二级指标以及10个小指标,可以运用层次分析法确定已知全年统计数据的能源安全风险。我们用数字1~9及其倒数作为标度来确定 a_{ij} 的值。表15列出了1~9标度的含义:

表15

能源安全各评价指标的权重

标　度	含　义
1	表示两个因素相比,具有相同重要性
3	表示两个因素相比,前者比后者稍重要
5	表示两个因素相比,前者比后者明显重要
7	表示两个因素相比,前者比后者强烈重要
9	表示两个因素相比,前者比后者极端重要
2、4、6、8	表示上述相邻判断的中间值
倒数	若因素 i 与因素 j 的重要性之比为 a_{ij},那么因素 j 与因素 i 重要性之比为 $a_{ji}=1/a_{ij}$

这里最重要的是确定5个二级指标的权重,然后运用模糊评价法确定能源安全风险。由于中国外汇储备一直在增加,故能源安全风险的因素相对于能源供应要小一点。尽管环境作为一个越来越受到重视的指标,但是相对于目前中国能源经济安全风险仍然占比较小,而且目前没有官方具体的统计数据,所以我们把它视为最小。得到结果如下:

$$\begin{pmatrix} 1 & 3 & 2 & 2 & 4 \\ 1/3 & 1 & 2/3 & 2/3 & 4/3 \\ 1/2 & 3/2 & 1 & 1 & 2 \\ 1/2 & 3/2 & 1 & 1 & 2 \\ 1/4 & 3/4 & 1/2 & 1/2 & 1 \end{pmatrix} \Rightarrow \begin{pmatrix} 12 \\ 4 \\ 6 \\ 6 \\ 3 \end{pmatrix} \Rightarrow \begin{pmatrix} 0.387 \\ 0.129 \\ 0.194 \\ 0.194 \\ 0.0968 \end{pmatrix}$$

根据同样的方法可以得到三级指标相对于二级指标总体权重,并且同时给出2005年所有风险指标的权重(见表16)。

表16

所有风险指标的权重

二级指标	三级指标	相对重要性	2004年	2005年	权　重
能源供应	能源消费弹性指数	2	1.59	0.97	0.1548
	非煤、油能源比例	2	9.6	10.1	0.1548
	能源自给率	1	0.925197	0.925843	0.0774
能源价格	石油价格		41.47	56.7	0.129
石油安全	石油进口风险指数	1	0.252063	0.262082	0.0388

(续表)

二级指标	三级指标	相对重要性	2004 年	2005 年	权　重
	进口依赖度	2	0.4498	0.47	0.0776
	石油储备	2	无	无	0.0776
能源效率	能源技术效率	1	70.71	71.08	0.097
	能源经济效率	1	0.3521	0.3534	0.097
环境安全	SO_2 排放减少百分比		0.128879	0.130604	0.0968

3. 模糊综合评价

模糊综合评价是采用折线分布隶属度函数作为各评价指标隶属度函数,依据能源安全对宏观经济运行风险性的影响因素分析,应用模糊识别理论构建中国能源安全风险性评价指标体系,并利用层次分析和多级模糊评价相结合的方法对中国能源安全风险进行综合评价。研究表明,该方法的评估结果符合实际情况,且简便可行,具有较强的实际应用性。

多级模糊综合评价得出的模糊评价矩阵表明能源风险性因素按 5 个等级评价所得结果的分布状况。采用线性加权平均模型计算能源安全风险性评价分值,从而确定能源安全风险性等级和概率(见表 17)。

$$F=A\cdot R=(a_1,a_2,\cdots,a_n)\begin{bmatrix}r_{11} & r_{12} & \cdots & r_{1m}\\ r_{21} & r_{22} & \cdots & r_{2m}\\ \vdots & \vdots & \vdots & \vdots\\ r_{n1} & r_{n2} & \cdots & r_{nm}\end{bmatrix}=(f_1,f_2,\cdots,f_m)$$

其中:F 表示影响能源安全风险性因素评价分值,R 表示各指标评价等级对应的隶属度函数得分。

表 17

2000～2005 年中国能源安全风险评估

年　份	2000	2001	2002	2003	2004	2005
高度安全	0.06321	0.0903	0.08901	0.05805	0	0
安全	0.411348	0.364086	0.27832	0.232654	0.30938	0.225074
值得关注	0.326422	0.201682	0.28738	0.207266	0.18762	0.36171
危险	0.12222	0.160244	0.14453	0.165798	0.109404	0.162986
高度危险	0.0776	0.184488	0.20156	0.337032	0.394396	0.25103
前两项和	0.474558	0.454386	0.36733	0.290704	0.30938	0.225074
后两项和	0.19982	0.344732	0.34609	0.50283	0.5038	0.414016
基本评价	安全	安全	值得关注	高度危险	高度危险	值得关注
总体评价	安全	安全	安全	危险	危险	危险

从表 17 可以看出,最近几年随着原油价格一路飚升,中国能源安全风险正在加强。但令人欣慰的是这一情况在 2005 年得到了缓解,只要政府的宏观经济政策以及各种方法措施得

当，仍然可以降低能源安全风险。

三、中国宏观经济运行中的能源安全风险的计量与评价

（一）中国能源安全风险预警系统 BP 网络模型的建立

我们利用 BP 网络首先要对能源安全值进行量化。根据能源安全的程度，本报告按等差数列将警兆指标分值分为五个等级，即高度安全、安全、值得关注、危险和高度危险。分值越大，安全程度就越高；分值越小，安全程度就越低。各单项指标安全标准的划分和评价见表 18。

表 18

中国能源安全风险预警系统安全值的量化

安全等级	高度安全	安　　全	值得关注	危　　险	高度危险
等级分值	9	7	5	3	1

为了提高模型的评价精度，我们在模糊综合评价的基础上建立了中国能源安全风险预警系统 BP 网络模型。采用前向三层 BP 网络结构设计能源安全预警系统，将输入量对应警兆指标，隐含层对应警情指标，输出对应警度。能源安全预警模式的输入层节点数由预警指标数确定，输出层节点数由警度划分的等级数确定（警度分为五级，高度安全、安全、值得关注、危险和高度危险），因此输出层节点数为 5。在大量的实验以及国内外前向三层 BP 网络应用实例归纳、分析的基础上，得出初定隐节点上限 L_k 的经验公式：

$$L_k \leqslant \sqrt{m(n+3)} + T$$

其中：L_k 表示隐藏节点数，m 表示输入层节点数，n 表示输出层节点数，T 表示样本数。

由上述公式可知隐节点上限为 13.7417，这里选择为 10。把警情指标看做是预警指标的“特征抽取器”，隐节点数的下限可定为警情指标的类数（见图 11）。

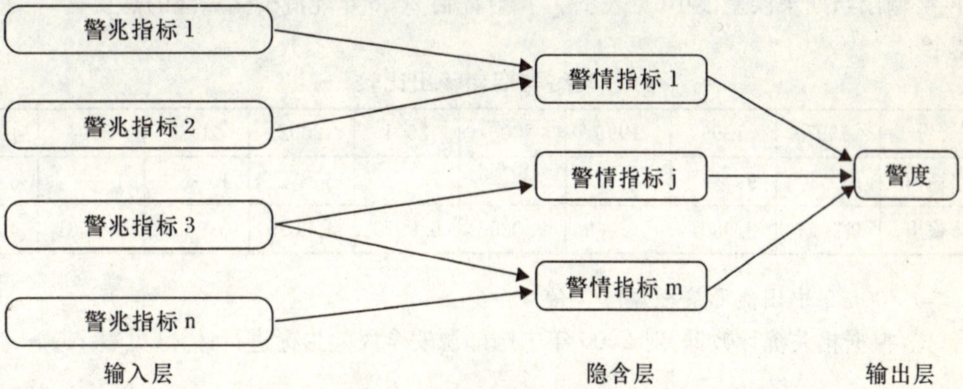

图 11　中国能源安全预警系统 BP 网络模型

训练数据组由多个训练样本组成。训练样本是一组输入输出数据。本报告把全部输入样本数据分为五个训练组，对应于高度安全、安全、值得关注、危险和高度危险五个警度级别，分别表示能源系统不同的经营状态，包括了能源系统全部有可能出现的运营情况。在设计训练数据组时，还要考虑可能出现的噪声，为了减少靠近边界处噪声造成网络的错误判断，要选用

较多的训练样本。考虑经验公式和实际可获得样本数量和质量，样本数越多越好。如果神经网络的算法选用S型函数作为传递函数，输入数据只能在0和1之间。所以，需要对能源安全预警指标进行转换。

能源安全预警系统的预警信号采用类似于一组交通管制信号红、黄、绿灯的标志，对能源安全系统高度安全、安全、值得关注、危险和高度危险的不同状态发出信号。报警输出设计为带有神经门处理器的BP网络，以保证BP网络按已有报警知识训练完成后输出布尔离散变量的报警信号。这里采用单输入单输出神经门。逻辑关系为：

$$If\ X<Y\ then\ 0\ else\ 1$$

其中：Y表示界定值，$0<Y<1$。

这里采用正向推理方法，即在训练完成后的BP网络上，将新的报警原始变量提交给输入层节点，按BP网络和神经门处理器结构依次处理，最后输出报警状态[0,0,…,(1)j,0,0,…]，待判决的报警是第J类品质。

将归一化后的10组指标值和安全度作为输入，与之对应的由因子得分确定的风险程度矩阵作为期望输出，导入Matalb的图形用户界面GUI(Graphical User Interfaces)，创建网络进行训练。主要训练参数设置如下(未提及的参数均采用默认值)：

(1) 训练函数：TRAINLM函数。它适用于中、小规模网络的函数拟合问题，收敛快、收敛误差小。

(2) 权值调节规则：LEARNGDM函数。采用动量梯度下降方法对权值和阈值进行调整。

(3) 网络层数：3。

(4) 性能函数：MSE函数，表示输出矢量与目标矢量之间的均方误差。

(5) 各层传递函数类型：['TANSIG'、'TANSIG'、'PURELIN']。

(6) 期望误差：£=0.0001。

我们根据1997～2005年间能源安全程度与各指标之间的关系以及在前面所制定的标准，得到网络输出与期望误差很小(见表19)，符合评估2006年能源安全风险的需要。

表19

网络与期望输出比较

年　份	1997	1998	1999	2000	2001	2002	2003	2004	2005
网络输出	9	9	5	7	7	5	1	1	5
期望输出	9.0077	8.9871	5.0009	7.0255	6.9979	4.9895	0.9038	1.1061	4.9738

(二) 2006年中国能源安全风险评估

首先，根据相关统计数据，对2006年中国能源安全风险指标进行计算(见表20)。

表20

2006年中国能源安全风险指标

二级指标	三级指标	2006年
能源供应	能源消费弹性指数	0.8690
	洁净能源比例	0.1103

（续表）

二级指标	三级指标	2006 年
能源供应	能源自给率	0.89837
能源价格	石油价格	64.2
石油安全	石油区域进口风险	0.266129
	进口依赖度	0.455
	石油储备	0.33
能源效率	能源技术效率	71.45
	能源经济效率	0.3452
环境安全	SO_2 排放减少百分比	−0.017494

然后，在上述网络训练的基础上，通过 Matlab 程序使用了多次 BP 网络，得到 2006 年能源安全预警度为安全(7.0379)的评估效果(见表 21)。

表 21

2006 年中国能源安全风险评估

指　标	2006 年	指　标	2006 年
1	8.2423	4	5.7642
2	7.1629	5	6.8397
3	7.1804	平均	7.0379

（三）2007、2008 年中国能源安全风险预测

传统的能源经济预警模型存在着难以处理高度非线性模型，克服缺少自适应能力，信息和知识获取的间接、费时、效率低等局限。下面正是基于这种考虑，在上述能源风险评估模型的基础上对 2007、2008 年中国能源安全风险进行短期、合理的预测。未来几年里的能源安全风险仍然取决于以上影响能源经济运行风险的各种因素。在这里采用合理的量化标准进行 2007、2008 年中国能源安全风险预测。表 22 列出了 2007、2008 年中国能源安全风险指标的预测值。

表 22

2007、2008 年各个指标值的参考基准

二级指标	三级指标	2007 年	2008 年	备　　注
能源供应	能源消费弹性指数	1.24	1.17	出自国家统计局核算司，施发启论文
	洁净能源比例	0.1158	0.1205	曲线插值，出自美国能源署
	能源自给率	0.8782	0.8602	国家能源“十一五”规划
能源价格	石油价格	68.15	72.10	采用国际专家预测值，曲线插值
石油安全	石油区域进口风险	0.2746	0.2831	通过历史数据实际模拟
	进口依赖度	0.4663	0.4775	曲线插值，到 2010 年达 50%

(续表)

二级指标	三级指标	2007 年	2008 年	备　　注
	石油储备	1	1	国家宏观战略目标
能源效率	能源技术效率	72.3375	73.225	曲线插值,历史数据实际模拟
	能源经济效率	0.3589	0.3726	2010 年单位 GDP 能耗降低 20%
环境安全	SO_2 排放减少百分比	0.08096	0.08809	国家能源"十一五"规划

通过我们建立的 BP 网络模型,运用 Matlab 编制能源安全风险预测程序可以得到 2007、2008 年中国能源安全风险预测值,见表 23。

表 23

2007、2008 年中国能源安全风险预测值

指　　标	2007 年	2008 年
1	3.3878	4.0696
2	3.2866	4.3308
3	5.3100	6.3254
4	3.4485	4.1027
5	3.8094	3.8982
平均	3.84846	4.54534

上面的评估预测报告显示,2007、2008 年能源安全风险预测值分别为 3.8 和 4.5,处于值得关注与危险之间,可以看出,未来 2 年的能源安全态势不容乐观。而且,中国的石油对外依存度急剧攀升并向 50%逼近,石油总的供求关系呈现不合理的显著趋势,使中国的整体能源安全状况正向危险区域逐步转化。图 12 为 1995~2008 年中国能源安全风险变化趋势图。

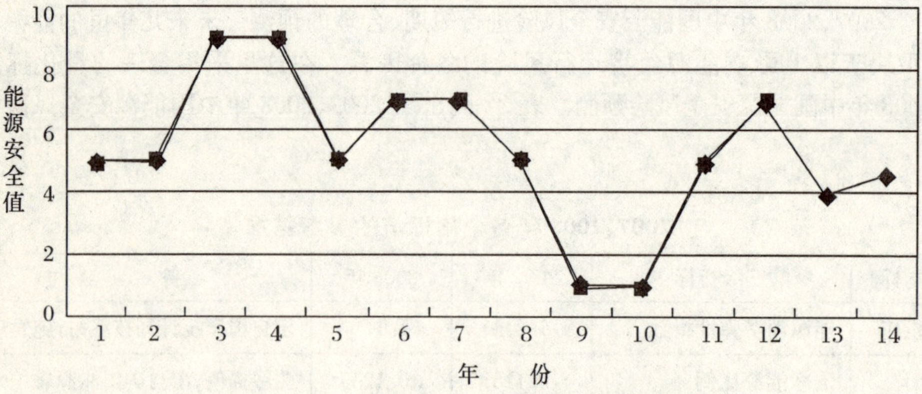

图 12　1995~2008 年中国能源安全风险变化趋势

四、中国宏观经济运行中的能源安全风险管理建议

为了从根本上改善中国的能源安全状况,保证中国宏观经济的顺利运行,基于本报告对中国宏观经济和能源消费之间的关系、中国能源安全基本态势的分析以及对当前和未来中国能

源安全风险的系统评估，我们提出如下政策建议。

(一) 建立集中、统一、协调的能源管理体制

目前，虽然我国相继颁布并实施了《电力法》、《煤炭法》、《节能法》以及《安全生产法》等一系列的法律法规，对能源的管理从指导思想上纳入了法制化的轨道。但是，由于中国的能源管理体制非常分散，具体表现为：资源的勘探与管理归国土资源部，能源建设项目由国家计委审批，能源技术改造和日常运行则归国家经贸委管理，水电、核电的管理还涉及其他部门。这导致能源的管理跳出原来的“条块分割”后却“无所适从”。

普遍认为，一个国家需要有一个较高层次的能源管理部门，以便于政府将能源知识与管理技能综合起来。但世界各国的情形也不完全一致。能源管理体制受能源供需关系状况的影响较大。国际能源署前署长罗伯特·普瑞多认为，从世界能源工业的发展历程来看，能源安全在每个历史时期被重视的程度是不同的。相应的国际能源政策的演变经历了三个不同时期：第一个时期(1974～1985 年)以能源安全为重点，兼顾经济效益；第二个时期(1986～1998 年)以经济效益和环境业绩为重点，兼顾能源安全；第三个时期(1999 年至今)以能源安全为重点，同时也十分重视经济效益和环境业绩，兼顾社会发展。

如果按照政府对能源管理的松散程度来进行分类，则可以将世界上的能源管理体制大体分为四类(见表 24)。由于能源的特殊地位，大部分国家都实行集中管理模式。集中管理模式使相关的能源政策和战略规划可以得到顺利的实施、有效的控制和监督，从而保证社会经济发展所需能源的有效、及时供应。

表 24

世界主要能源管理体制分类

类　型	能源管理模式	管理机构设置	主要代表国家
1	高级别的集中管理模式	国际能源部或燃料动力部等	美国、俄罗斯、南非
2	高级别的分散管理模式	国家煤炭部等	印度
3	低级别的集中管理模式	国家经济部内的资源能源厅等	日本、德国
4	低级别的分散管理模式	国家发改委内的司(局)处等	中国

由于能源管理体制弱化、管理机构分散，使中国能源统计信息严重失真，直接导致了 20 世纪 90 年代末期对中国能源生产的盲目乐观，使进入 21 世纪后经济的快速增长受到影响。中国 2000 年对外公布一次能源的生产量为 10.8 亿吨标准煤，比“九五”计划预测数减少 2.7 亿吨，减幅达到 25%。其中，原煤产量 10 亿吨，比“九五”计划预测数约减少 4 亿吨。但实际的情况是，由于有国家宏观计划的指标限制，为了“圆满完成”国家计划指标，各地都在想方设法少报产销量，统计数据具有很大的“水分”。尤其是在地方乡镇煤矿，这一现象更得到当地政府的默认，而使统计数据严重失真，也使宏观决策因数据的质量受到严重影响。能源管理体制的频繁变动，也使能源数据统计体系很难保持稳定性。再加上统一的能源管理机构的缺位，导致能源管理职能的名存实亡。就目前来讲，能源的缺口到底有多大、急剧增长的能源投资可能带来的后果等问题，同样也缺乏系统的依据。因此，不完整的信息已经直接影响到了中国宏观政策的研究和制定。依据不完整的基础资料所进行的预测、预警根本谈不上指导意义；相反，如果依据错误的预测和预警去作决策，将会造成更加严重的误导。

因此，完善能源管理机构、建立合理的能源管理体制，是保证中国能源产业健康发展的当

务之急。从当前来看,主要应该做好以下工作。

1. 设立能源综合管理机构

经过这些年的发展,设立综合能源管理机构的条件已经成熟。从近年来连续出现的煤、电、油、运全面紧张的情况来看,设立综合的能源管理机构也非常必要。中国可以考虑在国家发展与改革委员会能源局的基础上,设立副部级的能源单位,并相应地在地方设立能源管理机构,来协调能源管理中的问题,统一研究能源战略、管理能源资源、制定能源工业发展的相关法规制度。

同时,为了避免能源机构的设立再次落入能源体制频繁变动的轨迹,机构的设置应当参考其他国家比较成熟的经验,明确能源综合管理机构的职责和权利,避免机构的无效设置。

2. 不断完善能源法规制度,加强行业内部协调

随着能源综合管理机构的设立,能源内部的行业协调将成为其最主要的工作内容。专门的、较高级别的管理机构也有助于相关法规制度的制定和实施,更主要的是有利于法规制度的监督检查,从而保证制度的贯彻执行。

同时,由于国民经济的发展呈现周期性变动的特点,因此,能源综合管理部门应制定相应的能源发展规划,并根据经济形式的变动调整、完善能源法规制度,在保证能源产业对国民经济发展起到保障作用的同时,还要促进社会经济的和谐发展。

3. 加强能源信息管理,促进能源基础管理工作的完善

随着科技的发展,信息已成为最重要的社会资源。能源信息是进行能源预测、预警、决策、计划、调整的基础和依据,因此,加强能源信息管理,提高能源信息质量非常重要。随着能源管理机构的健全,建立完整的能源统计体系,并在此基础上建立科学的能源预测、预警机制,才能真正达到改善能源管理效率的目的。

(二) 完善成品油市场化定价配套措施,稳步推进成品油市场化定价机制改革①

中国特色的行政价格双轨制给中国石油定价机制改革留下了一个不小的难题。由于改革涉及太多方面的利益协调,中国的石油定价机制始终在行政管制和通往市场化的道路上徘徊。但是,市场化改革是发展能源衍生品市场的基础,是中国能源安全的重中之重。只有打破能源市场上的垄断和政府干预,才能建立起反映市场供求、反映资源稀缺程度、反映环境变化等外部成本的价格形成机制,从根本上提高资源使用效率。

1998年,国家开始对石油和成品油的计划定价进行改革。1998年以来,国家对石油定价机制大体上进行了四次改革:

(1) 1998年,当时的国家计委发布了《原油与成品油价格改革方案》,国内成品油价格主动与国际市场挂钩,对汽油、柴油零售价格实行政府指导价格。

(2) 2000年6月,国内成品油价每月根据上一个月新加坡成品油价格进行调整。

(3) 2001年11月,中国又一次进行成品油定价机制改革。改革的核心是国内成品油价格改为参照新加坡、鹿特丹、纽约三地市场价格进行调整,当国际油价上下变动幅度在5%~8%内时保持油价不变,超过这一范围时,由国家发改委调整零售中准价。但由于2002年后国际油价上涨太快以及受到2003年“非典”的影响,国内成品油价最终放弃跟随国际油价。从2004年年初到2005年年末,油价调整了8次,每吨共上涨1 000元左右。

---

① 参见崔民选. 2007中国能源发展报告. 北京:社会科学文献出版社,2007

(4) 2006年,国家发改委在宣布成品油价上调的同时,向地方传达了石油综合配套改革方案。方案包括两部分内容:一是成品油价由原来的与国际成品油价直接接轨改为以国际市场原油价格为基础,加上国内合理加工成本和适当利润确定。二是推出"四个配套机制":包括建立石油企业内部上下游利益调节机制;建立相关行业价格联动机制;建立对种粮农民等部分弱势群体和部分公益性行业给予补贴的机制;建立原油涨价收入的财政调节机制。

2007年3月,国家发改委主任马凯在参加全国政协十届五次会议时对记者表示,实际上产品油定价机制方案已经实施了,但他同时强调,在运行过程中还要逐步完善。

(三) 引入竞争机制,继续推动电力体制改革①

电力是最重要的二次能源。在中国,电力以火电为主。国家电力监管委员会2007年4月5日发表的《电力监管年度报告(2006)》显示,截至2006年年底,全国发电装机容量达到62 200万千瓦,其中,火电达到48 405万千瓦,水电达到12 857万千瓦,约占总容量20.67%。生产火电的主要原料是煤,据统计,全国煤炭消费量的60%是用于发电的。据表4的数据显示,"九五"以来,煤炭与国民经济发展的关联度相对于其他能源品种是最小的,这与单位煤炭所创造的经济效益低于其他能源品种有很大关系。尽管煤炭资源丰富,但其利用效率低,严重影响了中国能源经济效率。因此,引入竞争机制、推动电力体制改革,不仅能够形成与市场经济相适应的电价机制,还能够提高煤炭的使用效率,改善能源安全状况。

改革开放以来,中国的电力行业进行了三轮重大改革。第一轮是从20世纪80年代中期开始,实行了集资办电、多渠道筹资办电等政策,极大地调动了社会办电的积极性,迅速扭转了全国性严重缺电的局面。第二轮是从20世纪90年代后期开始,电力行业实现政企分开,这为电力企业按照市场经济规律运作创造了体制方面的条件。第三轮是从2002年开始,国务院出台了电力体制改革方案,总体目标是打破垄断,引入竞争,提高效率,降低成本,构建政府监管下的政企分开、公平竞争、开放有序、健康发展的电力市场体系。截至2005年改革取得了重要的阶段性成果:厂网分开基本实现,组建了国家电网公司和南方电网公司,成立了五大发电集团公司和四家辅业集团公司,电力企业组织结构发生了深刻变化;加快了区域电力市场建设的步伐;电价改革和投资体制改革也取得实质性进展。

但2005年年底,电力监督管理委员会发布的一份内部报告称,中国的电力体制改革基本不成功。电力行业的电力发展结构、电力工业投融资、可再生能源发展、电价改革、环保与资源节约、节能、农村电力改革等问题矛盾凸显。2006年11月1日,国务院总理温家宝主持召开国务院常务会议,审议并原则通过了《关于"十一五"深化电力体制改革的实施意见》,明确了"十一五"期间深化电力体制改革的基本原则是:坚持以改革促发展,坚持市场化改革方向,坚持整体规划、分步实施、重点突破。主要任务是:

(1) 抓紧处理厂网分开遗留问题,逐步推进电网企业主辅分离改革。

(2) 加快电力市场建设,着力构建符合国情的统一开放的电力市场体系,形成与市场经济相适应的电价机制,实行有利于节能环保的电价政策。

(3) 进一步转变政府职能,坚持政企分开,健全电力市场监管体制。

(四) 继续完善国家石油储备体系,鼓励企业石油储备

石油战略储备是防止石油供应中断,保障国家石油安全的重要手段。1973年,第一次石

---

① 参见崔民选. 2007中国能源发展报告. 北京:社会科学文献出版社,2007

油危机以后,在美国的倡导和推动下,经合组织(OECD)于1974年成立了国际能源机构(IEA),从此,应急石油储备纳入了西方国家的国家安全战略。根据IEA的能源计划纲要,各主要石油进口国储备规模应相当于其上年石油净进口量的90天。2005年,美国的战略石油储备(SPR)尽管远低于1986年157天的水平,但仍然有5.41亿桶的石油储备,足够保证美国54天的进口量或者更长时间的局部中断。

从国际经验来看,中国的石油战略储备应当包括两类:一是政府储备;二是企业储备。政府储备应以原油为主,并主要储存进口原油。企业储备品种要按照生产与经营相结合的原则,国家只规定储备量,而不规定品种。从政府石油储备的布局上来看,要结合国民经济中长期发展规划统筹考虑安排,力求做到方便、经济、安全。同时要符合下列条件:一是拥有深水码头泊位,能接卸大型油轮,运输方便;二是有灵活便利的输送管网系统,靠近大型炼油企业或有原油管网与炼油厂群相连,避免出现大规模倒运;三是要靠近主要的目标市场,此外,还应有足够的备用土地,具有较好的依托条件。因此,中国石油战略储备的基地应重点选在沿海发达地区。在加快国家石油战略储备基地等硬件建设的同时,还要抓紧制定诸如日本和德国的《石油储备法》等法律、法规,尽快建立起比较完善的国家石油战略储备体系,以便在必要时发挥保障国内石油供应安全、稳定油价、保障国家经济社会安全的作用。

中国政府2004年正式通过建立国家石油战略储备的决议,一期计划共有四个储备基地,其中规模最大的浙江镇海基地已经于2006年年底竣工,其余将于2008年竣工。自2006年8月以来,已经有超过300万桶俄罗斯乌拉尔原油被注入镇海基地,这一数量接近该基地设计总量的10%。此举也意味着中国战略石油储备体系终于实现零突破。镇海储备基地计划建设52个储油罐,每个油罐储油10万立方米,设计可储备石油520万立方米,合3 270万桶。以2006年前5个月中国原油消费量平均701万桶/天标准计算,镇海基地储油量相当于全国4.6天的消费量。

参照西方主要国家石油战略储备,多以90天石油进口量为基本储备标准,中国的石油战略储备标准,应考虑占用资金、储备能力以及我军在非常事态下的特殊需求等基本因素,国家战略储备拟以60天进口量,约相当于2 000万～2 500万吨原油的储备量比较适宜。

执笔人:潘瑞姣

(本报告部分内容选自:① 上海立信会计学院中国立信风险管理研究院开放课题《能源安全与中国宏观经济运行风险研究》,课题负责人:何亚群。② 上海立信会计学院中国立信风险管理研究院开放课题《能源安全与中国宏观经济运行风险研究》,课题负责人:聂锐。)

参考文献

1. 迟春洁,黎永亮.能源安全影响因素及测度指标体系的初步研究.哈尔滨工业大学学报(社会科学版),2004(4)

2. 曹明,魏晓平.关于国家能源安全问题的探讨.软科学,2004(6)

3. 曹征彦.提高能源效率——中国取得的成就和政府的方针措施.经济研究参考,1997(12)

4. 陈秀山.西电东送区域经济效应评价.统计研究,2005(4)

5. 陈正惠.石油经济运行监测与预警系统.石油大学学报(社会科学版),1994(5)

6. 崔民选.2006 中国能源发展报告.北京:社会科学文献出版社,2006

7. 崔民选.2007 中国能源发展报告.北京:社会科学文献出版社,2007

8. 葛家理,胡机豪,张宏民.中国石油经济安全与监测预警复杂战略系统研究.中国工程科学,2002(1)

9. 郭小哲,段兆芳.中国能源安全多目标多因素监测预警系统.中国国土资源经济,2005(2)

10. 韩可琦.中国能源消费的发展趋势与前景展望.中国矿业大学学报,2004(1)

11. 韩智勇,魏一鸣等.中国能源消费与经济增长的协整性与因果关系分析.系统工程,2004(a)(12)

12. 韩智勇,魏一鸣等.中国能源强度与经济结构变化特征研究.数理统计与管理,2004(b)(11)

13. 何贤杰,盛昌明等.石油安全评价指标体系初步研究.北京:地质出版社,2006

14. 胡鞍钢.你将面临哪些不安全.中外管理导报,2000(1)

15. 金成华.矿产资源宏观预警理论初探.中国地质矿产经济,1992(7)

16. 蒋金荷.提高能源效率与经济结构调整的策略分析.数量经济技术经济研究,2004(10)

17. 姜彦福.世纪末前后中国的石油安全态势.科技导报,1999(11)

18. 姜彦福,曹宁.关于基于经济安全的信息安全问题.清华大学学报(哲学社会科学版),2000(1)

19. 孔令标,冯述虎.关于能源安全问题的探讨.中国煤炭,2002(6)

20. 李干生,焦大庆,苏玉山.中国油气资源勘探前景展望.当代石油石化,2004(12)

21. 李俊.中国区域能源供求及其因素分析.资源科学,1994(2)

22. 李少军.论经济安全.世界经济与政治,1998(11)

23. 李彦军.中国西北地区西电东送能力及市场竞争力分析.软科学,2004(4)

24. 林锡星.试析中国能源运输战略.东南亚研究,2005(2)

25. 路正南.产业结构调整对中国能源消费影响的实证分析.数量经济技术经济究,1999(12)

26. 吕致文.中国能源安全问题的结构性分析.宏观经济管理,2005(9)

27. 罗晓云.21 世纪初中国的能源安全与中外能源合作.广州:暨南大学出版社,2003

28. 马超群,储慧斌等.中国能源消费与经济增长的协整与误差校正模型研究.系统工程,2004(10)

29. 穆书涛.论经济全球化对国家主权的影响.河北师范大学学报,2001(1)

30. 倪建民.国家能源安全报告.北京:人民出版社,2005

31. 钱永坤,王艳丽.20 世纪 90 年代中国能源需求影响因素实证分析.中国矿业大学报,2003(9)

32. 史丹.结构变动是影响中国能源消费的主要因素.中国工业经济,1999(11)

33. 史丹.中国是如何以较低的能源消费实现高速经济增长的.中国能源,2002(11)

34. 唐子烨,马宪国.能源供应对经济的影响分析.上海理工大学学报,2004(1)

35. 文军. 论国家经济安全及其对中国的启示. 中国软科学,1999(7)

36. 吴巧生. 中国工业化进程中的能源消费变动:基于计量模型的实证分析. 中国工业经济,2005(4)

37. 吴文盛. 中国石油资源安全评价与预警研究. 地质技术经济管理,2002(5)

38. 刑治河. 关于协调"西气东输"供需双方利益的政策建议. 国际石油经济,2001(7)

39. 徐寿波. 能源经济. 北京:人民出版社,1994

40. 宣能啸. 中国能源效率问题分析. 国际石油经济,2004(9)

41. 尹昌斌. 建立自然资源开发利用预警系统. 生态经济,1995(5)

42. 杨青. 划时代的"西气东输"工程. 国际石油经济,2000(4)

43. 杨文培. 能源发展与经济增长互动关系探讨. 煤炭经济研究,2005(1)

44. 赵国通. "经济平衡"是"西气东输"成败的关键. 国际石油经济,2001(7)

45. 张雷. 论中国能源安全. 国际石油经济,2001(3)

46. 张莲莲. 西电东送拉动山西经济发展. 中国能源,2002(9)

47. 张如海. 国家经济安全观念与中国的经济安全. 世界经济与政治论坛,2000(2)

48. 张晓平. 20世纪90年代以来中国能源消费的时空格局及其影响因素. 中国人口、资源与环境,2005(2)

49. 张宏武. 多部门能源消费效率的要因分析——中国和日本比较. 山西师范大学学报(自然版),2001(2)

50. 张幼文. 国家经济安全问题的性质与特点. 国际商务研究,1999(4)

51. 张宗成. 中国经济增长与能源消费的异常关系分析. 上海经济研究,2004(4)

中国外汇储备风险管理研究

一、中国外汇储备基本情况描述

（一）概念界定

外汇储备是一国可以自由支配的一种国际储备资产，出于作为国际收支的最后支付手段的支付性需求，干预外汇市场的预防性需求，以及增强综合国力，降低改革风险，提高国际信誉等发展性需求的考虑，各国都要持有一定规模的外汇储备。同时外汇储备也是作为一个国家经济金融实力的标志，是弥补本国国际收支逆差，稳定本国汇率以及本国国际信誉和地位的物质基础。

一般来说，外汇储备是一个存量概念，它反映到某一时间节点为止，一国或地区所拥有的外汇储备总量。从存量的角度来看，对外汇储备风险管理主要涉及三个方面：一是外汇储备的规模管理；二是外汇储备的结构管理；三是外汇储备的投资管理。对这三方面外汇储备的管理，既要满足外汇储备的基本功能，也要符合持有外汇储备的收益与成本的原则，有效化解和防范开放条件下中国外汇储备风险。在开放经济条件下，我们还需要考虑动态的外汇储备，即一国或地区经济不断发展产生的增量外汇储备对经济的作用与影响，这主要包括外汇储备不断增加产生的流动性过剩风险、通货膨胀风险和货币政策风险。

一定的外汇储备是一国进行经济调节、实现内外平衡的重要手段。当国际收支出现逆差时，动用外汇储备可以促进国际收支的平衡；当国内宏观经济不平衡，出现总需求大于总供给时，可以动用外汇组织进口，从而调节总供给与总需求的关系，促进宏观经济的平衡。同时当汇率出现变动时，可以利用外汇储备干预汇率，使之趋于稳定。因此，外汇储备是实现经济均衡稳定的一个必不可少的手段，特别是在开放经济条件下；在一国经济更易于受到其他国家或地区经济影响的情况下，更是如此。

（二）中国外汇储备发展演变

2006 年 11 月，中国外汇储备突破 1 万亿美元，这不仅是中国的纪录，也是世界的纪录，2007 年以来又多次刷新这一纪录，截至 2007 年 6 月底，中国外汇储备已经达到 13 326 万亿美元。2000 年以来中国外汇储备增长情况见图 1。面对这么巨额的外汇储备，世界为之震动，国内各方面也发出了“外汇储备过多”的惊呼。那么，究竟应当如何看待中国外汇储备的快速增长？中国外汇储备突破万亿美元大关到底是忧还是喜？

1.3 万亿美元外汇储备与改革开放之初相比天翻地覆，1978 年，中国外汇储备仅有 1.67 亿美元。随着中国改革开放的深入，经济持续增长，贸易高速发展，外汇储备迅猛增加。1996 年年底，中国外汇储备首次突破 1 000 亿美元大关；2001 年年底，跨过 2 000 亿美元的门槛；2005 年年底，达到 8 189 亿美元。2006 年 2 月底，中国外汇储备增长到 8 536 亿美元，已超过日本成为全球外汇储备最多的国家。2006 年 10 月底，中国外汇储备首次突破 1 万亿美元。近

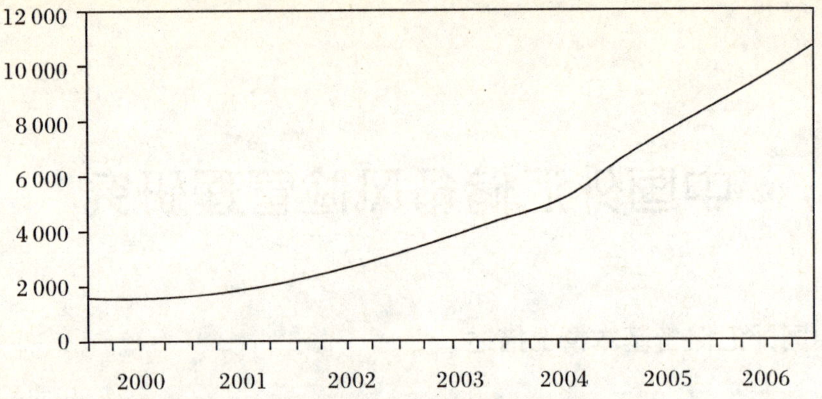

图 1　2000 年以来中国外汇储备增长情况

资料来源:国家外汇管理局网站.中国历年外汇储备. http://www.safe.gov.cn/

三年,中国外汇储备更是以每年 2000 亿美元的速度攀升。2007 年 6 月底,中国外汇储备已经达到13 326万亿美元。统计显示,2007 年上半年国家外汇储备增加 2 663 亿美元,同比多增 1 440亿美元。如此算来,2007 年上半年外汇储备增长量已超 2006 年全年的 2 473 亿美元增长数。

表 1

中国外汇储备与 GDP 增长对比图(外汇储备额单位: 10 亿美元,GDP 单位: 亿人民币元)

年　份	外汇储备额(10 亿美元)	增长率(%)	GDP(亿人民币)	增长率(%)
1978	0.167		3 624	
1979	0.84	402.994	4 038	11.43
1980	−1.296	−254.286	4 518	11.88
1981	2.708	−308.951	4 862	7.63
1982	6.986	157.976	5 295	8.89
1983	8.901	27.412	5 935	12.08
1984	8.22	−7.651	7 171	20.84
1985	2.644	−67.835	8 964	25.01
1986	2.072	−21.634	10 202	13.81
1987	2.923	41.071	11 963	17.25
1988	3.372	15.361	14 928	24.79
1989	5.55	64.591	16 909	13.27
1990	11.093	99.874	18 548	9.69
1991	21.712	95.727	21 618	16.55
1992	19.443	−10.450	26 638	23.22
1993	21.199	9.032	35 334	32.64
1994	51.62	143.502	48 198	36.41

（续表）

年　份	外汇储备额(10 亿美元)	增长率(%)	GDP(亿人民币)	增长率(%)
1995	73.597	42.575	60 794	26.13
1996	105.049	42.735	71 177	17.08
1997	139.89	33.166	78 973	10.95
1998	144.959	3.624	84 402	6.87
1999	154.675	6.703	89 677	6.25
2000	165.574	7.046	99 215	10.64
2001	212.165	28.139	109 655	10.52
2002	286.407	34.993	120 333	9.74
2003	403.251	40.796	135 823	12.87
2004	609.932	51.254	159 878	17.71
2005	818.872	34.256	183 868	15.01
2006	1 066.344	30.221	209 407	13.89

1995～2003 年的 GDP 值为国家统计局发布的修正数据，1978～1994 年的 GDP 值参考了《2002 年国家经济年鉴》，且已将数值四舍五入为整数，由于不同年份汇率差异较大，在此，没有将外汇储备与 GDP 换算为同一货币。

从表 1 来看，中国外汇储备总体来说在经济增长较快的年份，外汇储备额增长也较快，同国民经济发展保持了一致关系，说明两者之间存在着较为密切的互动关系，但外汇储备的增长速度一般来说大大快于同期国民生产总值增长速度。因此，外汇储备是一国财富的积累和综合国力提高的表现，1.3 万亿美元巨额储备，意味着中国有着充裕的国际支付能力，在一定程度上也彰显了中国足以影响世界的经济实力。

（三）巨额外汇储备对中国经济的影响

一般来说，外汇储备增加不仅可以增强宏观调控的能力，而且有利于维护国家和企业的国际信誉，有助于拓展国际贸易、吸引外国投资、降低国内企业融资成本、防范和化解国际金融风险。外汇储备多，固然意味着国力的增强，但并不是说外汇储备越多越好，因为持有外汇储备是要付出代价的。如果外汇储备构成不合理或者增长超过适度区间，就不可避免地降低资源使用效率，甚至给经济发展带来挑战。目前，中国所持有的和不断增加的增量外汇储备对中国经济的影响和风险已经日益凸显。

1. 中国外汇储备增加造成的流动性风险

流动性，原意是指某种资产转换为支付清偿手段的难易程度，简单来讲就是货币当局货币发行过多、货币量增长过快，银行机构资金来源充沛，居民储蓄增加迅速。在宏观经济层面上，人们常常把流动性直接理解为不同统计口径的货币信贷总量。流动性过剩有三个层面的内涵，从小到大，依次是央行所面对的流动性过剩、银行体系的流动性过剩和金融体系的流动性过剩。从这三方面来看，中国已经出现了较为明显的流动性过剩问题。

中国银行体系中目前存在的流动性过剩，是国内外多种因素共同作用的结果。从内部因素来看,有经济结构不平衡、储蓄和投资倾向强于消费倾向等。储蓄投资缺口,造成了贸易顺差和外汇储备的急剧增长。按目前的外汇管理制度,中国的外汇收入必须结售给中国人民银行,而央行为收购外汇必须增加货币发行。与此相关的是,贸易顺差的大量增加,人民币升值预期加大,国外资本通过各种渠道流入国内显著增加。因此,贸易和资本流动的双顺差,使中国的外汇储备急剧增加,2007 年 6 月末,中国外汇储备达到了 13 326 亿美元。而央行为收购这些外汇储备就需要发行超额货币,这是中国流动性过剩的主要内部原因。从外部因素来看,近年来,全球各主要经济体一度普遍实行低利率政策,导致各主要货币的流动性空前增长,出现了全球流动性过剩。在全球经济失衡的诱导下,大量资金从美国流入以中国为代表的亚洲新兴经济体,这是造成目前中国流动性过剩的重要外部原因。

2. 中国外汇储备增加造成的通货膨胀风险

外汇储备作为一种金融资产,它的增加需要相应的人民币来置换。外汇储备增加越多,人民币的发行增长越快。因为外汇储备是由中央银行购买并持有的,其在中央银行账目上的对应科目就是外汇占款,外汇占款的增加直接增加了基础货币量,然后再通过货币乘数效应,造成了货币供应量的大幅增长。外汇储备的急剧增长,必然使中国长期面临货币流动性持续放大的威胁,成为中国在未来长期内不断面临需求过度膨胀、并诱发通货膨胀的重大因素。统计数据显示,2006 年,中国增加了 2 473 亿美元的外汇储备,按现行比价换算,就有 1.93 万多亿元的基础货币被投放到市场。这不仅加剧了通货膨胀的压力,而且弱化了中央银行对货币供应量的控制能力。最新统计数据表明,2007 年上半年度居民消费价格总水平同比上涨 3.2%,已经超过今年政府工作报告中 3%的目标,物价上涨的趋势已经非常明显,并且存在着进一步上涨的趋势。中国外汇储备问题引起的通货膨胀风险已经开始显现,开始波及经济的各个层面,刺激国内投资猛增,引发信贷投放冲动。同时,流动性过剩的存在,也造成了股票和房地产等资产价格上升过快。

3. 中国外汇储备增加对中国货币政策的影响

由于持续的国际收支双顺差以及人民币汇率改革的因素,中国的外汇储备超常增长,已经对中国货币政策的制定和执行带来一定的制约和困扰,使本外币政策的独立性受到冲击。

(1) 外汇储备剧增改变了中国货币供应的结构。1994 年外汇体制改革之后,特别是近年来随着人民币升值预期的加大,中国外汇储备开始大量盈余,为维持人民币汇率稳定,央行被迫买进大量外汇,这部分被迫买入的外汇以外汇占款的形式大大增加了基础货币的投放,导致中国货币供应迅速上升。为控制过多的货币供应,央行不得不采取多种对冲的货币政策操作方式,其结果导致中国的货币供应结构发生改变,即外汇占款在基础货币的比重急速上升,外汇占款成为基础货币投放的主渠道。

(2) 外汇储备增长使货币供给内生性增强。中央银行为收购外汇所投放的资金,即以外汇占款的形式增加的基础货币,中央银行只能被动接受。外汇结售汇制度进一步使货币供给内生性增强,外汇进出都是通过银行间外汇市场指定银行办理结售汇,中国的外汇储备与外汇人民币占款之间形成强烈的正相关关系。

(3) 超额的外汇储备削弱货币政策有效性。目前,中国经济增长已经由偏快转为过热,如何进行宏观调控,央行面临两难选择:紧缩货币政策会导致国内利率上升,引起外资流入增加,使得外汇储备增加,最终必然增大人民币升值的压力;为应对人民币升值的压力,央行又被迫大量收购外汇,投放基础货币,这又增大了市场的通货膨胀压力;为减轻通胀压力,中央银行采取了包括提高法定准备金率、上调利率、发行中央银行票据等方式在内的对冲操作，以减缓外汇占款对基础货币投放所带来的影响，但这些政策远未达到预期目标，货币政策效力减弱。

4. 巨额外汇储备对中国经济增长的动力结构影响

中国高额外汇储备的形成，并非经济发展阶段和经济发展水平所使然，而是政府鼓励出口、鼓励招商引资等政策因素和人民币升值预期因素在起主要作用。必须指出，中国外汇储备激增，是在国内居民需求不振、消费对经济增长的拉动作用明显不足的经济背景下实现的，也是中国通过大量出口资源类初级产品，付出了高昂的资源和环境代价换取的。继续依靠这种低层次的出口产品结构和粗放型的“以量取胜”的贸易增长方式来保持经常项目顺差，继续维持这种主要依靠出口和投资拉动的经济增长的动力结构，不仅有碍于落实科学发展观、建立资源节约型和环境良好型社会目标的实现，而且会损害经济增长的潜力和后劲，不利于经济的健康和可持续发展。

受上述多重因素影响，1.3万亿美元的外汇储备由此带来了一系列新挑战和一些“棘手”的现实问题。这不仅关系到对外汇储备本身作用的认识和中国外汇储备政策的制定，而且牵涉到中国整个对内、对外经济政策的调整。采取哪些有效措施，逐步减少外汇储备的过快增长，维持国际收支基本平衡？如何尽量避免引发国际金融市场变动，合理运营巨额外汇储备，最大化地实现收益，保障国家经济安全。面对中国国民经济的快速发展，外汇储备高速增长的势头还会继续持续下去，我们应深入分析与研究超额外汇储备所面临的各种风险，提出防范和化解这种风险的各种对策。作为发展中大国，中国有必要构思新型的外汇储备管理体系与外汇储备风险防范监控体系。

二、外汇储备风险识别与管理

（一）外汇储备风险识别

根据外汇储备的定义和开放经济的特征，外汇储备风险包括两部分：一是动态的外汇储备风险；二是静态的外汇储备风险。

1. 基于动态视角的外汇储备风险

动态的外汇储备风险管理，主要是指增量外汇储备管理。中国外汇储备近年来呈现迅速上升和增长势头，日益累计的外汇储备已经越来越多地开始影响中国宏观经济健康发展，由外汇占款过多造成的流动性过剩、通货膨胀压力、货币政策调控效力减弱等因素对中国经济的影响已经开始显现。动态外汇储备管理是在中国经济快速发展背景基础上外汇储备风险管理所面临的新课题和新挑战。

2. 基于静态视角外汇储备风险

静态外汇储备风险，主要是指存量外汇储备管理，即传统外汇储备管理。它包括三个方面内容：一是外汇储备的规模风险；二是外汇储备的结构风险；三是外汇储备的投资风险。具体又包括市场风险和流动性风险。市场风险来自资产或负债价格的变动，风险的大小可以用开放头寸的价值或收益的变动来衡量。市场风险有两种形式：其一是绝对风险，指用货币可以衡量的部分；其二是相对风险，指与基准指数间的关系。前者的重点在于总收益的变动，后者则指避险组合与指数期货间的线性跟踪误差（Tracking Error）风险，以及期权与标的资产间的Gamma风险（标的资产价格与报酬间非线性的变动关系）。流动性风险有两种类型：一是市场或产品的流动性风险；二是现金流动性风险。前者表示因为市场的交易量太少，使得标的资产无法在某一时点、某一价格成交;后者表示持有现金不足以购买或偿还理想数量的标的资产或负债。

存量外汇管理的目的,在于确保外汇储备的安全性和在满足国际收支的流动性条件下追求最优的报酬,这是各国央行外汇储备管理的最高指导原则,故外汇储备管理最主要的风险是在被迫的情况下以低价变现,为应对该风险,各国央行均倾向持有高流动性而价格变动小的金融资产。根据调查约七成五的央行表示安全性为其投资的首要条件,其次为流动性,最后才考虑获利性。

面临提高获利性的要求,近年来风险管理已是所有央行不可忽视的问题,但由于其涉及各国经济和金融状况各异,各国文化及内部组织结构不同,目前并不存在适用于所有央行的风险管理模式,在人力和技术资源不足时,减少投资工具的种类被认为是合理的对策。整体而言,在各种相关风险中,建立外汇储备的信用风险、操作风险和法律风险等管理系统是较容易的;相对的,建立管理汇率、利率等市场风险的管理系统则较不易,基于安全保密的原因,各国均自行研发,类似于一般金融机构的风险管理内容如资产负债管理、投资组合管理和信用管理等,外汇储备的风险管理与投资组合的风险管理类似。

(二) 外汇储备风险管理的演变

自从产生了外汇储备供给和需求以后,各国一直都非常重视对外汇储备的管理和优化配置工作。虽然各国管理外汇储备的部门有所差异,大部分国家一般都由中央银行管理外汇储备,也有部分国家是由财政部负责外汇储备的管理,也有一些国家成立专门的外汇储备管理公司等,但其管理的方式和原则基本都是大同小异。一般来讲,外汇储备风险管理经历以下几个阶段。

1. 重视流动性和安全性,忽视收益性的外汇储备管理阶段

早期的中央银行,不愿承担风险,多偏重于流动性和安全性,而忽视收益性,均将大部分的资金投资于高流动性但低收益的短期国库券。

(1) 重视流动性。投资期限短,因为在干预汇率或发生紧急事件时,都必须有充分的流动资金可供调度,而且为避免在出售债券时发生资本损失,中央银行多将大部分的资金,投资于三个月期的美国短期国库券。但由于美国三个月期的短期国库券利率偏低,为提高收益率,部分央行也将部分资金作短期存款以赚取利差,美国、德国、日本、瑞士和法国都属于这种类型的国家。

(2) 忽视外汇储备的收益性。一般认为中央银行的任务以公共政策为优先,为了稳定物价或干预汇率,可以牺牲外汇储备的收益性,传统思想认为这是无可奈何的事情。例如,即使对于债券价格走势非常乐观,但在干预汇率时,为了筹措资金,也必须出售有大幅升值可能的债券。此外还常须考虑政治因素,以日本为例,其外汇储备的应用,政治考虑占首要地位,常须干预汇率以减少美、日两国的贸易摩擦。由于以政治为重,收益率为轻,故日本外汇储备的投资策略相当简单,主要是购买美国短期公债,而且到期展存,很少考虑调整投资期限来提高收益。

所以这种外汇储备管理哲学相当保守,极端厌恶风险,重点在保本,不在意投资收益率,也即预先设定流动性水平,然后再追求投资收益。这种管理方式的缺点为:一是过分保守,投资期限太短,收益不高;二是当希望积极提高收益时,容易发生目标冲突、角色混淆的现象,以致绩效不显著。

2. 寻求收益性、流动性与安全性之间平衡的外汇储备管理阶段

近年来，外汇储备管理哲学有相当大的变化，很多中央银行认识到在设定的风险范围内，确实有相当的空间可以提高投资绩效。因此世界各国外汇储备的投资操作变得越来越积极，也因此越来越复杂。为了在收益性与流动性、安全性之间求得平衡，流动性、安全性的限制开始松动，但同时也加强风险管理，以避免交易部门失去控制。

(1) 制度上，将外汇储备划分为投资性组合与流动性组合，交由专人负责，以获得分工合作的效果。由于持有外汇储备的动机日渐复杂，因此将外汇储备划分为多重组合，交由不同投资经理负责操作，以提高经营绩效，这已经成为世界潮流。虽然内部操作较为复杂，但其优点为权责分明、分工合作，可以提高运营绩效。

(2) 策略上，投资组合多样化并积极调整投资组合，以求提高长期投资绩效。随着现代投资理论蓬勃发展，以简单的数学模式证明：不要把所有的鸡蛋摆在同一个篮子里。因为决定投资组合的全体风险并非个别资产的风险，而是个别资产的投资收益率的相关系数。因此各国中央银行的投资组合完全有可能走出美国短期国库券的象牙塔。

(3) 建立投资指标，作为决策的依据和风险管理的标准。所谓的投资指标就是建立一个中性的资产组合，它的功用就像“自动导航”，当投资人对市场没有看法时，或认为将来市场涨跌的概率各为50%时，就照着中性的投资组合去投资。若有自己的看法时，就可以舍弃自动导航的功能，自己来操盘，如认为债券价格会上涨，就以投资指标的债券期限为基础，来酌量延长债券期限；反之，如认为债券价格会下跌，就依据投资指标的债券期限，缩短债券期限。这种建立投资指标的办法，主要来自投资基金。投资基金的经理重视相对价值，通常会设立投资指标作为绩效评价的基准。随着中央银行外汇储备的操作越来越积极，中央银行也开始设立自己内部的投资指标，以便评估投资操作的得失。投资指标还可以用来控制风险。一般中央银行对于投资指标的债券投资期限和货币组合比率均有严格、明确的规定，以便于风险管理部门监控投资经理是否在授权范围内操作。

(4) 确立最优货币组合。最优货币组合是一个复杂的问题。因为各国的储备规模不同、外资开放程度不一、对外贸易的依赖程度也差别很大，而且汇率走势变动极大，因此货币组合的投资指标和存续期间的投资指标，都同样不易制定。世界各国中，有半数以上的中央银行，持有美元比率在50%以上，尤其亚洲国家对美元的需求特别强烈；而欧盟各国持有美元比率则较低，除IMF会定期公布会员国的合计持有比率外，各国均以业务机密视之，不对外公开。实务上，中央银行外汇储备的货币组合常常涉及政策因素，常由最高决策层级根据政策需要来决定货币组合。

3. 外汇储备风险管理的新发展

近年来在经济与金融全球化和一体化以及金融自由化浪潮的推动下，各国金融市场的融合与联系日益密切，相互依赖和影响程度也日益扩大和加重，各国在分享金融全球化和一体化带来的收益的同时，也面临着由此而带来的各种金融风险，外汇储备管理也同样面临这种收益和风险。因此，各国外汇储备管理当局采取各种方式和途径改进外汇储备风险管理。

(1) 各国更强调策略性资产配置以满足流动性需求、保护资本、避免外部的负债和追求最优的收益率等多项目标。除了传统的流动性管理外，基于超额流动性所产生的高成本，同时考虑到各国政府对提高外汇储备收益的要求，各国中央银行为控制风险，许多央行已将其外汇储备分为几个部分，一部分用于满足流动性需求，其他部分则分别用于满足负债支出和提高收益

率等中长期的策略需求。

(2) 应用更先进的风险管理系统以处理前项各目标与资产配置有关的风险。由于风险与收益具有抵换关系，当对外汇储备管理的策略需求增加时，外汇储备的投资风险必随之提高，为提高收益、降低流动性成本，各国均致力于发展更完善的风险管理系统并导入更新的管理技术。在管理技术中，各国央行明确提出风险值(Value at Risk，VaR)的应用，其余针对特定风险部分则有存续期间(Duration)、压力测试(Stress Testing)、跟踪误差(Tracking Error)和外部统计模型(External Statistical Models)等技术。

(3) 对投资的资产分散于各工具的产出加以研究，同时增加利用外部经理人管理外汇储备。无论是发达还是发展中国家，均较多地利用外部经理人来管理外汇储备，越来越多的国家以外部经理人的管理绩效作为评估内部操作的比较基准，同时发展中国家的央行增加外部经理人管理外汇储备的情况相对较多，原因在于发展中国家希望学习外部经理人相关管理技能进而实现技术转移。

(三) 外汇储备风险管理的技术与方法

外汇储备风险管理理论是基于基本金融风险管理的基本理念。金融风险管理理念的发展大致依次为传统风险管理、投资组合理论、衍生性金融产品的风险管理和风险值，现分述如下。

1. 传统风险管理技术

传统风险管理技术包括缺口分析(Gap Analysis)、存续期间分析(Duration Analysis)、统计分析(Statistical Analysis)和情景分析(Scenario Analysis)等方法。

(1) 缺口分析是对利率变动进行敏感性分析的方法之一，是银行业较早采用的利率风险计量方法。公式为:$\Delta NII=GAP\cdot\Delta\gamma$，其中 GAP 为资产与负债的差额;$\Delta\gamma$ 为利率变动值。

缺口分析可计算出利息收入的变更数，该方法易于应用，但仅分析利率变动对利息收入的影响。

(2) 存续期间分析多应用于管理债券的利率风险。存续期间是固定收益投资组合管理的重要概念，该方法为计算投资组合有效平均到期日的最简单的方法，同时是规避投资组合利率风险的重要工具，并且可以衡量投资组合对利率变动的敏感度。

(3) 统计分析则将风险予以量化，可应用于外汇、股票等各种金融产品。利用统计分析可了解风险暴露的大小、避险程度，以及风险因子与价格变动的关系。

(4) 情景分析则模拟各种市场异常情况并可搭配上述各种方法，以估计可能的风险暴露程度。

2. 投资组合理论

投资组合理论强调各种资产间的协方差关系，将投资组合内各资产合而为一加以考虑，以建立整体投资组合风险与报酬的合理关系。

3. 衍生性金融产品的风险管理

衍生性金融产品的风险管理包括 Black—Scholes 的期权评价模型、German—Kohlhagen 的外汇期权评价模型等各种管理衍生性金融产品风险的模型，以应对近年来发展迅速的衍生性金融产品所产生的风险。

4. 风险值

随着新金融产品的不断发展，使得风险管理更受重视，风险值将各式各样的金融产品风险以市价予以量化同时可以汇总计算，满足更精确的风险管理需求，计算方法包括方差—协方差法(The Variance-Covariance Approach)、历史模拟法(The Historical Simulation Approach)和蒙特卡罗模拟法(The Monte Carlo Simulation Approach)等主要类型。

将 VaR 应用于外汇储备风险管理时,VaR 将整体开放头寸的风险汇总为一个数值,整体地表达每位交易者的投资行为或投资组合的涉险值,这使风险管理变得相当简便且易于了解。如果没有使用 VaR,则风险管理人员面对包括各种不同产品、不同到期日的投资组合,以及面对不同交易者持有头寸不同,使得风险管理工作变得繁杂而困难。由于 VaR 简单而且易懂,且直接把某段期间内某概率下可能的损失表示出来,许多的证券公司已将 VaR 作为防范财务风险的第一道防线。此外,VaR 在风险管理上,可根据不同的目的作不同的运用。VaR 也可作为对总风险避险,并衡量其避险效果的工具,这一点对于传统只针对单一交易行为进行的避险策略,有显著的改善。

本研究报告将其应用于外汇储备的风险管理,正是基于这一点。VaR 应用在外汇储备的风险管理上,包括债券投资组合、投资组合的选择、增量分析及决策管理等方面。

(1) Delta-Normal 模型在债券投资组合上的应用。传统中衡量债券风险的主要方法为存续期间(Duration)和凸度(Convexity),除了这两种方法外,VaR 模型也逐渐发展成为主要的技术,因债券持有期间内有现金流量发生,为简化计算过程,技术上均对应到零票息债券来计算,因此使用 VaR 衡量债券投资组合风险时的第一步必须先求取各种到期期间的零票息债券的风险值,以及各期间零票息债券的风险值,然后就可求得投资组合的风险值。

(2) VaR 应用于投资组合的选择。

在正态分布的假设下,因:

$$\sigma_{XR} = -VaR_{XR}/\alpha \tag{1}$$

夏普比率 SR 定义为:

$$SR = XR/\sigma_{XR} \tag{2}$$

其中:XR 为期望的超额报酬;σ_{XR} 为超额报酬的标准差。

将(1)式代入(2)式,得:

$$SR = -\alpha XR/VaR_{XR} \tag{3}$$

关系式(3)图示如图 2,图中结合管理者的投资偏好(无差异曲线),可决定出最优的投资组合 B,同时决定风险值为 V_0 以及投资金额,对管理者而言,较易于评估及调整其所持有的头寸和风险。

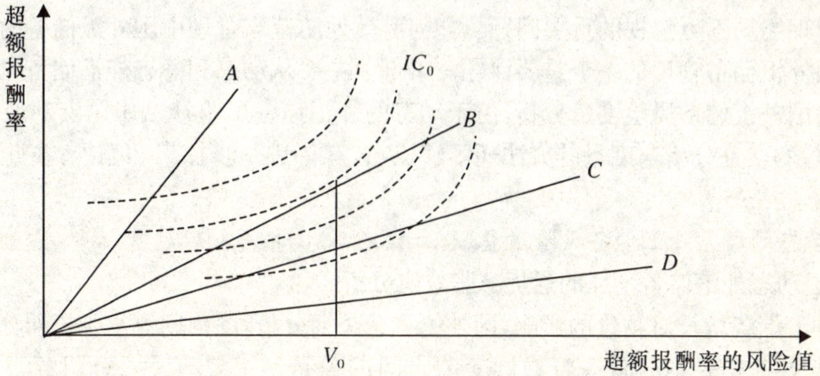

图 2 夏普比率(VaR)选择投资组合

(3) VaR 应用于增量分析。当考虑在现有的投资组合内，增加资产 A 以提高投资效率，则此时根据夏普法则：

$$SR_{NEW}=-\alpha XR_{NEW}/VaR_{NEW}>-\alpha XR_{OLD}/VaR_{OLD}=SR_{OLD}$$

得：

$$XR_{NEW}/XR_{LOD}>VaR_{NEW}/VaR_{OLD} \quad (4)$$

由(4)式的结果，若加入资产 A 使 $VaR_{NEW}>VaR_{OLD}$，则资产 A 所带来的超额报酬必须足以补偿其所产生的风险值，且整体超额报酬率增加的比率须高于整体风险值增加的比率；否则，即应放弃增加资产 A 的持有；反之，若加入资产 A 使 $VaR_{NEW}<VaR_{OLD}$，则可接受较低的超额报酬率。

(4) VaR 应用于决策管理。由于 VaR 不仅具有量化特征，对不同的金融产品如外国债券、股票、期权、期货、保险均可适用，可将投资组合内不同金融产品所产生的风险加总；同时 VaR 是以资产现行市场价格计算风险而非以账面价值处理，故较具流动性和可执行性，且不会失真。基于上述的优点，对于外汇储备风险管理中使用 VaR，易于进行下列控制：① 最高风险管理者随时能掌握整体外汇储备所面对的总风险金额和风险比例。② 对于资产和风险可作更精确的配置和预估，并随经济金融情况随时调整，缩短反应时间，提高报酬减少损失。③ 可针对重大异常事件进行压力测试，以了解整体外汇储备可能面临的极端情况，并事前进行模拟，建立危机处理机制，降低损失。④ 可明确制定各部门管理者所承担的风险上限，让各部门管理者清楚了解本身在整体外汇储备风险中所扮演的角色，不仅作为其本身操作的参考，也可作为绩效考核的标准。⑤ 由于各持有产品的风险均有明确数字，故当市场发生异常事件时，管理者可立即调整相关头寸，迅速反应，不致手足无措，错失处理时机。

前文分析指出，外汇储备的风险包括市场风险和流动性风险，就央行主要业务而言，安全与稳定仍是最高原则，在追求更高的风险报酬时仍应以不伤及本国货币汇率的稳定和币值为前提，由于 VaR 具有将各种风险以单一数值衡量的优点，故可将上述各项外汇储备风险汇总计算出单一的 VaR，以显示外汇储备潜在的最大损失金额，当所求得的 VaR 越高显示潜在最大损失金额越大，此时应尽量减少风险暴露的金融产品头寸、缩短投资风险与期限，以降低 VaR，保卫汇率的稳定，避免受到外汇投机交易者的攻击。

三、中国外汇储备风险度量分析

随着外汇储备规模的不断膨胀和提高获利性的要求，近年来外汇储备的风险管理已成为中国外汇管理当局不可忽视的重要问题。如何有效地防范与管理中国外汇储备的汇率风险已经成为中国外汇储备管理的一个重要课题。本部分主要从动态和静态外汇储备风险管理两个方面进行中国外汇储备风险度量分析，由于动态的外汇储备风险涉及中国宏观经济的多个变量，相关风险的实证分析与度量的方法还不够成熟，有待进一步探索和拓展，在此主要以定性分析为主。

(一) 动态的增量外汇储备风险度量

1. 中国动态外汇储备增加的通货膨胀效应分析

关于外汇储备增长对物价的影响，国外侧重于长期分析，国内则侧重于短期分析。国外学者侧重于从长期考察外汇储备与物价变动之间的关系。主要有 Heller(1976)、Mohsin S. Khan(1979)等。他们的结论是：外汇储备与通货膨胀存在正相关关系。国内学者则侧重于短期分析。戴根有(1995)不认为外汇储备增加是推动20世纪90年代通货膨胀的主要原因；谢平、张晓朴(2002)认为外汇占款是构成货币供给的重要部分，是造成20世纪90年代通货膨胀的直接原因之一；夏斌、廖强认为外汇占款不一定会影响国内通货膨胀水平，近年来的货币供给量变动与国内通货膨胀变化并不一致；封建强、袁林(2000)认为短期内外汇储备增加与物价变动不存在相关关系；刘荣茂、黎开颜(2005)认为，1981～1996年间的外汇储备变动不是通货膨胀变动的原因，2003年1月至2004年6月间外汇储备变动与通货膨胀弱相关；邵学言、郝雁(2004)认为，外汇储备变动与物价变动正相关，但影响强度不大，物价变动还受其他因素影响，因此不能简单得出外汇储备增加会导致通货膨胀的结论。国内的长期分析比较少。封建强、袁林(2000)认为，长期内，外汇储备增加会扩大货币投放，从而引起物价上涨。

首先分析外汇储备与货币供给之间的关系。从一国货币创造的角度来看，有：$M=K\times B$，其中：M为货币供应量，K为货币乘数，B为基础货币。从中央银行的资产负债表可知：$B=C+D+F+O$，C表示中央银行对金融机构的再贷款；D表示对国家财政的透支和贷款以及一些财政性质的贷款；F表示中央银行国外净资产，即国家外汇储备；O表示中央银行其他以放款、证券投放等形式进行货币投放的项目。于是有：$M=K\times(C+D+F+O)$，其中，$K\times(C+D+O)$为国内货币供应量，$K\times F$则是由外汇储备变动引致的货币供应量。上式表明：随着经济对外开放程度的提高，外汇储备对货币供应量的影响会不断加强。外汇储备的增加，导致外汇占款的增加，进而引起基础货币的增加，而基础货币的增加又通过货币乘数引起货币供应量的增加。但是，外汇储备的变动更多地是由对外经济活动和国际收支状况所决定的；对外开放程度越高，与对外经济活动相关的货币供应所占的比重越大，货币供应的内生性越强，中央银行控制货币供应量的主动性就越低，货币政策在控制货币供应方面的有效性也就越低。上述分析表明，外汇储备直接构成一国基础货币的一部分，因此，在其他条件不变的情况下，外汇储备增加会导致货币供给增加。

在短期内，由于中央银行的干预，以及不完全的市场机制，使得上述外汇储备与宏观经济的动态均衡机制在中国不存在。主要表现是：中国外汇储备近年来持续、大幅增长，但中国物价却没有出现暴涨。这其中的主要原因是：中央银行通过减少对金融机构、政府及非金融机构的债权来抵消外汇储备增长对增加货币投放的压力，通过发行中央银行票据等方式来回笼货币。目前在中国外汇占款年增量占基础货币年增量的比重已超过70%、央行货币投放渠道已发生很大变化的情况下，由于中央银行的干预，使外汇储备的增长对物价上涨并没有造成太大的压力。不完全的市场机制主要表现为货币投放的变化不一定引起利率变化，因为中国利率还没有实现完全意义上的市场化，资本项目也没有完全开放，因而利率与资本项目之间的传导机制受阻。因此，上述动态均衡机制在短期内不存在。

央行对金融机构等净债权的减少影响了以国有企业为主的大多数职工工资水平的提高，从而抑制了物价的上涨。相比之下，外贸部门就业人数比重较小，这些部门职工工资收入的提高对全国物价的影响不大，况且这些外汇收入中有很大部分归外商所有，职工只赚取少量的劳动报酬，因此该部门收入增加对职工工资的提高影响较小，对总体物价水平的影响就更小。另外，由于中国汇率形成机制的不完善，外汇储备变化对人民币汇率影响较小且滞后，外汇储备增加也就不能通过提高出口商品价格来减少经常项目盈余，从而减轻外汇储备增加导致货币投放增加带来的通胀压力；由于利率市场化进程的滞后和资本项目管制，外汇储备增加也不能使利率下降，从而使资金流出增加以减少资本项目盈余、减少外汇储备增加，减轻通胀压力。

从中国近期的数据来看,前述理论分析中的外汇储备变动与物价变动之间的关系并不成立。外汇储备的增加并不一定必然导致货币投放的增加,短期内,央行可以通过减少对金融、政府及非金融部门的净债权,通过发行央行票据来消除外汇储备增长对货币投放增加的压力,通过这些对冲操作来减轻通胀压力。

虽然短期内中国外汇储备变动与物价变动之间的关系并不成立,但从长期来看,外汇储备增长很有可能会带来货币投放的增加,从而引起物价上涨。外汇储备增加导致基础货币投放增加后,通过货币乘数的作用直接增加了货币供应总量,使社会总需求增加,在该国不存在闲置资源的情况下,社会总供给不能相应增加,只能通过物价上涨来实现商品市场供求均衡。在资本市场上,货币供给增加将使利率下降。物价上涨将削弱出口商品的竞争力,使经常项目盈余减少或逆差增加,利率下降将使资本流出增加,使资本与金融项目盈余减少或逆差增加,从而使外汇储备增速下降直至减少。外汇储备的减少会产生与上述相反的作用。外汇储备与经济运行就在这种负反馈中变动与调整,在动态中实现均衡。

总的来看,短期内,外汇储备直接构成一国基础货币的一部分,在其他条件不变的情况下,外汇储备增加会导致货币供给增加;长期内,外汇储备与经济运行存在负反馈的动态均衡机制。在实践中,由于央行的干预和不完全的市场机制,使得中国外汇储备变动与物价变动之间的动态均衡在短期内不存在;从长期来看,外汇储备与消费物价指数之间也不存在直接的双向Granger 因果关系,但外汇储备可以通过影响货币发行而间接影响消费物价指数,从而增加物价上涨的压力。①

可见随着中国外汇储备的增加,外汇占款数量不断增大,由于央行冲销能力有限,基础货币的投放必然增长,加上货币乘数效应,中国的货币供应量就会大幅增长。

2. 中国动态外汇储备增加对货币政策效应分析

到 2007 年 6 月,中国外汇储备由 2000 年年初的 1 655 亿美元急增至 13 326.15 亿美元,与中国巨额外汇储备增加相对应的是,外汇占款已成为基础货币投放的主渠道(根据表 2 和图 3 外汇储备的数量基本上等于外汇占款的数量)。外汇占款逐年增加,外汇占款余额占基础货币的比重由 2001 年 1 月的 47%上升到目前的 90%以上,已经对物价上涨造成很大压力。为保持人民币币值稳定和防范通货膨胀,中国人民银行多次实施货币冲销政策,试图将外汇储备增加的通货膨胀效应尽可能减低。

表 2

2001 年以来中国外汇储备和货币发行的变动情况

时　期	2001 年 12 月	2002 年 12 月	2003 年 12 月	2004 年 12 月	2005 年 12 月	2006 年 12 月	2007 年 3 月
外汇储备(亿美元)	2 121.65	2 864.07	4 032.51	6 099.32	8 188.72	10 663.44	12 020.31
货币和准货币(亿人民币元)	152 888.50	183 246.94	219 226.81	250 802.79	296 040.13	345 577.91	364 104.66
外汇占款(亿人民币元)	17 856.43	23 223.34	34 846.92	52 592.64	71 211.12	98 980.27	107 747.79

① 参见王珍. 中国外汇储备增长与物价波动的理论分析与实证分析. 统计研究,2006(7):41～45

为了冲销外汇占款导致的基础货币快速增长，央行在2002年9月份开始发行央行票据这一新的货币政策工具。2003年共发行7 226.8亿元，发行余额为3 376.8亿元；2004年共发行1.5万亿元，发行余额约为10 000亿元；2005年发行余额约为20 000亿元；2006年和2007年以来央行票据发行规模进一步扩大。随着冲销规模的增大，央行逆回购的压力也进一步增大，央行的冲销政策面临巨大的压力。而票据发行疲于应对票据兑付的局面，使其对货币流动性的调节力度明显受限。

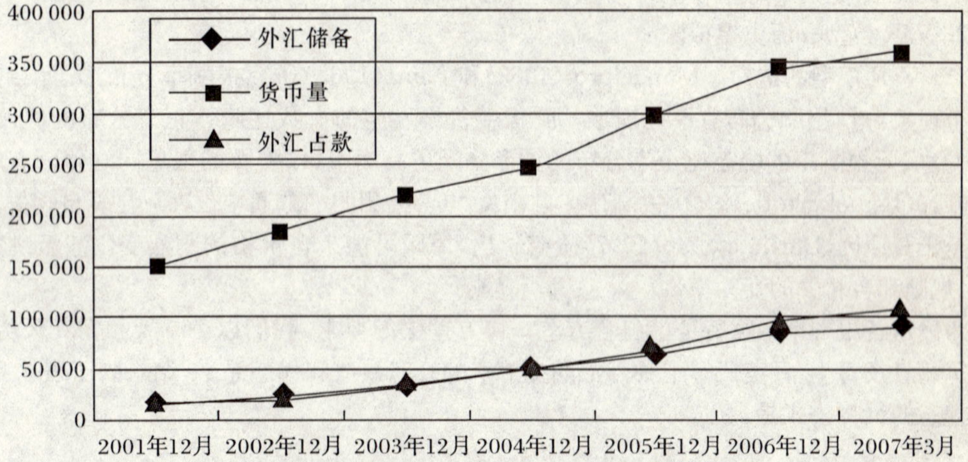

图3　2001年以来中国外汇储备和货币发行的变动情况

另外，国际市场对人民币升值的预期仍然非常强烈。在金融经济一体化的形势下，一旦人民币升值显现出可能的迹象，在短时间内将有数额庞大的境外热钱涌入，所以今后一个时期对冲外汇占款的压力可能更甚于以前年度。

（二）静态存量外汇储备风险度量

在中国巨额的外汇储备中，美元资产所占比重大约在60%～80%。在这样一种"美元独大"的币种结构下，美元汇率的变动成为中国外汇储备面临的最主要汇率风险。从2002年到2004年，美元相对于其他主要货币的名义有效汇率已下跌了25%左右。由于美国严重的财政与贸易双赤字局面短期内无法改善，很多国际专家认为美元贬值的局面目前仍难以扭转。美国经济学家罗高夫和奥伯斯特菲尔德认为，美国要消除巨大的经常项目逆差，美元至少需要贬值20%～30%，对中国外汇储备造成的损失可能高达1 000亿～1 500亿美元，这大约相当于中国GDP的10%，如此之高的损失对于中国是很难承受的。因此，对中国已经积累的巨额存量外汇储备如何进行有效管理也是我们所面临的一个棘手的现实问题。在此，运用VaR模型—历史模拟法来分析中国外汇储备的汇率风险①。

1. 关于数据搜集与处理

本研究以2003年1月1日至2005年12月31日的每日交易收盘价格为计算基准。本文以1年为观察期间（抽样期间），在置信水平为99百分位数的条件下，计算10个（及每日）营业日的汇率价格变动风险值，根据巴塞尔委员会关于银行自有资本与风险性资产的计算方法，计算3年的风险值，以期更好地显示风险值的长期趋势。

① 本部分研究主要参考了中国立信风险管理研究院开放课题"开放条件下的中国外汇储备风险研究"。

本研究使用美元、欧元、英镑、日元、瑞士法郎、澳大利亚元和加拿大元等七种货币兑人民币的即期汇率等七项时间序列数据,作为外汇储备的组合项目。以各时间序列数据根据(5)式转换成报酬率序列数据后再加以分析:

$$R_t = \ln(P_t / P_{t-10}) \tag{5}$$

数据来源为国际货币基金组织(IMF)的国际金融统计数据库(IFS),当数据发生缺漏时,以前一日价格代替。

2. VaR 模型—历史模拟法

(1) VaR 模型的选择。Mandelbrot(1963)和 Fama(1965)研究报酬率分布形态归纳出下列四个现象:① 报酬分布有厚尾现象,即"极端价格发生的次数比隐含正态分布的假设次数多"。② 实际报酬率的峰态比正态分布的钟形分配更高而窄,该瘦腰的现象同时伴随有厚尾,即瘦峰态(Leptokurtotic)。③ 报酬存在自相关。④ 报酬的平方通常也存在显著自相关。

至于其原因,Duffle & Pan(1997)研究指出,原因可能来自价格的剧烈变化甚至跳空,或随机、规则和自相关的变动率。

为确定各报酬率数据特征能符合方差—协方差法的要求,我们以 260 天和 520 天历史数据计算每日及每 10 日美元等七种外汇的报酬率的峰态系数和偏态系数,结果列于表 3 和表 4 中。偏态的计算公式是:

$$\frac{n}{(n-1)(n-2)}\sum\left(\frac{x_i-\bar{x}}{s}\right)^3$$

峰态的定义是:

$$\left\{\frac{n(n+1)}{(n-1)(n-2)(n-3)}\sum\left(\frac{x_i-\bar{x}}{s}\right)^4\right\}-\frac{3(n-1)^2}{(n-2)(n-3)}$$

表 3

美元等七种货币的每日报酬率的峰态系数与偏态系数

币　别	美元	欧元	英镑	日元	瑞士法郎	澳大利亚元	加拿大元
峰态系数(260 天)	0.664324	0.601362	0.606547	2.459874	0.619643	1.541264	1.599966
峰态系数(520 天)	0.578675	0.957177	0.897403	1.510269	0.856123	7.064474	2.439682
偏态系数(260 天)	−0.33103	−0.15896	−0.1523	−0.90167	−0.16475	−0.2874	0.778645
偏态系数(520 天)	−0.31534	−0.30722	−0.29884	−0.57221	−0.30788	−1.17999	0.714637

资料来源:本研究整理。

表 4

美元等七种货币的每 10 日报酬率的峰态系数与偏态系数

币　别	美元	欧元	英镑	日元	瑞士法郎	澳大利亚元	加拿大元
峰态系数(260 天)	−0.1011	0.714475	0.714484	1.191731	0.726621	0.051516	1.077499
峰态系数(520 天)	−0.1828	0.565147	0.554422	0.896798	0.540331	5.076094	0.503357
偏态系数(260 天)	−0.46044	−0.7862	−0.78631	−0.85768	−0.78455	0.118269	0.897252
偏态系数(520 天)	−0.17911	−0.67624	−0.67191	−0.85603	−0.67136	−1.51684	0.677494

资料来源:本研究整理。

峰度值系显示与正态分布相比较时，一个数据组相对尖峰集中或平坦分布的程度。正峰度值表明分布较向尖峰集中，而负峰度值表明分布较为平坦。偏态表明一个分布以其平均值为中心的不对称程度。正的偏态表明分布有一个不对称的尾端向正值方向延伸。负的偏态表明分布有一个不对称的尾端向负值方向延伸。

表 3 和表 4 结果显示各币别报酬率多呈现左偏高狭峰形态与 Mandelbrot(1963)和 Fama(1965)研究结果相似。

为避免上述因为正态分布的假设所产生的缺点，同时现有研究发现，相较于其他自有模型方法，以历史模拟法计算所得的风险值最高。换言之，历史模拟法最为保守，最符合央行追求安全的目标，故本文利用历史模拟法来计算 VaR。

(2) VaR 模型—历史模拟法的处理步骤。历史模拟法主要是从实际的历史数据中找到最大损失的报酬。例如，为计算在 1%的概率水平下的 VaR，先将过去历史数据中每日的报酬加以排列，并指出该最低 1%的报酬。历史模拟法不需对报酬率分布作任何假设，是其最大优点，该方法以目前资产组合各头寸的分布权重，再以历史数据模拟各种可能情况(Scenario)，最后将所有可能情况排序即可得一定的持有期间和置信区间下，资产组合的最大可能损失估计值，模拟资产组合净值报酬率如下：

$$R_{P,t}=\sum w_{it} * \gamma_{it} \tag{6}$$

事实上，历史模拟法是一种整体评价方式(Full Valuation)的直接运用。完全评价法直接计算两期投资组合价值的差额，如下式：

$$\Delta V=V(P_1)-V(P_{t-1}) \tag{7}$$

而整个计算过程如下：

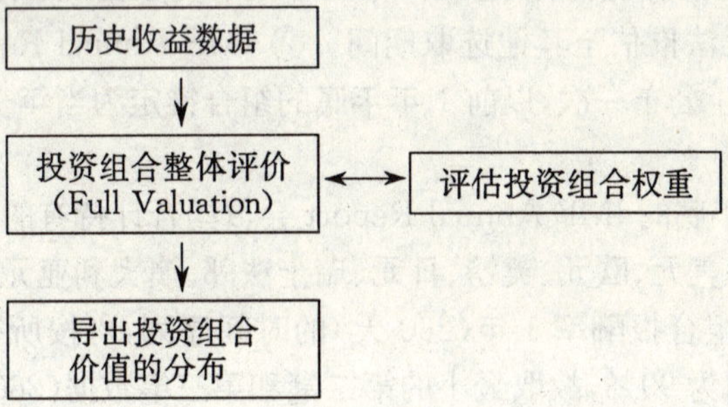

历史模拟法的运用须具有所有市场要素完整的历史数据，而现行投资组合则是利用该历史数据中每一个交易日的市场要素价格变动数据来加以评价。其处理步骤如下：① 建立完整的历史数据库，本文以 2003～2005 年的主要国际货币每一交易日收盘价为对象。② 设定报酬率计算的期间，本文以 10 日和 1 日的价格变动为研究目标。③ 以下列公式算出每 10 日的报酬率：

$$R_t=\frac{P_t-P_{t-10}}{P_{t-10}}\times 100 \tag{8}$$

或

$$R_t=\ln(P_t/P_{t-10})$$

其中：R 为每 10 日报酬率；P 为标的资产的价格。

以 P_{t-1} 代替 P_{t-10} 即可计算每日报酬率。利用上述公式可以求出 3 年间每日报酬率观察值，将所得的报酬率观察值计算两期投资组合价值的差额，即：

$$\Delta V=V(P_1)-V(P_{t-1})$$

④ 按由小到大的顺序来排列，则该最大的损失将是该报酬差额数列的第一笔观测值。⑤ 选定置信水平，本文以 99%置信水平下，以 260 笔每日报酬率观察期间为例，所选取的分位数为该数列的第 2.6 笔观测值即为 VaR。⑥ 以滚动方式重复步骤 4 和步骤 5，计算 3 年的 VaR。

3. 模拟分析结果

(1) 外汇储备组合的假设。虽然本研究基于开放条件下，但由于世界各国的外汇储备的币别组合均属各国央行的业务机密，在此假设中国外汇储备的币别组合与 IMF Annual Report 会员国合计持有的外汇储备的币别组合相同；同时各国持有的金融产品内容也属各国央行的业务机密，故假设中国外汇储备均以现金形式持有。

处理步骤如下：① 以美元、欧元、英镑、日元、瑞士法郎、澳大利亚元和加拿大元等七种货币兑人民币元的即期汇率等七项时间序列数据，作为外汇储备的组合项目。以 10 个营业日为例，各时间序列数据以下式转换成 10 天期的报酬率序列数据后再加以分析：$R_t=\ln(P_t/P_{t-10})$。② 以历史模拟法模型模拟出报酬率分布，在 99%的置信区间下，选择的样本数乘以 0.01 个最小实际报酬率值，即能得出以目前外汇储备的组合比例在过去 1 年观察期间(260 天)内，历史数据实际上的损失报酬率(即负的报酬率)，最后以总头寸金额乘以此数值，即能算出使用历史模拟法模型的 VaR，也就是目前外汇储备组合的汇率变动的市场风险值(损失)。

研究的局限性如下：① 本历史数据模拟选取 1 年的外汇历史数据观察期间(抽样期间)，期间可能太长或太短，故可能无法推估至其他选取期间。② IMF Annual Report 会员国合计持有的外汇储备的币别组合每年公布一次，以前 1 年年底的组合推定为当年全年的组合，会有误差。

(2) 模拟结果。以前 1 年年底的 IMF Annual Report 会员国合计持有的外汇储备的币别组合比例作为权数，计算加权后美元、欧元、英镑、日元、瑞士法郎、澳大利亚元和加拿大元等七种货币组合的外汇储备的币别组合报酬率 1 年(260 天)的时间序列，再按所得报酬率的大小由小到大重新排序，因置信区间为 99%，故取最小的第二笔和第三笔数据(260 样本点)以插值法分别求 10 日(及每日)的最大损失报酬率，最后乘以中国每月公布的外汇储备得出所求的 VaR。至于各个货币兑人民币汇率的风险值对外汇储备风险值的贡献值，以 10 个营业日为例，可按上述同样计算方法，分别加权得出七种货币的 VaR 报酬率和 VaR 值。

计算结果显示，自 2003 年 1 月 1 日至 2005 年 12 月 31 日间每 10 日及每日的外汇储备组合汇率风险所产生的 VaR 报酬率分别介于－0. 01137%～－0. 00719%和－0. 00321～－0. 00229之间，就其时间序列观察，VaR 报酬率的长期趋势分别趋向于－0. 008%和－0. 0027。以每 10 日数据为例，3 年 VaR 报酬率的频数分布见图 4，统计量见表 5。

如就金额而言，每 10 日及每日的外汇储备组合汇率风险所产生的 VaR 分别介于 601. 411 千万美元至 1 023. 62 千万美元及 191. 35 千万美元至 303. 51 千万美元之间，以每 10 日数据为例，3 年 VaR 的频数分布如图 5，统计量见表 6。

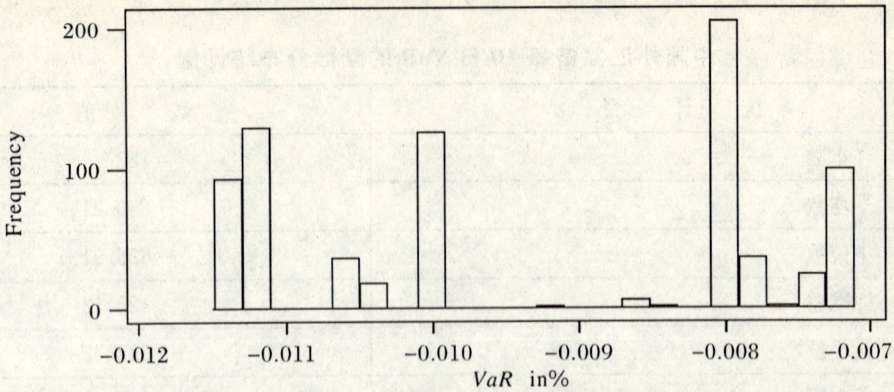

图 4　中国外汇储备每 10 日 *VaR* 报酬率的频数分布

表 5

中国外汇储备每 10 日 *VaR* 报酬率的频数分布统计量

统　计　量	数　值
样本数	783
平均数	−0.00931
中位数	−0.01004
标准差	0.00159
最小值	−0.01137
最大值	−0.00719
第一个四分位数	−0.01112
第三个四分位数	−0.00797

资料来源：本研究整理。

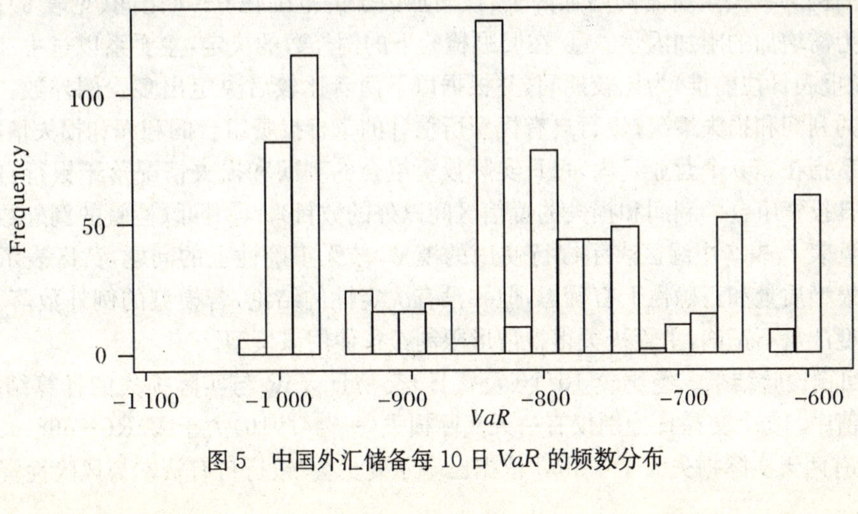

图 5　中国外汇储备每 10 日 *VaR* 的频数分布

表 6

中国外汇储备每 10 日 VaR 的频数分布统计量

统　计　量	数　值
样本数	783
平均数	−830.21
中位数	−835.91
标准差	125.13
最小值	−1 023.62
最大值	−601.41
第一个四分位数	−975.03
第三个四分位数	−740.84

资料来源：本研究整理。

4. 回顾检验

(1) 回顾检验(Backtesting)的目的。为证明 VaR 的正确性，通常要求对该自有模型产生的 VaR 作回顾检验，若回顾检验发现银行内部自有模型无法正确预估风险，则加入惩罚性的乘数因子，目的在于鼓励银行改善模型预测的准确性，并避免银行为配合模型而消极地预测损益，以奖励诚实的内部监控者并健全风险管理系统，对央行外汇储备的风险管理也具相同参考价值。

(2) 回顾检验方法。以 $t+10$ 日的实际各币别汇率计算于 t 日时，外汇储备组合报酬率，再将所得 250 营业日的每日实际组合损失值与每日 VaR 比较，计算其中实际损失大于 VaR 的天数即例外数，例外数的多寡与乘数附加因子的关系，根据巴塞尔委员会“银行自有资本与风险性资产计算方法说明”规定如下：① 银行使用自有内部模型计提市场风险时，其所需计提的资本为下列两者中的较大者：依自有模型规定参数所计算出来的前 1 日风险值；每日往前推 60 个营业日的每日风险值的平均数乘以乘数因子。② 乘数因子的最低标准定为 3，该乘数因子主要系由以下三个部分加总所得。最低乘数因子 3；在回顾检验下，由过去 250 个交易日中所产生的例外数决定所需的附加因子，该附加因子的范围在 0～1 之间(见表 6)；其他经本委员会认为需增加的附加因子。③ 在回顾检验下的例外数的决定，主要系以过去 250 个营业日(从提交报表日往前推)为比较期间，并根据以下两者比较后决定出多少例外数。每日实际投资组合的利润和损失情况；银行自有模型所估计的每日投资组合的利润和损失情况(也即所谓例外数系指在 250 个营业日内，每日实际投资组合的利润和损失情况落于银行自有模型所估计的每日投资组合的利润和损失的置信区间以外的数目)。④ 回顾检验的例外数与附加因子的关系见表 7，表 7 中绿区表示银行使用的模型，较无正确性上的问题，黄区表示由例外数结果显示模型质量和正确性上有疑虑，但并没有决定性的结论，若模型的例外数落于红区内，表示该模型严重不正确，主管机关得视情形限制银行使用该模型。

(3) 回顾检验结果。经比较 10 个(及每日)交易日 VaR 与实际损失的计算结果，在 250 天的观测值中，10 个交易日分别仅有一天实际损失(−744.916)大于 VaR(−668.433)。每日 VaR 则仅有两天实际损失大于 VaR，依据巴塞尔委员会“银行自有资本与风险性资产计算方

表 7

由过去 250 天的回顾检验例外数决定附加因子

	例 外 数	附 加 因 子
绿区	1～4	0
黄区	5	0.4
	6	0.5
	7	0.65
	8	0.75
	8	0.75
	9	0.85
红区	10 个以上	1

资料来源:巴塞尔委员会“银行自有资本与风险性资产计算方法说明”。

法说明”规定,系属于绿灯区,即表示以历史数据模拟的 VaR 模型为合乎要求的风险值计算法,就汇率变动风险对外汇储备价值所产生的 VaR,无正确性上的问题。

5. 检验结论

(1) 基于 VaR 值的中国外汇储备实证检验结论。以历史模拟法计算汇率风险结果显示,自 2003 年 7 月 1 日至 2005 年 12 月 31 日间每 10 日及每日的外汇储备组合汇率风险所产生的 VaR 报酬率分别介于－0.01137%～－0.00719%及－0.00321～－0.00229 之间,就其时间序列观察,VaR 报酬率的长期趋势分别趋向于－0.008%和－0.0027。再就 VaR 值来看,每 10 日及每日的外汇储备组合汇率风险所产生的 VaR 分别介于 601.411 千万美元～1 023.62千万美元及 191.35 千万美元～303.51 千万美元之间,就其时间序列观察长期趋势分别趋向于 800 千万美元及 270 千万美元,VaR 频数分布的集中趋势则较 VaR 报酬率明显。

将各组成货币加权后的每 10 日 VaR 值加总后与整体外汇储备组合的 VaR 值比较,发现各组成货币加权后的 VaR 值加总后明显大于外汇储备组合的 VaR 值,差距在 192.88 千万美元至 460.89 千万美元之间(见图 6),究其原因在于各组成货币的报酬率的相关性较小,而使整体外汇储备的报酬率的变动性降低,达到降低风险的目的。

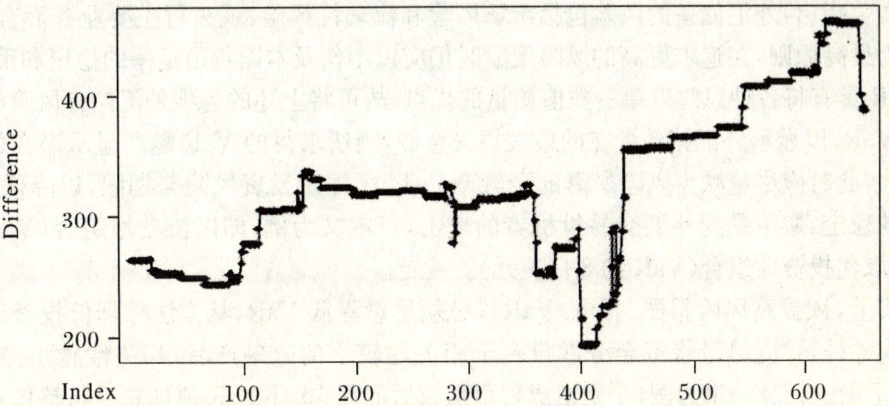

图 6　各组成货币的每 10 日加总 Var 值与整体 Var 值的差距

另外,回顾检验的结果,在250天的观测值中,每10日和每日报酬,分别仅有一天和两天的实际损失大于VaR,即例外数分别等于1和2,根据巴塞尔委员会规定系属于绿灯区,显示以历史数据模拟的VaR模型为合乎要求的风险值计算法,就汇率变动风险对外汇储备价值所产生的影响能够作合理的预估。

前文分析指出,目前各国中央银行的外汇储备的管理和运用的发展趋势为:将外汇储备划分为“投资性组合”和“流动性组合”,交由专人负责,以收分工合作之效;投资组合多样化并积极调整投资组合,以提高长期投资绩效;设置投资指标,作为决策的依据和风险管理的标准。

在建立投资组合,以提高长期投资绩效时,风险管理尤其重要,由前一章的模拟结果可知外汇储备组合汇率风险就其时间序列观察,每10日VaR报酬率的长期趋势变大并且趋向于-0.008%。再就VaR值来看,最大的VaR为1 023.62千万美元,最小的VaR为601.411千万美元,就其时间序列观察长期趋势变小且趋向于800千万美元,每日VaR报酬率的长期趋势则趋向于270千万美元,若能取得投资工具的具体情况,就能以相同方法计算出中国外汇储备的风险值。

若参照国外经验,将外汇储备划分为两部分:流动性组合,专司汇率干预的工作;投资性组合,专门从事高风险、高报酬的投资。在流动性组合内,包括最具流动性的美元、欧元、日元和英镑。而其他不会在干预汇率时使用的外国货币,可以划入投资性组合之内。则在流动性组合部分,可以整体外汇储备汇率变动风险值加总为稳定国内汇市所需的外汇存量估计值;其余部分均可列入投资性组合,以追求更高的报酬。

以计算所得的VaR最大值预估每日需10亿美元作为稳定国内汇市所需的外汇,同时连续10天进场操作为例,加总8亿美元(以前文计算结果为例)的汇率变动风险值(以10个营业日为持有期间)后,可将流动性组合部分定为108亿美元,如此即使国际汇率走势不利中国,央行仍然拥有足够资金去完成稳定人民币汇率的任务,而不致发生流动性不足问题引发储备风险。

若央行外汇储备为1 000亿美元,则扣除上述流动性组合部分的108亿美元后,仍将近有892亿美元可供建立投资性组合,追求更高的报酬。因流动性组合和投资性组合的目的不同,投资性组合的持有期间(例如为10日)会大于流动性组合(例如为1天),加上投资性组合为追求较高的报酬率,资产组合中会包括风险较高的金融产品,假设两者分配金额相同,以前文模拟结果,投资性组合的VaR(约8亿美元)将会大于流动性组合的VaR(约2.7亿美元)。

前文曾指出,外汇储备的风险包括市场风险和流动性风险,就央行主要业务而言,安全和稳定仍为最高原则,在追求更高的风险报酬时仍应以不伤及本国货币汇率的稳定和币值为度,由于VaR具有将各种风险以单一数值衡量的优点,故可将上述的各项外汇储备风险汇总计算出单一VaR,以显示外汇储备潜在的最大损失金额,当所求得的VaR越高显示潜在最大损失金额越大,此时应尽量减少风险暴露的金融产品头寸、缩短投资风险与期限,以降低VaR,保卫汇率的稳定,避免受到外汇交易投机者的攻击,以本文为例,即以流动性组合(VaR约2.7亿美元)取代投资性组合(VaR约8亿美元)。

事实上,欲提高风险报酬(报酬/VaR),必须尽量降低VaR,其方法除降低投资期限和金融产品头寸外,并应尽量将资金分散投资于相关性较小的金融产品,相关性越小,越能降低VaR,以上面的计算结果为例,个别组成货币加权后的每10日VaR值加总后与整体外汇储备组合的VaR值比较,发现各组成货币加权后的VaR值加总后明显大于外汇储备组合的VaR

值,差距在 192.88 千万美元至 460.89 千万美元之间,约达长期趋势的 24%~58%,影响很大。

(2) 基于 VaR 值的中国外汇储备风险管理建议。由于 VaR 在风险管理上具有下列优点:① 对投资商品作风险管理和头寸调整。相对于传统只针对单一交易行为进行避险策略,有显著改善。每一位交易者,对于自己的投资组合或不同的交易行为,都应设定风险暴露的上限值,且不止要列出组合的总风险暴露,还必须包括组合内个别成分股票(标的物)的风险暴露。② 对交易员作风险管理。例如,设定每一位交易员的风险值上限,基于衡量风险的目的计算报酬率。对风险管理人员而言,可以用这个值,与公司所授权给该交易员的风险容忍值相比,以达到风险管理的目的。③ 对于投资性组合而言,VaR 也可作为其动态控制其风险暴露头寸的大小及作组合间的权重调整。④ 作为外汇储备总风险管理、避险和避险效果衡量的工具。先分配风险再追求报酬,以避免交易员冒着高风险追求报酬的风险预算(Risk Budgeting)方式,相当符合央行追求资本安全性的目标。

若应用 VaR 建立风险值的处理程序和制度,用于计算和控制风险值,学者 Duffle 对估算 VaR 提出以下步骤:① 建立一个模拟投资组合各成分标的的价格变动模型,其中包括 VaR 价格变动度。要构建这个模型可以利用包括变动度、相关系数、峰度系数(Kurtosis)等统计参数,也可以用历史报酬率,以 Bootstrap 法取样,以对当期价格变动度的预期调整,模拟出价格。② 建立一个投资组合头寸的数据库,若有衍生性商品,应载明其合约内容,估计组合内个股占总头寸的大小,及总头寸在 VaR 期间可能走势的模型。③ 发展一个对衍生性产品标的物价格重新评价的模型。在衍生性产品对衍生性产品的比较上,这个重新估价模型,可以是对股价一阶微分的 Delta 估计,或加上二阶的 Delta-Gamma 估计。④ 模拟投资组合市场价格的变动,估算出期望损益的分布。

从上面的步骤中可看出,欲建立 VaR 的处理程序或制度需有强大信息系统配合,并非投资部门所能独立完成,在建立跨部门的风险管理系统时,应由更高层的管理者居中协调,以竟其功。

本报告以易于了解的历史模拟法求出外汇储备汇率变动风险值,期望建立一个清晰的风险值作为央行参考,但历史模拟法也有其缺点:

第一,该方法需要相当多的历史数据为其估计基础,当资产组合工具多样化后,其数据库相当庞大,并且所有交易工具都需要订价模型。

第二,该方法建立在"历史会再重演"的假设上,故当市场具有学习能力时,该方法即易失真。

第三,该方法易受离群值的影响并很难进行敏感性与压力检验。

另外,本报告以 1 年为观察期间,置信水平为 99 百分位数及单位检验条件下,分别计算 10 个和 1 个营业日的汇率价格变动风险值。巴塞尔委员会的"银行自有资本与风险性资产计算方法说明"的自有模型法中的观察期间、置信水平及持有期间等参数的选择是否符合央行外汇储备风险管理实际情况,仍有待进一步探讨。

四、中国外汇储备风险管理的建议

中国高额外汇储备是各种因素综合作用的结果,依照改革开放以来中国经济的平均发展速度,中国在今后较长时期内,其外汇储备仍将保持较快增长趋势。因此,我们要以发展的动态的视角看待和管理中国的外汇储备,要把静态外汇储备风险管理与动态外汇储备风险管理相结合,有机协调和管理中国外汇储备风险,促进中国经济又快又好地发展。

(1) 外汇储备过快增长导致基础货币被动投放是流动性过剩的原因,要改革外汇储备管理体制,切断外汇储备与货币供应的直接联系。在现行体制下,绝大部分外汇资产集中于央行,并形成官方外汇储备,对货币当局造成了很大压力。应当改革外汇资产持有者结构,一方面,按照"藏汇于民"的思路,鼓励企业和居民购买、持有外汇,形成非官方外汇资产;另一方面,实现官方外汇资产持有者的多元化和投资形式的多元化,从而减少央行购买、持有的外汇储备规模,从外汇储备增量这个源头上缓解流动性过剩。

(2) 国际收支失衡是外汇储备过快增长的动力,也是流动性过剩的原因,因此,要调整涉外经济金融政策,促进国际收支平衡。调整涉外经济政策,切实改变"奖出(出口)限入(进口)"的倾向。降低或取消资源耗费型等行业出口退税政策补贴,遏制贸易顺差过快增长。

(3) 调整外汇管理政策,改变"宽进(流入)严出(流出)"的倾向。在严格资本特别是短期资本流入的同时,拓宽外汇流出渠道。放宽了合格境内机构投资者(QDII)境外投资范围,外汇管理政策要因势而变。切实加强反洗钱工作,严格限制境外资金通过非法渠道进入中国市场。

(4) 完善人民币汇率形成机制,逐步增强汇率弹性,进一步发挥汇率这只"看不见的手"在促进国际收支平衡中的独特作用,缓解人民币升值压力,减缓外汇储备快速增长的势头。

(5) 加强对国有商业银行外汇资产的研究。要深入研究国有商业银行外汇资产与国家外汇储备的关系以及对国家支付(清偿)能力、国际收支(特别是资本项目)的影响。商业银行本、外币资金的转换和运作与国家外汇储备的变动乃至国际收支平衡都有间接或直接的关系。

(6) 调整外汇储备的结构和拓展外汇储备投资渠道,提升外汇储备投资收益,进一步降低持有外汇储备的机会成本,要充分利用现代风险管理技术和方法有效降低外汇储备风险。

执笔人:张丕强

(本报告部分内容选自:上海立信会计学院中国立信风险管理研究院开放课题《开放条件下外汇储备风险研究》,课题负责人:王艺明。)

参考文献

1. 中国统计.中国经济年鉴.中国统计年览.北京:中国统计出版社,1990~2001
2. 刘斌.外汇储备变化的实证分析.经济评论,2003(2)
3. 刘莉亚,任若恩.中国外汇储备适度规模的测算与分析.财贸经济,2004(5)
4. 马之驹.发展中国家国际储备需求研究.上海:华东师范大学出版社,1994
5. 王国林.外汇储备的国际比较分析.国际金融研究,2003(7)
6. 王元龙.中国外汇储备合理规模的政策选择.财贸经济,2003(7)
7. 吴丽华.中国适度外汇储备量的模型与外汇储备管理.厦门大学学报,1997(4)
8. 吴念鲁.加强中国外汇储备管理的探讨.国际金融研究,2003(7)
9. 奚群羊.国际储备研究(第1版).上海:上海财经大学出版社,1998
10. 许承明.中国的外汇储备问题.北京:中国统计出版社,2003

11. 张鹏.论中国外汇储备规模和增速的不合理性.财经研究,2003(6)

12. 张荣峰,张慧明,杜文星.外汇储备风险的经济学分析.当代经济,2004(3)

13. 朱淑珍.中国外汇储备的投资组合风险与收益分析.上海金融,2002(7)

14. 王若晨,廖俭.中国高额外汇储备的风险及对策.改革与战略,2006(7)

15. 王珍.中国外汇储备增长与物价变动的理论分析与实证分析.统计研究,2006(7)

16. 祁民.中国外汇储备规模的确定性与不确定性.新金融,2003(12)

17. Beschloss, Afsaneh, Wendy Mendes, "Reserve management policies and practices", CENTRAL BANKING, VOLUME X, 1999～2000, Number 4.

18. Blejer, Mario I., Liliana Schumacher, "VaR for Central Banks", RISK, October 1998.

19. Blejer, Mario I., Liliana Schumacher, "Central Bank Vulnerability and the Credibility of Commitments: A Value-at-Risk Approach to Currency Crises", IMF Working Paper, May 1998, wp/98/65.

20. Campbell, John Y., 2002, "Foreign Currency for Long Term Investors".

21. Campbell, John Y., 1993, "International Asset Pricing Without Consumption Data", American Economic Review, 83.

22. Das, Satyajit, 1998, Risk Management and Financial Derivatives, McGraw-Hill, Inc.

23. Dowd, Kevin, 1999, "Financial Risk Management", Financial Analysts Journal, July-August 1999.

24. Falloon, William, 2000, "Risk budgeting for healthy portfolios", RISK, February 2000.

25. Levy, Haim and Marshall Sarnat, 1970, "International Diversification of Investment Portfolios", American Economic Review, September.

26. Linsmeier, Thomas J. and Neil D. Pearson, 2000, "Value at Risk", Financial Analysts Journal, March-April 2000.

27. Markowitz, H. M., 1952, "Portfolio Selection", Journal of Finance, March 1952.

28. Mohsin S. Khan (1979), Inflation and International Reserves: A Time Series Analysis. IMF Staff Papers. Vol, 26.

29. Staley, Mark and Chris Lowes, 2000, "Risk Management for investors special report(Value at Risk) Adapting Models", RISK, July 2000.

30. Uyemura, Dennis G., Donald R. Van Deventer, 1993, Financial Risk Management in Banking, Bankline.

上市公司财务风险研究

一、基本情况描述

(一) 研究的目的和意义

公司的财务风险(Financial Distress Risk)是公司财务活动中由于各种不确定因素的影响,使公司财务收益与预期收益发生偏离,并造成公司运营出现困难的可能性。标定公司财务风险的模式有很多,Beaver(1966)把破产、无力支付优先股股利和拖欠债务偿还定义为财务风险;Altman(1968)仅把财务风险限于进入法定破产程序的企业;Carmichael(1972)则把企业流动性不足、权益过少、拖欠债务及资金缺乏认为是财务风险。比较重要的是 Ross 等人(2000)从四个方面给出的财务风险定义:企业失败,即企业清算后无力支付债权人的债务;法定破产,即企业和债权人向法院申请破产;技术破产,即企业不能按期履行债务合约;会计破产,即资不抵债,企业的账面净资产为负。中国上市公司财务风险如果按照这四个方面去标定是有问题的,原因在于中国资本市场处于发展阶段,由于市场机制和法律规范等方面还不完善,上市公司出现破产的事件非常有限。因此,对于中国的上市公司,目前较为普遍的是把公司因财务异常而被特别处理(ST)作为公司财务风险的标定指标。

公司财务风险是资本市场上最为基本的一类风险,也是对公司投资者、银行等市场参与者危害最为直接的一类风险。一般情况下,在资本市场中发生财务风险的公司只是少数,并且对于整个资本市场的影响也不是很大。但是,在一定的历史阶段或条件下,某一公司的财务风险也可能会引发关联公司的财务风险,或者一些公司接连发生财务风险,这时公司的财务风险将对资本市场产生巨大的影响,甚至可能引发金融危机。

在加快改善国有企业股本结构、发展混合所有制经济、实现投资主体和产权多元化、建立和完善现代企业制度、形成有效的公司法人治理结构、增强企业活力的背景下,深入分析企业财务风险的形成机制与影响因素,建立可操作性的财务风险评估指标体系,及时有效地评估中国上市公司的财务风险,对于中国资本市场的健康发展具有重要的意义。

(二) 中国上市公司财务风险概况

1. 中国上市公司的"ST"制度

"ST"是特别处理的英文"Special Treatment"的缩写。在西方成熟的证券市场上,对经营状况异常的上市公司实施特别处理即"ST"是一种普遍流行的做法。我国证券市场最早引入这种制度是在 1998 年 3 月,当时国内证券市场刚成立 8 年,市场的快速发展导致了很多问题的出现,如股份制改革不彻底、国有股及法人股暂不流通、过度包装上市等。随着中国市场的加速开放、金融危机之后的冲击以及国内经济"软着陆"之后的续软,部分上市公司在经营方面遇到严重困难,造成连续 2 个会计年度亏损甚至资不抵债。公司异常的财务状况往往导致其股票在二级市场上剧烈波动,很多中小股民因缺乏对公司真实经营状况的了解,很容易在股价的剧烈波动中遭受损失。为了稳定股市的发展，1998 年 3 月，国内证券市场的监管层引入了“ST”制度，对经营状况异常的上市公司实行特别处理，并给予特殊的监管，以控制这类公司股价的异常波动，从而保护广大投资者尤其是中小股民的投资利益。

1998 年 3 月 16 日，中国证券监督管理委员会以部门规章的形式发布了《关于上市公司状况异常期间股票特殊处理方式的通知》。在该通知中，中国证券监督管理委员会要求上海证券交易所和深圳证券交易所应根据证券交易所股票上市规则的规定，对状况异常的上市公司的股票交易实行特殊处理。事实上，上海证券交易所和深圳证券交易所在 1997 年就已颁布了基本统一的《证券交易所股票上市规则》，并自 1998 年 1 月 1 日起正式实施。《证券交易所股票上市规则》中规定，上市公司出现下列情形之一的，即被视为财务状况异常：

(1) 最近 2 个会计年度的审计结果显示的净利润均为负值；

(2) 最近 1 个会计年度的审计结果显示其股东权益低于注册资本，即每股净资产低于股票面值；

(3) 注册会计师对最近 1 个会计年度的财务报告出具无法表示意见或否定意见的审计报告；

(4) 最近 1 个会计年度经审计的股东权益扣除注册会计师、有关部门不予确认的部分，低于注册资本；

(5) 最近一份经审计的财务报告对上年度利润进行调整，导致连续 2 个会计年度亏损；

(6) 经本所或中国证监会认定为财务状况异常的。

上市公司出现异常财务状况后，证券交易所将对其股票实行特别处理：公司股票及其衍生品种的证券简称前将冠以“ST”字样，公司股票日涨跌幅限制在 5%以内(含 5%)；中期报告必须经过审计，股票的行情显示有特别提示。

退市风险警示制度是由证券交易所对存在终止上市风险的股票实行“退市风险警示处理”的制度。这是在原有“特别处理”的基础上增加的又一种特别处理，主要措施为：在股票简称前冠以“*ST”字样，以区别于其他股票。2005 年 5 月 19 日，沪深交易所颁布实施的新版《股票上市规则》中增添了退市风险警示的规定，上市公司出现以下情形之一的，对其股票交易实行退市风险警示：

(1) 最近 2 年连续亏损(以最近 2 年年度报告披露的当年经审计净利润为依据)；

(2) 因财务会计报告存在重大会计差错或者虚假记载，公司主动改正或者被中国证监会责令改正后，对以前年度财务会计报告进行追溯调整，导致最近 2 年连续亏损；

(3) 因财务会计报告存在重大会计差错或者虚假记载，被中国证监会责令改正但未在规定期限内改正，且公司股票已停牌 2 个月；

(4) 未在法定期限内披露年度报告或者半年度报告，公司股票已停牌 2 个月；

(5) 处于股票恢复上市交易日至恢复上市后第一个年度报告披露日期间；

(6) 在收购人披露上市公司要约收购情况报告至维持被收购公司上市地位的具体方案实施完毕之前，因要约收购导致被收购公司的股权分布不符合《公司法》规定的上市条件，且收购人持股比例未超过被收购公司总股本的 90%；

(7) 法院受理关于公司破产的案件，公司可能被依法宣告破产；

(8) 本所认定的存在退市风险的其他情形。

2. 中国上市公司财务风险状况

从1998年到2006年,我国A股市场上共有345家上市公司被特别处理(ST股票),其中,因财务状况异常被特别处理的股票有329只,因其他状况异常被特别处理的股票有16只。表1给出了中国上市公司财务风险状况。在此期间,被暂停上市(Particular Transfer,PT股票)的有67家,其中,因财务状况异常被暂停上市的占到了66家。退市的34家上市公司都是因为财务状况异常而导致的。自2001年我国加入WTO以来,银行的不良贷款率问题越来越为人们所关注,建立有效的信用风险管理机制得到了银行等金融机构的重视。信用风险是指借款人因各种原因不能完全履约而遭受损失的可能性。发生信用风险的原因有两个方面:一方面可能是由于借款人财务状况出现恶化,另一方面可能是借款人有钱但是不愿意履约。因此,如果我们把是否被特别处理、是否被暂停上市以及是否被退市看做是上市公司信用风险的指标,那么对于中国的上市公司而言,我们可以得到一个明确的答案:上市公司的财务风险是导致上市公司发生信用风险的重要原因。

表1

中国上市公司财务风险状况

年　份	实施ST股票数量(只)	因财务状况异常被ST股票数量(只)	其他原因被ST股票数量(只)	暂停上市股票数量(只)	退市股票数量(只)
1998	24	24	0	1	0
1999	31	31	0	3	0
2000	26	23	3	3	0
2001	24	24	0	9	3
2002	48	48	0	5	7
2003	57	54	3	8	4
2004	41	37	4	13	8
2005	34	29	5	6	11
2006	60	59	1	19	1
总　和	345	329	16	67	34

数据来源:万得资讯。

图1给出了中国上市公司ST公司数量变动状况(数据来源于表1)。从图1中可以看出,从1998年到2006年期间,上市公司因财务异常被特别处理、被暂停上市以及被退市的数量呈现波动状态,但是2002年和2003年出现较大增加,之后虽然连续2年有所降低,但是在2006年却表现为爆发态势。目前,我国对于上市公司财务风险虽然已经有一些相关的分析和研究,但是由于历史原因,大多在研究方法上还存在一些不足或缺陷,还不能满足现代信用风险管理的需要。因此,研究和开发一套有效的财务风险预测方法就变得越来越重要。出于这样的目的,我们将在国内学者已有研究的基础上,探索采取适合我国上市公司的财务风险预警方法,并对我国上市公司的财务风险进行实证研究。

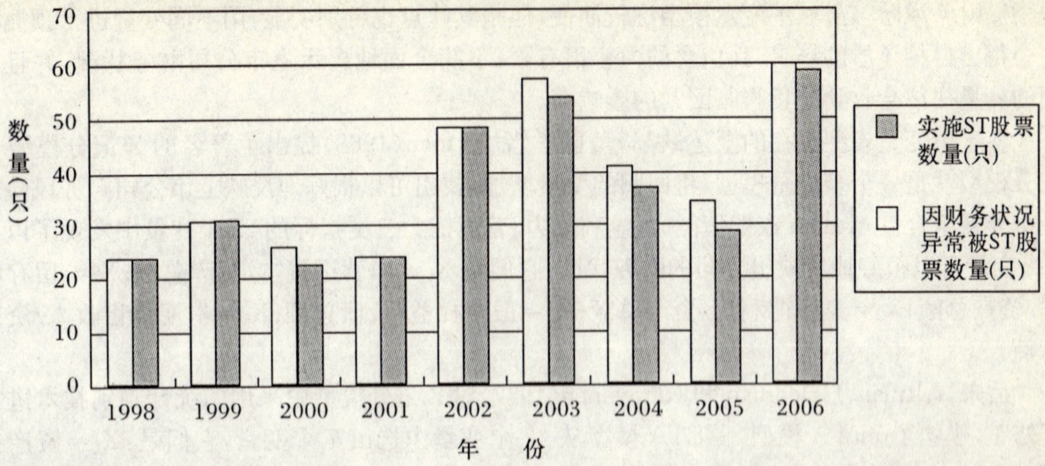

图1 中国上市公司 ST 公司数量变动状况

（三）国内外研究现状及趋势

国外在上市公司财务风险方面已经有较多的研究和应用，国内的研究虽然起步较晚，但是越来越多的专家和学者开始关注这一问题。目前，上市公司财务风险的预测方法主要有：单变量判别分析和多变量判别分析；使用的模型有：线性模型和非线性模型(包括神经网络模型)。从发展阶段上看，大体上来又可以把财务风险度量模型分成传统的财务风险度量模型和现代的财务风险度量模型。

1. 传统的财务风险度量模型

传统的财务风险度量模型主要是专家系统模型法和信用评分法等。其中，专家系统模型法中最有名的是“5C”法，即专家根据借款人品德(Character)(指借款企业及负责人的信用记录、公司负责人的个人作风等)、能力(Capacity)、资本(Capital)、抵押品(Collateral)、经营状况(Conditions)等五个方面评定其信用风险，据此判断其公司的信用程度和综合还款能力，最终决定是否发放贷款。另外，也有人加入了事业的连续性(Continuity)(借款企业持续经营前景)这个因素。专家系统模型法最大的问题在于太依赖于专家个人的判断，很难给出定量的分析，另外对信贷人员的职业道德要求也很高，但是由于其技术门槛比较低和其分析判断的灵活性，所以目前在地方银行的小额放贷上这种方法运用得比较多。比如，我国建设银行对在于个人信用贷款方面(无抵押品)，就对各个因素(如就业情况、学历、年龄、年收入等)给个权重(总分100)进行评分，再根据各个得分区间的授信额度进行放贷(如90分可以信用贷款10万等)。

为了避免专家系统模型法过于主观化的缺点，人们逐渐发展出了信用评分法。信用评分法主要是以财务报表、经营计划和一些其他相关的数据为依据，采用回归方法找出可以很好地反映公司信用风险的一些变量，得出相应回归系数，在得到模型等式后对目标公司进行信用风险分析的一种方法。

按照变量的数量，我们可以将信用评分法分为单变量预测模型法和多变量预测模型法。Fitzatrick(1932)最早对财务困境预测作单变量研究，指出净利润/股东权益和股东权益/负债两个比率的判别能力最高。后来Beaver(1966)进一步证明了现金流量/债务总额、净收益/资产总额，债务总额/资产总额、营运资本/资产总额，以及流动资产/流动负债等比率可以比较好地预测财务风险。虽然单变量模型比较简便,但是其缺点也特别明显:用不同变量进行预测往往会得出自相矛盾的结果,其包含的内容很有限,不能全面地揭示上市公司财务状况,并且采用的变量往往会收到通货膨胀因素的影响等。

鉴于单变量模型存在的上述缺陷,美国学者 Altman(1968)提出了著名的 Z 记分模型,Z 记分模型就是一个多变量模型,将回归的变量增加,找出可以很好地反映上市公司财务风险的一个变量组合。Altman 在偿债能力、盈利能力、营运能力三类指标的 22 个变量中发现了以下 5 个变量可以很好地反映出公司的财务状况,它们是 X_1 = 净营运资本/资产总额;X_2 = 留存收益/资产总额;X_3 = 息税前利润/资产总额;X_4 = 股东权益/负债总额;X_5 = 本期销售收入/资产总额。

后来,Altman、Haledman 和 Narayanan(1977)对 Z 记分模型中采用的统计判别技术进行了修正,建立了 ZETA 模型。ZETA 模型从 27 个变量中选出 7 个变量,它们是:X_1 = 资产报酬率;X_2 = 收入稳定性;X_3 = 债务偿还;X_4 = 积累盈利;X_5 = 流动比率;X_6 = 资本化率;X_7 = 规模。ZETA 模型分类准确度比 Z 记分模型要高,特别是破产前较长时间的预测准确度相对较高。

在上面提到的这些多元判别模型中,我们对变量都作了正态分布的假设,后来人们又运用了 Logistic 回归来预测公司财务状况,在这个模型下,我们不需要对变量作出任何概率分布假设。另外一个重要区别就是以上的这些多元判别模型都是线性回归,而 Logistic 回归则是一个非线性的回归。Ohlson(1980)采用了 Logistic 回归分析得出公司规模、资本结构、业绩和当前的变现能力是影响公司破产的显著变量。

2. 现代的财务风险度量模型

财务风险主要受到违约的风险、偿还率以及市场的风险三个不确定因素的影响。传统的财务风险度量模型主要是考虑了违约的风险,而且仅仅基于公司过去的财务数据,没有反映公司未来的可能变化,对会计报表的完整性和准确性要求也比较高。随着金融理论的不断创新和计算机技术的大力发展,给开发新的财务风险度量模型提供了可能。和传统的财务风险度量模型相比,现代的财务风险度量模型不再将公司作为一个独立的个体来考虑,而是结合了市场因素,同时也考虑到在公司发生违约的时候的偿还率问题。此外,现代的财务风险度量模型也考虑了公司未来的发展状况。现代的财务风险度量模型主要有:Credit Metrics 模型、麦肯锡模型、CSFP 信用风险附加计量模型(Credit Risk+方法)和 KMV 模型等四类。

Credit Metrics 模型是由 JP 摩根公司等于 1997 年开发出的模型。该模型是基于借款人的信用评级、次年评级发生变化的概率(信用转移矩阵)、违约贷款的回收率、债券市场上的信用风险价差计算出贷款的市场价值及其波动性,进而得出个别贷款和贷款组合的 VAR 值。

麦肯锡模型则是在 Credit Metrics 模型的基础上,很好地结合了市场风险,将信用转移矩阵与经济增长率、失业率、利率、汇率、政府支出等宏观经济变量之间的关系模型化,克服了 Credit Metrics 模型中不同时期的评级转移矩阵固定不变的缺点。

CSFP 信用风险附加计量模型使用保险精算的计算框架来导出投资组合损失。该模型只对违约风险进行建模,而不考虑信用等级变化,并且分析了投资组合多期情况下的损失分布和违约率随机变化的损失分布。该模型对于数据的依赖性较小,主要输入数据仅为贷款违约率、违约率波动率和风险暴露。在该模型中,违约概率不再是离散的,而被模型化为具有一定概率分布的连续变量。每一笔贷款被视做小概率违约事件,并且每笔贷款的违约概率都独立于其他贷款。

KMV 模型是由 KMV 公司(2002 年被穆迪收购)开发出来的估计借款企业违约概率的模型。它的基本思想是把公司的股权看做是以公司资产为标的的看涨期权,执行价格为公司债务的面值,利用 Black—Scholes 期权定价公式,可以得出以公司资产价值和公司资产价值波动率为未知数的一个等式,其中,股权价值用市场价格来代替,很大程度上避免了因公司做虚假财务报表所带来的问题,而且市场价格中也很好地包含了对公司未来前景的一个预期。同时,根据股票价格的波动率和资产价值波动率建立等式,通过两个方程和两个未知数来得出资产价值和资产价值波动率。再设立一个触发违约点(Default Point,DP)和假定未来资产价值的概率分布形态,就可以得出未来的期望违约频率(Expected Default Frequency,EDF)。

KMV 模型的一个最大优点在于 KMV 模型是采用了股票的市场价值,而股票价格本身已经包含了对公司未来的预期。Z 模型、ZETA 模型、Logistic 回归模型等统计模型更多的是依赖于静态的历史财务指标,对于已经出现财务风险的公司也会有较好的区分度,但是在建立财务风险预警机制方面就会明显缺乏动态性。更为重要的是,KMV 模型采用股票的市场价格也避免了公司做虚假财务报表的风险。因为,建立良好的财务风险预警机制是我们所需要实现的目标,所以,KMV 模型比传统模型具有较大的优势。

相对于 CSFP 信用风险附加计量模型、麦肯锡模型以及 Credit Metrics 模型等,KMV 模型的一个最大特点在于它不需要一个强大的信用评级数据库为基础。目前,我国在建立信用评级数据库方面还刚刚起步,还没有可以使用的数据库,所以要评价和预测我国上市公司财务风险,KMV 模型就成为最为合理的选择。另外,信用评级的更新也没有股价更新快,股票价格更能对公司财务状况的突然恶化迅速作出反应。事实也证明了这一点,国外学者在对 IBM、泰国国家银行、安然公司、世通公司以及 UA 公司采用 KMV 模型进行分析得出的 EDF 值,在这些机构信用评级恶化前就已经开始上升。

鉴于 KMV 模型相对于其他模型存在如此多的优点,我国学者最早从 1998 年开始关注 KMV 模型。但是,在我国运用 KMV 模型时特别要注意的是,由于我国股票市场还不是特别完善,相对于国际市场而言,我国的股票市场价格波动也更加剧烈,所以如何在 KMV 模型运用中摒弃股票大盘波动的影响是一个很重要的工作,毕竟大多数公司的实际经营情况与股票大盘的走势相关性并不大。在下面的讨论中,我们也会对这个问题的处理作出更加细致的分析并给出可行的解决方法。

早期的研究主要只是介绍 KMV 模型的理论基础和框架,这样的文章有杜本峰(2002)的《实值期权理论在信用风险评估中的应用》、吴建民和贾知青(2004)的《KMV 模型的信用风险度量特征》等。后来有些学者在介绍 KMV 模型时根据我国的实际情况给出了修正建议。比如董颖颖、薛锋和关伟(2004)在《KMV 模型在我国证券市场的适用性分析及其改进》中指出,由于国有股存在导致了同股不同价的问题,我们在计算股权价值时应该对国有股给一个折价,不能直接采用市场价格。并给出了计算公式:

$$E=E'+NP'$$

其中:E'为流通股市值;N 为国有股股数;P'为国有股转让价格。

关于国有股的转让价格则认为,可以直接采用净资产定价法(每股净资产),且选取了 2000 年和 2001 年协议转让的 38 只国有股的相关数据进行回归分析,得出直接采用每股净资产为国有股转让价格是合适的。

近年来,国内学者运用 KMV 模型对我国上市公司财务风险方面的研究大致可以分两类:一类是不修正 KMV 模型的实证研究;另一类是结合我国的实际情况对 KMV 模型进行必要的修正,然后使用修正后的 KMV 模型进行实证研究。

(1) 不修正 KMV 模型的实证研究。这里提到的不修正 KMV 模型不是指国外目前运用的 KMV 模型,不修正的意思是直接采用了 KMV 模型的基本原理来进行实证研究,如 KMV 公司使用的期权定价公式是 VK 模型(Vasicek-Kealhofer Model),以及股权价值波动率和资产价值波动率的关系函数是作为商业机密并没有对外公布。国内一般都是直接采用Black—Scholes 公式以及从 Ito 引理中得出的股权价值波动率和资产价值波动率的关系来进行实证研究。

这方面比较有代表性的实证研究有易丹辉和吴建民(2004)对深市和沪市随机抽取了 30 家公司分行业作 KMV 模型检验,得出借助违约距离(Distance to Default,DD)来衡量上市公司的信用风险是可行的,且得出资产规模是影响违约的一个关键因素。

(2) 修正 KMV 模型的实证研究。关于 KMV 模型的修正,目前为止主要集中在下列几个方面:资产价值的计算、触发违约点的界定、股权价值波动率的计算以及股权价值波动率和资产价值关系函数的确定等。

关于资产价值的计算大致可以分为三种:现金流量折现法(Discount Cash Flow Model, DCF)、相对比较乘数法(Relative Comparables Multiples, RCM)以及采用期权定价模型来计算资产价值(关于股权价值一般都直接采用市场价值)。其中,鲁炜等人(2003)采用了 DCF 的方法来计算其资产价值,而其他更多的人为了尽量避免财务报表失真采用期权定价模型来对资产价值进行求解,只是在解决非流通股的转换问题上存在不一样的解决办法。鲁炜等人(2003)提出了采用加权的方法,即股权=股价×流通股股数+股权的账面价值×(总股数-流通股数)/总股本;张义强(2003)则提出了资本公积杠杆的概念来调整非流通股的股权问题;也有人直接以总股本作为计算基础。

关于触发违约点的界定,张玲、杨贞柿和陈收(2004)实证研究发现触发违约点 DP 等于流动负债加上 75%的长期负债检验最有效。罗永忠(2006)也得出同样的结论。

对于股权价值波动率的计算国内给出的方案比较多,比较典型的有:吴鹏(2002)和张玲等人(2004)都是通过计算经过复权处理的股票周收盘价的波动率来替代股权市场价值波动率;易丹辉等人(2004)则选取每一年的第一个交易日到这一年的 6 月份最后一个交易日的股票价格数据,求出日波动率,然后用日波动率和年波动率的关系求出股权市场价值的年波动率;郑茂(2005)也是把股票价格波动率当作股权市场价值波动率,不过在计算时采用的是近 90 天到 180 天的股票价格数据;鲁炜、赵恒衍和刘冀云(2003)证明了 GRACH 模型来对股价波动率进行建模比较合理。

关于股权价值波动率和资产价值关系函数的确定主要有两种:一种就是直接采用 Ito 引理得出的结论:$\sigma_E=N(d_1)\frac{V}{E}\sigma_V$①来建立其关系,这个为大部分国内学者所采用,如易丹辉、

① 其中 σ_E 为股价的波动率,σ_V 为资产价值的波动率,V 为资产价值,E 为股权价值,$d_1=\frac{\ln\frac{V}{F}+\left(r+\frac{\sigma_V^2}{2}\right)t}{\sigma_V\sqrt{t}}$,$F$ 为债务价值,r 为无风险利率,t 为债务到期时间。

吴建民(2004)、张玲(2004)和罗永忠(2006)等；另一种是鲁炜等人(2003)采用 Weibull 分布所得出的 $\frac{\sigma_V}{\sigma_E}=\left(\frac{V}{E}\right)^{\frac{1}{N(d_1)\lambda}}\int_0^{\infty}t^{\frac{1}{N(d_1)\lambda}}e^{-t}dt$，且利用最小二乘法估计出 λ 为 2.1073。同时，鲁炜等人(2003) 通过 2002 年市场行情的实证研究表明了这种方法比起第一种方法有更好的适用性。

(四) 本报告的研究思路

本报告针对中国资本市场的实际情况对 KMV 模型的参数进行了调整。结合违约距离和财务指标，利用判别分析的方法建立了 DADD 财务预警模型，对 2006 年中国上市公司财务风险状况及原因进行了实证研究，并对 2007 年全市场的财务风险状况进行了预测。实证结果表明，违约距离能够显著提高判别准确率，新模型也能有效地预测上市公司之间财务风险差异，尤其对于高财务风险公司。

本报告共分四大部分：第一部分是基本情况，主要说明研究的背景，介绍国内外相关研究的现状，简要介绍本报告的研究内容。第二部分是财务风险因素识别。第三部分是财务风险计量、评价和预测，介绍了财务风险计量的方法、模型，运用中国上市公司的数据对 KMV 模型识别财务风险的性能进行有效性检验。对我国上市公司 2006 年的财务风险状况作出评价，并对 2007 年我国上市公司的财务风险状况进行预测。第四部分是财务风险管理的建议和措施。

二、上市公司财务风险因素的识别

企业的财务风险客观存在，要对财务风险进行预测首先必须能够对财务风险进行识别，才可能采取相应的措施进行防范、控制和管理。上市公司财务风险因素的识别是指对上市公司各种尚未成为损失的潜在的财务风险进行系统的归类和实施全面的识别。这是上市公司财务风险研究的重要基础和基本前提。要做好上市公司财务风险的识别工作，必须通过指标体系来动态地进行追踪和识别企业在财务活动中被忽视或没有察觉到的财务风险。

1. 筹资风险的识别

与上市公司筹资相关的风险，一般是指由于资金供需情况、宏观经济环境等因素的变化，上市公司筹集借入资金给财务成果带来的不确定性。它有两层含义：一是负债筹资导致上市公司所有者权益下降的风险；二是负债筹资可能导致上市公司财务困难甚至破产的风险。上市公司的筹资风险主要来源于以下几个方面：

(1) 资本结构不合理。在上市公司的融资决策中，资本结构是一个核心问题，这一问题影响到企业的成败。资本结构是指企业的长期负债和权益资金的比例关系。从 1952 年大卫·杜兰特开始研究资本结构理论到 1958 年莫迪格莱尼和米勒提出“MM”理论，大量的学者投入到企业资本结构理论的热潮中，探讨、分析了各种情况和条件下企业最优资本结构问题。

统计资料显示，ST 公司大多资本结构不合理，具体表现在长期负债占权益资金的比例过高。巨额的债务、很低的经营能力和艰难的融资渠道的共同作用，必然使这些公司的经营状况越来越恶劣，最终走向破产。

(2) 债务期限的安排是否合理，也会给上市公司带来筹资风险。若长、短期债务比例不合理，还款期限过于集中，就会使企业在债务到期日还债压力过大、资金周转不灵，影响企业的正常生产经营活动。

(3) 汇率变动。企业倘若筹借外币,还可能面临汇率变动带来的风险。当借入的外币在借款期间升值时,企业到期偿还本息的实际价值就要高于借入时的价值;当汇率发生反方向变化时,即借入的外币贬值时,可以使借款企业得到"持有收益",即由于借入外币的贬值,到期仍按借入额归还本金,按原利率支付利息,从而使实际归还本息的价值减少。

(4) 利率变动。企业在筹措资金时,可能面临利率变动带来的风险。利率水平的高低直接决定企业资金成本的大小。当国家实行"双松"政策,即扩张的财政政策和宽松的货币政策时,货币的供给量增加,贷款的利息率降低,企业此时筹资,资金成本较低,企业所负担的经营成本减少,这样就降低了企业的筹资风险;相反,当实行"双紧"政策,即紧缩的财政政策和货币政策时,货币的供给量萎缩,贷款的利息率提高,企业此时筹资,资金成本增加,企业所负担的经营成本增加,这样就加大了企业的筹资风险。

2. 投资风险的识别

投资引起的风险是指投资项目不能产生预期效益,从而引起企业盈利能力和偿债能力降低的风险。

企业投资通常有证券投资、投资于其他企业和新建扩建项目投资等多种。证券投资受到国家政治经济形势、金融政策、证券市场的整体走势等影响,是风险性很强的投资项目;投资于其他企业和新建扩建项目,要受到诸如原材料供应、市场开拓、工艺改进、新产品试制等各方面的制约,任何一方面出了问题,都会对投资效益产生影响、形成投资风险。目前,上市公司的投资方面的风险主要有:

(1) 盲目投资新项目。不少上市公司在投资新项目之前,并没有经过科学的可行性论证,带有较大的盲目性,结果就是投资方案实施后,不仅没有给公司创造效益反而带来负面影响。

(2) 盲目扩张规模、追求高速、急功近利。企业飞速发展时,经营者头脑容易发热、盲目追求高速。但是,有的企业不具备快速发展的条件,发展速度过快,使企业处于资金短缺之中,形成财务风险。很多上市公司盲目扩张,常常不计成本、不择手段进行融资,不顾风险盲目扩大其规模,急功近利大幅度做广告,结果导致企业竞争失利,最终走向危机。

(3) 盲目多元化投资,导致主业萎缩。企业为了防范和化解经营风险,往往开展多元化经营,以期不断开拓新市场,培育出新的经济增长点,这本无可厚非。然而,部分上市公司在筹资后,盲目多元化投资,频繁涉足新的行业和领域,使公司资源分散、缺乏核心竞争力,结果其市场份额和公司的盈利水平、盈利能力不断下降,净利润中主营业务利润所占比重逐年减少,而其他业务利润又难以持续和稳定,最终加大了财务风险,造成亏损严重、资不抵债。

(4) 募集资金投向随意变更。上市公司首次发股募资大部分用于公司经营,但也有随意变更募资投向的现象。变更的项目,有的用于归还银行贷款,有的用于投资设立子公司,有的用于委托理财,有的闲置在银行吃利息等等。募集资金投向随意变更造成的财务风险主要表现在两个方面:一是募集资金改变投向,即以新项目换旧项目造成的财务风险;二是委托理财造成的财务风险。委托理财是指上市公司在保障资金安全的前提下,为提高公司的效益,充分发挥自有闲置资金,提高资金的使用效益,将合法的资金委托给部分资产管理公司、证券有限责任公司、投资股份有限公司、信托投资有限公司等中介机构,投入到短期、高风险、高效益或长期、低效益、稳收益的行业,如有价债券、短期国债等,以获取比银行利息更高的收益。虽然,委托理财是属于一种合理的投资,上市公司利用闲散的资金投资到具有一定风险性的行业,可以获得较为丰厚的投资收益,但是在实际操作过程中,委托理财存在极大的风险。

3. 资金回收风险的识别

资金回收风险主要是由应收账款的回收在时间上和金额上的不确定性所导致的风险。具体来讲包括两个方面：

(1) 拖欠风险。即客户超过规定的信用期限付款的风险。企业资金运动的一般过程是：货币资金—生产资金—结算资金—货币资金。应收账款的拖欠风险使上述资金循环的第三个链条发生中断，造成企业结算资金不能及时回收和再生产资金相对不足。

(2) 坏账风险。即应收账款无法收回，形成坏账的风险。显而易见，如果应收账款无法收回而成为坏账，必然对企业的现金流量造成直接的损失。

4. 收益分配风险的识别

收益分配的风险是指由于收益分配可能对企业今后的生产经营活动产生的不利影响。这种不利影响有些是显而易见的(如偿债能力的降低)，有些是潜在的(如企业声誉下降)。在企业效益有保证、资金周转正常、调度适当的情况下，合理的收益分配能提高企业的声誉，调动投资者的积极性，对股份制企业还会带来股票价格的上扬，为企业今后的筹资活动奠定良好的基础。但是，利润分配也有风险，这种风险来自于两个方面：

(1) 收益确认的风险。即由于客观环境因素的影响和会计方法的不当，有可能少计成本、多计收益，使企业提前纳税，所确定的可分配利润也偏高。例如，在通货膨胀严重的时期，按照现行的历史会计模式就必然存在虚减成本、虚增收益的问题。

(2) 收益对投资者分配的时间、形式和金额的把握不当所产生的风险。若企业正处于资金紧缺时期，以货币资金的形式对外分配，且金额过大，就必然会大大降低企业的偿债能力，影响企业再生产的规模。但若企业投资者得不到一定的投资分红，或单纯以股票股利的形式进行分配，则会挫伤投资者的积极性，降低企业信誉，股票上市企业的股票价格会下跌，这些都会对企业今后的发展产生不利影响。因此，企业无论是否进行收益分配，也不论在什么时间、以什么方式进行收益分配，都具有一定的风险性。

5. 关联交易引起的风险

关联交易是指在关联方之间发生转移资源或义务的事项。近几年，关联交易是我国上市公司的普遍现象，关联交易本身属于中性经济范畴。通过关联交易，上市公司可以降低交易成本，提高公司的运营效率，实现集团公司资本运作目标。但是，一旦偏离市场公平原则，关联交易就会成为实现某些特殊目的的工具，对上市公司造成损失甚至是难以恢复的重创。上市公司关联交易引起的风险主要有五种形式：① 产品购销中的关联交易；② 费用负担中的关联交易；③ 资金占用中的关联交易；④ 资产重组中的关联交易；⑤ 资产转让与租赁中的关联交易。从对上市公司经营业绩影响的角度来看，产品购销中的关联交易、资金占用中的关联交易是对上市公司业绩影响最大的因素，甚至成为左右公司业绩的调控工具，成为上市公司财务风险产生的重要原因。下面选择两种常见方式作分析：

(1) 产品购销关联交易增加上市公司的财务风险。产品购销关联交易能够使上市公司在某一阶段创造或维持较好的经营业绩，中小股东似乎也从中享受到额外利益。但由于购销中的关联交易具有交易价格和交易数量的随意性，更缺乏透明度，当大股东自身难保，对上市公司没有能力再“拉”，甚至于通过黑箱操作以达到某种目的的时候，上市公司的业绩随时可能跌入低谷，甚至出现大幅亏损。购销关联交易在使业绩存在水分而侵害中小股东权益的同时，更对上市公司的发展产生不利影响，它使上市公司独立经营能力大大弱化。许多上市公司的关联交易已经发展到使上市公司无法独立经营的地步,一些上市公司甚至异化成集团公司的一个生产车间或加工场所,原材料的采购和产品购销都由集团公司包了,一旦母公司不再承担这种义务或者市场竞争进一步加剧,上市公司抗击风险能力将不断衰弱甚至最终丧失,主业经营必然陷入困境。

(2) 资金占用、关联交易使上市公司潜在风险加大。资金的占用既包括大股东以应收账款方式拖欠上市公司资金,也包括大股东借用甚至占用募股资金的情况。由于有些上市公司改制不彻底、上市公司与大股东之间密不可分的状态,发生母公司与股份公司之间的关联交易和关联资金占用是难以避免的。

上市公司虽然可以通过对资金占用单位收取占用费计入当期损益来提高当年的收益,但其中也蕴含了相当的风险。第一,即使是认定合理的资金占用收入,也可能出现不受法律保护的情况。因为根据《贷款通则》的有关规定:“各行政部门和企事业单位不得经营贷款业务,企业之间不得办理借贷或者变相借贷的融资业务。”而且,企业间收取的资金占用费用应该以银行利率为标准,超过同期银行利率的部分不受法律保护,这种收入也不能视为合法收入,一旦关联企业因资金占用产生诉讼,出资方往往只能收回与银行利率相当的利息。而占用资金的单位一旦出现财务状况恶化甚至破产,便会直接威胁到上市公司的资金运作和利润状况,甚至影响以前年度的损益。第二,收取的资金占用费能否计入当期损益也是不确定的。一般来讲,要由注册会计师根据这笔收入所占利润总额的比例、是否有“造”利润的嫌疑、占用金额是否巨大以及是否为正常占用等情况来判断。因此,上市公司计提的资金占用费并非都能计入当期损益。第三,根据配股规定,上市公司资金被控股股东占用的,其配股申请将不予核准。

6. 对外信用担保引起的风险

在市场经济条件下,担保作为企业的一种经营行为,是一种正常的社会经济现象。银行为了控制借贷风险,往往要求企业在借贷时要有担保人做担保,公司则可以通过这种方式更方便、快捷地获得资金,促进企业进一步发展。然而,一些超出企业自身能力的恶意担保和盲目担保,使得担保走入了误区。

近年来,上市公司之间的互保现象在证券市场愈演愈烈,并形成了多个牵涉到数十家上市公司的互保圈,如福建互保圈、上海互保圈和深圳互保圈等。由于多家上市公司之间互相影响,一荣俱荣、一损俱损,一旦其中某一上市公司失去偿债能力,就有可能引起多米诺骨牌效应,不仅圈中的上市公司将受到波及,同时还会累及债权银行。

7. 上市公司并购行为产生的风险

上市公司并购是高风险经营,它虽然能产生各种协同效应,但给上市公司带来巨大的风险,这在科尔尼管理顾问公司的一项调研中得到了进一步的证实。该公司筛选出 1998 年和 1999 年全球范围中 115 个巨型并购案例,发现其中的 58%没有达到事先设定的价值创造目标。科尔尼管理顾问公司分析并购失败的原因后认为,在并购的整个流程中处处充满了财务风险,财务风险一旦失去控制就会导致并购的失败。一般的并购过程包括三个阶段:第一阶段即战略开发、筛选目标、全方位开发阶段,其风险占 30%;第二阶段即谈判阶段,其风险占 17%;第三阶段即整合阶段,其风险则占到 53%。所以,并购后的整合风险构成了整个并购过程的最大风险。总的来说,并购过程中的财务风险产生于以下几个方面:

(1) 信息风险。在并购战中,信息是非常重要的,知己知彼,百战不殆。真实与及时的信息可以大大提高并购企业行动的成功率。但在国内,信息错误是上市公司实施并购的最大陷阱。在中国,信息的取得十分复杂和困难,就算千方百计得到了信息,也可能存在很多错误。况且,卖方在并购前提供虚假信息也是常有的事。其他关键信息错误,如交易主体无资格、产权交易客体不明确、交易程序违法等都会产生信息风险。

(2) 融资风险。企业并购需要大量的资金,所以并购决策会同时对企业资金规模和资本结构产生重大影响。一般情况下,并购总涉及巨额资金的投入。这些资金中有一部分是并购方的自有资金,余下部分则需要融资注入。在现代并购案中,并购的成功率与并购方融资水平高度相关。特别是在善意并购中,目标公司的董事会出于对股东利益的考虑,往往优先考虑在参与并购竞争的各方中经营水平和资信水平最高的一方。而在并购中,特别是涉及巨额资金的并购中,融资能力则在客观上成为衡量这一水平的参数,与并购相关的融资风险具体包括资金是否可以保证需要、融资方式是否适应并购动机、现金是否会影响企业正常的生产经营、杠杆收购的偿债风险等。

(3) 整合风险。所谓整合风险,是指并购方在并购完成后,可能无法使整个企业集团产生经营协同效应、财务协同效应、市场份额效应,难以实现规模经济和经验共享互补。通过并购形成的新企业可能因规模过于庞大而产生规模不经济,甚至整个企业集团的经营业绩都可能被并购进来的新企业所拖累。

(4) 收购失败风险。在通常情况下,被收购的企业对收购行为往往持不欢迎和不合作的态度,尤其在面临敌意收购时,它们可能会不惜一切代价布置反收购战役,其反收购措施可能是各种各样的,这些反收购行为会对收购方构成相当大的风险。

(5) 法律风险。各国关于并购、重组的法律法规的细则,一般都通过增加并购成本而提高并购难度。各国还有反垄断法律,一旦出现反垄断风险,就会使并购的可能性下降。

三、财务风险计量、评价和预测①

(一) 财务风险计量的方法、模型

1. 理论基础

本报告的一个重要理论基础是 KMV 模型。这一模型是在 Merton(1974)提出的违约风险定价模型的基础上导出公司的违约距离和预期违约概率的。在此,先介绍 Merton 模型。

Merton(1974)应用期权定价理论对风险贷款进行定价,把债权债务关系当做一种期权交易关系,将股东权益看成一个以负债价值为执行价格,债务到期日期为执行日,债务人资产市场价值为标的物的看涨期权。当公司资产的市场价值小于负债价值时,债务人就会发生违约行为。Merton 模型需要满足以下几个假设:

(1) 资本市场畅通无摩擦,不存在交易费用。资产的交易数量无限细分,投资者可根据其财力在资本市场上按照市场价格购买任何数量的任一种资产。

(2) 允许投资者进行无限制的无风险贷出。投资者能以某个特定的相同利率借入或贷出所需要的任何数量的资金。

(3) 允许资产在时间上连续交易和卖空。

(4) MM 定理成立,即公司价值由预期息税前收益(EBIT)按其风险等级所对应的贴现率

---

① 本部分内容的模型和数据来源于北京大学王东博士的中国立信风险管理研究院 2006 年开放课题《上市公司财务风险研究》。

贴现后决定，公司 t 时刻的价值 V_t 只与负债价值 D_t 与股东权益价值 E_t 有关，即 $V_t=D_t+E_t$，与其资本结构无关。

(5) 利率期限结构水平。

(6) 公司资产价值 V 满足以下的随机方程：

$$dV=(\mu V-C)dt+\sigma Vdz \tag{1}$$

其中：μ 为公司资产价值的预期回报；C 为公司支付的股利或债务利息；σ 为预期回报 μ 的标准差；dz 为标准维纳过程(Wiener Process)。

在 Merton 模型中只存在两种证券：一种是在 T 时刻到期，票面价值为 F_T 的零息债券；另一种是股东权益 E_T(公司的股票)，且在 T 时刻前不派发股利、增发或回购股票。这两种证券构成了公司的所有资金来源。公司在 T 时刻资产的市场价值为 V_T。在 T 时刻，如果资产价值 V_T 小于负债面值 F_T，则公司会因为无力支付全部负债而违约，公司资产全部转让给债权人，即债券价值 D_T 为 V_T，而股东收益为零，即 $E_T=0$；相反，如果 T 时刻资产价值 V_T 大于负债面值 F_T，则公司资产在支付完所有债务后还有多余，剩余索取权归股东，此时股东权益价值为公司资产价值超出负债价值的部分，即 $E_T=V_T-F_T$。其数学模型为：

$$\begin{aligned} D_T&=\min(V_T,F_T)\\ E_T&=\min(V_T-F_T,0) \end{aligned} \tag{2}$$

基于上式和前述六个假设，我们可以把股东权益看成是一个以公司价值 V 为标的资产，以负债面值 F_T 为执行价格，到期日为负债到期日 T 的看涨期权。利用期权定价理论，可以得出 t 时刻股东权益 E_t 为：

$$E_t=V_tN(d_1)-Fe^{-r(T-t)}N(d_2) \tag{3}$$

其中：$d_1=\dfrac{\ln\dfrac{V_t}{F}+\left(r+\dfrac{\sigma_V^2}{2}\right)(T-t)}{\sigma_V\sqrt{T-t}}$，$d_2=d_1-\sigma_V\sqrt{T-t}$，$N(\cdot)$为标准正态分布的累积概率分布函数。

由假设(4)可得：

$$D_t=V_t-E_t \tag{4}$$

将关系式(3)代入关系式(4)可得：

$$D_t=V_tN(-d_1)+Fe^{-r(T-t)}N(-d_2) \tag{5}$$

2. KMV 模型的基本原理

KMV 模型是根据期权定价理论(The Option Pricing Theory)，利用公司财务数据和资本市场数据，在 Merton 模型的基础上扩展得到的。模型输入变量为公司的短期负债、长期负债、股东权益和股东权益波动率，间接输出变量为违约距离 DD，最终输出结果为预期违约概率 EDF。

KMV 模型假定市场利率预先确定，公司资产遵循几何布朗运动，且服从某种由资产价值均值和波动率确定的分布。当公司的资产价值低于某个特定水平时，公司就会发生违约，而这个特定水平称为违约点 DP，由短期负债和一定比例的长期负债来决定。如图 2，在 T 时刻，如

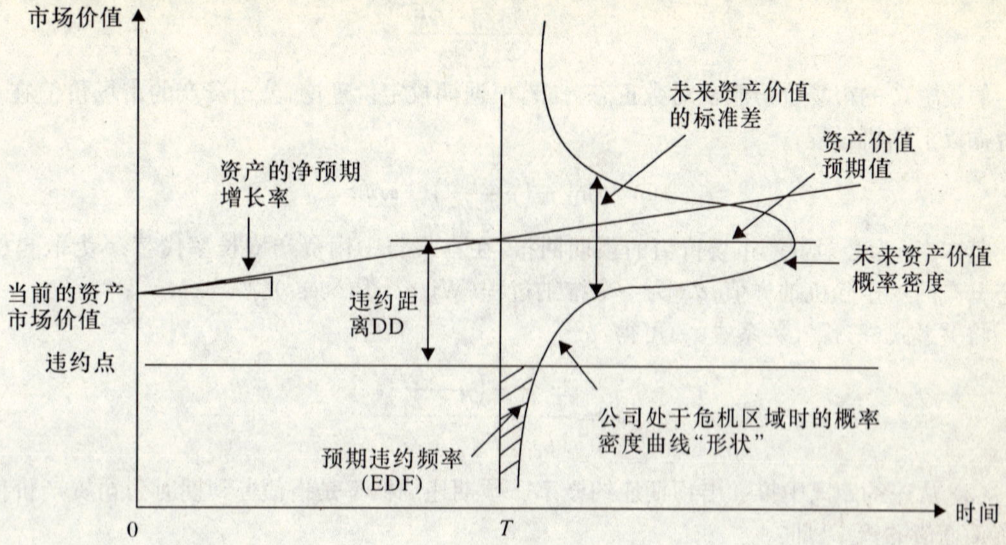

图 2　KMV 模型原理图

资料来源：KMV 公司(McQuown,1993)。

果公司的资产价值低于违约点,公司就被定义为违约,而资产价值分布概率密度曲线中在违约点水平以下部分的面积(斜线阴影部分)就是预期违约概率 EDF。预期违约概率 EDF 的计算通常分为三个步骤：

(1) 估计公司资产的市场价值和波动性。KMV 模型要求输入的资产价值为市场价值,而不是会计账面价值。因此,我们并不能直接观察到公司资产的市场价值 V 及其波动率 σ_V。但是,由于它们是股东权益市场价值 E、其波动率 σ_E,以及负债面值 F 的函数,所以,我们可以从它们之间的函数关系中推导出资产的市场价值 V 及波动率 σ_V。

我们可以把股东权益 E 看成一个看涨期权,从关系式(4)我们可以得到未知变量 V、σ_V 与可观察量 E 的一个关系式。

至于资产市场价值波动率 σ_V 与股东权益市场价值波动率 σ_E 之间的函数关系,并不存在一种简便方法可以直接从市场数据准确导出。因此,KMV 公司使用复杂的迭代技术来计算 σ_V,但作为商业机密,它们并未公开这一函数关系式。这里,我们利用 Ito 引理导出它们的关系式：

$$\sigma_E = \frac{\partial E}{\partial V}\frac{V}{E}\sigma_V \tag{6}$$

联立关系式(3)和关系式(6),我们可以解出资产的市场价值 V 及波动率 σ_V。

(2) 计算违约距离。在 Merton 的期权定价理论框架下当公司资产的市场价值小于负债面值时,公司就会破产或者违约。但实际上,KMV 公司观察了几百家公司样本后发现,当资产的市场价值介于负债总值和短期负债之间时,公司将发生违约。所以,将资产价值分布概率密度曲线中在负债总额以下部分的面积定义为预期违约概率 EDF 并不精确。他们提出应该将违约点 DP 定为短期负债加上一定比例的长期负债,并根据一些学者的实证研究结果把这个比例定为 0.5。有了违约点 DP 后,他们进一步提出了违约距离 DD 的概念,即违约点 DP 低于公司的预期资产市场价值的百分比与资产市场价值波动率的比例,用数学表达式可描述为：

$$DD=\frac{E[V^t]-DP}{E[V^t]\sigma_V} \tag{7}$$

假设资产的市场价值服从对数正态分布,根据期权定价理论,公司资产的市场价值在 t 时刻遵循以下随机过程:

$$\ln V^t=\ln V+\left(\mu-\frac{\sigma_V^2}{2}\right)t+\sigma_V\sqrt{t}\varepsilon \tag{8}$$

其中:μ 为公司资产市场价值的预期回报,在本报告中用资产增长率代替;ε 为取自标准正态分布的一个随机抽样值;dz 为一个维纳过程(Wiener Process)。

将关系式(8)代入关系式(7)可得:

$$DD=\frac{\ln\frac{V}{D}+\left(\mu-\frac{\sigma_V^2}{2}\right)t}{\sigma_V\sqrt{t}} \tag{9}$$

(3) 从违约距离中推导出预期违约概率。预期违约概率是指债务到期时公司资产价值小于负债面值的概率,即:

$$EDF=Pr(V_T\leqslant F) \tag{10}$$

将上式概率括号中的表达式两边同时取对数,并将关系式(8)代入,整理后可得:

$$EDF=Pr\left[-\frac{\ln\frac{V}{D}+\left(\mu-\frac{\sigma_V^2}{2}\right)t}{\sigma_V\sqrt{t}}\geqslant\varepsilon\right] \tag{11}$$

又由于 $\varepsilon\sim N(0,1)$,故:

$$EDF=N\left(-\frac{\ln\frac{V}{D}+\left(\mu-\frac{\sigma_V^2}{2}\right)t}{\sigma_V\sqrt{t}}\right) \tag{12}$$

理论上的预期违约概率 EDF 是在一系列假设下得到的。在实际应用中,一般都比实际违约率小,实用价值受到很大限制。因此,KMV 公司并没有采用理论 EDF 作为衡量企业违约风险的标准,而是采用经验 EDF,即利用大量的企业信用历史信息(包括公司的违约信息),通过估计在一定时期内特定违约距离等级的公司在 1 年后实际发生违约的比例数来导出违约距离 DD 与预期违约概率 EDF 之间的映射关系,如图 3 所示。

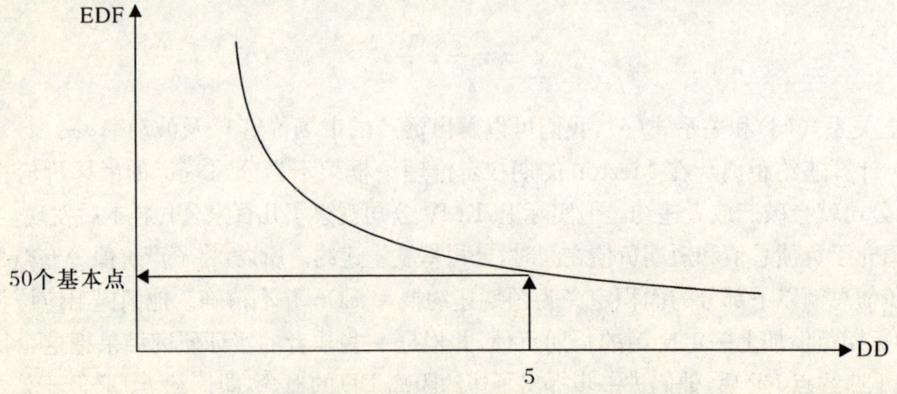

图 3　根据历史数据导出的 EDF 与 DD 的映射关系图

3. 累积精确度和精确比率分析方法

不同风险计量模型输出结果的形式往往不同,定义也千差万别,因此很难将这些结果直接进行标准化比较。针对这些问题,Sobehart 等人(2000)提出了累积精确度(Cumulative Accuracy Profiles,CAP)和精确比率(Accuracy Ratios,AR)分析方法,通过标准化各种风险计量模型的预测结果,比较模型之间性能优劣。正因为这种优势,该方法已经被国际著名信用评级机构——穆迪公司广泛采用。本报告将多次用到 CAP 和 AR 分析方法来建立和评价模型。

CAP 曲线是一种直观的量化的模型性能评估工具,它描绘了在不同风险分数百分比下违约事件的累积概率分布。假定风险评估模型输出的分数越低,公司风险越高,则 CAP 曲线可按如下方法绘制:① 根据模型算出的风险分数从小到大排序,即高风险公司排前面,低风险公司排后面;② 给定一个风险分数,在总样本中,将所有小于或等于该分数的公司的数量占总样本数量的比例记为 x,而在违约样本中,将所有小于或等于该分数的违约公司的数量占违约样本数量的比例记为 y,这样在直角坐标系中就可确定一个点(x,y);③ 重复步骤②,给定不同水平的风险分数,连接所有的点,即可得到 CAP 曲线。

完美模型用一个较小的风险分数就可以把所有违约公司包括在内。其 CAP 曲线开始直线上升,当 x 轴的坐标等于违约公司比例时,y 值达 100%,曲线变为一条与 x 轴平行的线。而当模型完全没有辨别能力时,风险分数随机分布,不能把违约公司和其他公司区分开来。对于给定的风险分数,在总样本和违约样本中小于该分数的公司比例都相同,此时,CAP 曲线是一条斜向上 45 度线,这种模型被称为随机模型。信用评估模型的 CAP 曲线应位于完美 CAP 曲线(Ideal CAP)和随机 CAP 曲线(Random CAP)之间,越接近完美 CAP 曲线,说明模型预测判别能力越强;反之,亦然。

精确比率 AR 是指模型的 CAP 曲线超过随机 CAP 曲线部门的面积与完美 CAP 曲线和随机 CAP 曲线所包围的面积之比。AR 在 0～1 之间,数值越大,说明其预测判别效果越接近完美模型,效果越好。CAP 曲线和 AR 原理图,如图 4 所示。

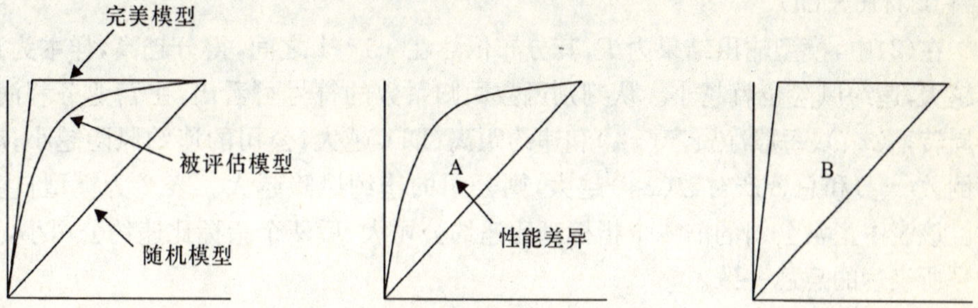

图 4 CAP 曲线和 AR 原理图,其中 AR＝A/B

(二) 财务风险的评价

1. 财务风险计量结果的划分标准

考虑到财务指标可能会体现不同公司财务风险之间的细微差别(即使违约距离 DD 相同),同时,财务指标具有很强的可操作性,公司管理层能够根据财务指标有针对性地调整管理方法和制定决策,投资者也可参考各项财务指标优化投资。因此,我们尝试着将违约距离 DD 与财务指标结合,利用判别分析的方法,提出基于违约距离的财务预警模型,即把违约距离及其变化值作为自变量引入判别模型,考察是否能够提高模型的预测性能。基于 2004 年的数据,用上述挑选的 14 个财务指标、违约距离 DD 及其变化值 Delta DD 对 2006 年的 ST 公司及其参照公司进行逐步判别分析。新模型逐步判别结果,如表 2 所示。

表 2

新模型逐步判别结果

步骤	进入变量	F 统计值	Pr>F	Wilks' Lambda	Pr<Lambda
1	违约距离(DD)	33.67	<.0001	0.765631	<.0001
2	总资产周转率(x_{14})	8.99	0.0034	0.70727391	<.0001
3	主营业务利润率(x_3)	7.94	0.0058	0.65884743	<.0001
4	总资产对数(x_{15})	9.66	0.0024	0.60429435	<.0001
5	每股净资产(x_{16})	9.56	0.0025	0.55429337	<.0001
6	应收账款周转率倒数(x_{13})	4.62	0.0339	0.530938	<.0001

违约距离 DD 在第一步就进入了模型,其 F 统计值也明显大于其他财务指标,但 DD 变化值 Delta DD 未能进入模型。我们把新建立的模型称为违约距离判别分析模型(Discriminant Analysis with Distance to Default Model,DADD 模型)。反映资产管理能力的财务指标,即应收账款周转率倒数(x_{13})、总资产对数(x_{15})、每股净资产(x_{16})依然保留在判别模型中,同时新进入了总资产周转率(x_{14})指标。反映盈利能力的销售净利率(x_2)退出了模型,换成了同一类别的指标主营业务利润率(x_3)。DADD 模型可描述为:

(1) 股权价值 $E<0$:样本为违约公司。

(2) 股权价值 $E>0$:若模型得分 $P\geqslant 0$,则样本为正常公司;若模型得分 $P<0$,则样本为违约公司。模型得分 P 为:

$$P=\frac{\exp(Y)-1}{\exp(Y)+1} \tag{13}$$

其中,$Y=39.4112+4.1308\times x_3-2.5027\times x_{13}+1.6173\times x_{14}-2.0847\times x_{15}+0.9598\times x_{16}+0.3416\times DD$

在(2)中,模型输出结果为 P,其分布依然在 $-1\sim 1$ 之间,得分越高,样本为正常公司的概率越大,违约风险也就越小。从判别函数回归系数的符号可看出,主营业务利润率(x_3)、总资产周转率(x_{14})、每股净资产(x_{16})和违约距离(DD)越大,公司的违约风险越小;应收账款周转率倒数(x_{13})和总资产对数(x_{15})越大,则公司的违约风险越大。表 3 为模型自变量的统计特性。该表中正常公司的前 4 个指标都比违约公司大,后两个指标比违约公司小,这与回归系数符号所表达的意思一致。

表 3

模型指标统计特性

模型指标		平均值	标准差	最大值	最小值
主营业务利润率(x_3)	违约公司	0.095	0.186	0.367	−0.632
	正常公司	0.218	0.159	0.569	−0.344
应收账款周转率倒数(x_{13})	违约公司	0.351	0.294	1.678	−0.010
	正常公司	0.185	0.176	0.724	−0.010

（续表）

模型指标		平均值	标准差	最大值	最小值
总资产周转率(x_{14})	违约公司	0.395	0.267	1.168	0.027
	正常公司	0.710	0.577	2.752	0.128
总资产对数(x_{15})	违约公司	20.822	0.576	22.244	19.187
	正常公司	20.641	0.541	22.042	19.451
每股净资产(x_{16})	违约公司	1.231	1.126	3.845	−2.246
	正常公司	2.180	0.876	4.621	0.351
违约距离DD	违约公司	2.707	1.749	7.860	−1.659
	正常公司	4.915	2.248	14.709	0.358

由此研究得出，上市公司财务风险可用市场 P 得分值进行量化。

上市公司财务风险衡量指数，如表4所示。

表4

上市公司财务风险衡量指数

安全等级	高度安全	安全	值得关注	危机	高度危机
等级分值	0.6～1	0.2～0.6	0～0.2	−0.2～0.6	−1～−0.6
风险指数	1	2	3	4	5

2. 上市公司2006年财务风险计量结果

本报告采用的财务数据和价格收益数据来源于色诺芬数据库(www.ccerdata.com)，ST公司数据来源于中国证券之星(www.stockstar.com)和同花顺分析软件(www.10jqka.com.cn)，协议转让交易数据取自万得资讯(www.wind.com.cn)。

对于违约样本和参照样本的选择，必须满足以下几个条件：

(1) ST公司和参照公司在同一交易所交易。

(2) ST公司和参照公司处于同一行业。行业分类标准采用全球行业分类标准(Global Industry Classification Standard，GICS，由摩根斯坦利和标准普尔公司于1999年联合发布)行业分类，即GICS行业代码应该一致。

(3) ST公司和参照公司的资产规模相差不超过20%。

(4) ST公司和参照公司一一对应，即不能存在1家参照公司对应1家以上ST公司的情况。

(5) 2006年被ST公司及其参照公司拥有被ST之前5年(2001～2005年)完整的财务数据和价格数据，以便考察样本违约距离在时间维度上的变化趋势。

根据以上标准，我们各选出62家2006年的ST公司和正常公司分别作为违约样本和参照样本(由于6家上市公司股东权益市场价值为负，违约距离不可计算，最终样本数ST公司和参照公司各56家，请参照附表)。

模型总是由挑选的样本训练出来的，对原样本的识别和预测很容易造成过度拟合，即对训练样本的识别和预测准确率很高,但对训练样本外的样本效果很差,应用范围狭窄。因此,要对模型进行空间维度上的检验,即在与训练样本同一时间背景下,考察模型对其他公司的判别能力。

对于债权人来说,违约公司和正常公司的错判成本(Cost of Misclassification,CM)不同,前者的错判成本一般会远远大于后者。对于商业银行,错判一家正常公司相当于损失一位优质的贷款客户。目前金融机构1年期的存款基准利率为2.52%,1年期的贷款基准利率为6.12%,不考虑经营成本和费用,利差为3%左右。而错判一家违约公司即代表着贷款不能完全收回而变为不良贷款。根据张海宁(2004)对191个中国大型商业银行信贷项目作为样本进行的实证研究,中国的不良贷款平均回收率为33%。也就是说,一旦错判一家违约公司,商业银行平均有67%的贷款无法收回。假设不良贷款损失为60%,正常公司错判成本为1,则违约公司的错判成本为20(60%/3%)。对于两类样本的模型,定义预期错判成本(Expected Cost of Misclassification,ECM):

$$ECM=违约组错判成本\times违约组错判概率+参照组错判成本\times参照组错判概率 \quad (14)$$

显然,ECM越小,说明该分类模型越合理越有效。

基于2004年的财务数据和市场价格数据,我们计算了DADD模型和判别模型对2006年全市场公司的判别准确率及预期错判成本ECM,如表5、表6所示。

表5

2006年全市场判别结果

DADD模型(含DD)				判别模型(不含DD)			
	违约公司	正常公司	准确率		违约公司	正常公司	准确率
违约公司	105	41	71.92%	违约公司	97	49	66.44%
正常公司	284	894	75.89%	正常公司	351	827	70.20%
总准确率			75.45%	总准确率			69.79%

表6

2006年全市场的预期错判成本

DADD 模 型			判 别 模 型		
	错判率(%)	成本(元)		错判率(%)	成本(元)
违约组	28.08	5.62	违约组	33.56	6.71
参照组	24.11	0.24	参照组	29.80	0.30
期望错判成本		5.86	期望错判成本		7.01

在计算2004年全市场违约距离的过程中,共有6家公司股权价值为负而被判为违约公司。这些公司在2006年均为ST公司,判别准确率100%。从表5中可以看出,DADD模型对全市场的判别准确率高达75.45%。加入违约距离DD后,违约公司和正常公司的预测准确率均有5%左右的提高,期望错判成本ECM下降了16.41%[(7.01-5.86)/7.01],可见违约距离DD能够有效改善模型的判别能力。

(1) 财务风险发生的可能性。结合违约距离 DD 和 DADD 模型,我们来分析 2006 年全市场的财务状况。2006 年的全市场违约距离 DD 的平均值为 5.4627。在 DADD 模型中,结果输出 P 得分数值越大,样本公司的财务风险越小。表 7 是 2006 年市场 P 得分统计特性。P 得分在 0.8～1 之间的公司信用级别高,财务风险小。这种公司在 2006 年共 457 家,占比 34.67%。

表 7

2006 年市场 P 得分统计特性

样本数	1 318	均　值	0.3336
最大值	1.0000	最小值	－1.0000
标准差	0.6377	方　差	0.4066
偏　度	－0.7301	峰　度	－0.8303

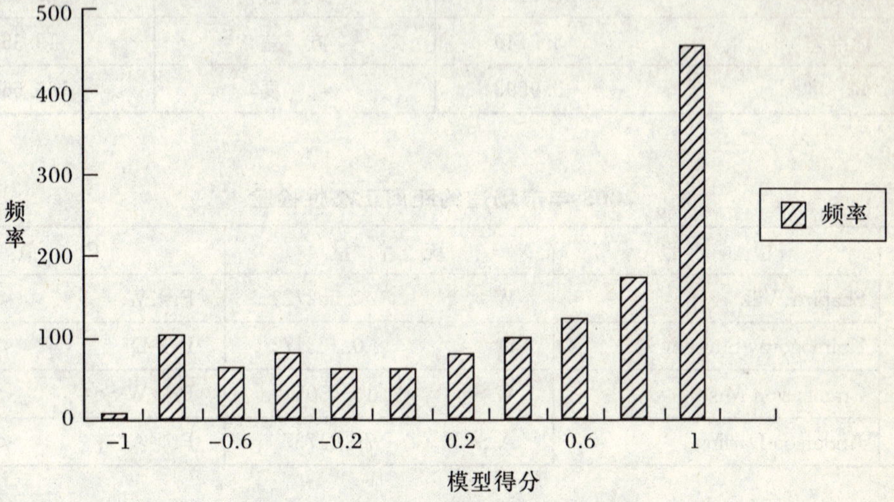

图 5　2006 年 DADD 模型 P 得分分布图

为了更直观地用 DADD 模型说明市场财务风险状况,本报告给出了 2006 年全市场 DADD 模型 P 得分分布直方图(图 5)。从图 5 中我们可以看出,直方图向右边倾斜,P 值大于 0 的公司占多数,2006 年占 70.94%,其中得分在 0.8～1 之间的公司占了最大比例,说明 2006 年大部分上市公司的财务状况良好,信用级别较高。2006 年上市公司财务风险值为 0.3336,财务风险发生可能性指数为 2 级。

(2) 财务风险引起后果的严重性。2006 年全市场违约距离 DD 的平均值为 5.4627。P 值大于 0 的公司占 70.94%,其中得分在 0.8～1 之间公司占了最大比例,达 34.67%。说明 2006 年大部分上市公司的财务状况良好,信用级别较高。财务风险引起后果的严重性指数为 2 级。

(三) 财务风险预测

1. 上市公司 2007 年财务风险预测

我们建立模型的目的之一是利用当前的财务数据和市场价格数据对公司未来财务风险状况进行预测。而前面的评价是基于 2006 年之前的数据对 2006 年公司的财务状况进行考察,仅仅是判别区分的过程。为了考察 DADD 模型的实际预测效能,我们用 2005 年的数据对 2007 年的市场情况进行预测。

首先我们计算出 2005 年全市场的违约距离 DD,表 8、表 10、表 11 分别为 2005 年全市场违约距离统计特性、违约和违约公司距离统计特性,其中违约公司和正常公司的划分标准是基于 2007 年的 ST 情况。从上述表中我们可以看出,违约公司违约距离的平均值为 1.8523,明显小于全市场和正常公司的平均水平(分别为 4.2969 和 4.6458),它们的偏度和峰度都说明了违约距离并不服从正态分布。表 9 是 2005 年全市场违约距离的正态性检验结果,4 个统计量的 P 值均小于 0.05,进一步说明了全市场的违约距离并不服从正态分布。

表 8

2005 年市场违约距离统计特性

样本数	1 313	均 值	4.2969
最大值	37.2964	最小值	−70.0551
标准差	3.5149	方 差	12.3544
偏 度	−5.9693	峰 度	166.6666

表 9

2005 年市场违约距离正态性检验

分 类	检 验	统计量		P 值	
正态检验	Shapiro-Wilk	W	0.582729	Pr<W	<0.0001
	Kolmogorov-Smirnov	D	0.153172	Pr>D	<0.0100
	Cramer-von Mises	W-Sq	13.4505	Pr>W-Sq	<0.0050
	Anderson-Darling	A-Sq	79.01737	Pr>A-Sq	<0.0050

表 10

违约公司(2007 年 ST 公司)2005 年违约距离统计特性

样本数	164	均 值	1.8523
最大值	10.7094	最小值	−21.4409
标准差	2.6444	方 差	6.9927
偏 度	−4.3206	峰 度	37.3961

表 11

正常公司(2007 年正常公司)2005 年违约距离统计特性

样本数	1 149	均 值	4.6458
最大值	37.2964	最小值	−70.0551
标准差	3.4858	方 差	12.1509
偏 度	−6.8110	峰 度	197.3956

基于2005年的财务数据和市场价格数据，我们计算出DADD模型和判别模型的预测结果，并与2007年的实际情况进行比较。违约公司共174家，其中包括2007年ST公司170家和4家已退市公司。2007年除ST公司以外的公司为正常公司。2007年全市场判别结果和预期错判成本，如表12、表13所示。

表12

2007年全市场判别结果

DADD 模型					判别模型				
	违约公司	正常公司	总数	准确率		违约公司	正常公司	总数	准确率
违约公司	131	43	174	75.29%	违约公司	121	53	174	69.54%
正常公司	370	779	1 149	67.80%	正常公司	385	764	1 149	66.49%
总公司数/总准确率			1 323	68.78%	总公司数/总准确率			1 323	66.89%

表13

2007年全市场的预期错判成本

DADD 模型			判别模型		
	错判率	成本		错判率	成本
违约组	24.71%	4.94	违约组	30.46%	6.09
参照组	32.20%	0.32	参照组	33.51%	0.34
期望错判成本		5.26	期望错判成本		6.43

在计算2005年上市公司违约距离DD的过程中，有10家公司的股东权益市场价值为负，按照上述规则全被划为违约公司。至2007年，这10家公司中有6家为ST公司，在违约组样本中有4家已经退市。因此，针对这些股东权益市场价值为负的公司，DADD模型的预测准确率达100%，从实证方面说明了股东权益市场价值为负的公司财务风险很大。从表12我们可以看出，加入违约距离DD因素后，预测准确率有了显著的提高，违约公司和全市场的预测准确率的增幅分别达到5.75%(75.29%－69.54%)和1.89%(68.78%－66.89%)；期望错判成本ECM下降，降幅达18.20%[(6.43－5.26)/6.43]。结合2006年的ST情况，我们注意到，2006年共有10家ST公司在2007年转为正常公司，DADD模型对这10家公司的预测准确率达60%，其中错判的4家公司在2006年均有重大的资产债务重组、资产置换或大股东变更等情况。相对于2006年的判别结果(表5)，对2007年上市公司财务状况的预测中，违约公司的预测准确率有所提高，增幅3.37%(75.29%－71.92%)；但总体预测准确率下降，相差6.67%(75.45%－68.78%)。但考虑错判成本后，DADD模型对2006年和2007年上市公司财务状况的判别效果相仿，期望错判成本分别为5.86和5.26，模型判别能力表现比较稳定。

2. 中国上市公司财务风险状况分析

本报告将进一步结合DADD模型，分析中国上市公司2006年和2007年的ST情况以及2007年市场的财务风险状况。

2006年ST公司共142家(当年新增62家)，暂停上市19家，退市1家；2007年ST公司176家(当年新增62家)，有10家2006年ST公司成功摘帽。2007年的ST公司数量比起

2006 年有所增加,而它们反映的是上一年度公司的财务状况,在一定程度上反映了 2006 年市场的财务状况相对 2005 年有所恶化。同时,2006 年非新增 ST 公司为 80 家,占比 56.34%;2007 年非新增 ST 公司为 114 家,占比 64.77%。这些延续的 ST 公司未退市也未摘帽,主要是因为它们被 ST 处理后虽然能够扭亏为盈,但其每股净资产仍低于股票面值(通常为 1 元),ST 状态仍需延续。延续的 ST 公司占了很大比例,而能够成功摘帽的却很少(2007 年仅为 10 家),说明 ST 公司扭亏为盈比较容易,但要大幅度提高利润或通过权益融资来提高每股净资产却存在很大困难。这很大程度上是因为上市公司被 ST 处理后已经显现出财务状况恶化问题,影响公司的信用,给公司的日常经营和融资造成很大负面影响。

我们再考察违约行为和模型错判的行业特征。表 14、表 15 是 2006 年和 2007 年违约公司行业分布表。从表中可以看出,各行业 ST 公司所占比例并不大。2006 年 ST 公司遍布 33 个行业,单一行业最多拥有 ST 公司 14 家,占比不到 10%,其他 32 个行业 ST 公司数量均不多于 10 家。对于 2006 年 ST 公司的判别,DADD 模型错判 41 家,其分布在 20 个行业,单一行业错判最多只有 4 家,占比不到 10%。2007 年 ST 公司则分布在 34 个行业,单一行业最多拥有 ST 公司也为 14 家,占比 7.95%,其他只有 2 个行业违约公司数量在 10 家以上。DADD 模型错判 2007 年 ST 公司 43 家,分布于 24 个行业,单一行业错判最多 4 家,也不到 10%。可见,违约行为的行业集中度不高,公司违约状况和模型错判的行业特征并非十分明显。

表 14

2006 年违约公司行业分布表

行业代码	行 业 名 称	数量	占 比	行业代码	行 业 名 称	数量	占 比
101020	石油、天然气与消费用燃料	2	1.37%	253010	酒店、餐馆与休闲	1	0.68%
151010	化学制品	14	9.59%	254010	媒体	2	1.37%
151020	建筑材料	3	2.05%	255010	经销商	6	4.11%
151030	容器与包装	1	0.68%	302010	饮料	5	3.42%
151040	金属与采矿	2	1.37%	302020	食品	10	6.85%
151050	纸类与林业产品	6	4.11%	351010	医疗保健设备与用品	1	0.68%
201030	建筑与工程	1	0.68%	352010	生物科技	3	2.05%
201040	电气设备	2	1.37%	352020	制药	5	3.42%
201050	工业集团企业	4	2.74%	404010	房地产	1	0.68%
201060	机械制造	5	3.42%	404030	房地产管理和开发	9	6.16%
201070	贸易公司与经销商	8	5.48%	451020	信息技术服务	1	0.68%
202010	商业服务与商业用品	2	1.37%	451030	软件	5	3.42%
203030	海运	2	1.37%	452010	通信设备	5	3.42%
251010	汽车零配件	2	1.37%	452020	电脑与外围设备	4	2.74%
251020	汽车	7	4.79%	452030	电子设备与仪器	9	6.16%
252010	家庭耐用消费品	9	6.16%	551010	电力公用事业	1	0.68%
252030	纺织品、服装与奢侈品	7	4.79%				

表 15

2007 年违约公司行业分布表

行业代码	行业名称	ST公司数量	占比	2004年数量	差额
101020	石油、天然气与消费用燃料	2	1.22%	2	0
151010	化学制品	14	8.54%	14	0
151020	建筑材料	7	4.27%	3	4
151040	金属与采矿	3	1.83%	2	1
151050	纸类与林业产品	4	2.44%	6	−2
201030	建筑与工程	1	0.61%	1	0
201040	电气设备	3	1.83%	2	1
201050	工业集团企业	5	3.05%	4	1
201060	机械制造	9	5.49%	5	4
201070	贸易公司与经销商	10	6.10%	8	2
203030	海运	2	1.22%	2	0
203040	公路与铁路	1	0.61%	0	1
251010	汽车零配件	1	0.61%	2	−1
251020	汽车	6	3.66%	7	−1
252010	家庭耐用消费品	7	4.27%	9	−2
252020	休闲设备与用品	2	1.22%	1	1
252030	纺织品、服装与奢侈品	6	3.66%	7	−1
253010	酒店、餐馆与休闲	2	1.22%	1	1
254010	媒体	2	1.22%	2	0
255010	经销商	6	3.66%	6	0
302010	饮料	4	2.44%	5	−1
302020	食品	13	7.93%	10	3
351010	医疗保健设备与用品	1	0.61%	1	0
351020	医疗保健提供商与服务	1	0.61%	0	1
352010	生物科技	4	2.44%	3	1
352020	制药	9	5.49%	5	4
404010	房地产	2	1.22%	1	1
404030	房地产管理和开发	10	6.10%	9	1
451020	信息技术服务	1	0.61%	1	0
451030	软件	3	1.83%	5	−2
452010	通信设备	5	3.05%	5	0
452020	电脑与外围设备	4	2.44%	4	0
452030	电子设备与仪器	11	6.71%	9	2
551010	电力公用事业	2	1.22%	1	1
551030	复合型公用事业	1	0.61%	0	1

结合违约距离DD和DADD模型,我们分析2007年全市场的财务状况。2007年的全市场违约距离DD的平均值为4.2969,2007年较2006年度有所下降,在某种程度上反映了市场财务风险有恶化的迹象。在DADD模型中,结果输出P得分数值越大,样本公司的财务风险越小。表16是2007年市场P得分的统计特性。2007年P得分的均值较2006年下降,反映了市场财务信用水平有下降的趋势,这与违约距离DD表达的意思一致。P得分在0.8~1之间的公司信用级别高,财务风险小。这种公司在2006年共457家,占比34.67%;2007年共326家,占比24.83%。2007年高信用级别的公司比例有所下降,也反映了全市场财务风险状况有所恶化。2007年上市公司财务风险预测值为0.1876,指数为3。

表16

2007年市场P得分统计特性

样本数	1 313	均　值	0.1876
最大值	1.0000	最小值	−1.0000
标准差	0.6719	方　差	0.4514
偏　度	−0.4172	峰　度	−1.2710

为了更直观地用DADD模型说明市场财务风险状况,本报告给出了2007年全市场DADD模型P得分分布直方图(图6)。从图中我们可以看出,直方图向右边倾斜,P值大于0的公司2007年占62.60%,但其右偏程度不如2006年,这再一次说明了2007年市场的财务风险水平存在一定程度的上升。

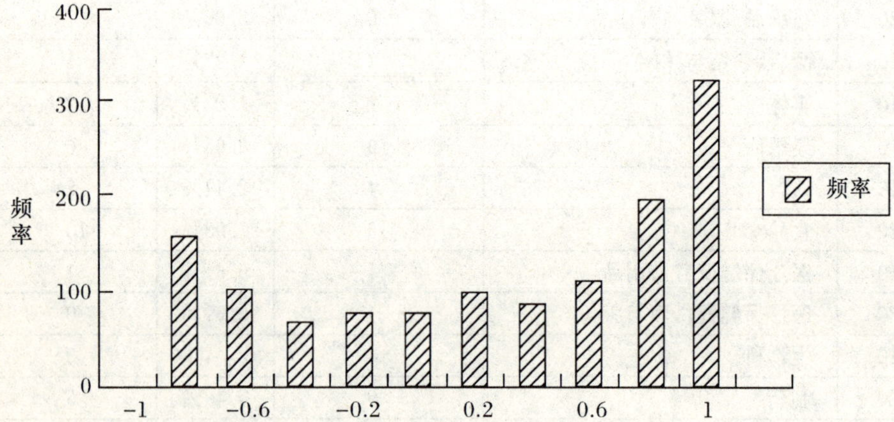

图6　2007年DADD模型P得分分布图

(四)本报告研究的不足

(1)预测准确率还有待提高。通常的实证研究只选取部分样本公司进行检验,而本报告的检验样本为全市场公司。随着样本的大幅增加,公司的财务结构情况更趋复杂,模型的预测准确率不可避免地会受到行业因素和一些异常样本的影响。另外,文中财务指标的定义和选取的标准与数量还有待改进。

(2)在计算KMV模型时,我们把公司的债务期限简化为1年,而现实中公司的债务期限结构是错综复杂的。

(3) 在计算资产价值波动率时，我们是基于 Ito 引理用股权价值波动率进行估算的，而 Ito 引理的应用则需要一系列的假设条件，现实中很难满足，因此估算可能会引起偏差。

四、财务风险管理的建议或措施

财务风险存在于财务管理工作的各个环节，不同的财务风险产生的具体原因不尽相同。随着企业理财环境的变化和新的理财活动的出现，新的财务风险也有可能产生。因此，如何实现动态地防范财务风险、化解财务危机，是企业财务管理工作的重点之一。本报告认为，防范企业财务风险，不能孤立地采取某种策略或方法，更重要的是要多方面、多角度地采取措施，实现财务风险管理方法的创新。具体来说，主要应做好以下六个方面的工作。

(一) 完善上市公司的治理机制，降低公司财务风险

我国上市公司财务风险的重要成因是公司治理机制的不完善，要降低财务风险，必须提高上市公司的治理标准。

1. 完善法人治理结构，建立现代企业制度

按照中国证监会的要求，上市公司要建立独立董事制度；在程序合法的前提下，建立上市公司经理层的公开选聘制度；改革上市公司高级管理人员收入分配办法，建立高级管理人员利益与公司长期目标相结合、责权利相统一的约束激励机制；逐步推行上市公司高级管理人员年薪制，积极试行红股、股票期权等分配奖励制度。

2. 规范上市公司与控股股东关系，保持上市公司动作的独立性

控股股东与上市公司之间的人员、资产、财务、机构、业务"五分开"，有利于保证上市公司独立性，减少控股股东行为对上市公司造成的经济损失，从而降低公司财务风险。同时，完善母公司的治理结构，及时解决有关问题。

3. 优化股权结构

通过积极有效的国有股权减持，优化不同股东间的持股比例，使相互之间形成有力的制衡约束机制，法人治理结构才能真正发挥出应有的作用，保证经营决策的科学民主。另外，通过国有股减持，还可以盘活存量资产，有利于增强国有经济的控制力。

4. 在公司主营业务上做强、做大

因主业不明或主业缺乏竞争力而亏损的公司，应该引进战略股东，实施资产重组，调整公司产业结构，增强核心竞争力；引进了新股东，而长期以来仍然主业不振，一直没有进行资产置换的公司，应进行实质性的资产置换，迅速提升盈利能力。同时，通过资产重组加快企业技术进步步伐，充分利用上市公司在资本市场上的资本运作优势，迅速扩大生产经营规模，并围绕企业的主导产品，通过对原有工艺技术和生产设备的不断革新，使高新技术全面而深入地渗透到主营产品的生产过程，以提高劳动生产率和产品的技术含量，增加产品附加值。

5. 规范关联交易

对上市公司与关联方发生的关联交易不规范问题，有关上市公司和关联方必须进行纠正并保证关联交易信息的充分披露，杜绝利用关联交易占用上市公司资金和调节利润，适时变更重大关联交易协议、合同，履行法定的关联交易审批程序，保证关联交易的公允性。

6. 确保激励机制的市场化、长期化、动态化

市场化、长期化、动态化的激励机制是法人治理结构有效运作的动力，其核心是如何设计有效的薪酬制度，促使高层管理者最大限度地为股东利益工作和减缓机会主义行为，从而降低

上市公司的财务风险。Baker(1992)指出,财务指标反映公司过去的经营业绩,而股价作为预期收入的现值则反映公司未来的盈利能力,理想的薪酬激励制度应将股价和财务指标结合起来,并根据指标所含信息质量的高低决定它们的相对重要程度。

(二) 建立健全财务风险综合管理制度,实行财务风险报告制度

建立健全财务风险综合管理制度,旨在使财务预警系统与企业的各项制度建设结合起来,互相促进。如以现金流转为主的企业,应切实建立现金核算制度,掌握现金收付期间的差异;以赊销、代销为主的企业,则应加强企业信用调查制度,强化应收账款回收制度。为了及时掌握财务风险状况,企业最好根据实际情况,自行制定财务风险报告制度,并切实加以贯彻实施。这里强调财务风险报告的重要性在于上市公司最高管理当局无论是精力还是能力都无法充分预料到来自各方面的财务风险。最了解风险来源及影响程度的莫过于公司各职能部门和业务经办人员,所以上市公司应要求财务部门或业务经办人员定期或不定期提供财务风险报告。报告的内容至少应包括以下内容:

(1) 财务风险可能涉及的部门和领域。

(2) 可能的财务风险来源、影响程度及其后果。

(3) 财务风险的性质及可能的规避方法。

(4) 财务风险监测指标数据。

(5) 建议采取的措施。

(三) 改善公司风险管理环境,提高风险意识

现代社会是一个充满激烈竞争的社会,每一个上市公司不论其规模、结构、性质或产业如何,都会面临成功的挑战和失败的风险。面对市场经济条件下的各种风险,首先,上市公司管理人员以及财务人员必须转变观念,提高财务风险意识。只有意识到了风险,才会主动加强内部控制,采取措施控制风险,将风险防范贯穿于财务管理工作的始终。其次,上市公司在经营过程中应加强风险管理。随着经济的发展,经济环境的变化,企业的资产风险、信息系统风险、兼并重组等风险逐步增大,因此,上市公司应建立健全风险预测、风险评估、风险控制和风险约束机制,并且在技术上制定风险接受、风险转移、风险回避和风险分散等管理策略,以有效防范和控制风险。

(四) 保持适度的债务规模,合理运用筹集的资金

1. 合理选择筹资渠道,保持适度的债务比率

企业的负债比率多少为适度,并无定论。但一般来说,它必须与企业的偿债能力相匹配。在企业中,只有作为所有者权益的那一部分资产才是偿债的来源,因此,举债规模应与企业所有者权益相适应,一般来说不应该超过净资产的数额。但是,不同企业情况千差万别,负债比率的确定主要考虑三个因素:

(1) 盈利能力强弱。企业盈利能力越强,效益越好,负债能带来更好的效益,还款一般也有保证,因此可适当加大负债比率。

(2) 行业特征。对于一些固定资产比重较大的行业,由于资产的流动性不强,真正可用于偿债的是货币资金。对于这样的行业,负债比率应相应低一些。

(3) 资金周转速度。如企业资金周转快、生产周期短、销售收入回笼快,则容易组织还款资金,可适当加大负债比率;反之,则容易出现拖欠债务的情况,此时企业应降低负债比率。总之,企业的现金流越有保证,越可以承受较高负债比率。

考虑负债比率的同时也必须考虑债务结构的合理化。一般来说,长期债务的资金成本较

高，短期借款的资金成本相对较低。从控制资金成本的角度来看，企业提高短期借款的比重，可以降低资金总成本。但是短期借款的比重过大，违约风险也就加大(虽然目前我国上市公司破产约束机制软化)。企业短期临时性的资金需求，可用短期借款来解决；而对于长期性的资金需求，若不实施权益性筹资，则应以长期借款来解决。如果靠短期借款来解决，往往可能陷入借新债还旧债的困境，一旦无法及时借到资金，财务风险就会加大，还可能导致借款利率的上升，造成资金总成本的升高，这与降低资金成本的初衷是背道而驰的。

2. 合理使用筹集的资金，避免非理性投资

上市公司利用各种筹资方式从不同筹资渠道取得一定资金后，就必须高度重视资金的使用，尤其要避免非理性投资。

我国上市公司筹集了大量资金用于公司的建设，从资金的总体使用效果来看是好的。但是，也有不少上市公司，筹集到资金后，未对投资进行充分论证，便盲目上马，导致公司面临财务危机。

我国上市公司的非理性投资主要在以下表现：

(1) 超越自身能力的投资。这种非理性投资行为主要是由于管理者的盲目乐观、分析不当、决策失误造成的，并主要表现为投资过度。项目投资收益能否取得，不仅与项目本身的前景密切相关，同时还在很大程度上取决于投资的完成情况。未完成投资计划的项目，轻则不能取得预期收益，重则使公司背上沉重的资金包袱，甚至可能拖垮公司。因此，在项目投资决策的可行性论证中，正确估量公司自身管理和投资能力是很关键的。

目前，我国部分上市公司不顾自身的承受能力，单纯依赖银行融资(由于达不到增发、配股的条件)，尤其以短期融资作为资金来源进行项目投资，一旦投资失误或在建项目失去资金来源，不仅使得企业的资产负债率大幅度上升，而且还严重影响了企业自身的生产经营能力。

(2) 多元化投资方向的非理性。我国一些上市公司的非理性多元化投资行为，在投资目的上就表现出一定的非理性：在投资规模和投资结构上，“贪大求全”，片面追求规模、不切实际地打造“航空母舰”，结果是处处碰壁，反而加大了财务风险。

(3) 改变投资方向的非理性。一些上市公司一旦从股东身上“捞”到了钱，便不经股东大会的批准，擅自改变募集资金的投向，不是投资于高风险的项目，就是违规炒买炒卖本公司的股票，从而加大了上市公司的财务风险。

上市公司只有将筹集的资金投向有助于提高本公司核心竞争力、自身能干好的项目，避免投资的非理性化，才能在激烈的市场竞争中具有较强的竞争力，从而提高自身的盈利能力，降低财务风险。

(五) 加强会计基础工作，关注财务指标

会计信息是企业决策者进行决策的主要依据，会计的主要职能之一就是对企业经济活动进行客观反映。会计对经济活动的反映具有其他反映手段无可比拟的优势。正是由于会计信息是经济决策的主要依据之一，会计信息的质量对经济决策的影响程度很大，虚假的会计信息不仅可以使决策者对以往企业的经营成果作出错误的评价，而且会导致企业未来的决策偏离经济规律，给企业造成巨大的财务风险隐患，因此，提高会计信息质量对防范企业财务风险至关重要。提高会计信息质量首先要加强会计基础工作。加强会计基础工作包括提高会计人员素质，提高会计核算水平，使会计对企业经济业务的反映尽量做到全面、准确、及时。提高会计信息质量还要从会计信息使用者的要求出发，尽量满足企业内部和外部会计信息使用者对会

计信息的要求。在我国,会计信息主要是提供给企业外部信息使用者使用,为企业内部使用者提供会计信息的管理会计比较落后,因此,提高会计信息质量,加强会计为企业管理提供信息的职能是利用会计信息防范企业财务风险的重点之一。分析财务数据的经济内涵,更合理地定义和选取财务指标,并考虑将更多的财务指标纳入判别分析,能够提高模型的预测准确性。

执笔人:洪　玫

(本报告部分内容选自:上海立信会计学院中国立信风险管理研究院开放课题《上市公司财务风险研究》,课题负责人:王东。)

参考文献

1. 财政部企业司. 企业财务风险管理. 北京:经济科学出版社,2004

2. 陈忠阳. 信用风险量化管理模型发展探析. 国际金融研究,2000(10)

3. 程鹏,吴冲锋. 上市公司信用状况分析新方法. 系统工程理论方法应用,2002(6)

4. 董颖颖,薛锋,关伟. KMV 模型在我国证券市场的适用性分析及其改进. 生产力研究,2004(8)

5. 都红雯,杨威. 我国对 KMV 模型实证研究中存在的若干问题及对策思考. 国际金融研究,2004(11)

6. 冯守仑. KMV 模型在我国的实证研究综述. 深圳金融,2005(7)

7. 靳云汇,李学,中国证券市场半强态有效性检验:买壳上市分析. 金融研究,2000(1)

8. John C. Hull. 期权、期货和其他衍生产品. 张陶伟译. 北京:华夏出版社,1999

9. 鲁炜,赵恒珩,刘冀云. KMV 模型关系函数推测及其在中国股市的验证. 运筹与管理,2003(6)

10. Stephen A. Ross,Randolph W. Westerfield,Jeffery F. Jaffe. 公司理财. 吴世农,沈艺峰等译. 北京:机械工业出版,2000

11. 王琼,陈金贤. 信用风险定价方法与模型研究. 现代财经,2002(4)

12. 吴军,张继宝. 信用风险量化模型比较分析. 国际金融研究,2004(8)

13. 杨星,郭彩琴. 我国国债信用风险管理实证研究. 预测. 2004(2)

14. 杨星,张义强. 中国上市公司信用风险管理实证. 中国软科学. 2004(1)

15. 叶庆祥,景乃强. 基于资本市场理论的上市公司信用风险度量研究. 经济学家,2005(2)

16. 张海宁. 银行反对银行. 北京:清华大学出版社,2004

17. 张玲. 财务危机预警分析判别模型及其应用. 预测,2000(6)

18. 张玲,杨贞柿,陈收. KMV 模型在上市公司信用风险评价中的应用研究. 系统工程,2004(11)

19. 赵瑞,黎玉柱. 论上市公司财务报表粉饰及其甄别. 武汉科技大学学报,2004(9)

20. 郑茂. 基于 EDF 模型的上市公司信用风险实证研究. 管理工程学报,2005(3)

21. 刘恩禄,汤谷良. 论财务风险管理. 北京商学院学报,1989(5)

22. 向德伟. 论财务风险. 会计研究,2005(4)

23. 房玲. 企业财务风险管理刍议. 财会研究,2000(6)

24. 唐晓云.略论企业财务风险管理.上海会计,2000(2)

25. 吴世农,卢贤义.我国上市公司财务困境的预警模型研究,经济研究.2001(6)

26. 黄岩,李元旭.上市公司财务失败预测实证研究.系统工程理论方法应用,2001(10)

27. 杨雄胜.高级财务管理.大连:东北财经大学出版社,2004

28. 张鸣,张艳,程涛.企业财务预警研究前沿.北京:中国财政经济出版社,2004

29. 王森.中国的股票市场与上市公司风险研究.北京:经济科学出版社,2004

30. 李嶂品.中国股市发展报告.北京:中国财政经济出版社,2004

31. 庄心.中国证券市场发展前沿问题研究.北京:中国金融出版社,2004

32. 周兴荣,毛开拥,左志勇."Z-Score"模型在企业财务风险监测与危机预警中的应用.石家庄经济学院学报,2003(5)

33. 中国证监会北京证券监管办事处上市公司监管处.风险预警系统在年报审核工作中的应用.中国证券报,2001(6)

34. 李胜,傅太平.论企业的全面财务风险管理.经济与管理,2004(6)

35. 周文斌.企业财务风险的技术性防范方法.财务与会计,2001(11)

36. 张月娥,周大凤.现代企业财务风险的测定和防范.理论观察,2003(3)

37. 杨建仁,何宜庆.我国上市公司财务风险预警的实证分析.西安教育学院学报,2004(3)

38. 张慧君,苏宁,陈丽荣.从财务指标的选用看财务预警系统的有效性.管理与科学,2004(2)

39. 殷尹,吴成庆.财务困境概率贝叶斯估计.系统工程理论方法应用,2004(2)

40. Altman, E. I., 1968, Financial Ratios: Discriminant Analysis and Prediction of Corporate Bankruptcy, *Journal of Finance*.

41. Altman, E. I., Haldeman R. G. and Narayanan P., 1977, ZETA Analysis: A New Model to Identify Bankruptcy Risk of Corporations, *Journal of Banking and Finance*.

42. Beaver, W. H., 1966, Financial Ratios as Predictors of Failure, *Journal of Accounting Research* (Supplement).

43. Carmichael, D. R., 1972, The Auditor's Reporting Obligation, *Auditing Research Monograph* No. 1 (New York: AICPA).

44. Deakin, E. B., 1977, Business Failure Prediction: an Empirical Analysis. in E. Altman & A. Sametz(eds), *Financial Crises: Institutions and Markets in a Fragile Environment* (John Wiley, New York).

45. Edmister, R. O., 1972, An Empirical Test of Financial Ratio Analysis for Small Business Failure Prediction, *Journal of Financial and Quantitative Analysis*.

46. Merton, R.. On the pricing of corporate debt: the risk structure of interest rates, *Journal of Finance*, 1974, 28.

47. Ohlson, J., 1980, Financial Ratios and the Probabilistic Prediction of Bankruptcy, *Journal of Accounting Research*, 18 (1).

48. Sobehart, J. R., Keenan, S. C., Stein, R. M.. Benchmarking quantitative default risk models: a validation methodology. 2000, Moody's KMV LL.

49. Tam, K. Y., M. Kiang. Managerial applications of neutral networks: the case of bank Failure Predictions, *Management Science*, 1992, 38.

附录

附表

违约组和参照组样本(2006 年)

单位：元

序号	行业	违约公司			参照公司		
		代码	公司名称	资产	代码	公司名称	资产
1	404030	000005	GST 星源	1 643 873 315	000889	G 渤海	1 664 457 285
2	252010	000020	ST 华发 A	389 185 291.7	000552	G 靖煤	474 651 840.5
3	201050	000034	*ST 深泰	768 881 287.8	000572	G 金盘	731 674 209.1
4	201050	000403	*ST 生化*	2 082 555 386	000031	G 中粮地	1 906 827 973
5	151010	000498	G 丹化	2 110 634 120	000782	G 美达	2 106 874 445
6	404030	000505	G*ST 珠江	850 866 853.3	000007	G 深达声	854 288 325.1
7	151020	000509	*ST 华塑*	859 390 542.6	000023	G 深天地	935 612 778.4
8	252030	000529	ST 美雅	864 792 923.7	000955	G 欣龙	913 200 099.7
9	255010	000560	*ST 百大	1 122 736 580	000564	G 陕民生	1 104 064 620
10	201070	000578	*ST 数码*	958 215 712.6	000025	G 特力 A	859 358 659.1
11	302010	000596	GST 古井	1 335 726 228	000929	兰州黄河	1 177 927 295
12	201070	000632	G*ST 三木*	2 948 833 817	000151	G 中成	3 081 751 425
13	452030	000633	*ST 合金*	671 297 084.3	000901	G 航科技	693 090 289.2
14	151010	000650	*ST 九化	455 999 023.4	000861	G 海印	437 292 203
15	101020	000670	*ST 天发*	1 427 646 770	000096	G 广聚	1 502 156 698
16	151010	000691	ST 寰岛	838 445 734.5	000819	岳阳兴长	875 702 059.5
17	151010	000719	ST 鑫安	629 592 728.7	000606	G 明胶	570 779 536.1
18	452020	000748	G*ST 信*	1 367 141 741	000948	G 南天	1 203 347 866
19	352020	000750	*ST 集琦*	1 192 492 325	000739	G 康裕	1 144 870 428
20	452020	000757	*ST 方向*	1 418 716 387	000938	G 紫光	1 665 411 217
21	451030	000787	*ST 创智*	889 062 799.8	000997	G 新大陆	1 040 061 611
22	201070	000863	*ST 商务	644 327 805.9	001696	G 宗申	745 631 599.8
23	201060	000880	*ST 巨力	633 616 345.3	000678	G 襄轴	676 463 014.9
24	201060	000887	ST 飞彩	617 716 728.7	000519	G 银动	556 988 505.2
25	302020	000918	*ST 亚华*	1 561 478 182	000833	贵糖股份	1 470 412 341
26	151010	000928	G*ST 吉*	2 573 651 604	000707	G 双环	2 421 886 941
27	151010	000950	GST 建峰	978 888 833.5	000728	北京化二	999 614 491.1

（续表）

序号	行业	违约公司			参照公司		
		代码	公司名称	资产	代码	公司名称	资产
28	201060	000967	G* ST 上风*	519 150 324.2	000777	G 中核	507 611 398.5
29	452010	600076	G* ST 华光*	1 994 628 570	600680	G 邮通	1 803 291 089
30	201050	600093	*ST 禾嘉*	904 471 274.5	600880	G 博瑞	783 060 786.1
31	404030	600136	*ST 道博*	396 473 090.5	600634	G 海鸟	349 104 359
32	404030	600159	G 大龙	1 217 529 351	600696	G 多伦	1 185 217 155
33	151020	600173	*ST 丹江*	896 410 965.4	600678	G 金顶	939 573 453.9
34	151010	600181	*ST 云大	1 101 041 222	600110	G 英华	1 096 744 401
35	151050	600187	*ST 黑龙	978 885 618	600793	G 宜纸	958 566 359.3
36	302010	600199	GST 种子	1 041 889 609	600238	G 椰岛	1 019 502 760
37	201050	600209	G* ST 罗顿*	1 299 802 657	600770	G 综艺	1 331 292 938
38	302020	600225	*ST 天香*	939 075 188.8	600298	G 安琪	1 110 676 308
39	151010	600259	*ST 聚酯*	826 440 801.3	600885	G 力诺	820 920 999
40	352010	600286	*ST 国瓷	705 627 304	600161	G 天坛	848 762 795.5
41	251020	600609	G* ST 金杯*	4 093 221 772	600686	G 金龙	3 843 212 899
42	352020	600614	G* ST 发*	864 804 801	600285	G 羚锐	872 235 373.3
43	252030	600645	*ST 春花*	487 802 447.7	600233	G 大杨	596 394 593.1
44	352020	600656	*ST 源药*	1 216 727 500	600422	G 昆药	1 238 324 140
45	254010	600681	ST 万鸿	306 875 355.9	600831	G 广电	314 326 318
46	302020	600695	G* ST 大江	1 080 890 642	600095	G 哈高科	1 275 249 806
47	201070	600705	*ST 北亚*	4 116 128 190	600755	G 厦国贸	4 141 599 730
48	254010	600721	*ST 百花*	290 416 280.4	600749	G 圣地	320 712 546.2
49	255010	600766	G* ST 烟发	484 107 081.3	600858	G 银座	545 619 819.9
50	404030	600767	ST 运盛	857 610 805.9	600247	G 物华	813 739 370.3
51	201070	600773	*ST 金珠*	710 059 002.5	600605	G 轻机	692 499 466.1
52	255010	600807	*ST 济百	529 449 342.3	600857	G 工大	557 159 996
53	452030	600848	ST 自仪	938 820 305.5	600202	G 哈空调	1 013 064 078
54	201060	600862	ST 纵横	1 033 852 793	600783	G 鲁信	93 729 9824.6
55	404030	600890	*ST 中房*	611 596 003.8	600193	G 创兴	686 600 599.4
56	255010	600891	ST 秋林	837 644 058.9	600814	G 解百	754 980 821.8

注：股票名称右上方带 * 表示 2006 年新增的 ST 公司，样本中共有 28 家公司。

审计风险研究

一、审计风险的基本情况描述

（一）研究背景与研究目的

随着企业规模的不断扩大、经济行为日益复杂，注册会计师行业的审计风险也在日益增加。近些年来，世界范围内发生的公司舞弊和事务所倒闭案充分说明正确评价审计风险对注册会计师行业来说至关重要。

审计风险包括广义与狭义两个方面。狭义地来看，审计风险是指当财务报表存在重大错报而审计师发表不恰当审计意见的可能性（国际审计准则，2004）。类似的，《中国注册会计师执业规范准则》把审计风险定义为“财务报表存在重大错报而注册会计师发表不恰当审计意见的可能性”。审计风险取决于重大错报风险和检查风险。其中，重大错报风险是指财务报表在审计前存在重大错报的可能性。检查风险是指某一认定存在错报，该错报单独或连同其他错报是重大的，但注册会计师未能发现这种错报的可能性。广义地来看，所有与审计业务相关的风险，即审计业务风险，都属于审计风险的范畴。而广义的审计风险（Engagement Risk）包括客户的商业风险（Client's Business risk）、狭义的审计风险与审计师的商业风险（Auditor's Business risk）（Colbert et al.，1996；Huss and Jacobs，1991）。客户的商业风险指与客户生存或盈利能力相关的风险。而狭义的审计风险则如前所述。审计师的商业风险指会计师事务所在业务中遭受损失的可能性。本报告的审计风险概念主要采用广义观。

究竟哪些因素会影响到审计风险，历来是注册会计师行业，也是广大的审计研究人员孜孜以求的目标。但由于影响审计风险的因素非常多，单一的指标很难囊括审计风险的方方面面，因此到目前为止，从公开的研究成果看，鲜见有综合的评价审计风险的指标体系。

为了能够精确地计量和反映审计风险，本报告试图建立一套风险评价指标体系。这些指标体系既考虑了目前正在使用的定性评价中的相关内容，也考虑了审计理论研究中的一些最新成果。由于该指标体系主要应用于中国市场，我们也适当考虑了中国审计市场上的一些特殊风险影响因素。

（二）相关文献回顾

广义的审计风险，即审计业务风险，包括客户的商业风险、狭义的审计风险与审计师的商业风险。Colbert et al.（1996）概述了审计业务风险的影响因素。

客户商业风险主要指客户的经济状况在短期或长期恶化的风险，通常以客户的盈利能力或流动性来计量。影响企业商业风险的因素包括管理层、企业与行业三个方面（Colbert et al.，1996）。从管理层的特征来看，缺乏正直、投机冒险或有异常的高风险、对遵守法律规章制度的态度不善、交易复杂或创新型交易，财务报表难以评估或具有高度主观性、缺乏可资证明的记录（Track Record）、躲避审计师、与审计师不合作、诽谤审计师等都会增大企业的商业风险。从企业特征来看，存在新产品或未经检测的产品、客户与供应商为数不多、财务状况恶化或资金流动性危机、持续经营能力值得怀疑、在商业有问题的国家进行经营、资本金不足或财务杠杆太高、难以达到限制性的债务合约条款、经营活动的现金流量为负但报告经营利润为正、低于投资量的发行在外的公开交易的债券、在竞争对手较弱的新兴或成熟市场中居于较低层级(Low-tier)、由于价格或原材料的可获性出现意料之外的变化而导致盈利能力出现巨大波动、应对快速改变技术方面存在缺陷(Vulnerability)、用短期借款的资金投资于长期资产等都会提升企业的商业风险。从行业来看，发生快速改变、处于高度竞争、市场饱和、产品陈旧或需求萎缩、高固定成本且低变动成本、具有高度周期性(Cyclical)或反周期性市场、进入壁垒低、较强的管制环境且对行业盈利能力产生负面影响等行业因素会增大企业的商业风险。

狭义的审计风险指会计报表存在重大错报而注册会计师发表不恰当审计意见的可能性，通常包括重大错报风险与检查风险。增大(狭义的)审计风险的因素包括由个人支配企业的经营活动、过分强调达到每股收益、公司股票的市场价值和盈利预期的目标、会计估计的程序不可靠或经理的估计值得怀疑、制定不切实际的预算来鼓励达到不实际的目标、大量年末交易、薪酬很大程度基于报告的盈余、不必要的复杂的公司结构、以往年度财务报表曾重报来更正差错或紊乱、管理层努力减少审计范围、存在涉及企业商业活动的重大诉讼、在内部控制存在重大缺陷或应报告的状况、重大而不寻常的关联交易、附属公司未经审计或被他人审计、管理层支持激进性的会计原则(Aggressive Accounting Principle)、财会部门人员不足或人员缺乏经验、财务报告编制不及时等等。

审计师商业风险指会计师事务所在业务中遭受损失的可能性，通常以业务的盈利性及其潜在的诉讼来计量。增大审计师商业风险的因素有客户存在大量诉讼或争议、经常更换企业的审计师、债券或股票的初始公开发行、财务报表被用于企业合并、分立或分部处置的决策。

我们将已有研究文献与审计实务中影响审计风险的因素列示如表1所示。

表1

影响审计业务风险的主要影响因素

风险要素	子要素	增大风险的主要影响因素
客户商业风险	管理层因素	管理层缺乏正直 管理层投机冒险或异常的高风险 管理层对遵守法律规章制度的态度不善 交易复杂或创新型交易，财务报表难以评估或具有高度主观性 缺乏可资证明的记录 管理层躲避审计师、与审计师不合作、诽谤审计师
	企业因素	新产品或未经检测的产品 客户与供应商为数不多 财务状况恶化或资金流动性危机 持续经营能力值得怀疑 在商业有问题的国家进行经营 资本金不足或财务杠杆太高 难以达到限制性的债务合约条款 经营活动的现金流量为负但报告经营利润为正 低于投资量的发行在外的公开交易的债券 在竞争对手较弱的新兴或成熟市场中居于较低层级 由于价格或原材料的可获性出现意料之外的变化而导致盈利能力出现巨大波动 应对快速改变技术方面存在缺陷 用短期借款的资金投资于长期资产

(续表)

风险要素	子要素	增大风险的主要影响因素
客户商业风险	行业因素	发生快速改变 处于高度竞争、市场饱和、产品陈旧或需求萎缩 高固定成本且低变动成本 具有高度周期性或反周期性市场 进入壁垒低 较强的管制环境且对行业盈利能力产生负面影响
(狭义)审计风险		由个人支配企业的经营活动 过分强调达到每股收益、公司股票的市场价值和盈利预期的目标 会计估计的程序不可靠或经理的估计值得怀疑 制定不切实际的预算来鼓励达到不实际的目标 大量年末交易 薪酬很大程度基于报告的盈余 不必要的复杂的公司结构 以往年度财务报表曾重报来更正差错或紊乱 管理层努力减少审计范围 存在涉及企业商业活动的重大诉讼 在内部控制结构存在重大缺陷或应报告的状况 重大而不寻常的关联交易 附属公司未经审计或被他人审计 管理层支持激进性的会计原则 财会部门人员不足或人员缺乏经验 财务报告编制不及时
审计师商业风险		客户存在大量诉讼或争议 经常更换企业的审计师 债券或股票的初始公开发行 财务报表被用于企业合并、分立或处置

资料来源:Colbert J. L. , M. S. Luehlfing and C. W. Alderman, 1996, Engagement risk. The CPA Journal 66(March):54~56

二、审计风险因素识别

为了得出一套企业审计风险评价的定量指标体系,根据现有审计准则对审计实务的基本要求,同时综合审计理论研究的最新成果和中国审计市场的特殊情况,我们识别了企业基本状况、公司治理状况、财务状况与经营成果以及其他因素四大类影响企业审计风险的因素,进一步把它们细化成38项风险计量指标。通过对一家国际性的大型会计师事务所的审计经理进行问卷调查,综合了众多资深审计师的专业意见后,我们计算了38项风险计量指标的相对权重,最后形成了一套审计风险计量指标体系。具体的研究方法如下。

(一)确定可能影响审计风险的因素

究竟哪些因素会影响到审计风险,不同的研究人员、不同经验的从业人员都会有不同的答案。为了综合反映这些因素,我们考虑了现有审计准则对审计实务的基本要求,同时也综合了审计理论研究的最新成果和中国审计市场的特殊情况，形成了可能影响审计风险的因素。具体分类情况如表2所示。

（二）指标分解

对于不同的可能影响审计风险的因素，其不同的状况又会显著不同地影响到人们对审计风险的评价。为了充分、全面地反映审计风险的评价，我们对第一步中确定的可能影响审计风险的因素予以分解。在具体的分解过程中，我们采用不同的划分方法。对于有些因素，按照性质予以分解，如企业的竞争环境，分解为保护性行业和竞争性行业；有些因素按照程度予以分解，如对外担保，按照对外担保金额占总资产的比例划分为10%以下、10%～20%、20%～50%和50%以上四组。通过对这些指标的分解，我们的评价体系就能反映客户的不同侧面和层次，从而最终形成的结果也就更具说服力。具体指标分解情况如表2所示。

表2

审计准则条款、以往文献与指标选择

风险关注	指标对应	独立审计准则对应条款与以往文献
客户性质	国有企业 上市公司	中国注册会计师审计准则第1211号——了解被审计单位及其环境并评估重大错报风险 第十九条　注册会计师应当从下列方面了解被审计单位及其环境：被审计单位的性质。 第二十四条　注册会计师应当主要从下列方面了解被审计单位的性质：所有权结构。
	民营企业 三资企业	中国注册会计师审计准则第1621号——对小型被审计单位审计的特殊考虑 第十二条　注册会计师应当从下列方面了解小型被审计单位及其环境：被审计单位的性质。
行业状况	市场前景良好	中国注册会计师审计准则第1101号——财务报表审计的目标和一般原则 第十六条　被审计单位在实施战略以实现其目标的过程中可能面临各种经营风险，注册会计师应当重点关注可能影响财务报表的经营风险。
	市场前景黯淡	中国注册会计师审计准则第1211号——了解被审计单位及其环境并评估重大错报风险 第九条　注册会计师应当从下列方面了解被审计单位及其环境：行业状况、法律环境与监管环境以及其他外部因素。 第二十条　注册会计师应当了解被审计单位的行业状况，主要包括：①所在行业的市场供求与竞争；②生产经营的季节性和周期性；③产品生产技术的变化；④能源供应与成本；⑤行业的关键指标和统计数据。 第二十一条　注册会计师应当了解被审计单位所处的法律环境及监管环境，主要包括：对经营活动产生重大影响的法律法规及监管活动；对开展业务产生重大影响的政府政策，包括货币、财政、税收和贸易等政策；与被审计单位所处行业和所从事经营活动相关的环保要求。 第二十二条　注册会计师应当了解影响被审计单位经营的其他外部因素，主要包括：①宏观经济的景气度；②利率和资金供求状况；③通货膨胀水平及币值变动；④国际经济环境和汇率变动。 第三十六条　经营风险源于对被审计单位实现目标和战略产生不利影响的重大情况、事项、环境和行动，或源于不恰当的目标和战略。

(续表)

<table>
<tr><th>风险关注</th><th>指标对应</th><th>独立审计准则对应条款与以往文献</th></tr>
<tr><td rowspan="4">行业状况</td><td>竞争激烈</td><td rowspan="4">注册会计师应当了解被审计单位是否存在与下列方面有关的目标和战略,并考虑相应的经营风险:① 行业发展,及其可能导致的被审计单位不具备足以应对行业变化的人力资源和业务专长等风险;② 开发新产品或提供新服务,及其可能导致的被审计单位产品责任增加等风险;③ 业务扩张,及其可能导致的被审计单位对市场需求的估计不准确等风险;④ 新颁布的会计法规,及其可能导致的被审计单位执行法规不当或不完整,或会计处理成本增加等风险;⑤ 监管要求,及其可能导致的被审计单位法律责任增加等风险;⑥ 本期及未来的融资条件,及其可能导致的被审计单位由于无法满足融资条件而失去融资机会等风险;⑦ 信息技术的运用,及其可能导致的被审计单位信息系统与业务流程难以融合等风险。
第九十八条　注册会计师应当关注下列事项和情况可能表明被审计单位存在重大错报风险:行业环境发生变化;信息技术环境发生变化。
中国注册会计师审计准则第 1324 号——持续经营
第九条　被审计单位在经营方面存在的可能导致对持续经营假设产生重大疑虑的事项或情况主要包括:主导产品不符合国家产业政策。
第十条　被审计单位在其他方面存在的可能导致对持续经营假设产生重大疑虑的事项或情况主要包括:有关法律法规或政策的变化可能造成重大不利影响。
中国注册会计师审计准则第 1621 号——对小型被审计单位审计的特殊考虑
第十二条　注册会计师应当从下列方面了解小型被审计单位及其环境:行业状况、法律环境与监管环境以及其他外部因素。</td></tr>
<tr><td>竞争不激烈</td></tr>
<tr><td>对政策变化、市场变化、科学技术变化不敏感</td></tr>
<tr><td>对政策变化、市场变化、科学技术变化敏感</td></tr>
<tr><td rowspan="2">客户的规模</td><td>接近或大于行业平均规模</td><td rowspan="2">中国注册会计师审计准则第 1111 号——审计业务约定书
第九条　注册会计师可以与被审计单位签订长期审计业务约定书,但如果出现下列情况,应当考虑重新签订审计业务约定书:被审计单位业务的性质或规模发生重大变化。
中国注册会计师审计准则第 1151 号——与治理层的沟通
第五十五条　注册会计师在确定采用何种沟通形式时,除了考虑特定事项的重要程度外,还应当考虑下列因素:被审计单位的规模、经营结构、控制环境和法律结构。
中国注册会计师审计准则第 1201 号——计划审计工作
第十九条　对项目组成员工作的指导、监督与复核的性质、时间和范围主要取决于下列因素:被审计单位的规模和复杂程度。</td></tr>
<tr><td>小于行业平均规模</td></tr>
<tr><td rowspan="5">客户分支机构的多寡</td><td>分支机构总资产(或收入)占合并总资产(或收入)比例小于 10%</td><td rowspan="5">中国注册会计师审计准则第 1211 号——了解被审计单位及其环境并评估重大错报风险
第二十七条　注册会计师应当了解被审计单位的组织结构,考虑复杂组织结构可能导致的重大错报风险,包括财务报表合并、商誉摊销和减值、长期股权投资核算以及特殊目的实体核算等问题。</td></tr>
<tr><td>上述比例在 10%～30%</td></tr>
<tr><td>上述比例在 30%～50%</td></tr>
<tr><td>上述比例在 50%～70%</td></tr>
<tr><td>上述比例大于 70%</td></tr>
</table>

（续表）

风险关注	指标对应	独立审计准则对应条款与以往文献
客户多种经营程度	主营业务收入占总收入的比重小于20%	中国注册会计师审计准则第1141号——财务报表审计中对舞弊的考虑 第五十条　对财务信息作出虚假报告导致的重大错报通常源于多计或少计收入，注册会计师应当假定被审计单位在收入确认方面存在舞弊风险，并应当考虑哪些收入类别以及与收入有关的交易或认定可能导致舞弊风险。
	上述比重介于20%～50%	
	上述比重介于50%～70%	
	主营业务收入占总收入的比重大于70%	
客户增长情况	总资产或收入增长小于0	中国注册会计师审计准则第1211号——了解被审计单位及其环境并评估重大错报风险 第三十六条　经营风险源于对被审计单位实现目标和战略产生不利影响的重大情况、事项、环境和行动，或源于不恰当的目标和战略。 注册会计师应当了解被审计单位是否存在与下列方面有关的目标和战略，并考虑相应的经营风险：开发新产品或提供新服务，及其可能导致的被审计单位产品责任增加等风险；业务扩张，及其可能导致的被审计单位对市场需求的估计不准确等风险。
	上述增长介于0～10%	
	上述增长介于10%～30%	
	上述增长大于30%	
上市公司的市场表现	丑闻缠身或监管部门介入调查	中国注册会计师审计准则第1211号——了解被审计单位及其环境并评估重大错报风险 第九十八条　注册会计师应当关注下列事项和情况可能表明被审计单位存在重大错报风险：经营活动或财务报告受到监管机构的调查。 Colbert et al.(1996)；Latham and Linville(1998).
	股票价格多个交易日连续下跌	
	被PT或ST	
	市场表现良好	
公司治理结构的健全程度	没有健全的董事会、监事会、股东大会及其议事规则	中国注册会计师审计准则第1211号——了解被审计单位及其环境并评估重大错报风险 第二十六条　注册会计师应当了解被审计单位的治理结构，考虑治理层是否能够在独立于管理层的情况下对被审计单位事务(包括财务报告)作出客观判断。
	股东大会等没有按照议事规则的要求进行	
决策民主程度	强权人物主宰着决策的制定	中国注册会计师审计准则第1211号——了解被审计单位及其环境并评估重大错报风险 第六十八条　在评价控制环境的设计时，注册会计师应当考虑构成控制环境的下列要素，以及这些要素如何被纳入被审计单位业务流程：治理层的参与程度。

（续表）

风险关注	指标对应	独立审计准则对应条款与以往文献
高管人员的风险偏好	风险厌恶型	中国注册会计师审计准则第 1211 号——了解被审计单位及其环境并评估重大错报风险 第六十八条　在评价控制环境的设计时，注册会计师应当考虑构成控制环境的下列要素，以及这些要素如何被纳入被审计单位业务流程：管理层的理念和经营风格。 会计师事务所质量控制准则第 5101 号——业务质量控制 第二十二条　针对有关客户的诚信，会计师事务所应当考虑下列主要事项：客户主要股东、关键管理人员及治理层对内部控制环境和会计准则等的态度。
	风险适中型	
	冒险型	
与控股股东的关系	生产经营等独立于控股股东	中国注册会计师审计准则第 1211 号——了解被审计单位及其环境并评估重大错报风险 第二十五条　注册会计师应当了解所有权结构以及所有者与其他人员或单位之间的关系，考虑关联方关系是否已经得到识别，以及关联方交易是否得到恰当核算。 中国注册会计师审计准则第 1323 号——关联方 第七条　注册会计师应当复核由治理层和管理层提供的所有已知关联方名称的信息，并针对信息的完整性实施下列审计程序：询问治理层和关键管理人员是否与其他单位存在隶属关系。 中国注册会计师审计准则第 1324 号——持续经营 第八条　被审计单位在财务方面存在的可能导致对持续经营假设产生重大疑虑的事项或情况主要包括：大股东长期占用巨额资金。
	公司主要高管来自控股股东	
	在资产、人员、财务上未分开	
高管人员及其变更	未预期的变更	中国注册会计师审计准则第 1111 号——审计业务约定书 第九条　注册会计师可以与被审计单位签订长期审计业务约定书，但如果出现下列情况，应当考虑重新签订审计业务约定书：高级管理人员、董事会或所有权结构近期发生变动。 中国注册会计师审计准则第 1211 号——了解被审计单位及其环境并评估重大错报风险 第九十八条　注册会计师应当关注下列事项和情况可能表明被审计单位存在重大错报风险：关键人员变动。 中国注册会计师审计准则第 1324 号——持续经营 第九条　被审计单位在经营方面存在的可能导致对持续经营假设产生重大疑虑的事项或情况主要包括：关键管理人员离职且无人替代。
	没有执业背景	
财务主管人员及其变更	未预期的变更	
	没有专业背景	
独立董事及其专门委员会	没有独立董事或独立董事占董事会成员的比例小于三分之一	中国注册会计师审计准则第 1211 号——了解被审计单位及其环境并评估重大错报风险 第二十四条　注册会计师应当主要从下列方面了解被审计单位的性质：治理结构；组织结构。
	企业没有专门的委员会	
	独立董事没有在专门委员会中任职	
	独立董事没有专业背景	
	审计委员会没有书面章程，没有定期会议等	

（续表）

风险关注	指标对应	独立审计准则对应条款与以往文献
审计师及其变更	最近三年没有变更审计师	中国注册会计师审计准则第 1331 号——首次接受委托时对期初余额的审计 第七条　如果上期财务报表由前任注册会计师审计，注册会计师应当考虑通过查阅前任注册会计师的工作底稿获取有关期初余额的充分、适当的审计证据，并考虑前任注册会计师的独立性和专业胜任能力。 中国注册会计师审计准则第 1152 号——前后任注册会计师的沟通 第七条　在接受委托前，后任注册会计师应当与前任注册会计师进行必要沟通，并对沟通结果进行评价，以确定是否接受委托。 第九条　后任注册会计师向前任注册会计师询问的内容应当合理、具体，通常包括：① 是否发现被审计单位管理层存在诚信方面的问题；② 前任注册会计师与管理层在重大会计、审计等问题上存在的意见分歧；③ 前任注册会计师与被审计单位治理层沟通的管理层舞弊、违反法规行为以及内部控制的重大缺陷；④ 前任注册会计师认为导致被审计单位变更会计师事务所的原因。
	最近三年变更过审计师，或频繁变更审计师	
	由非“四大”变更为“四大”	
	由“四大”变更为“非四大”	
	前任审计师无异议	
	前任审计师有异议	
	前任审计师没有不良记录	
	前任审计师有不良记录	
其他中介机构（包括律师、银行、券商）的变更	有变更	Colbert et al.(1996)；Latham and Linville(1998).
	没有变更	
	中介机构无异议	
	中介机构有异议	
内部审计状况	没有健全的内部审计	中国注册会计师审计准则第 1411 号——考虑内部审计工作 第四条　注册会计师应当考虑内部审计活动及其可能对注册会计师审计程序的影响。 第九条　注册会计师应当充分了解内部审计工作，以识别和评估财务报表重大错报风险，并设计和实施进一步审计程序。 第十三条　在了解内部审计并对其进行评估时，注册会计师应当考虑下列重要因素：① 内部审计的组织地位及其对客观性的影响；② 内部审计的职责范围；③ 内部审计人员的专业胜任能力；④ 内部审计人员应有的职业关注。 中国注册会计师审计准则第 1632 号——衍生金融工具的审计 第三十七条　内部审计工作可能有助于注册会计师评价内部控制，进而评价重大错报风险。
资产负债率	高于行业平均水平	中国注册会计师审计准则第 1324 号——持续经营 第八条　被审计单位在财务方面存在的可能导致对持续经营假设产生重大疑虑的事项或情况主要包括：过度依赖短期借款筹资；资不抵债。
	低于行业平均水平	

(续表)

风险关注	指标对应	独立审计准则对应条款与以往文献
流动比率	高于行业平均水平	中国注册会计师审计准则第1141号——财务报表审计中对舞弊的考虑 第四十五条　注册会计师实施分析程序有助于识别异常的交易或事项,以及对财务报表和审计产生影响的金额、比率和趋势。在实施分析程序时,注册会计师应当预期可能存在的合理关系,并与被审计单位记录的金额、依据记录金额计算的比率或趋势相比较;如果发现异常关系或偏离预期的关系,注册会计师应当在识别舞弊导致的重大错报风险时考虑这些比较结果。 中国注册会计师审计准则第1211号——了解被审计单位及其环境并评估重大错报风险 第十九条　注册会计师应当从下列方面了解被审计单位及其环境:被审计单位财务业绩的衡量和评价。 第四十一条　在了解被审计单位财务业绩衡量和评价情况时,注册会计师应当关注下列信息:关键业绩指标;业绩趋势;预测、预算和差异分析;分部信息与不同层次部门的业绩报告;与竞争对手的业绩比较。 中国注册会计师审计准则第1141号——财务报表审计中对舞弊的考虑 第五十条　对财务信息作出虚假报告导致的重大错报通常源于多计或少计收入,注册会计师应当假定被审计单位在收入确认方面存在舞弊风险,并应当考虑哪些收入类别以及与收入有关的交易或认定可能导致舞弊风险。 中国注册会计师审计准则第1621号——对小型被审计单位审计的特殊考虑 第十二条　注册会计师应当从下列方面了解小型被审计单位及其环境:被审计单位财务业绩的衡量和评价。
	低于行业平均水平	
速动比率	高于行业平均水平	
	低于行业平均水平	
长期负债比例	高于行业平均水平	
	低于行业平均水平	
净资产收益率	高于行业平均水平	
	低于行业平均水平	
主营业务利润占总利润的比重	小于0%	
	0%～10%	
	10%～50%	
	50%～100%	
	100%以上	
应收账款周转率	高于行业平均水平	
	低于行业平均水平	
存货和应收款项占总资产的比重	10%及以下	
	10%～30%	
	30%～50%	
	50%及以上	
应付款项占总资产的比重	10%及以下	
	10%～30%	
	30%以上	

（续表）

风险关注	指标对应	独立审计准则对应条款与以往文献
关联交易	关联交易量很少	中国注册会计师审计准则第 1211 号——了解被审计单位及其环境并评估重大错报风险 第四条　了解被审计单位及其环境是必要程序，特别是为注册会计师在下列关键环节作出职业判断提供重要基础：识别需要特别考虑的领域，包括关联方交易、管理层运用持续经营假设的合理性，或交易是否具有合理的商业目的等。 第二十五条　注册会计师应当了解所有权结构以及所有者与其他人员或单位之间的关系，考虑关联方关系是否已经得到识别，以及关联方交易是否得到恰当核算。 第二十八条　注册会计师应当了解被审计单位的经营活动，主要包括：关联方交易。 第九十八条　注册会计师应当关注下列事项和情况可能表明被审计单位存在重大错报风险：重大的关联方交易。 中国注册会计师审计准则第 1323 号——关联方 第六条　注册会计师应当了解被审计单位及其环境，以足够识别可能导致与关联方和关联方交易有关的重大错报风险的交易和事项。
	关联交易量大且频繁	
	关联方商品购销价格以市场价为主制定	
	关联方商品购销价缺少市场价或不以市场价为主制定	
	关联方之间没有重大担保①	
	关联方之间存在重大担保	
	关联方之间不存在重大的资金占用	
	关联方之间存在重大的资金占用	
担保	对外担保占资产总额 10%以下	中国注册会计师审计准则第 1211 号——了解被审计单位及其环境并评估重大错报风险 第三十条　注册会计师应当了解被审计单位的筹资活动，主要包括：债务结构和相关条款，包括担保情况及表外融资。 中国注册会计师审计准则第 1324 号——持续经营 第八条　被审计单位在财务方面存在的可能导致对持续经营假设产生重大疑虑的事项或情况主要包括：存在因对外巨额担保等或有事项引发的或有负债。 中国注册会计师审计准则第 1332 号——期后事项 第七条　在向管理层询问可能影响财务报表的期后事项时，注册会计师询问的内容主要包括：是否发生新的担保、借款或承诺。
	对外担保占资产总额 10%～20%	
	对外担保占资产总额 20%～50%	
	对外担保占资产总额 50%及以上	
诉讼	涉及诉讼金额低于资产总额 10%	中国注册会计师审计准则第 1141 号——财务报表审计中对舞弊的考虑 第二十九条　项目组讨论的内容通常包括：已注意到的对被审计单位舞弊的指控。 中国注册会计师审计准则第 1211 号——了解被审计单位及其环境并评估重大错报风险 第九十八条　注册会计师应当关注下列事项和情况可能表明被审计单位存在重大错报风险：存在未决诉讼和或有负债。
	涉及诉讼金额占资产总额 10%～20%	
	涉及诉讼金额占资产总额 20%～50%	
	涉及诉讼金额占资产总额 50%及以上	

① 重大的标准为占资产总额的 10%以上。

(续表)

风险关注	指标对应	独立审计准则对应条款与以往文献
或有事项(不包括诉讼)	涉及金额低于资产总额10%	中国注册会计师审计准则第1211号——了解被审计单位及其环境并评估重大错报风险 第九十八条　注册会计师应当关注下列事项和情况可能表明被审计单位存在重大错报风险:事项或交易在计量时存在重大不确定性;存在未决诉讼和或有负债。
	上述比例在10%~20%	
	上述比例在20%~50%	
	上述比例在50%及以上	
重大会计政策(含会计估计)及其变更	会计政策趋于谨慎	中国注册会计师审计准则第1111号——审计业务约定书 第九条　注册会计师可以与被审计单位签订长期审计业务约定书,但如果出现下列情况,应当考虑重新签订审计业务约定书:管理层编制财务报表采用的会计准则和相关会计制度发生变化。 中国注册会计师审计准则第1141号——财务报表审计中对舞弊的考虑 第九条　对财务信息作出虚假报告通常表现为:对与确认、计量、分类或列报有关的会计政策和会计估计的故意误用。 第十条　对财务信息作出虚假报告通常与管理层凌驾于控制之上有关。管理层通过凌驾于控制之上实施舞弊的手段主要包括:滥用或随意变更会计政策;不恰当地调整会计估计所依据的假设及改变原先作出的判断。 第五十四条　注册会计师应当针对评估的舞弊导致的财务报表层次重大错报风险确定下列总体应对措施:考虑被审计单位采用的会计政策。 第五十六条　注册会计师应当考虑管理层对重大会计政策(特别是涉及主观计量或复杂交易时)的选择和运用,是否可能表明管理层通过操纵利润对财务信息作出虚假报告。 第五十九条　管理层凌驾于控制之上的风险属于特别风险,注册会计师针对该特别风险应当实施的审计程序包括:复核会计估计是否有失公允,从而可能产生舞弊导致的重大错报。 第六十二条　管理层通常通过故意作出不当的会计估计对财务信息作出虚假报告。在复核会计估计是否有失公允、从而可能产生舞弊导致的重大错报时,注册会计师应当采取下列措施:从财务报表整体上考虑管理层作出的某项会计估计是否反映出管理层的某种偏向,是否与注册会计师所获取审计证据表明的最佳估计存在重大差异。 中国注册会计师审计准则第1211号——了解被审计单位及其环境并评估重大错报风险 第四条　了解被审计单位及其环境是必要程序,特别是为注册会计师在下列关键环节作出职业判断提供重要基础:考虑会计政策的选择和运用是否恰当,以及财务报表的列报(包括披露,下同)是否适当。 第十九条　注册会计师应当从下列方面了解被审计单位及其环境:被审计单位对会计政策的选择和运用。 第三十一条　注册会计师应当了解被审计单位对会计政策的选择和运用,是否符合适用的会计准则和相关会计制度,是否符合被审计单位的具体情况。 第三十二条　在了解被审计单位对会计政策的选择和运用是否适当时,注册会计师应当关注下列重要事项:① 重要项目的会计政策和行业惯例;② 重

（续表）

风险关注	指标对应	独立审计准则对应条款与以往文献
重大会计政策（含会计估计）及其变更	会计政策趋于乐观	大和异常交易的会计处理方法；③ 在新领域和缺乏权威性标准或共识的领域，采用重要会计政策产生的影响；④ 会计政策的变更；⑤ 被审计单位何时采用以及如何采用新颁布的会计准则和相关会计制度。 第三十三条　如果被审计单位变更了重要的会计政策，注册会计师应当考虑变更的原因及其适当性，并考虑是否符合适用的会计准则和相关会计制度的规定。 中国注册会计师审计准则第 1621 号——对小型被审计单位审计的特殊考虑 第十二条　注册会计师应当从下列方面了解小型被审计单位及其环境：被审计单位对会计政策的选择和运用。
以往债务的偿还情况	能按时偿还 绝大部分按期偿还 经常不能按期偿还	中国注册会计师审计准则第 1211 号——了解被审计单位及其环境并评估重大错报风险 第二十四条　注册会计师应当主要从下列方面了解被审计单位的性质：筹资活动。 中国注册会计师审计准则第 1324 号——持续经营 第八条　被审计单位在财务方面存在的可能导致对持续经营假设产生重大疑虑的事项或情况主要包括：无法偿还到期债务；无法偿还即将到期且难以展期的借款；无法继续履行重大借款合同中的有关条款。
最近年度审计意见	标准无保留审计意见 保留意见 无法表示意见 否定意见	中国注册会计师审计准则第 1121 号——历史财务信息审计的质量控制 第十三条　在决定是否保持与某一客户的关系时，项目负责人应当考虑本期或上期审计中发现的重大事项，及其对保持该客户关系的影响。
客户采用的融资技术	采用传统的筹融资技术 采用创新性的筹融资技术	中国注册会计师审计准则第 1211 号——了解被审计单位及其环境并评估重大错报风险 第二十四条　注册会计师应当主要从下列方面了解被审计单位的性质：筹资活动。 第三十条　注册会计师应当了解被审计单位的筹资活动，主要包括：衍生金融工具的运用。 第九十八条　注册会计师应当关注下列事项和情况可能表明被审计单位存在重大错报风险：运用表外融资、特殊目的实体以及其他复杂的融资协议。
盈余管理动机	避税动机 增资或配股动机 保牌动机 摘帽动机（PT 和 ST） 薪酬和升迁动机 债务合同等契约性限制导致的盈余管理	中国注册会计师审计准则第 1141 号——财务报表审计中对舞弊的考虑 第八条　对财务信息作出虚假报告，可能源于管理层通过操纵利润误导财务报表使用者对被审计单位业绩或盈利能力的判断。对财务信息作出虚假报告的动机主要包括：偷逃或骗取税款。 中国注册会计师审计准则第 1141 号——财务报表审计中对舞弊的考虑 第八条　对财务信息作出虚假报告，可能源于管理层通过操纵利润误导财务报表使用者对被审计单位业绩或盈利能力的判断。对财务信息作出虚假报告的动机主要包括：迎合市场预期或特定监管要求。 中国注册会计师审计准则第 1141 号——财务报表审计中对舞弊的考虑 第八条　对财务信息作出虚假报告，可能源于管理层通过操纵利润误导财务报表使用者对被审计单位业绩或盈利能力的判断。对财务信息作出虚假报告的动机主要包括：牟取以财务业绩为基础的私人报酬最大化。

（续表）

风险关注	指标对应	独立审计准则对应条款与以往文献
现金流量状况	稳定的来自经营活动的现金流	中国注册会计师审计准则第1324号——持续经营 第八条　被审计单位在财务方面存在的可能导致对持续经营假设产生重大疑虑的事项或情况主要包括：经营活动产生的现金流量净额为负数。
	来自经营活动的现金流不稳定	
预算制度	不存在预算制度	中国注册会计师审计准则第1211号——了解被审计单位及其环境并评估重大错报风险 第四十一条　在了解被审计单位财务业绩衡量和评价情况时，注册会计师应当关注下列信息：预测、预算和差异分析。
	存在预算制度，但预算不能够执行	
违法违规	涉嫌违规	中国注册会计师审计准则第1141号——财务报表审计中对舞弊的考虑 第二十九条　项目组讨论的内容通常包括：已注意到的对被审计单位舞弊的指控。 中国注册会计师审计准则第1324号——持续经营 第十条　被审计单位在其他方面存在的可能导致对持续经营假设产生重大疑虑的事项或情况主要包括：严重违反有关法律法规或政策。 中国注册会计师审计准则第1142号——财务报表审计中对法律法规的考虑 第二十一条　注册会计师应当充分关注可能表明被审计单位违反法律法规的下列信息：受到政府有关部门的调查或处罚。
	涉嫌违法	

（三）问卷调查

由于不同经验、不同偏好的人对同一事项的评价可能会存在不同。为了综合反映不同的注册会计师对同一事项的评价，我们采用了问卷调查打分的形式。在本次研究中，我们选择对事务所内部的审计经理们进行问卷调查。因为公司的审计经理们都有着丰富的实践经验，他们的评价大致可以代表不同注册会计师的评价。①

（四）结果分析

对于上述的问卷调查结果，我们采用了联合概率的分析方法形成了最终的指标体系。最终指标的计算过程如下：

最终指标＝影响审计风险因素的得分×审计风险评价的得分

影响审计风险因素的得分＝0×不重要的概率＋1×一般的概率＋2×重要的概率＋3×非常重要的概率

审计风险评价的得分＝0×不考虑的概率＋1×一般考虑的概率＋2×关注的概率＋3×重点关注的概率

各个概率＝对该评价程度的打分份数÷有效问卷调查数

在本报告中，为了数量化不同的影响审计风险的因素和其分解后的指标，反映他们对审计风险的不同影响程度，我们按照影响的严重程度分为四个层次，并对每一层次赋予不同的数值。数值越高表明注册会计师对该项指标越加关注或认为该事项对审计风险的评价越重要。

① 由于篇幅所限，问卷调查的结果没有报告，有兴趣者可以向作者索取。

具体的赋值情况如表3所示。

表3

指标赋值情况

数值指标	0	1	2	3
影响审计风险的因素	不重要	一般	重要	非常重要
审计风险的评价	不考虑	一般考虑	关注	重点关注

（五）形成调查结果

通过对上述研究方法的应用，我们最终形成了如表4所示的审计风险评价指标体系。

表4

审计风险评价指标体系

项目	计量指标	最终得分
企业性质	国有企业	3.52
	上市公司	5.56
	民营企业	5.22
	三资企业	2.85
行业情况	市场前景良好	2.91
	市场前景暗淡	4.61
	竞争激烈	4.54
	竞争不激烈	2.64
	对政策变化、市场变化、科学技术变化不敏感	2.58
	对政策变化、市场变化、科学技术变化敏感	4.34
企业规模	接近或大于行业平均规模	3.16
	小于行业平均规模	2.19
企业分支机构的多寡	分支机构总资产（或收入）占合并总资产（或收入）比例小于10%	2.04
	分支机构总资产（或收入）占合并总资产（或收入）比例在10%～30%	2.46
	分支机构总资产（或收入）占合并总资产（或收入）比例30%～50%	3.54
	分支机构总资产（或收入）占合并总资产（或收入）比例50%～70%	4.32
	分支机构总资产（或收入）占合并总资产（或收入）比例大于70%	4.90
企业多种经营程度	主营业务收入占总收入的比重小于20%	4.43
	主营业务收入占总收入的比重介于20%～50%	4.05
	主营业务收入占总收入的比重介于50%～70%	3.36
	主营业务收入占总收入的比重大于70%	2.98

(续表)

项　目	计　量　指　标	最终得分
企业增长情况	总资产或收入增长小于0	2.45
	总资产或收入增长介于0～10%	2.26
	总资产或收入增长介于10%～30%	3.09
	总资产或收入增长大于30%	4.64
上市公司的市场表现	丑闻缠身或监管部门介入调查	5.99
	股票价格多个交易日连续下跌	5.85
	被PT或ST	5.99
	市场表现良好	3.68
公司治理结构的健全程度	没有健全的董事会、监事会、股东大会及其议事规则	6.33
	股东大会等没有按照议事规则的要求进行	5.57
决策民主程度	强权人物主宰着决策的制定(如董事长和总经理一人兼任、董事长或总经理拥有绝对的控制权等)	3.76
高管人员的风险偏好	风险厌恶型	3.03
	风险适中型	3.34
	冒险型	5.99
与控股股东的关系	生产经营等独立于控股股东	2.92
	公司主要高管来自控股股东	4.27
	在资产、人员、财务上未分开	5.62
高管人员及其变更	未预期的变更	4.20
	没有执业背景	3.93
财务主管人员及其变更	未预期的变更	4.34
	没有专业背景	4.27
独立董事及其专门委员会	没有独立董事或独立董事占董事会成员的比例小于1/3	2.77
	客户没有专门的委员会	2.61
	独立董事没有在专门委员会中任职	2.45
	独立董事没有专业背景	2.61
	审计委员会没有书面章程,没有定期会议等	2.77
审计师及其变更	最近三年没有变更审计师	2.56
	最近三年变更过审计师,或频繁变更审计师	5.55
	由非"四大"变更为"四大"	3.41
	由"四大"变更为"非四大"	4.55
	前任审计师无异议	2.63

(续表)

项　目	计　量　指　标	最终得分
审计师及其变更	前任审计师有异议	5.19
	前任审计师没有不良记录	2.63
	前任审计师有不良记录	4.91
其他中介机构(包括律师、银行、券商)的变更	有变更	2.95
	没有变更	1.81
	中介机构无异议	1.93
	中介机构有异议	3.29
内部审计状况	没有健全的内部审计	3.64
资产负债率	高于行业平均水平	3.67
	低于行业平均水平	2.73
流动比率	高于行业平均水平	2.55
	低于行业平均水平	3.24
速动比率	高于行业平均水平	2.51
	低于行业平均水平	3.42
长期负债比例	高于行业平均水平	3.10
	低于行业平均水平	2.23
净资产收益率	高于行业平均水平	2.98
	低于行业平均水平	3.42
主营业务利润占总利润的比重	小于0	4.97
	0～10%	4.55
	10%～50%	4.13
	50%～100%	3.01
	100%以上	2.87
应收账款周转率	高于行业平均水平	2.76
	低于行业平均水平	3.67
存货和应收款项占总资产的比重	10%及以下	2.25
	10%～30%	2.37
	30%～50%	2.89
	50%及以上	3.99
应付款项占总资产的比重	10%及以下	1.65
	10%～30%	2.00
	30%以上	2.90

(续表)

项　目	计　量　指　标	最终得分
关联交易	关联交易量很少	2.19
	关联交易量大且频繁	5.68
	关联方商品购销价格以市场价为主制定	3.00
	关联方商品购销价缺少市场价或不以市场价为主制定	5.68
	关联方之间没有重大担保①	2.51
	关联方之间存在重大担保	5.68
	关联方之间不存在重大的资金占用	2.43
	关联方之间存在重大的资金占用	6.00
担保	对外担保占资产总额10%以下	3.00
	对外担保占资产总额10%~20%	4.00
	对外担保占资产总额20%~50%	5.92
	对外担保占资产总额50%及以上	7.00
诉讼	涉及诉讼金额低于资产总额10%	3.34
	涉及诉讼金额占资产总额10%~20%	4.62
	涉及诉讼金额占资产总额20%~50%	6.33
	涉及诉讼金额占资产总额50%及以上	7.19
或有事项(不包括诉讼)	涉及金额低于资产总额10%	2.76
	涉及金额占资产总额10%~20%	3.86
	涉及金额占资产总额20%~50%	5.17
	涉及金额占资产总额50%及以上	5.79
重大会计政策(含会计估计)及其变更	会计政策趋于谨慎	2.74
	会计政策趋于乐观	4.19
以往债务的偿还情况	能按时偿还	1.83
	绝大部分按期偿还	2.63
	经常不能按期偿还	4.40
最近年度审计意见	标准无保留审计意见	2.41
	保留意见	5.21
	无法表示意见	6.61
	否定意见	6.69

① 重大的标准为占资产总额的10%以上。

（续表）

项　目	计　量　指　标	最终得分
企业采用的融资技术	采用传统的筹融资技术	2.26
	采用创新性的筹融资技术	4.58
盈余管理动机	避税动机	4.12
	增资或配股动机	4.12
	保牌动机	4.62
	摘帽动机(PT 和 ST)	4.69
	薪酬和升迁动机	3.86
	债务合同等契约性限制导致的盈余管理	3.80
现金流量状况	稳定的来自经营活动的现金流	2.41
	来自经营活动的现金流不稳定,各年变化很大	5.29
预算制度	不存在预算制度	2.77
	存在运算制度,但预算不能够执行	2.98
违法违规	涉嫌违规	5.60
	涉嫌违法	6.64

（六）指标应用与案例检验

1. 指标的应用

(1) 对每一项指标的分析。

我们对每一项指标不同影响程度赋值,对于单项指标的评价,其评价标准如下:

单项指标得分为 0,表明该项指标上基本无风险;

单项指标的得分介于 0～4(包括 4)之间,表明该项指标上存在一般风险;

单项指标的得分大于 4 分,表明该项指标上存在重大风险。

(2) 综合分析。对于任一客户,在对上述所有指标进行分析后,我们可以得出其综合得分。如果最后的评价得分越高,说明客户的审计风险越大。

2. 指标体系应用举例

为了验证上述结果的可行性,我们以中国部分上市公司为例说明上述指标体系的应用。我们选择了中国石化(2002)、银广夏(2002)、郑百文(2002)、中国联通(2002)年报审计情况。我们的举例结果可以说明那些声誉极差公司的审计风险评价得分也很高,而另外一些大家普遍看好的公司其审计风险评价得分也相对较低(如表 5 所示)。

具体在评价过程中,我们采用了如下的参考指标:

如果综合得分小于 85 分①,表明该客户为低风险客户;

如果综合得分介于 85～150 分(包括 150 分)之间,表明该客户的风险水平属于中等;

① 由于问卷调查结果中最低分总值为 88 分,在实际评价中有些项目可能无法获得数据,因此,我们定义为低于 85 分为低风险客户。

如果综合得分大于 150 分①,则表明该客户存在重大风险。

值得说明的是,本研究中的举例只利用了公开可获得的信息,所以有些选项缺失。

表 5

审计风险评价指标体系的案例应用

项　　目	银广夏(2002)	郑百文(2002)	中国石化(2002)	中国联通(2002)
	得　分	得　分	得　分	得　分
企业性质	5.56	5.56	5.56	5.56
行业前景	2.91	2.91	2.91	2.91
行业竞争性	4.54	4.54	4.54	4.54
行业敏感度	4.34	4.34	4.34	4.34
客户的规模	2.19	2.19	3.16	3.16
客户分支机构的多寡	3.54	4.32	4.9	4.9
客户多种经营程度	3.36	2.98	2.98	2.98
客户增长情况	2.45	4.64	2.26	3.09
公司丑闻	5.99	5.99		
上市公司的市场表现	5.85	5.85	3.68	3.68
PT 或 ST	5.99	5.99		
决策民主程度		3.76		3.76
与控股股东的关系	4.27	4.27	4.27	4.27
高管人员及其变更情况		4.2		
财务主管人员及其变更		4.34		
独立董事比例	2.77	2.77		
专门委员会情况	2.61			2.77
审计师及其变更	5.55	5.55	2.56	2.56
其他中介机构的变更			1.81	1.81
资产负债率	3.67	3.67		
流动比率	3.24	3.24	3.24	3.24
速动比率	3.42	3.42	3.42	3.42
长期负债比率	2.23	2.23		3.1
净资产收益率	3.42	3.42		3.42
主营业务利润占总利润的比重	4.97	2.87	2.87	2.87

① 由于问卷调查结果中所有项目的最高分总计 255 分,考虑到实际评价中有些项目的数据获取问题等原因,我们取最高值与最低值的平均值作为评价高风险与低风险客户的分界线。

（续表）

项　　目	银广夏(2002)	郑百文(2002)	中国石化(2002)	中国联通(2002)
	得　分	得　分	得　分	得　分
应收账款周转率	2.76	3.67	3.67	2.76
存货和应收款项占总资产的比重	2.25	2.89	2.37	2.25
应付款项占总资产的比重	1.65	2.9	2	2
关联交易量	5.68	3	3	5.68
关联方商品购销价格		5.68		3
关联方担保	5.68	6	6	
关联方资金占用	6		3	6
担保情况	7	3.34		3
诉讼情况	7.19			
或有事项(不包括诉讼)	5.79	4.19		
重大会计政策情况		4.4		
以往债务的偿还情况	4.4	5.21	2.41	1.83
最近年度审计意见	2.41	4.58	2.26	2.41
客户采用的融资技术	2.26	4.62		2.26
保牌动机	4.62	4.69		
摘帽动机(PT 和 ST)	4.69		3.86	
薪酬和升迁动机		5.29	2.41	
现金流量状况	5.29	6.64		2.41
违法违规	6.64			2.48
合计	157.18	165.83	89.16	99.44
结论	存在重大风险	存在重大风险	风险较小	风险较小

三、2006 年上市公司审计风险计量与评价

（一）样本选择与数据来源

本报告选取 2006 年所有 A 股上市公司为样本，并对样本作以下筛选：① 剔除金融类企业；由于金融类企业在经营范围以及财务指标上具有很大特殊性，我们将其剔除；② 剔除在 2005、2006 年新上市的企业；由于企业增长率、现金流量稳定性等风险计量的关键指标中需要考察其 3 年财务状况，而这些企业的数据不可得，因此将其剔除。经过以上程序，我们共获得 1 328 个观测值。其中企业的财务指标主要来自于聚源数据库。

（二）审计风险计量指标的选择

由于数据的可得性限制，我们将表 4 简化为表 6。

表 6

调整后审计风险评价指标体系

项目	指标说明	得分
行业	竞争激烈:竞争性行业①	4.54
	竞争不激烈:保护性行业	2.64
	对政策变化、市场变化、科学技术变化不敏感	2.58
	对政策变化、市场变化、科学技术变化敏感	4.34
企业规模	接近或大于行业平均规模	3.16
	小于行业平均规模	2.19
企业分支机构多寡	分支机构总资产(或收入)占合并总资产(或收入)比例小于 10%	2.04
	分支机构总资产(或收入)占合并总资产(或收入)比例在 10%~30%	2.46
	分支机构总资产(或收入)占合并总资产(或收入)比例 30%~50%	3.54
	分支机构总资产(或收入)占合并总资产(或收入)比例 50%~70%	4.32
	分支机构总资产(或收入)占合并总资产(或收入)比例大于 70%	4.90
企业增长情况	总资产或收入增长小于 0	2.45
	总资产或收入增长介于 0~10%	2.26
	总资产或收入增长介于 10%~30%	3.09
	总资产或收入增长大于 30%	4.64
资产负债率	高于行业平均水平	3.67
	低于行业平均水平	2.73
流动比率	高于行业平均水平	2.55
	低于行业平均水平	3.24
速动比率	高于行业平均水平	2.51
	低于行业平均水平	3.42
长期负债比例	高于行业平均水平	3.10
	低于行业平均水平	2.23
净资产收益率	高于行业平均水平	2.98
	低于行业平均水平	3.42
主营业务利润占总利润的比重	小于 0	4.97
	0~10%	4.55
	10%~50%	4.13
	50%~100%	3.01
	100%以上	2.87

（续表）

项　目	指　标　说　明	得　分
应收账款周转率	高于行业平均水平	2.76
	低于行业平均水平	3.67
存货和应收款项占总资产的比重	10％及以下	2.25
	10％～30％	2.37
	30％～50％	2.89
	50％及以上	3.99
应付款项占总资产的比重	10％及以下	1.65
	10％～30％	2.00
	30％以上	2.90
最近年度审计意见	标准无保留审计意见	2.41
	保留意见或带解释段的无保留意见	5.21
	无法表示意见	6.61
	否定意见	6.69
PT和ST	如公司被PT和ST	4.69
现金流量状况②	稳定的来自经营活动的现金流	2.41
	来自经营活动的现金流不稳定，各年变化很大	5.29

说明：① 行业竞争性：根据Aharony, Lee and Wong(2000)，本报告按照证监会的行业分类，将行业代号为A（农、林、牧、渔业）、B（采掘业）、C4（石油、化学、塑胶、塑料）、C6（金属、非金属）、C8（医药、生物制品）、D（电力、煤气及水的生产和供应业）定义为保护性行业。② 现金流的稳定性采用变异系数计量，即公司3年现金流的标准差除以均值在0～0.5之间时，被认为稳定，否则认为不稳定。

（三）2006年上市公司审计风险描述

表7

2006年上市公司审计风险分行业情况表

所属行业	样本数	均值	中位数	标准差	最小值	最大值	风险等级
信息技术业	82	53.74	52.52	4.86	44.57	63.86	5
房地产业	58	53.40	53.59	3.24	47.18	62.67	5
木材、家具	4	52.69	50.71	4.48	49.96	59.38	5
电子	47	51.95	51.37	3.53	44.58	61.36	5
综合类	74	51.40	50.96	4.58	42.59	63.93	5
传播与文化产业	10	50.95	49.28	5.32	44.48	61.19	4
石油、化学、塑胶、塑料	144	50.80	50.22	4.22	42.62	63.66	4
医药、生物制品	90	50.59	50.34	4.13	43.55	64.67	4

(续表)

所属行业	样本数	均值	中位数	标准差	最小值	最大值	风险等级
建筑业	26	50.51	50.41	2.11	46.17	55.62	4
机械、设备、仪表	211	50.37	50.18	3.55	42.05	63.21	3
其他制造业	18	50.29	49.69	3.64	45.89	59.34	3
纺织、服装、皮毛	62	50.18	49.54	4.39	42.68	61.18	3
批发和零售贸易	90	49.69	49.13	4.14	41.31	62.55	3
造纸、印刷	25	49.66	48.72	5.07	42.79	60.13	2
金属、非金属	119	49.32	48.89	3.75	41.78	60.79	2
农、林、牧、渔业	36	49.26	49.21	4.94	39.37	57.86	2
食品、饮料	58	49.23	48.76	3.68	43.65	59.88	2
社会服务业	38	49.03	48.94	4.05	43.01	59.78	1
电力、煤气及水的生产和供应业	61	47.48	47.30	3.63	39.97	55.04	1
交通运输、仓储业	56	47.39	47.14	3.67	40.96	60.34	1
采掘业	19	45.48	45.43	2.87	40.31	53.17	1
合　　计	1328	50.29	49.96	4.29	39.37	64.67	

表7列示了2006年上市公司审计风险分行业情况。根据行业审计风险均值的大小,我们把行业样本进行五等分,其风险等级排列在最后一列,风险等级越高表示风险越高。平均来看,2006年审计风险较高的行业有信息技术业、房地产业、木材家具业、电子业与综合业;风险较低的行业为采掘业、交通运输仓储业、电力、煤气及水的生产和供应业、社会服务业。

由于篇幅所限,我们在此未报告个别上市公司的审计风险值及其风险等级。总的来看,财务状况恶化的ST公司审计风险较大,这与我们的经验与直觉基本一致。

(四)研究局限性

与任何其他的风险评价指标一样,本报告存在如下的局限性:

(1)我们的问卷调查局限在事务所内部,而且问卷量有限,一定程度上限制了结论的广泛性和综合性。

(2)我们的分析指标并不能穷尽所有的影响审计风险的因素。由于数据可获得性的限制,我们的审计风险因素分析主要基于企业行业状况、规模、业务复杂程度、财务状况、经营成果、公司治理等公开可获得的资料。实际上,客户状况、审计师情况、审计制度环境等都会对审计风险产生影响。审计师业务能力及其独立性会影响到其发现并报告企业财务报表中存在重大错报的可能性,即狭义的审计风险;审计制度环境也对企业以及审计师的行为产生影响,进而影响到审计师发生审计失败而承担损失的可能性及其后果。对于其中审计风险的发生及其传导机制,我们所知甚微。本报告的风险评价指标主要来自于中国审计实务、独立审计准则与以往学术文献结果的提炼,并没有涵盖所有审计风险的影响因素,尤其是在审计师情况与中国审计制度环境对审计风险的影响方面,有着一定的欠缺。

(3) 由于目前缺少客观的标准,指标综合评价的标准带有较多的主观判断,是否适合还需要随着以后进一步地应用予以及时的修正。同时我们认为,在应用该指标体系时应结合一些审计风险定性分析,这样最终结论会更为可靠和合理。

(4) 通过我们的应用举例,指标在发现高风险客户和低风险客户时具有一定的可行性,但对风险适中客户的应用价值不是很好。

(5) 同一指标之间不同状况下,审计风险评价指标之间的差异比较明显,具有很好的说服力;但不同指标之间,指标得分之间的差异不是很明显。我们在最初的问卷设计时,曾试图通过联合概率的方式控制不同指标之间的得分,但结果不是很理想。目前,我们尚不能找到合适的方法解决该问题。因此,不同指标之间得分在指示该项目上的审计风险差异上不是很理想。因此,本审计风险指标评价更好地是采用综合得分的方法进行评价,而不是单一指标的评价。我们的案例研究也表明在综合得分的评价上,该指标体系在区分高风险客户和低风险客户上是有效的。

(6) 本审计风险评价指标体系是我们最初的研究成果,在未来,我们会根据客观情况的发展及其研究的进一步深入,以及该指标应用的反馈情况,适时地修正这些指标,并进一步扩大问卷范围,以提高结论的广泛适用性和综合性。

四、审计风险管理

风险识别与计量的目的在于风险管理与控制。对于审计风险的管理与控制而言,会计师事务所可以采取以下措施。

(一) 审慎接受审计客户

本报告对风险的识别与计量为事务所审慎接受客户提供了一个决策思路与分析模型。任一事务所在接受审计客户时,必须对企业的经营环境、经营目标、企业管理层的经营理念和诚信程度以及企业的财务状况和经营成果进行仔细的分析,以把握客户的整体情况和审计风险的可控性。事务所在决策是否接受客户时,应该考虑事务所的风险承受能力,并与其审计收费有机联系起来。这不意味着事务所可以为了高昂的审计收费,而无原则接受任意客户。审慎接受审计客户并不表示只能接受经营业绩和财务状况很好的企业,而表示只能接受经营者即管理层较讲诚信的企业。企业的经营情况好坏不是决定是否接受审计委托的根本条件,因为只要企业经营者能按照会计准则和披露要求客观公允地反映其经营成果和财务状况,审计风险是可以控制的;但是当企业管理层为了达到某种目的而执意歪曲财务报表时,审计风险就会变得难以控制,因而必须予以拒绝。

(二) 关注与促进改善审计客户的公司治理结构

本报告对大型国际性事务所资深审计经理的问卷调查表明,审计客户的不完善公司治理结构形成了企业审计风险的一个重要来源。早期的制度基础审计主要基于对企业内部控制的评估而开展。由于内部控制制度都由企业管理层制定,因而难以防范管理层自己的管理欺诈行为,因此要防范管理欺诈必须依赖于完善的公司治理结构。为此,审计人员必须高度关注公司董事会、监事会、股东大会、独立董事制度和审计委员会的有效性。虽然建立完善的公司治理结构不是审计人员的责任,但如同提出改进内部控制制度的建议一样,提出改进审计客户的公司治理结构的建议也是体现审计价值的一个重要方向(谢荣,2003)。特别是当公司的监事会、审计委员会和独立董事能真正发挥作用时,公司的内部控制制度的作用也可得到最大限度的发挥,各项经营风险控制措施就可得到有效落实。所以,关注与促进改善审计客户的公司治理结构也是识别与控制审计风险的有效途径。

(三) 合理使用现代风险导向审计方法

现代风险导向审计是一种新的审计基本方法,它是审计技术方法在系统理论和战略管理理论基础上的重大创新(谢荣、吴建友,2004)。它从企业的战略分析入手,通过"战略分析—经营环节分析—会计报表剩余风险分析"的基本思路,将会计报表错报风险与企业战略风险之间的关系紧密联系起来,从而提出了审计师从源头分析和发现会计报表错报的观念。

目前部分会计师事务所片面地理解与运用风险导向审计,为了节约审计成本或获取高额审计收费,不惜损害审计质量,人为地增大了审计风险。因此有必要正确与有效地使用现代风险导向审计方法。现代风险导向审计方法要求审计师从战略系统观对企业风险进行分析、测试、评价和决策,将被审计单位置于广泛的经济系统中进行考察,并通过对企业保持和加强竞争优势的战略及其恰当性进行分析评价,来指导审计取证的程序,从而系统改进了审计在新社会经济环境中的科学性和有效性。

(四) 建立技术支持系统

当事务所的规模和客户群体日益扩大时,按通常的由某一审计合伙人独自处理某一审计项目的做法,就会因受该合伙人的知识和经验的局限性而给事务所带来很大的风险。鉴于事务所的管理体制决定了当一个合伙人的审计项目出现问题后,都会给其他合伙人带来重要的不利影响,所以事务所的管理体制必须改革,即必须将事务所的质量控制建立在全体合伙人的知识和经验基础之上。而其中较为有效的措施就是建立一个技术支持系统(或部门),专事负责有关会计和审计的技术问题,其主要职能是集中审计工作中所碰到的所有会计和审计问题,然后集全体合伙人和员工的知识和经验甚至聘请外部专家,来研究解决这些会计和审计问题(谢荣,2003)。这一措施可保证事务所避免不必要的技术错误。

(五) 实行审计全面质量控制

影响审计风险的因素是全面而复杂的。本报告对审计风险因素的识别与计量表明,审计风险各影响因素之间也具有一定的相关性。公司治理较不完善的公司,往往财务状况也较差,其审计风险也往往较大。因此任何过分强调某一方面,往往容易夸大企业审计风险,造成不必要的审计成本耗费与资源的浪费;而忽视某些重要的风险因素,则容易导致企业审计风险的低估,也会增大审计师的潜在审计风险。因此对审计风险的管理与控制应该是一个全面质量控制过程。如果一个会计师事务所质量管理不严格,很可能会因一个人或某一部门的质量失控而使整个会计师事务所遭受灭顶之灾。所以会计师事务所应建立一套严密、科学的内部质量控制制度,并把这套制度推行到每一位审计人员、每一个部门和每一项业务,迫使审计人员严格按照独立审计准则的要求执行,在审计的每一个环节上,识别风险,以消除或减少风险因素,保证整个会计师事务所的质量。

执笔人:张奇峰

(本报告部分内容选自:上海立信会计学院中国立信风险管理研究院开放课题《审计风险研究》,课题负责人:李若山。)

参考文献

1. 谢荣.现代风险导向审计理论研究与实务发展.会计研究,2004(4)

2. 陈毓圭.对风险导向审计方法的由来及其发展的认识.会计研究,2004(2)

3. 陈毓圭.以审计风险准则为重点,进一步完善中国独立审计准则.财务与会计,2004(11)

4. 杨有红等.试论公司治理与内部控制的对接.会计研究,2004(10)

5. 常志安.中国上市公司审计风险成因及防范研究.北京:中国财政经济出版社,2004

6. 陈毓圭.对风险导向审计方法的由来及其发展的认识[J].会计研究,2004(2)

7. 陈正林.审计风险、审计师风险及制度风险.审计研究,2006(3)

8. 陈志强.从审计风险模型的改进论风险导向审计的战略调整.审计研究,2005(2)

9. 陈志强.从审计模式及其思想的演进辨析风险导向审计应有的内涵.审计研究,2006(3)

10. 李爽,吴溪.审计失败与证券审计市场监管——基于中国证监会处罚公告的思考.会计研究,2002(2)

11. 李爽,吴溪.2002.审计师变更的监管思想、政策效应与学术含义——基于2002年中国注册会计师协会监管措施的探讨.会计研究,2002(11)

12. 李爽,吴溪.2003.盈余管理、审计意见与监事会态度——评监事会在中国公司治理中的作用.审计研究,2003(1)

13. 李爽,吴溪.中国注册会计师执业界鉴证报告的自我供给及其特征:经验证据.审计研究,2005(1)

14. 李爽,吴溪.监管信号、风险评价与审计定价:来自审计师变更的证据.审计研究,2004(1)

15. 李爽,吴溪.审计定价研究:中国证券市场的初步证据.北京:中国财政经济出版社,2004

16. 李爽,吴溪.后中天勤时代的中国证券审计市场[J].会计研究,2005(6)

17. 刘峰,许菲.风险导向型审计·法律风险·审计质量——兼论"五大"在中国审计市场的行为.会计研究,2002(2)

18. 鲁桂华.审计处罚强度与审计覆盖率之间的替代关系及其政策含义[J].审计研究,2003(03)

19. 陆正飞,童盼.审计意见、审计师变更与监管政策——一项以14号规则为例的经验研究[J].审计研究,2003(3)

20. 漆江娜,陈慧霖,张阳.事务所规模、品牌、价格与审计质量——国际"四大"中国审计市场收费与质量研究.审计研究,2004(3)

21. 宋衍衡,殷德全.会计师事务所变更、审计收费与审计质量——来自变更会计师事务所的上市公司的证据.审计研究,2005(2)

22. 王广明,沈辉.试论供给导向的风险基础审计[J].会计研究,2001(12)

23. 王善平,朱青.中国独立审计市场秩序与制度安排[J].审计研究,2003(6)

24. 王泽霞.论风险导向审计发展创新——管理舞弊导向审计[J].会计研究,2004(12)

25. 王泽霞,邓川.风险导向审计模式辨析.财经论丛,2006(2)

26. 王振林.审计收费的决定与审计质量.上海财经大学博士学位论文,2002

27. 伍利娜.盈余管理对审计费用影响分析——来自中国上市公司首次审计费用披露的证据.会计研究,2003(12)

28. 吴联生.社会审计风险及其责任关系分析.审计研究,1995(5)

29. 吴荣国,赵世君.中国民间审计风险机制的割裂与构建.审计研究,2003(4)

30. 谢荣.论审计风险的产生原因、模式演变和控制措施.审计研究,2003(4)

31. 谢荣,吴建友.现代风险导向审计理论研究与实务发展[J].会计研究,2004(4)

32. 谢志华.审计职业判断、审计风险与审计责任.审计研究,2000(6)

33. 杨志国,常志安.关于上市公司审计风险成因的调查研究.审计研究,2004(4)

34. 余玉苗.行业知识、行业专门化与独立审计风险的控制.审计研究,2004(5)

35. 张龙平,李长爱,邓福贤.国际审计风险准则的最新发展及其启示.会计研究,2004(12)

36. 张龙平,聂曼曼.试论新审计风险模型的理论进步与运用.审计研究,2005(4)

37. 赵德武,马永强.管理层舞弊、审计失败与审计模式重构——论治理系统基础审计[J].会计研究,2006(4)

38. 郑朝辉.上市公司十大管理舞弊案分析及侦察研究.审计研究,2001(6)

39. 朱小平,叶友.审计风险、商业风险、业务关系风险、经营失败与审计失败.审计研究,2003(3)

40. Aharony Joseph, Lee Jevons and Wong, T. J., 2000, Financial Packing of IPO Firms in China, Journal of Accounting Research 38.

41. Bonner, S. E., Z. V. Palmrose and S. M. Young, 1998, Fraud type and auditor litigation: an analysis of SEC Accounting and Auditing enforcement releases, The Accounting Review 73(4).

42. Choi, Jong Hag and T. J. Wong, 2002, Audit markets and legal environments: an international investigation, The Hongkong University of science and technology, working paper.

43. Colbert, J. L., M. S. Luehlfing and C. W. Alderman, 1996, Engagement risk. The CPA Journal 66 (March).

44. Dusenbury, R. B., Reimers, Jane L., Wheeler, S. W., 2000, The Audit Risk Model: An Empirical Test for Conditioned Dependencies among Assessed Component Risks. Auditing, Fall, Vol. 19, Issue 2.

45. Eilifsen, Aasmund, W. Robert Knechel, Philip Wallage, 2001, Application of the business risk audit model: A field study, Accounting Horizons. Sep Vol. 15, Iss. 3.

46. Houston, Richard W., Peters Michael F., Pratt, Jamie H., 1999, The Audit Risk Model, Business Risk and Audit-Planning Decisions. Accounting Review, Jul, Vol. 74, Iss. 3.

47. Johnstone, K. M., 2000, Client-Acceptance Decisions: Simultaneous Effects of

Client Business Risk, Audit Risk, Auditor Business Risk, and Risk Adaptation. Auditing: A Journal of Practice and Theory Vol. 19, Iss. 1, Spring.

48. Johnstone, K. M. and J. C. Bendard, 2004, Audit firm portfolio management decisions, Journal of Accounting Research, 42.

49. Huss, H. F. and P. A. Jacobs, 1991, Risk containment: Exploring auditor decisions in the engagement process. Auditing: A Journal of Practice & Theory (Fall).

50. Latham, C. K. and M. Linville, 1998, A review of the literature in audit litigation. Journal of Accounting Literature, 17.

51. Low Kin-Yew, 2004, The Effects of Industry Specialization on Audit Risk Assessments and Audit-Planning Decisions. Accounting Review, Jan Vol. 79, Iss. 1.

52. Lys, T. and R. L. Watts, 1994, Lawsuits against auditors, Journal of Accounting Research, 32.

53. Messier Jr., W. F. and L. A. Austen, 2000, Inherent Risk and Control Risk Assessments: Evidence on the Effect of Pervasive and Specific Risk Factors. Auditing: A Journal of Practice and Theory Fall, 19(2).

54. Mock, T. J. and A. M. Wright, 1999, Are Audit Program Plans Risk-Adjusted? Auditing: A Journal of Practice and Theory Spring 18(1).

55. Palmrose, Z. V., 1988, An analysis of auditor litigation and audit service quality. The Accounting Review, 63 (January).

56. Stice, J. D., 1991, Using financial and market information to identify pre-engagement factors associated with lawsuits against auditors, Accounting Review, 66(3).

57. Simunic, Dan A. and Stein, M. T., 1996, Impact of litigation risk on audit pricing: A review of the economics and the evidence. Auditing: A Journal of practice & theories. 15(Supplement).

58. Seetharaman, Ananth, Ferdinand A. Gul and Stephen Gregory Lynn, 2002, Litigation Risk and Audit Fees: Evidence from UK Firms Cross-Listed on US Markets, Journal of Accounting & Economics, Vol. 33, No. 1, February.

59. Waller, William S., 1993, Auditors' assessments of inherent and control risk in field, The Accounting Review. Oct Vol. 68, Iss. 4.

60. Bedard, Jean C., Theodore J. Mock, Arnold M. Wright, 1999, Evidential planning in auditing: A review of the empirical research, Journal of Accounting Literature. Vol. 18.

61. Huss H. F. and P. A. Jacobs, 1991, Risk containment: Exploring auditor decisions in the engagement process. Auditing: A Journal of Practice & Theory (Fall).

62. Quadackers, Luc, Theodore J. Mock and Steven Maijoor, 1996, Audit risk and audit programmes: archival evidence from four Dutch audit firms, The European Accounting Review, 1996, 5:2.

63. Johnstone, K. M. and J. C. Bendard, 2004, Audit firm portfolio management decisions, Journal of Accounting Research, 42.

64. Johnstone, K. M. , "Client Acceptance Decisions: Simultaneous Effects of Client Business Risk, Audit Risk, Auditor Business Risk, and Risk Adaptation." Auditing: A Journal of Practice & Theory, 19 (2000).

65. Johnstone, K. M. and J. C. Bedard, "Engagement Planning, Bid Pricing, and Client Response in the Market for Initial Attest Engagements." The Accounting Review, 76 (2001).

66. Johnstone, K. M. and J. C. Beadrd, "Risk Management in Client Acceptance Decisions." The Accounting Review, 78 (2003).

67. Houston, Richard W. , Michael F. Peters and Jamie H. Pratt, Nonlitigation Risk and Pricing Audit Services, Auditing: A Journal of Practice & Theory Vol. 24, No. 1, 2005.

68. Kizirian, Timothy G. , Brian W. Mayhew and L. Dwight Sneathen, Jr. , The Impact of Management Integrity on Audit Planning and Evidence, Auditing: A Journal of Practice & Theory Vol. 24, No. 2, November, 2005.

企业税务风险研究

进入21世纪后,全球的、局部的、外在的、内在的各种因素对企业的发展产生着越来越重要的影响,经济全球化进一步体现,国际协调与竞争同时存在,国内税法频繁修改,复杂化趋势更加明显,企业生存与发展的外部环境迫使企业需要投入更多的精力应对外部的不确定性。同时,改善公司治理水平的压力也要求企业应对来自内部的各种不确定性。而企业在应对这些外部不确定性和内部不确定性因素,提出风险管理策略时,常常会发现许多问题与纳税义务的履行分不开,税务风险管理在企业风险管理中占据重要位置,甚至可以说税务风险贯穿企业从筹资、经营、管理到投资的全过程。

一、企业税务风险的基本情况描述

通常情况下,风险是指未来损失的不确定性,也就是未来不可预期的波动性。标准不同,对风险的分类也不同。例如,按照是否会带来经济损失,风险可划分为经济风险和非经济风险;按照经济条件是否发生变化,风险可划分为静态风险和动态风险;按照造成损失的不同起因和后果,风险可划分为重大风险和特定风险;按照是否能够产生盈利,风险可划分为纯粹风险和投机风险。企业在市场中面临的风险是多种多样的,这些风险既可以由外部环境所引起,也可以由内部条件所引起;既可以由财务因素所引起,也可以由非财务因素所引起;既可以由资产的波动所引起,也可以由负债的波动所引起。当企业意识到风险管理的重要性,将风险管理引入到经营管理的全过程时,怎样准确地度量风险,是摆在企业面前的首要任务。

(一)企业税务风险产生的原因

根据现代企业理论,从交易行为的角度,往往将企业视为"一系列契约的联结,是个人之间产权交易的组织结构",它包含了企业与个人、企业与企业、企业与政府之间的契约。以经济人假设为基础,企业经营发展的首要财务目标是实现企业价值的最大化,具体表现为税后利润的最大化。同时,中国会计政策允许企业在经营过程中通过合法方式争取创造最大的税后利润。企业在追逐自身利益时,不可避免会与契约关系的其他利益相关主体发生冲突,这难免影响到企业的发展条件和生存环境。然而,根据信息经济学理论,在各方对企业造成信息不对称的情况下,企业既有动机利用所掌握的会计信息进行盈余管理,也可能利用会计信息最大限度地寻求自己的税收利益,即存在"粉饰效应"①。可见,企业始终存在尽可能少缴税金与延迟纳税的

---

① 根据信息经济学理论,在信息不对称现象普遍存在的情况下,由于代理人总是比委托人拥有更多的信息,当这种信息是会计信息时,代理人便有动机进行利润操纵,将信息优势转化为利益优势,因此,存在通过某些会计处理和交易活动来美化企业财务指标的可能,即所谓"粉饰效应"。用于美化企业财务指标的这些会计处理和交易活动,也将导致某些财务数据被人为扭曲。

动机,这是企业与生俱来的特点,贯穿其生命周期的始终。

由于,企业与企业、企业与个人的契约关系建立在企业良好的业绩水平之上,所以企业少缴、晚缴税金,从其他个人和单位也会获得积极的回应,不会受到过多的阻挠。相反,税收作为政府财政收入的主要来源,其征管必定受到严格保障:从社会舆论、公民观念到公共政策、法规的制定,无不显示了税收的强制性。在多重限制和约束下,企业任何主动的财务调节都可能有意或无意地违反相关税法的规定,从而诱发税务风险。

(二) 企业税务风险的发展背景

风险管理起源于20世纪50年代的美国,但在接下来的半个世纪里,无论是企业,还是税务局都未曾给予税务风险过多的关注。过去,人们通常认为征税和纳税是覆盖面极其狭小的领域,与税收无关的部门和组织并不需要了解税收知识以及与完税有关的技术,那时候,税务风险管理和控制没有被提到议事日程。

2001年,美国的安然事件被曝光,该事件还导致世界著名的会计公司安达信公司解体,接下来环球电讯、世界通信、施乐等一批企业巨擘纷纷承认存在财务舞弊。2002年,美国为应对资本市场的一系列变故颁布了《萨班斯—奥克斯利法案》(Sarbanes—Oxley legislation),法案要求企业改善公司治理,将更多的注意力集中在风险管理上,其中就包括与财务管理报告有关的税务风险管理,企业需要提出适当的税务风险管理政策和控制方法,以管理它们的税务风险以及报告这种风险。

2003年,意大利的帕马拉特财务丑闻再次震惊了全世界。此后各国开始陆续制订自己的税务风险管理方案,如澳大利亚制订了公司法经济改革一揽子方案(CLERP9),加强了对企业的纳税遵从管理,迫使企业开始认真地对待税务风险管理。

中国企业因税务违规案件和税务筹划失败导致经济上的损失近几年来屡见不鲜,内外环境的影响使学术界最早意识到税务风险管理的重要性,有关税务风险的文章和著作开始在报刊、网络和书店出现。与此同时,源于政府层面的税务风险管理活动也开始展开,2006年9月,国家税务总局在山东省青岛市召开了联合国开发计划署(UNDP)税收风险管理国际研讨会,来自税务系统的部分工作人员与来自国际货币基金组织(IMF)的专家在会上对如何防范税务风险进行了研讨。①

来自IMF的税收风险管理专家认为,尽管目前中国在税收风险管理领域还处在学习阶段,但已取得了明显的成绩,对于挑战性很强的税收风险管理方法,即使包括美国在内的一些发达国家,也仍处在学习过程中。他们认为中国是学习得最快的国家之一,这种研究可以作出许多卓有成效、富有创造性的探索。

(三) 企业税务风险的定义与内涵

截至目前,已有众多国内外专家和学者对税务风险的概念加以界定,其中较具代表性的有以下几种观点:

"税务风险是企业涉税行为因未能正确有效遵守税法而导致企业未来利益的可能损失。"(金道强,2005)

"税务风险是纳税人没有充分利用税收政策或者税收风险规避措施失败而付出的代价。"(李淑萍、孙莉,2005)

---

① 消息来自于中国税网,http://www.ctaxnews.com.cn。

"税务风险,也叫做涉税风险,是指纳税人(或扣缴义务人)在涉税活动中损失、不利(或丧失本可获得的权益)的可能性,以及在涉税活动中由于内部条件或外部环境而导致实现财税目标的不确定性。"(贺志东,2006)

"所谓税务风险,是指企业的涉税行为因未能正确有效遵守税法规定,而导致企业未来利益的可能损失,具体表现为企业涉税行为影响纳税准确性的不确定因素,其结果导致企业多缴了税或者少缴了税。"(蔡昌,2006)

"税务风险是建立在税务零风险基础之上的,而税务零风险指纳税人在正确理解和执行国家税收政策法规的情况下,而不存在多交或少交税款的行为。实质税收零风险是一种理想状态,税务风险的产生可能来自于两种情况:一种就是因为纳税人对政策法规掌握不清楚,导致了少交税款,而遭到税务部门处罚;另一种是因为对国家政策法规掌握不清楚,多交了税,但是自己浑然不知,造成企业经济效益的流失。"(徐艳雯,2006)

许多学者认为企业税务风险与企业的纳税筹划紧密相关,税务筹划风险引致企业税务风险。纳税人可以通过一定的筹划安排,避免涉税损失的出现,使纳税人处于一种"涉税零风险"状态,这也是纳税筹划的一项重要内容(肖晓博,2006)。税务筹划作为一种事前行为,具有长期性和预见性的特点,因此它与任何一种谋求经济利益的管理活动一样,其结果存在一定的风险。税务筹划风险是市场经济的必然产物,税务筹划风险包括投资扭曲风险、经营损益风险和税款支付风险三种(盖地,2005)。

John A. Stacey 在其 Managing Tax Risk: Weighing, Risk, Opportunity, and Transparency in a More Restrictive Regulatory and Governance Environment 中则从国际化的视野指出,传统意义上的税务风险是组织运作风险分类中的一部分,具体是指,由于人为、过程、技术或者程序等原因导致失败的可能。

普华永道(Pricewaterhouse Coopers)在其 Tax Risk Management Guide 中指出,对于不同的人税务风险的概念并不一样(The term tax risk means different things to different people)。通常意义上理解,企业的决策、活动以及操作方式都会给企业带来各种各样的不确定性,我们称之为经营风险,这些不确定性有些与应用税收法律有关,有些与纳税有关,而其中的不确定性既可能是纳税行为本身所造成的,也可能是由企业经营与操作不善所造成的,总之是这些不确定导致了税务风险。

综上所述,我们认为如不严加区分,企业税务风险也可称为企业涉税风险或企业税收风险,但从严格意义上讲,企业税务风险与企业涉税风险概念近似,企业税务风险与企业税收风险的内涵并不相同,从企业的角度衡量企业税务风险更为恰当,而从政府的角度衡量企业税收风险较为准确,其主要是指税务局在组织税收收入过程中所隐含的税收流失风险。

企业税务风险其内涵具体表现为以下三个层次:一是由于国家经济环境、税收政策或税收制度变化引致的税收风险;二是由于征税主体的征管手段或征管水平引致的税收风险;三是纳税主体由于税收筹划不被认可或完税过程中出现税收偏差(多缴、少缴或延迟缴纳税款受到税务机关的处罚等)引致的税收风险。

(四) 企业税务风险的特点

1. 预先性

企业的涉税业务与纳税行为有许多时候并非是同步的。通常,企业都会归集一个特定时间(1 个月或者 1 年)的涉税业务,对其进行记录、核算,在该时期终了时向税务机关申报纳税。

因而,企业税务风险产生于企业日常的经营活动与财务核算,是在企业实际缴纳各项税金前就已经存在的。它是企业主观上进行涉税相关业务计量与核算的调整而导致与税收政策、法规相背离甚或矛盾的可能性,先于税务责任的履行行为而产生。

对这一特点的了解可以帮助企业建立正确的税务风险控制的时间观,即在日常生产经营中注意掌握税收法规的制定及变动,降低税务风险。这比在纳税时再审核涉税业务更经济且有效。

2. 必然性

众所周知,税收具有强制性,而经济学的理性人假设和企业以税后利润最大化作为经营目标的客观状况,说明企业存在追求税务成本最小化的动机。在此过程中,由于企业与政府间的信息不对称,企业管理者、财务人员对相应政策法规的理解程度有限,使得税务风险成为企业管理中始终难以完全规避的因素,对企业经营造成潜在的持续影响。

另外,企业所处的法律、社会、政策环境对于税务策划而言,已经日益萎缩,相应的税务风险必将不断加大。同时,国际间的税务策划行为也逐渐受到各国税务机构的重视。Conor Begley 在其 Dawn of a New Era Tax Risks Heighten Across the Globe 的经典文献中指出,随着在全球范围内,各国税务机构之间的交流越来越频繁。纳税人除了了解当地税务机关的相关政策变动以外,还必须更加透明地处理其涉税业务。这无疑会提高新形势下企业的税务风险水平。

3. 主观性

税务风险产生的直接原因是纳税人和税务机关对同一涉税业务的不同理解。除了纳税企业在相应业务中表现出的主观态度外,不同的税务机构对税收制度的理解也可能大不相同,这表明税款征纳双方能否做到"沟通中的认同",是税务风险大小的决定因素之一。

4. 可分散性

税务风险现实地、不可避免地存在于企业内部,并与企业的各种涉税活动密切联系。企业在税务风险与管理成本之间权衡利弊,以达到其利益的最大化。由此说明,企业税务风险实际存在于企业中,但其大小可以在纳税人员的主观判断下,结合其风险管理方法予以调整。

Utkus Stephen P. 在讨论美国个人退休金账户"洛斯 401 计划"是如何帮助企业员工抵御税务风险时指出:投资者若持有部分税前储蓄,并在其退休账户中保存一定量的"洛斯储蓄",就可以在一定程度上规避由于税率变动造成的风险。这就如同谨慎的投资者在分散产权投资市场的风险时,总是综合持有固定收入投资、实物资产投资和其他各类投资一样。作者将这一概念称为"多样化税务投资"。

5. 成本效益的配比性

税务风险的存在可能导致未来经济利益流出企业,或者给企业声誉造成不利影响,所以对它的管理、防范就是控制企业未来可能的损失。然而,既然存在管理就会产生相应的管理成本,它不但是指资产的流出,还反映为其他形式的消耗和影响。例如,国外通过一项调查表明:56%的税务主管认为税务风险管理是以税务部门的其他作用为代价的①。所以,企业在管理、控制税务风险的同时要注意获得的收益与各类执行成本的权衡,作出整体上有益于企业的决策。

---

① Tax-risk tolerance declines sharply in the UK, http://findarticles.com.

(五) 企业税务风险的类型

正如划分标准不同,可以将风险划分为不同类型一样,采用不同的划分标准,也可以将企业税务风险划分为不同类型:

按照观察角度进行划分,企业税务风险可分为宏观税务风险和微观税务风险;

按照人为和非人为因素进行划分,企业税务风险可分为主观税务风险和客观税务风险;

按照风险的控制程度进行划分,企业税务风险可分为可控税务风险与不可控税务风险;

按照风险对企业的影响程度进行划分,企业税务风险可分为主要税务风险与次要税务风险;

按照形成风险的因素进行划分,企业税务风险可分为纳税遵从风险、财务核算风险、税务筹划风险、交易风险、管理风险、信誉风险和其他风险。

本报告后续的企业税务风险因素识别中还将继续用到这些分类,这里暂不展开讨论。

二、企业税务风险因素识别

普华永道在其《税务风险管理指南》(Tax Risk Management Guide)中将企业税务风险划分为特定风险(Specific Risk)和一般风险(Generic Risk)。然后进一步将特定风险分为:① 交易风险(Transactional Risk);② 操作风险(Operational Risk);③ 遵从风险(Compliance Risk);④ 财务核算风险(Financial Accounting Risk)。将一般风险分为:① 组合风险(Portfolio Risk);② 管理风险(Management Risk);③ 信誉风险(Reputational Risk)。

澳大利亚税务局在加强企业纳税遵从过程中要求企业认真对待税务风险管理,而开展税务风险管理就必须考虑具体的风险或不确定性,他们认为这些风险,或称不确定性包括:① 交易风险;② 行政/程序上的以及遵从方面的风险;③ 操作风险;④ 财务风险;⑤ 市场和名誉风险。

山东百丞税务咨询有限公司总经理、注册会计师朱自永在其文章《企业纳税风险管理》中将企业税务风险划分为五类:① 交易风险;② 遵从风险;③ 核算风险;④ 员工风险;⑤ 信誉风险。

参考上述税务风险分类,结合中国企业所处的经济条件和实际状况,我们将中国企业目前所面临的主要税务风险划分为以下七类:① 纳税遵从风险;② 财务核算风险;③ 税务筹划风险;④ 交易风险;⑤ 管理风险;⑥ 信誉风险;⑦ 其他风险。那么相应地导致中国企业税务风险的主要因素分别是:纳税遵从、财务核算、税务筹划、交易、管理、信誉和其他。

(一) 导致中国企业税务风险的主要因素

1. 纳税遵从

从宏观角度看,经济环境、政策与法规环境、执法环境的复杂多变,可能会给适应性较差的企业造成税务风险。纳税遵从(Tax Compliance)风险是指企业的经营行为未能有效适用经济环境和税收政策而导致未来收益遭受损失的可能性。当前条件下,纳税遵从风险是中国企业面临的重大税务风险之一。具体包括:

(1) 经济环境变动导致的税务风险。经济高速发展时期,由于政府倾向于加大建设投资和财政支出,企业的税务负担相对较重。相反,在经济不景气时,税务减、免、退政策的放宽有助减轻企业负担,推动其业绩改善。企业应分析国民经济发展所处阶段,为自身的税务风险管理确立标准,避免与经济走势背道而驰。

(2) 税收政策、法规变动导致的税务风险。税收政策是国家对经济实施宏观调控的重要手段之一。在完成经济体制转轨、实现中国经济可持续发展的进程中,随着政府执政能力的日益提高,税收已成为政府调节国民收入再分配,参与经济活动的重要工具。国家的意图在相关的税收政策中得到反映,而税收政策、法规变动导致的税务风险也由此产生。再加上税务陷阱①的存在,税收政策、法规变动要求企业财务人员对新出台的政策、法规进行细致学习,不断更新财务、税收知识,以避免对新政策了解不足、理解不透、运用不对而造成的风险。

(3) 执法环境变化导致的税务风险。税务机关在涉税实务中拥有自由裁量权,对于中国这样一个处于经济社会转型期的经济体而言,更加如此。不同的税务执法机构和人员对同一企业的同一涉税行为,可能有不同的判断和裁定。当税务当局与企业的理解不一致时,就产生税务风险。企业应做好与相关机构的沟通协调工作以避免此类情况发生。例如:企业未能及时更新最新可适用税收政策系统。

纳税遵从风险产生的影响可能有:企业本应该享受到的低税率没有享受,多缴了企业所得税;企业按照不应该适用的税种缴纳了税款,导致出现补税、协调退税和罚款等问题;企业未按照税法的规定代扣代缴个人所得税,导致罚款。

2. 财务核算

从微观角度看,企业财务内部控制制度是否建全,核算方法是否科学合理是导致企业产生税务风险的第二大因素。财务核算(Financial Accounting)风险是指企业未能准确核算应纳税款而导致未来收益遭受损失的可能性。财务核算风险是中国企业面临的另一个重大税务风险,具体包括:

(1) 企业会计核算规定和税收政策之间的差异导致的税务风险。中国会计制度、会计准则与税法在核算应纳税额时存在较大的差异,如果没有按照税法的规定计算税款,将面临税务局的纳税调整。

(2) 财务人员业务水平偏低造成的税务风险。财务人员的合格素质是保证涉税资料的真实性、科学性与合法性的基础,也是正确进行税务风险管理的基础。财务人员的工作失误的可能性越大,税务风险就越大。

(3) 内部控制不健全造成的税务风险。内部控制制度是指企业为确保会计数据的真实正确和财产物资的安全完整,在企业内部建立和健全会计体系而设置的各种会计处理程序和方法,目的在于提高会计信息质量和保护资产的安全。具体包括不相容职务分离、授权批准、预算、业务程序、财产保险、内部报告、风险规范、电子信息技术等。中国企业财务内部控制目前并不完善,企业在基础规范、具体运作和受关注程度等多个方面都存在深层次的缺陷。企业只有在提高管理水平和加强风险意识上持续投入,在严格把握传统财务内控手段的同时,充分运用现代知识技术,形成一套可操作的、可控的内部财务报告组织信息系统,才能有望达成降低税务风险的目标。

(4) 内部审计不健全造成的税务风险。内部审计的健全程度与税务风险水平呈负相关关系。内控与内审工作的失效会加大企业税务风险,并容易导致企业非蓄意的税收违规行为,给

① 税务陷阱(Tax Trap),是税法漏洞的对称,通常指税法中看似税负较轻,而实际上纳税人所承担的税收负担更重的有关规定。在当前世界各国普遍采用复合税制的情况下,许多普通的纳税人无法对有关的税收法律作详细的研究,税法陷阱也更加普遍。

企业带来较大的经济损失和深远的名誉损失。

3. 税务筹划

税务筹划(Tax Planning)风险是指企业为追求税后收益最大化,采用节税的方式减少应纳税额而导致未来收益遭受损失的可能性。具体包括:

(1) 激进的税务筹划导致的税务风险。纳税人利用税法规定的差异进行税务筹划,通过对自身经营活动的安排最终实现税负最小化。但激进的税务筹划方案往往会打"擦边球",难免会触犯政策、法律,造成税务筹划失败,致使企业面临税务局的调整与处罚。

(2) 税务筹划成本高于收益导致的税务风险。无论是依靠企业内部人员进行的税务筹划,还是依靠中介公司进行的税务筹划,都需要付出代价,这个代价就是税务筹划的成本,成本小于收益,企业能够在筹划中得到收益,成本大于收益,企业得不偿失,导致经济上的损失。

4. 交易

交易(Transaction)风险是指企业因交易行为和交易模式本身的特点影响纳税准确性而导致未来收益遭受损失的可能性。大多数企业都认为交易过程、交易行为并不需要企业税务部门和税务人员的参与,税务部门只要在交易完成后进行纳税核算即可。企业缺乏适当的程序去评估和监控交易过程中的纳税影响。除继续对企业提供的财务账簿进行纳税检查外,税务机关越来越多地关注记录企业交易过程的资料。对企业来讲,越不经常发生的交易行为,纳税风险就越大,如兼并、资产重组等事项;而像原材料采购、商品销售、融资等日常交易行为的纳税风险相对就会小。

交易风险的发生可能有以下影响,例如:企业在对外兼并的过程中,由于未对被兼并对象的纳税情况进行充分的尽职调查,等兼并活动完成后,才发现被兼并企业以前年度存在大额偷税问题,企业不得不额外承担被兼并企业的补税和罚款;企业在采购原材料的过程中,由于未能对供货方的纳税人资格有效控管,导致后来从供货方取得大量虚开增值税专用发票,企业不得不额外承担不能抵扣的进项税额和上升的原材料成本;企业在重新改组销售模式过程中,因未能有效评估纳税的影响,导致后来销售模式改变后增值税税负大幅度上升,企业销售毛利率下降;企业采购汽油、办公用品未能取得增值税专用发票,导致少抵扣进项税额。①

5. 管理

管理(Management)风险是指企业因管理不善导致未来收益遭受损失的可能性。其他类型的税务风险实际上有许多是由管理风险造成的。管理风险具体包括:

(1) 企业高层管理人员不重视税务风险。高层管理人员税收意识或风险意识不强,对企业税务风险未给予足够的重视,企业没有招聘专门的税务人员,税务人员没有参与企业的其他交易,税务人员的作用发挥不出来。企业高管的税务风险意识影响整个企业采取有效措施,防范税务风险。

(2) 由企业税务人员引起的税务风险。企业税务人员未将有关涉税事件、情况的相关资料进行归集与留存,一旦经验丰富的税务人员调离,继任者需要费力地从头开始纳税工作。税务人员缺乏责任心,未按规定及时申报纳税,未尽心尽力履行职责。

6. 信誉

信誉(Reputation)风险是指企业因税务违规行为导致外界对其不信任而使未来收益遭受

① 朱自永. 企业纳税风险管理. 中国财税信息网

损失的可能性。企业因信誉受质疑导致的风险其后果影响深远,如丧失股东和投资者的信任与支持,影响企业潜在的业务等。企业会因偷税、漏税、欠税、抗税等税务违法行为降低企业的信誉程度。外界和企业自身可以将税务局评定的纳税信用等级作为信誉的衡量标准。企业与税务局的关系不佳也会给自己带来更多的不确定性。信誉风险是可控的。

7. 其他

除上述税务风险外,还有风险偏好、企业文化等因素也会影响企业的整体风险。比如企业管理者对风险的偏好程度不同,因而造成的风险也不同。企业文化在形成过程中如果存在企业员工普遍纳税意识淡薄的现象,那么该企业与其他企业相比,很可能税务风险较高。

各种风险详见表1。

表1

导致企业税务风险的主要因素

税务风险		细化的税务风险(子风险)
主要税务风险	1. 纳税遵从风险	经济环境变动导致的税务风险
		税收政策、法规变动导致的税务风险
		执法环境变化导致的税务风险
	2. 财务核算风险	企业会计核算规定和税收政策之间的差异导致的税务风险
		财务人员业务水平偏低造成的税务风险
		内部控制不健全造成的税务风险
		审计不健全造成的税务风险
	3. 税务筹划风险	激进的税务筹划导致的税务风险
		税务筹划成本高于收益导致的税务风险
	4. 交易风险	对外兼并导致的税务风险
		企业重新改组导致的税务风险
		发票使用不当造成的税务风险
次要税务风险	5. 管理风险	企业高层管理人员不重视税务风险导致的税务风险
		由企业税务人员引起的税务风险
	6. 信誉风险	税务违规行为导致的税务风险
		企业与税务局的关系不佳导致的税务风险
	7. 其他风险	企业强风险偏好导致的税务风险
		企业文化不良导致的税务风险
		……

(二) 对中国企业税务风险因素的深入分析

下面我们按照不可控风险与可控风险、主要风险与次要风险对中国企业税务风险因素进行深入分析。

1. 不可控风险与可控风险

(1) 不可控风险。一般来说,微观税务风险是企业可控的,宏观税务风险是企业不可控的，这个道理显而易见，自己可以掌控的风险当然是可控风险，而由外部环境导致的风险相对就是不可控风险。但进一步推敲，在一个平稳有序的经济体中，短期内经济环境、税收政策法规的变动在一定程度上是可以预期的，管理能力较强的政府也不会将多数企业置于手足无措的境地，因此宏观税务风险对善于把握政策趋势、适应性强的企业来讲又是可控的。在本报告中，鉴于中国经济仍处于转轨时期，以及企业管理水平普遍有待提高(尤其是中小企业)这两方面的原因，我们仍将宏观税务风险视为不可控因素。在上文中提到的纳税遵从风险属于宏观税务风险，所以纳税遵从风险是不可控风险。

(2) 可控风险。相对于纳税遵从风险，财务核算风险、税务筹划风险、交易风险、管理风险、信誉风险和其他风险都属于微观税务风险，因此它们都是可控风险。虽然这六类风险我们将其归于企业可控风险，但可控与不可控的区别标准并不是一成不变的，可控风险与企业管理目标、管理水平等息息相关，这里的可控也只限于主观意愿上想不想控制。想控制，并且控制得好，那么仍是可控风险；想控制，但控制不好，可控风险就会转向不可控风险。典型的事例莫过于美国的安然公司和意大利的帕马拉特公司，可控风险在扭曲的利益驱动和不够完善的监管制度下彻底转化为不可控风险。

2. 主要风险和次要风险

(1) 主要风险。在形成中国企业税务风险的七个因素中，各个因素对企业的影响面和影响程度(潜在的风险大小)是不同的，纳税遵从风险、财务核算风险、税务筹划风险和交易风险对中国企业而言，无论从影响范围、可控程度来衡量，还是从风险发生频率、风险导致损失大小来衡量，都是中国企业面临的主要风险。国家采取增税政策、开征新税种、扩大税基、调整税目、调高税率(额)、取消税收优惠、改善税收征管水平等都有可能减少企业的税后利润。中国企业当前主要面临的是调整税目、调高税率(额)，取消税收优惠、改善税收征管水平这几个方面的减收影响。如果说纳税遵从风险是影响面最大、最不可控的税务风险，那么财务核算风险就是中国企业最频发的、影响程度最大的税务风险。税务筹划风险是蔓延最快、关注程度最多的税务风险。交易风险是容易被忽视的税务风险。税会差异、内控不严是中国企业面临的主要财务核算风险。激进的税务筹划方案会导致税务筹划风险。接受假发票是中国企业最常遇到的交易风险。对企业整体来说，给其造成不确定性的四个主要风险按重要性由大到小依次排列是:纳税遵从风险、财务核算风险、税务筹划风险和交易风险。

(2) 次要风险。管理风险、信誉风险和其他风险是形成税务风险的次要因素。管理风险、信誉风险和其他风险一般不会直接导致经济上的损失，但这三个次要风险与主要风险有密切的联系，因为次要风险会导致主要风险。例如，管理风险能够引发纳税遵从风险和财务核算风险，其他风险中的风险偏好能够引发企业因激进的税务筹划而带来的税务风险。

对企业整体而言，我们可以将导致税务风险的因素划分为主要风险和次要风险，并对主要风险进行了排序，但就单个企业而言，在某一时期很有可能这种排序并不准确，因为任何一个风险在特定时段内都可能成为影响这个企业的最主要因素。

三、企业税务风险的计量方法、评价和预测

(一) 企业税务风险的计量方法

我们为企业税务风险建立函数关系：

$$R_t = F(R_1, \cdots, R_n) \quad n=1,2,\cdots,7 \qquad (1)$$

或

$$R_t=F\left(\sum_{i=1}^{7}P_iR_i\right) \tag{2}$$

其中：R_t 表示总的企业税务风险；R_i 表示单个的企业税务风险(即本研究报告上述风险识别中的七项风险)；P_i 表示各单个的企业税务风险在总风险中所占的权重；F 是 R_t 与 R_i 和 P_i 之间的一种函数关系。

$$R_i=G\left(\sum_{j=1}^{n}Q_jY_j\right) \tag{3}$$

其中：Q_j 表示单个企业税务风险中的子风险在各单个企业税务风险中所占的权重；Y_j 表示单个企业税务风险中的子风险；G 是 R_i 与 Q_j 和 Y_j 之间的函数关系；j 表示子风险的数量。

$$Y_j=\frac{\Sigma_j}{E(X_j)} \tag{4}$$

我们用标准离差率 Y_j 来衡量各子风险的大小；σ_j 是标准离差；$E(X_j)$是期望值。

$$\Sigma_j=\sqrt{\sum_{k=1}^{m}p_k[x_k-E(X_j)]^2} \tag{5}$$

$$E(X_j)=\sum_{k=1}^{m}p_kx_k \tag{6}$$

其中：p_k 表示各子风险中随机事件 x_k 的概率；m 表示各子风险中可能事件的数量。

在衡量企业税务风险时，可以使用不同的方法与模型，如概率分析法，VaR 方法(Value at Risk，中文称作风险价值法或在险值法)。影响企业税务风险的因素非常多，比如说预测税务筹划风险时用概率分析法更为合适，而预测企业在一定置信水平下，是否雇用税务专业人员，或者是聘请税务中介“外包”涉税事宜，不同情况下最大可能损失是多少时，VaR 方法也是可选方法之一，但由于 VaR 方法计算风险值的方法多样(如蒙特卡洛方法、历史模拟法等)，所以计算结果差异也较大。为了最终能够计算一个企业的税务风险程度，从子风险到各单个税务风险，再到总税务风险，选取统一的方法更具可取性。当然企业在预测各子风险或各单个税务风险时，可以建立预测能力更强的模型。

在分析企业税务风险大小时，可以为各单个税务风险分配权重，如公式(2)；也可以通过其他方法，如公式(1)，这是因为企业税务风险的大小有时并不是各单个风险的加总。比如说，企业存在税收违规行为，这时不论是否考虑影响税收风险的其他因素，这时企业税收风险都是高的。

(二) 企业税务风险的评价

吴晓波在《激荡三十年——中国企业 1997～2008(上)》中写道：“我深感中国企业研究的薄弱，我们不但缺乏完整的案例库和可采信的数据系统，而且还没有形成系统化的历史沿革描述，关于中国公司的所有判断与结论往往建立在一些感性的、个人观察的、甚至是灵感性的基础之上，这已经成为国际沟通最巨大的障碍。”测算企业税务风险，我们同样遇到数据不足的问题，比如说，我们无法得到来自税务局的企业公开信誉记录，无法得到某行业的平均增值税、企业所得税税负率等。再加上影响企业总税务风险的其他因素，如交易风险、财务核算风险等多是企业不愿公开的信息，所以我们这里只能提供一种量化方法，而无法得到某一企业税务风险的具体量化值。

但我们可以利用一组假设的数据，用刚才建立的计量方法，判断一下企业税务筹划风险的大小。

1. 税务筹划风险计量

假定某纳税人在一定时期税务筹划方案节税的可能性为：节税 200 万元的概率是 70%；节税 100 万元的概率是 20%；节税 50 万元的概率是 10%（筹划前应纳税额 1 000 万元，目标筹划收益率 10%，目标筹划收益 100 万元）。

$$E(X_j)=\sum_{k=1}^{3}p_k x_k=200\times0.7+100\times0.2+50\times0.1=165$$

$$\Sigma_j=\sqrt{\sum_{k=1}^{m}p_k[x_k-E(X_j)]^2}=\sqrt{(200-165)^2\times0.7+(100-165)^2\times0.2+(50-165)^2\times0.1}=55$$

$$Y_j=\frac{\Sigma_j}{E(X_j)}=\frac{55}{165}=33\%$$

通过这个例子，我们可以看出，这一筹划方案尽管可以节税超过 100 万元，但风险偏高（假设定量指数为：1 级，$Y_j<1\%$，风险很低；2 级，$1\%<Y_j<5\%$，风险低；3 级，$5\%<Y_j<10\%$，风险中等；4 级，$10\%<Y_j<20\%$，风险高；5 级，$Y_j>20\%$，风险很高）。

2. 不同类型企业的税务风险评价

尽管由于数据缺乏，不能对中国企业税务风险按照模型作出准确的计量分析，但我们仍可以按照上文识别税务风险的七个因素对企业税务风险进行评价。

企业的税务风险设定成五级，其划分标准见表 2。

表 2

不同类型企业税务风险判断标准

风险指数	1	2	3	4	5
税务风险	很低	低	中	高	很高
判断标准	无主要风险；只有次要风险	只有一个主要风险；有次要风险	有两个主要风险；有次要风险	有三个主要风险；有次要风险	有四个主要风险；有次要风险

表 3

判断不同类型企业存在的税务风险

	纳税遵从风险	财务核算风险	税务筹划风险	交易风险	管理风险	信誉风险	其他风险
国有企业	√						
外资企业	√		√				
民营企业	√	√		√	√	√	

注：表中国有企业是指国有独资企业和国有控股企业；外资企业是指在中国境内设立的外商投资企业和外国企业；民营企业是指除国有独资企业和国有控股企业，以及外商投资企业和外国企业以外的适用于《企业所得税暂行条例》的其他企业。

我们用表 3 来判断中国不同类型企业存在的税务风险。在中国，长期以来不同所有制类型的企业由于其发展时间、规模、政府政策导向、管理水平、财务状况、人员结构等诸方面存在较大的差异，因此造成了各类企业具有鲜明的特点。国有企业和正规外资企业规模大，财会制度较为健全，人员素质较高，民营企业规模偏小、财会制度不健全，人员素质参差不齐。在发展初期,国家为吸引跨国投资,对外资企业实行超国民税收待遇,加上外资企业自身具备很强的避税意识,所以很多外资企业就成为了"长亏不倒"户,避税与税收筹划效果显著。到目前为止,外资企业在中国遇到的主要税务风险是纳税遵从风险和税务筹划风险。这两种税务风险都是主要风险。曾经出现的案例如广州宝洁公司曾因融资贷款避税,补交了8 000多万的税款。纳税遵从风险是中国特殊发展时期各类企业共同面临的税务风险问题,也是大型、正规国有企业面临的主要税务风险问题。民营企业也有强烈的、少缴税款的意愿,但受自身条件的约束,不违法的税务筹划往往演变为各种税收违规行为,从而出现了财务核算风险、管理风险和交易风险、并最终导致信誉风险。不同类型企业的评价结果见表4。

表4

不同类型企业的税务风险

企业分类	风险指数	风险程度	存　在　的　风　险
国有企业	2	低	纳税遵从风险(一个主要风险)
外资企业	3	中	纳税遵从风险、税务筹划风险(两个主要风险)
民营企业	4	高	纳税遵从风险、财务核算风险、交易风险、管理风险、信誉风险(三个主要风险,两个次要风险)

3. 不同行业企业的税务风险评价

接下来我们结合中国税务部门和企业的实际情况,选取当前税务部门和企业都关心或者迫切需要解决的问题作为评价标准,按照另一种方法,分行业对企业税务风险进行评价。划分标准见表5。

表5

不同行业企业税务风险划分标准

税务风险	很　低	低	中	高	很　高
风险指数	1	2	3	4	5

评价标准参照以下七个方面:

(1) 国家税收政策变动(例如:对房地产企业土地增值税的清算;对出口商品的出口退税政策的调整等;资源税税率/额的调整等)。

(2) 企业规模和税负率(受人力和物力限制,税务稽查部门为提高税务稽查效率,往往采用抓大放小的策略,寻找规模较大而税负率较同行业平均税负率低的企业进行重点检查)。

(3) 税务专门人才(企业从税收筹划到税款核算,从纳税申报到税款缴纳,从应对税务检查到与税务局建立良好关系,以及用法律武器维护纳税人的权利等各项涉税事宜都需要有掌握丰富税务知识的专门人才来进行规划和操作)。

(4) 税收筹划程度(由于个体对风险的偏好程度不同,因此企业的高级管理人员如果有不同的风险偏好,那么企业采用的税收筹划方案可能是保守的、中性的或是激进的)。

(5) 税务筹划披露制度(避税或税务筹划披露制度是某些市场化、法制化程度比较完善的国家所普遍采取的做法,如OECD国家等。避税或税务筹划披露制度和财务披露制度一样,长远地看是保护企业更加平衡、长期地存在,并得以持续发展的重要保障。假如没有这样的制度,短期来看企业似乎得到了较大的发展余地,但长期来看,由于采用了虚假信息欺骗政府、监管部门和投资者，因此一旦问题暴露，往往就是大问题，那时企业已经回天乏术，典型的例子就是美国的安然公司与意大利的帕马拉特公司）。

(6) 税务违法记录（曾经有过税务违法记录的企业将成为税务局实施稽查的重点对象）。

(7) 偷逃漏税行为[企业自己最清楚自己是否存在故意的偷税、逃税或漏税行为，因为根据税收征收管理法的规定，税务局对企业偷逃漏税的税款有无限的追偿权，如果企业存在偷税、逃税或漏税（包括抗税和骗税）事实，税收局追征其未缴或者少缴的税款、滞纳金或者所骗取的税款，可以不受时间的限制。偷、逃、漏税行为是企业无法化解掉的税收风险]。

鉴于中国企业目前所处的状况：国家经济体制还处于转轨时期，市场化程度不够完善，法制化需要提高，税制处于新一轮改革期，税务征管水平与能力近几年受到普遍重视与提高，税务人员执法现状仍有待改善，企业的纳税意识较为薄弱，交易行为绝大多数没有税务专业人员参与，会计与税法在计算所得税时存在较大差异等一系列问题，我们首先将所有企业的税务风险指数定为 3 级，即税务风险为中等水平。

各行业可在 3 级指数基础下，根据上述七个方面进一步判断行业的税务风险指数。我们以房地产、酿酒、交通运输、水电煤气和农产品制造五个行业为例，见表 6。

表 6

分行业企业税务风险评价

行　业	定性风险指数与程度	说　　明
房地产行业	5 级　很高	清算土地增值税；规模大；无税务筹划披露制度。（3 项调增）
酿酒行业	5 级　很高	消费税方面存在较大筹划或违规行为①；无税务筹划披露制度。（2 项调增）
交通运输行业	3 级　中等	税务政策较为稳定，且是国家鼓励类发展行业；无税务筹划披露制度。（1 项调减，1 项调增）
水电煤气行业	3 级　中等	税务政策较为稳定，且是国家鼓励类发展行业；无税务筹划披露制度。（1 项调减，1 项调增）
农产品制造行业	4 级　高	税务政策较为稳定，且是国家鼓励类发展行业；无税务筹划披露制度；收购农副产品，使用农副产品收购凭证作进项增值税抵扣，存在较多打“擦边球”行为。（1 项调减，2 项调增）

注 1：七个方面如果有一项不利因素存在，则调增 1 级指数，如果有一项有利因素存在，则调减 1 级指数，直到最高或最低级别为止。

注 2：在对行业进行税务风险定性分析时，对于不明确的指标，如是否有税务专业人员、是否存在税务违法纪录、是否潜藏偷逃漏税行为，由于因企业而异，我们这里默认为无，不作调增或调减。

① 参见罗秦、任美江：《白酒上市公司税收风险评估及启示》，《涉外税务》2004 年第 4 期。

具体到某一个企业，可以根据自己的实际情况，定性地判断税务风险的高低，企业自己对自己的信息掌握最清楚，判断的结果也应该比较准确，只有明晰了产生税务风险的根源，以及税务风险的大小，企业才易于进一步防范和化解税务风险。

(三) 企业税务风险预测

上文我们对不同类型企业的税务风险和不同行业企业的税务风险分别进行了评价，但这些评价都是围绕企业本身给出的,并没有考虑能够使得企业税务风险最终转变为现实损失的另一方——税务当局。七类税务风险中除不可控风险——纳税遵从风险不需要税务局确认以外,其他可控风险均需要在税务局检查、确认、调整之后才具备从风险转变为损失的可能性。而各级税务局受时间、技术、业务素质的限制,其当前处理的涉税案件还基本上以严重的违法违规案件为主,如虚开增值税发票案、骗取出口退税案、账外账偷税案等①,对于存在税务风险的其他案件似还无暇顾及。例如,众所周知,外资企业利用转让定价、资本弱化等手段进行避税的问题相当严重,但到目前为止见诸媒体的税务局反避税案也只限于宝洁公司一例②;再如,税务稽查因要追求效率,检查的重点也常常放在规模较大的企业面上;还有即使企业被查出问题,补缴税款当然是必需的,但滞纳金和罚款却仍有回旋的余地。

鉴于此,短期内(一到两年)企业税务风险并不像上文分析得出的结论那样,我们认为所有的风险指数都可能找到向下调整一级或两级的依据。

但长期来说,由于税收信息化水平、税务管理水平以及税务人员的综合素质都在不断提高,如我们在另一篇研究报告——《中央与地方财政分权模式与中国经济增长风险研究》中推算出的结论,1996～2005 年各省税务局平均税收征管效率提高值为 9.6%,因此企业的被检查风险和检查后被处罚的风险是呈上升趋势的。另外,根据《中华人民共和国税收征管法》,税务机关对企业偷税款的追缴是不受时间限制的,可以无限期追缴,因此作长期预测,中国企业税务风险是比较高的。

四、企业税务风险的防范化解及政策建议

中国的企业随着社会经济的转型不断发展与成熟。几乎所有经济学家都认同,企业是现代社会的核心组织,企业的竞争力是国家竞争力的源头。因此,企业的成长是一国治理结构中必须倍加关注的问题。但是由于中国还在不断改革中,关于企业的法律、法规、制度还不完善,一些企业利用法律、政策漏洞谋取利益的行为,很容易造成“贪小便宜吃大亏”的现象。因而,中国企业在涉税问题上,风险特别突出。

具体而言,在中国企业中,尤其是大型国有企业以及为数众多的中小企业,税务风险未能得到应有的重视。随着公司治理结构和政府公共管理法治化进程的日臻成熟,企业只有在法律许可的范围内,通过对经营、投资、理财活动的事先筹划、事中控制、事后监管,规避纳税风险、避免税务处罚,并在不违反国家税法的前提下尽可能降低税负,这对企业的税务风险防范水平提出了新的要求。当前在企业风险管理中实现“涉税零风险”,已成为中外学者对企业税务风险问题研究的核心与焦点问题。

(一)企业税务风险的防范和化解措施

1. 积极推进新一轮税制改革

(1) 规范税制调整的程序规则,推进中国税制建设的阳光化进程。就一个处于社会转型期的经济体的长远发展而言,建立社会经济生活运行秩序的“程序正义”原则,远较追求经济资源短期合理配置的“实体正义”原则重要得多。稳健财政政策的着力点并不在于相机抉择式的需求管理与政策调节,而应是着重于构建社会主义市场经济可持续发展的道路规则。就税收

① 详细情况可浏览各级税务局网站公布的涉税案件。

② 参见 http://info.finance.hc360.com/2005/05/09095128246.shtml。

政策与税制改革而言，则应体现为规范税制的变革与调整程序，将税收制度的开征、调整以及收入归属变更纳入立法监督机制的法治化轨道，以此推进中国税制建设的阳光化进程，从而稳定微观经济个体对于税制改革的理性预期。

(2) 配合财政政策的转型，提升整体税制的公平与效率。世界性税制改革的经验表明，综合性的税制改革需要保持相对较长时间的持续性才可能产生预期的效果。而中国财政政策从“积极”向“中性”的平稳过渡，恰恰提供了一个较为宽松且稳定的宏观经济环境，从而，可以使公共政策制定者，摆脱短期需求管理所要求的税收制度的局部频繁调整，而将更多的精力用于谋划提升中国整体税制的公平与效率。而一个公平的税收环境无疑将大大降低企业的税务风险。

(3) 利用预算超收收入，支付税制改革的成本。任何税制改革都要支付相应的改革成本。税制改革能否顺利推进，受到特定时期政府财政状况的制约，这是税制改革决策者们所必须考虑的问题。近年来，中国财政收入连续多年实现大幅度超预算增长，这为支付税制改革的成本提供了充裕的资金支持。鉴于预算超收收入事先没有确定相应的支出项目，可以作为机动财力而灵活使用，因而，这笔资金用于包括税制在内的各项制度改革，其数额也应是相当可观的。随着政府预算法治化的日益成熟，大幅度的预算超收收入作为中国经济运行中的一种过渡现象是难以长期存续的。在这样的背景下，需要抓紧时机，利用这段时期所形成的预算超收收入，支付相应的税制改革成本，以最终实现中国现行税制的顺利转型，为企业规避税务风险提供一个良好的外部环境。

2. 完善具有税收智囊功能的税务代理制度

所谓“税务代理”，指的是税务代理人在国家法律规定的代理范围内，受纳税人、扣缴义务人的委托，代为办理税务事宜的各项行为的总称。从各国实践来看，借助于税务咨询代理机构的外部智库，已成为各国企业规避税务风险的重要手段。

税务代理业最早于1895年产生于日本，迄今已有100多年的历史。目前，在市场经济国家中，税务代理业已成为税收管理体系不可或缺的重要环节。在日本，有85%的工商企业和30%以上的个人委托税理士事务所代理纳税；在美国，这两个数字分别是50%和接近100%。由于美国联邦税制的高度复杂性，美国拥有近10万名税务律师，近20万名税务会计师，该行业的报酬为每年350亿美元①；早在20世纪90年代中期，澳大利亚就已有税务代理机构逾千家，从业人员近两万人；韩国注册登记的税务士达26 000人，税务士事务所遍布全国。税务代理制度代表了市场经济国家税收管理的方向。

世界各国税务代理制度的发展程度有所不同，但总体而言，税务代理的基本模式无外乎有两种：一是以日本为代表的亚洲模式；二是以美国为代表的欧美模式。亚洲模式除了会计师事务所承办传统的财务报表审计外，还建立了专门的税务代理机构。其主要业务：一是从事税务代理，即依法代纳税人向税务主管当局申报、请求或进行有关纳税的不服陈述；二是进行税务磋商，即税务咨询，也涉及如何计算纳税和如何编制报表的指导；三是具体编制财务报表。可见，亚洲模式的主要特点有两点：一是建立专门的税务代理机构；二是以企业各项既定业务为基础，进行各项涉税业务的代理和咨询。

欧美模式则由注册会计师(CPA)兼办税务代理。其主要业务有二：一是查账和会计报表

① 王则柯. 游学北美. 北京：中国经济出版社，1998

签证;二是税收筹划。例如,采用适当的会计处理方法或商品交易方式,可以把企业的应税所得人为地在各年份作一定的调剂。如果把利润归属到减免税期间或可用税前利润弥补亏损的年度,就可以达到节税的目的①。

从中国现实出发,考虑企业税务风险环境的特殊性和注册会计师行业近年出现的一系列严重问题,似乎实行亚洲模式是比较现实的。但是,目前中国税务代理从业人员的年龄结构、知识结构均不够理想,老龄化、相对低素质化现象极其普遍,极大地影响了税务师的自律性和中立性,严重影响了税务风险规避外部智库的发展②。据分析,目前中国税务代理从业人员的年龄结构中,离退休人员占40%左右。中国税务代理从业人员中,具有大学本科学历的只有18%,大专学历的占46%,中专以下学历的占36%,多数代理机构只是从事代理纳税申报、发票领购、小型业户的建账和记账等简单的事务性工作,难以普遍开展税收策划与咨询等比较复杂的代理的业务。

因此,需要从机制设计上保证税务代理机构独立性的实现,从而为提升其业务素质打造一个竞争生存的市场环境。目前中国的许多税务代理机构并没有在实质上与税务机关完全脱钩。有的虽然在形式上独立了,但其所承接的业务大都依赖于税务部门的"托付",这就使税务代理工作难以真正面对市场、面对委托人(即纳税人)。为了税务代理事业的长远发展,应通过行业性的统一管理,在代理范围、服务质量、收费标准等方面讲求规范,使中国的税务代理机构真正成为独立执业、自我管理、自我约束、自负盈亏、自我发展的社会中介组织。也只有这样,税务代理机构才能真正抛开类似税务机关的管理方式和来自税务机关的种种影响,真正以受托人的身份,为实现委托方的委托事项而努力。比如,努力提高为企业税务风险规避的服务质量,发挥民间智库所应有的功能。

3. 搭建案例库信息平台,丰富税务风险管理手段

比照中国企业税务风险管理的现实,无论是自身致力于税务风险防范的各类企业,还是提供涉税咨询服务的中介组织,在投入税务风险问题的人力、财力和物力上,总体规模均较小,难以实现规模经济的特点。在非规模经济条件下,涉税组织不可能根据各个税种和不同类型企业生产经营的特点预先设计不同的税收风险规避模块,只能处于"一事一议"的小生产状态,相应地,也就难以形成税务风险管理通用式模板,自然无法大幅降低税务风险管理成本。

从各国税务风险管理的实践来看,经过较长的制度变迁过程,而最终形成相对完整的案例库信息平台,所需要的成本也是相对高昂的。税务风险案例库管理系统的成本主要体现在:第一,时间成本。涉税案例的形成过程往往花费较大,时间消耗过多,并且通常需要进行现场核实。第二,咨询人员培养成本。基于案例库信息系统的涉税实务管理,对于企业税务风险管理人员的素质要求较高,需要较长时间的培养和锻炼,否则难以达到预期的风险规避效果。例如,肯尼迪政府学院有个专门的案例编写小组,有6名案例编写员。全院现有1 300～1 500个案例,除少数由任课教师自编以外,绝大部分是这个小组的专业人员编写的。其中最受欢迎的案例约有100个,案例经常更新,每年新编30～40个案例③。

---

① 黄凤羽,马蔡琛.税务代理的国际比较与借鉴.山西财经学院学报,1997(1)

② 黄凤羽.税收筹划理论与实践.北京:中国财政经济出版社,2003

③ 李忱.案例教学的魅力——哈佛大学教育见闻之二.人民日报,2003-11-24(11)

此外，中国社会经济转型时期的税收制度与政策导向，也处于非规则性制度变迁的过程中，税务风险管理案例的陈旧淘汰速度较快，这也增大了搭建案例库信息平台的成本。尽管凭借"智猪博弈"模型得出的结论，中小企业可以借鉴大型企业探索出的税务风险管理模式，加以适当的本地化改造，以节约成本。但如何克服税务风险管理系统因此而具有的某些公共产品特性，所诱发的"搭便车"行为，也同样是需要加以斟酌考虑的。从和谐社会建设的视野出发，在解决这一问题的路径选择上，可以适当考虑将由各级税务部门的培训经费中，划拨一定的份额，用于中国社会转型期税务风险案例库的建设。

4. 倡导纳税人诉讼，推进税收法治化进程

纳税人诉讼，在英美法上又称为纳税人提起的禁止令请求诉讼，是指以纳税人的身份，针对不符合宪法和法律的不公平税制、不公平征税行为特别是政府的违法使用税款等侵犯国家和社会公共利益的行为向法院提起的诉讼。它是一种针对间接侵犯纳税人个人利益以及侵犯纳税人整体利益的客观诉讼。

西方宪政的历史表明，税收法定主义的确立和发展是推动宪政发展的关键，在目前中国宪政建设中，应当以财税立宪作为突破口。日本学者北野弘久指出："租税国家的宪法政治归结为如何征收租税，以及如何对征收的税金加以使用。在租税国家里，租税问题的处理方法决定着和平、福利以及人权等状况，因此可以将宪法视为规定租税国家的税收方式和使用方法的法律规制。"因此，纳税人诉讼制度并非是针对具体税收行为而发生的，其对象是税收制度安排本身的合宪性和税款支出的合法性问题。例如，1971 年，美国加州居民 Serrno 以财产税制违宪为由提起诉讼，认为以财产税为基础提供教育经费的做法，导致低收入水平学区的学生受到歧视，这一诉讼几乎动摇了以财产税为重要来源的地方财政体制。①

承认纳税人诉讼的根据在于，税收法定主义的确立和发展是推动宪政发展的关键，积极倡导纳税人诉讼制度，实行私权制衡公权的分工制衡，及时解决税收冲突，也是一个具有广博胸怀的大国崛起过程中，所必须完善的税收环境治理手段，也是规范性税务风险防范体系得以最终确立的重要基石。

（二）防范与化解企业税务风险的政策建议

2006 年 10 月至 11 月，The Deloitte China Tax Conference 召开期间，一项由德勤(Deloitte)展开的、涵盖中国内地和中国香港地区 800 多名高级财务主管和高级税务主管的调查表明：在企业税务风险管理中，中国企业最大的挑战来自于企业所得税(37%)与营业税(28%)的双重征收；从企业规避税务风险的途径方面看，接受调查的 59%的高级执行官认为建立内部税务控制系统是防范、管理税务风险的最有效途径，21%的人倾向于求助于外部税务咨询机构，19%的人则认为税务风险的管理与控制与企业同税务执法机构的关系好坏密切相关。②

就任何一个现实经济问题，提供某种具有较强操作性的解决方案，或许是一件颇为困难且容易发生偏差的事情。但作为一项课题研究，为了能够具有更多的应用价值，我们有必要从对策性研究的视角，就企业税务风险管理问题，提出相应的政策建议。

---

① 施正文. 我国建立纳税人诉讼的几个问题. 中国法学，2006(5)

② Regulatory Issues and Tax Risk Management Pose Biggest Challenge for Tax Executives，http://accountingeducation、com.

1. 关注税务遵从风险，规避微观税务风险无效性陷阱

在通常财务管理学的理解中，企业税务风险似乎是一个微观管理和技术性较强的问题，涉及较多的数理分析内容。在本课题的研究中，我们对于成熟市场经济国家企业税务风险问题的追溯性考察，大体也揭示了这种研究范式，对于规范环境下的企业税务风险管理，是具有较强解释力的。

然而，基于相关研究显示，在现时的中国，在企业面对的所有涉税风险中，宏观税收风险是主要的风险来源。而宏观税务风险相对于纳税企业而言，属于系统性风险，是企业个体难以主动加以规避的。因此，防范和化解企业税务风险的时代命题，并非单纯留给了市场经济成长期的中国企业来回答，而是将更多的使命留给了有关的税收执法者对于整体税收治理环境的完善。

根据中国社会科学院财贸经济研究所高培勇教授主持，中国社会科学院 A 类重大课题、国家社会科学基金重点研究项目——《中国公共财政建设指标体系》研究的最新成果显示①，中国公共财政建设指数仅为 62.60 分，其中与企业税务风险密切相关的制度框架和财政国际化指标，分别为 58.92 分和 50.29 分，都是不及格(见表 7)。

表 7

公共财政指数结构及分值

综合评价指标	得　分	分项评价指标	得　分	因素评价指标	得　分
公共财政建设指数	62.60	基础环境	68.11	政府干预度	62.82
				非营利化	71.37
				收支集中度	72.20
		制度框架	58.92	财政法治化	59.25
				财政民主化	58.13
				分权规范度	59.81
		运行绩效	62.02	财政均等化	60.03
				可持续性	67.26
				绩效改善度	60.99
		财政国际化	50.29	财政国际化	50.29

整体财政制度体系根本上还是不及格的状态，宏观税收治理环境的相对恶劣，导致从微观视角谋划税务风险防范的种种努力，显得愈发苍白无力。对于宏观税收治理环境的考察，构成了当代中国企业税务风险管理的主要症结。

虽然税收管理的最终目的是保证纳税义务人合法纳税，但是在中国经济转型过程的影响下，税收管理越来越成为测量税收管理部门工作业绩的工具。其中主要的原因就是“压力型”税收计划考核机制的存在。在实际工作中表现为政府每年向税务管理部门下达其财政收入任

① 有关该指标体系的主体结构与测算方法，可以进一步参阅高培勇:《为中国公共财政建设勾画“路线图”——重要战略机遇期的公共财政建设》(中国财政政策报告 2006/2007)，中国财政经济出版社 2007 年版。

务，并以完成量作为税务管理部门工作好坏的量度。在税务人员工作业绩的考核上，由于税收制度的强化作用，税收任务的完成情况历来是考核税务机关及其工作人员的首要指标。只要税收任务完成了，其他方面的考核可能变得无足轻重；一旦税收任务完不成，即使其他方面做得再好，总体上仍要被否定。而这种税收征管的现实，对于作为政策受动者的企业而言，属于系统性风险，是难以通过个体层面上的谋划来加以防范与化解的，而需要从宏观税收环境的治理上寻求解决思路。

从“压力型”向“法治型”治税模式的转变，体现了市场经济条件下政府公共治理结构的发展方向。通过规范税制调整的程序规则，推进中国税制建设的阳光化进程，将有助于系统性税务风险的防范。就一个处于社会转型期的经济体的长远发展而言，建立社会经济生活运行秩序的“程序正义”原则，远较追求经济资源短期合理配置的“实体正义”原则重要得多。法治化税收治理模式的着力点并不在于相机抉择式的需求管理与政策调节，而应是着重于构建社会主义市场经济可持续发展的道路规则。就税收政策与税制改革而言，则应体现为规范税制的变革与调整程序，将税收制度的开征、调整以及收入归属变更，纳入立法监督机制的法治化轨道，以此推进中国税制建设的规范化进程，从而稳定微观经济个体对于税制改革的理性预期①。

2. 推进税务筹划阳光化的进程，建立税务筹划披露制度

在中国的社会经济生活中，税务筹划作为一项重要的纳税人权利，从宏观上看，将成为构建中的中国“公共财政”体系的重要组成部分；就微观而言，税务筹划是纳税人结合自身生产经营实际，化解非系统性税务风险的重要工具。“阳光筹划”的要义在于，经由税务筹划所唤醒的纳税人权利意识，以及由此所推动的税收征管水平与税制周延性设计的进一步完善。“阳光筹划”的发展将会对中国税收治理的法治化进程，产生相当深远的影响。

第一，凸现纳税人权利主体地位。在现代政府治理的理念中，税务筹划体现了公共财政管理的公民主权，符合现代财政民主决策、民主理财的要求与趋势。在现代税收理念中，税收课征源自社会成员的同意而非国家暴力的强制。长期以来，我们在描述税收管理征纳双方的权利与义务的时候，往往更多地强调公民的纳税义务，而忽略了作为纳税人重要权利之一的税务筹划权。

税务筹划体现了纳税一方从维护自身权益出发，通过纳税人群体的集体博弈，对税收政策作出的理性反应。这与偷税、骗税等非理性行为相比，其交易成本要低得多。在中国经济转型的特殊历史时期，适时发展税务筹划，既有助于体现现代税收管理中的公民主权思想，又有助于推进企业税务风险的化解。

第二，提升纳税人纳税遵从水平。在市场的法律体系不够健全，或执法体系不够严格的情况下，纳税人就容易产生通过非法手段牟取经济利益的偏好。比如，税务机关查处的税务违法案件只占全部税务违法案件的小部分，那么纳税人就会心存侥幸。又如，税务机关对所查处的税务违法案件的处罚力度不够，那么纳税人违法的机会成本也将被大大降低，这可能会刺激更多的纳税人违反税法。

因而，在税收制度比较完善、税收征管也比较严格的时候，纳税人才会自觉地充分尊重税法的权威，寻求在不违反税收法律法规的前提下降低自身税收负担的途径之一——税务筹划。

① 马蔡琛. 中性财政政策下的新一轮税制改革. 税务研究，2004(11)

近年来,通过社会各界对税务筹划的广泛宣传和加大对偷骗税行为的打击力度,使得广大纳税人逐渐认识到,偷骗税行为虽然可能暂时取得税收负担的减轻,但终将受到严厉的惩处,而只有税务筹划才是真正的"阳光下的筹划",既符合国家立法精神与法律规定,又可以实现税收负担的降低,是规避税务风险的理想途径。由政府倡导推行税务筹划披露制度,使企业的税务筹划更加置于阳光之下,接受政府监督,经得起考验的筹划措施才能真正有效地规避税务风险。税务筹划披露制度的建立,是保护纳税人利益的长期举措。

第三,促进现行税制的改进与完善。在税收筹划过程中,通过征纳双方及利益相关者的多方动态博弈,有助于推动整体税制结构的不断优化。当前中国的税制结构总体上处于经济转型期的过渡阶段,按照税制优化理论,不断调整税制结构,最终构建起符合市场经济和公共财政要求的最优税制体系,无疑是降低税务风险的治本之道。

如果我们单纯从静态的角度考察,就一次税收筹划行为而言,其结果似乎仅仅是征收方的税收收入数量有所减少。但从长期动态的角度分析,征纳双方通过税收筹划进行的博弈机制大体是:征税方首先选择并公布税收政策目标及具体政策→以纳税人为代表的其他利益主体,通过税收筹划作出反应与对策→征税方发现目标存在偏差,或政策存在缺陷,而及时调整→其他筹划主体继续作出预期与反应→征税方继续调整政策……

这种博弈过程具有典型的动态博弈特点,从而使得政府在制定税收政策时,能够充分考虑纳税人及利益相关者从自身利益最大化出发,而可能作出的税收筹划反应。当这种博弈过程往复进行多次,最终基本实现长期动态均衡之后,中国税制结构的优化程度将逐步提高,纳税企业可能面对的宏观系统性税务风险将得到有效地化解。

3. 建立基于税务风险指标体系的预警系统

从中国企业税务风险管理的现实出发,应该尝试构建税务风险管理指标体系预警系统问题。

在税务风险指标的遴选问题上,需要遵循如下原则:第一,重要性原则。根据本报告的分析,企业经营过程中的涉税节点众多,每一节点又可能派生若干相应指标,在构建税务风险管理指标预警系统的过程中显然不可能面面俱到,因此,需要根据中国企业经营模式的系统性分类、税制变迁的主体税制重塑等影响因子,对众多指标加以筛选。第二,可比性原则。税务风险管理绩效指标预警系统,作为一种具有较强通用性的管理工具,需要按照规定的核算方法,确定相互可比的核算指标。可比性是以信息的真实性为基础,强调横向比较和纵向比较。由于中国税收制度等公共政策在总体取向上的非规则性变化和拐点突兀性的特征,在预警指标系统的构建中,纵向可比性的参考意义相对较低,更重要的是关注其横向可比性问题。第三,信息可采集性原则。在企业税务风险管理中,根据信息来源渠道可以把信息分为内部信息和外部信息两大类,内部信息主要源于企业财务部门的各种信息资料,外部信息主要源于税务部门的相关信息。相对而言,由于中国税务政策的制定和税收执法行为,还存在某些"黑箱"操作的特点,外部信息比较难以获取,获取的成本也较高,且获取的外部信息往往有一定的片面性。但如果不能就外部税收环境的风险加以必要的量化,基于内部财务信息所生成的风险管理系统的有效性无疑将大大降低。从这个意义上说,缺乏宏观税务风险规避策略的风险管理模型,至少在现时的中国,可以为风险管理无效性假说提供某种支持性的例证。

4. 建立基于"智猪博弈"模型的规模差异型风险规避策略

由于一般中小企业在资金和技术方面的门槛较低,进入市场较容易,对环境的适应能力较强，广泛分布在中小城市、县、乡、小城镇，成为地方经济发展的主力军。尤其是20世纪90年代以来，在国有企业发展面临较大困难的时候，中小企业发挥了重要作用，成为国民经济新的增长点。在工业领域中，中小企业工业增加值占全部独立核算的工业企业的56.6%。中国工业新增产值的76%是由中小企业创造的；全国出口额中，中小企业占60%左右；许多大宗商品，如服装、玩具、工艺品等劳动密集型产品都是中小企业生产的。这表明中小企业尤其是私营企业显示出强劲的发展势头。

相对于大型企业而言，在税务风险防范上，中小企业的路径选择应该体现出自身的特点，在企业实际经营中由于其规模的限制，需要采取切合自身实际的风险规避战略。

如果可以按照企业规模大小的不同，概括地将全部企业划分为"大型"和"小型"两种类型的话①，不同规模企业在税务风险管理中的策略选择是有所不同的。我们不妨利用博弈论中的"智猪博弈"(Boxed Pigs)②来加以说明。在该博弈结构中，不同战略组合下得益③水平的战略式表述见表8。

表8

不同类型企业税务风险策略的"智猪博弈"模型

		中小企业	
		策略创新	不创新
大型企业	策略创新	5， 1	4， 4
	不创新	9， −1	0， 0

根据"智猪博弈"的条件假设与纳什均衡结果，在税务风险管理的制度创新中，大型企业凭借其规模经济与范围经济的优势，将会获得较多的制度创新收益，而小型企业的"得益"结果将会较少。因此，该博弈的纳什均衡结果是，大型企业在税务风险管理制度创新过程中，往往处于主动地位，而小型企业则选择等待分享大型机构突破制度约束而渐进探索建立的新型风险管理体系的成果。

在实际操作层面上，大型企业可以尝试构建基于自身特点的税务风险规模模型，而中小企业则应更加倾向于利用税务咨询中介机构等外部智库已然构建的税务风险案例库，加以适当的改造，以实现税务风险规避收益最大化和成本最小化的理想结果。

因此，大企业进行税务风险控制，需要从人员、机构、规章制度、操作流程等诸多方面加以

① 这种划分方法主要是出于分析简化的考虑，并不十分严密。在"大型"与"小型"之间往往存在着许多过渡类型，并且"大"、"小"之间通常也没有一个定量的界定标准。

② "智猪博弈"描述的是这样一种情况：假设猪圈中有两头猪，一头大猪，一头小猪。猪圈的一头有一个猪食槽，另一头安装一个按钮以控制猪食的供应。按一下按钮会有10个单位的猪食进槽，但谁按动按钮谁就需要支付2个单位的成本。若大猪先到，大猪吃到9个单位，小猪只能吃到1个单位；若同时到，大猪吃7个单位，小猪吃3个单位；若小猪先到，大猪吃6个单位，小猪吃4个单位。在这一博弈结构中，不论大猪选择"按"还是"等待"，小猪的最优选择都是"等待"，即"等待"是小猪的"占优战略"。给定小猪总是选择"等待"，大猪的最优选择只能是"按"。其纳什均衡结果是：大猪按，小猪等待，各得4个单位，多劳者并不多得(有关"智猪博弈"的详细分析，可以参阅张维迎：《博弈论与信息经济学》，上海人民出版社2005年版)。

③ 得益代表参与博弈的各对弈方在博弈过程中所获得的利益，在这里代表不同类型金融机构在组织分工演化制度创新过程中所获得的净收益。

全面配置、妥善安排,才有望达到预期的效果。就人员方面而言,需要配备经验丰富的税务专家团队;就机构方面而言,需要设立专门的税务部门或税务工作小组;就规章制度而言,需要建立健全涉税业务规范和责任考核制度;就操作规程而言,需要建立系统且完善的税务风险控制流程。与之相比较,小型企业则侧重于基本规范与业务操作流程层面的税务风险控制,而未必需要配备专业人员和专门机构。

5. 建立基于内部控制的会计与税法调节机制

财务内部控制是指在单位内部建立和健全会计组织,为确保会计数据的真实正确和财产物资的安全完整而设置的各种会计处理程序和方法。目的在于提高会计信息质量和保护资产的安全。中国企业财务内部控制还处于不完善的状况,在基础规范、具体运作和受关注程度上都存在深层次的缺陷。企业只有在提高管理水平和加强风险意识上下功夫,在严格把握传统的财务内控手段的同时,充分运用现代化先进的知识技术,形成一套可操作的、可控的内部财务报告组织信息系统,才能达到从根本降低税务风险的目的。

新会计准则的发布和实施,有关会计理念的转换和会计方法的改变,使得会计标准与所得税税收法规的差异性也发生了变化。企业财务人员只有准确把握这种新的差异,才能够正确纳税,避免税务风险。

财务会计核算和税法规定的差异,是指某项经营行为的财务、会计制度或者财务、会计处理办法同税法的有关规定不同。《税收征管法》规定,当两者存在差异时,纳税人必须按税法的规定计算纳税,即采取了税法优先原则。如果税法没有规定的,则按财务、会计的规定进行处理。财务会计核算和税法规定的差异很多,归纳起来,主要表现为以下三类:

第一,收入实现确认的差异。包括销售收入实现确认的差异、应纳税收入确认的差异等。比如,按会计制度规定,企业销售商品时,需要同时符合五个条件,即企业已将商品所有权上的主要风险和报酬转移给购货方;企业既没有保留通常与所有权相联系的继续管理权,也没有对已售出的商品实施有效控制;收入的金额能够可靠的计量;相关的经济利益很可能流入企业;相关的已发生和将要发生的成本能够可靠的计量,才能确认收入实现。

税法对销售收入实现的确认与此不同,《增值税暂行条例实施细则》第 33 条对商品销售纳税义务发生时间,按销售结算方式的不同分为五种。例如,第 1 款规定:"采取直接收款方式销售货物,不论货物是否发出,其纳税义务发生时间,均为收到销售额或取得索取销售额的凭据,并将提货单交给买方的当天。"第 3 款规定:"采取赊销和分期收款方式销售货物,其纳税义务发生时间,为按合同约定的收款日期的当天。"第 5 款规定:"委托其他纳税人代销货物,其纳税义务发生时间,为收到代销单位销售的代销清单的当天。"

由此可知,会计制度和《增值税暂行条例实施细则》对收入的确认时间上的规定差异较大。会计制度从实质重于形式原则和谨慎性原则的角度出发,侧重于收入的实质性实现。税法从组织财政收入的角度出发,侧重于收入的社会价值的实现。

第二,投资收益确认的差异。例如,对短期投资利息,会计制度规定冲减短期投资的账面价值,而税法规定计入企业收入总额缴税。进行债务重组时,对应付款项的差额,会计制度规定计入资本公积,而税法规定计入应纳税所得额。会计制度规定,对长期股权投资,采用权益法的企业,应按在被投资企业所占份额分享或分担被投资企业当年的盈亏,以确认投资收益;而税法规定被投资企业发生的经营亏损,投资方不得确认投资损失。

第三,成本费用与税前扣除的差异。例如,会计制度规定,除购建固定资产外,企业所有筹建期间所发生的开办费，先在长期待摊费用中归集，待企业开始生产的当月一次计入当月损益；税法规定，企业在筹建期间发生的开办费，应当从开始生产月份的次月起，在不短于5年期限内分期扣除。按照会计制度规定，企业发放的工资、计提的三项费用、支付的利息、业务招待费、公益救济性捐赠、计提的固定资产折旧费等通过成本费用科目进行核算，固定资产维修费用也可以计入成本费用；税法则对上述费用分别规定了准予税前列支的依据、比例、数额，从而在扣除口径上产生差异。广告费支出，会计制度规定计入营业费用；而税法规定除医药①、家电等行业每一纳税年度内不超过销售收入的8%部分可扣除外，其他行业不能超过2%，超过部分可以无限期向以后年度结转等等。

面对以上差异，企业财务人员需要准确理解差异的实质，兼顾财务会计与税法规定的不同，才能避免税务风险。

执笔人：闫　锐　马蔡琛

（本报告部分内容选自：上海立信会计学院中国立信风险管理研究院开放课题《企业税务风险研究》，课题负债人：马蔡琛。）

参考文献

1. 赵连志. 税务筹划操作实务. 北京：中国税务出版社，2002
2. 张中秀. 纳税筹划宝典. 北京：机械工业出版社，2004
3. 尹音频，刘科. 税务筹划. 成都：西南财经大学出版社，2003
4. 徐燕雯. 刍议房地产开发企业对税务风险的化解. 集团经济研究，2006(23)
5. 蔡昌. 税务风险防范、化解与控制. 北京：机械工业出版社，2006
6. 王志强. 税收与公司财务政策选择. 北京：中国商务出版社，2004
7. 王兆高. 税务筹划. 上海：复旦大学出版社，2003
8. 王延明. 中国公司所得税负担研究——来自上市公司的经验证据. 上海：上海财经大学出版社，2004
9. 王延玲. 试论企业财务内部控制的税务风险. 河南财政税务高等专科学校学报，2005(1)
10. 唐腾翔. 税务筹划. 北京：中国财政经济出版社，1994
11. 谈多娇. 税务筹划的经济效应研究. 北京：中国财政经济出版社，2004
12. 宋献中，沈肇章等. 税务筹划与企业财务管理. 广州：暨南大学出版社，2002
13. 施正文. 中国建立纳税人诉讼的几个问题. 中国法学，2006(5)
14. 马蔡琛. 中性财政政策下的新一轮税制改革. 税务研究，2004(11)
15. 刘志远. 财务管理. 天津：南开大学出版社，2001
16. 刘剑文. WTO体制下的中国税收法治. 北京：北京大学出版社，2004
17. 梁朋. 税收流失经济分析. 北京：中国人民大学出版社，2000
18. 李天民. 现代管理会计学. 上海：立信会计出版社，2000

① 国税发[2005]21号文件规定，2005年起，制药企业的广告费用按25%的比例在税前扣除。

19. 李淑萍,孙莉. 建立健全规避税务风险的管理体系. 税务研究,2005(2)

20. 靳东升,李本贵. 企业所得税理论与实践. 北京:经济科学出版社,2006

21. 解学智. 公司所得税. 北京:中国财政经济出版社,2003

22. 解宏. 企业并购的税收问题研究. 北京:中国财政经济出版社,2006

23. 黄凤羽,马蔡琛. 税务代理的国际比较与借鉴. 山西财经学院学报,1997(1)

24. 黄凤羽. "阳光筹划"有助于推动税收法制化进程. 财政与税务,2006(2)

25. 黄凤羽. 税收筹划理论与实践. 北京:中国财政经济出版社,2003

26. 贺志东. 如何有效防范、减轻和化解纳税风险. 北京:电子工业出版社,2006

27. 何鸣昊. 企业税务筹划. 广州:中山大学出版社,2002

28. 关于印发中央企业全面风险管理指引的通知. 国资发改委(2006)108 号

29. 国家税务总局税收科学研究所. 公司税课税程序. 北京:中国财政经济出版社,1994

30. 盖地. 税务筹划. 北京:高等教育出版社,2003

31. 方卫平. 税务筹划. 上海:上海财经大学出版社,2001

32. 范忠山,邱引珠. 企业税务风险与化解. 北京:对外经济贸易大学出版社,2003

33. 程明红. 建立税收风险管理体系提高税收管理水平. 江苏国税调研,总第 19 期

34. [意]皮埃特罗·潘泽,[美]维普·K·班塞尔著. 用 VaR 度量市场风险. 綦相译. 北京:机械工业出版社,2001

35. [美]菲利普·乔瑞著. 风险价值 VAR. 陈跃等译. 北京:中信出版社,2005

36. Utkus Stephen P.. Savings Just Got a New Friend, On Wall Street. 2006

37. Pricewaterhouse Coopers LLP. Tax Risk Management. 2004

38. Leibler Mark, Risky Business. Business Resources Whitepapers. 2004

39. KPMG International. Tax risk management in the financial sector. 2004

40. http://www.cicpa.org.cn. 中国注册会计师协会网站

41. EYGM Limited. Tax Risk Management. The evolving role of tax directors. 2004

42. Deloitte Tax LLP. Forward Thinking. Tax Risk Management. 2005

43. Crest Sed. Tax-risk Tolerance Declines Sharply in the UK. Tax Review. 2005

44. Begley Conor. Dawn of a New Era Tax Risks Heighten Across the Globe. Accountancy Ireland. 2006

新会计准则对中国商业银行风险管理影响研究

一、研究的基本情况描述

（一）研究背景

1. 中国商业银行现状

2006年11月11日，国务院修订颁布《中华人民共和国外资银行管理条例》（简称《外资银行管理条例》），规定中国银行业于2006年12月11日前向外资银行全面开放。2006年11月24日，银监会发布《中华人民共和国外资银行管理条例实施细则》（简称《外资条例实施细则》）。《外资银行管理条例》和《外资条例实施细则》的颁布表明，中国加入WTO的过渡期已经结束，中国对WTO的承诺全面兑现；外资银行将全面参与国内竞争，平等国民待遇下的中国后金融时代已经到来；在中长期内，中国商业银行也将走出国门谋求国际化发展，在更大范围内、更深层次上参与国际竞争。

截至2006年年底，中国本土商业银行已有143家[①]，其中国有商业银行5家，股份制商业银行12家，城市商业银行113家，农村商业银行13家。自20世纪90年代以来，大量的外资银行登陆中国。到2006年年底，已有22个国家和地区的74家外资银行在中国设立了200家分行和14家法人机构；41个国家和地区的186家外资银行在中国设立了242家代表处。为了应对外资银行进入而引发的激烈竞争，中国的本土商业银行也加快了改革的步伐[②]：2003年9月，华夏银行成为A股首家上市商业银行；2005年6月，交通银行作为国有银行首次在香港成功上市，标志着国有商业银行与国际接轨；2007年7月，宁波商业银行和南京商业银行同时上市，迈开了区域银行上市的第一步；而一些商业银行更积极开拓海外市场，2006年8月24日，中国建设银行在香港与美国银行签署协议，以97.1亿港元收购其在香港的全资子公司美国银行（亚洲）股份有限公司100%的股权，这是股改之后的中国国有商业银行在跨国并购中迈出重要的第一步。在银行业全面开放的背景下，与国际接轨已成为中国银行业发展的必然趋势。而外部宏观环境的频繁变动和竞争的国际化，导致银行经营的风险因素日益复杂，对银行的全面风险管理水平提出了更高要求。

2. 中国会计规范的变革

2006年2月，中国新会计准则体系正式颁布，并规定从2007年1月1日起，所有上市公

---

① 本土商业银行不包括14家外资法人金融机构。外资法人金融机构指《中华人民共和国外资金融机构管理条例》中所指的独资银行、外国银行分行、合资银行、独资财务公司和合资财务公司。

② 在国有商业银行中，中国建设银行于2005年10月在香港证交所挂牌上市；中国银行、中国工商银行、交通银行也先后于2006年和2007年在沪、港同时上市；中国农业银行正为股份制改造和上市进行“热身”准备。

司都必须采用新会计准则编制会计报表。正如财政部部长金人庆所言“新会计准则作为中国会计史上新的里程碑,它既是旧有阶段的终点,也是跨入新阶段的起点”,标志着中国会计准则与国际财务报告体系正式实现全面接轨。新准则的实施,实现了中国会计准则的国际趋同,一定程度上扫除了中国商业银行国际化的障碍。而如何使用好这个“工具”,无论对商业银行的经营管理还是监管部门的监管工作来说,都是一个巨大的挑战。特别是在银行业“走出去、请进来”的国际化背景下,认识相关风险、积极谋变、应对挑战,乃是当务之急。

从全球范围来看,经济环境的剧烈变化迅速改变了银行的经营环境,加大了银行经营的风险。在过去10年,国际和国内金融市场的快速变革和金融活动的国际化极大地改变了银行的面貌。特别是大量多样化的金融工具的出现,使得银行业务的种类、性质和表外业务都呈现出多元化的趋势。然而金融工具是一把“双刃剑”,一方面,金融工具的应用促进了世界经济走向繁荣;另一方面,20世纪著名的巴林银行倒闭案,以及源于泰国的金融风暴,波及到其余南亚国家,并传到东亚、东欧和南美,更通过银行系统蔓延至很多国家,带来全球灾难,让世界经济的每一个参与者都清楚地认识到:银行的风险或与银行相关的风险,更具有辐射性;银行的风险管理不当将引起整个经济的“多米诺骨牌”效应。

由于中国商业银行处于特殊的信用环境和政策体制中,中国的衍生金融市场未得到充分发展,与国际会计准则接轨的新会计准则,对中国商业银行风险管理的影响就与国外银行不尽相同。新会计准则要求商业银行:对金融资产和负债重新分类、并以公允价值计量;衍生金融工具进入表内核算;与贷款按五级分类计提减值准备的传统做法不同,资产减值准备的金额是金融资产的可回收金额低于金融资产摊余成本的差额等。新准则的这些变化都将对银行业的信用风险管理产生深远影响,也将推动银行信用风险管理的深刻革命。本报告就是站在这个特殊的历史时点,从中国上市银行风险管理的角度,研究新会计准则的颁布和实施给中国商业银行信用风险管理带来的变化和契机,为中国商业银行在新的环境中更好地进行风险管理和监管机构更加有效地对银行进行外部监管,提供有益的建议。

(二)研究现状

1. 会计信息对商业银行风险管理影响研究

会计信息是商业银行进行风险识别的基础。20世纪90年代以来,衍生金融工具的大量出现,其频繁的价格波动对传统的以历史成本为基础的会计计量属性提出了挑战,其合约执行上的不确定性又对传统的收入确认模式提出了挑战。不实的会计信息将导致极大的金融风险,衍生金融工具的会计处理成为社会日益关注的问题。自公允价值1984年首次运用到美国财务会计准则委员会(Financial Accounting Standard Board,简称为FASB)发布的《SFAS80——远期合同会计》后(财务会计准则,即Statement of Financial Accounting Standards,简称SFAS),FASB相继颁布了《SFAS105——对表外风险和信用风险的衍生金融工具的信息披露》、《SFAS107——关于金融工具公允价值的披露》、《SFAS109——关于衍生金融工具及金融工具公允价值的信息披露》、《SFAS115——在特定债券和权益证券上投资的会计处理》和修订后的《SFAS133——衍生金融工具和套期保值会计准则》。可以说,公允价值会计在一定程度上推动了美国的会计发展。然而,这种变化对银行的影响究竟如何呢?不同的作者进行了相关研究,为本课题的研究提供了借鉴。

早在1986年,Brewer、Koppenhaver和Wilson就以1983、1984年美国63家银行的横截面及时间序列的资料,运用资本资产计价模型(CAPM)来衡量系统风险,结果发现信用担保可以减少银行的风险。Barth、Beaver 和 Landsman(1996)以 136 家美国银行从 1992 年至 1993 年的相关数据为样本,检验了 SFAS107 所要求披露的公允价值信息的价值相关性,结果发现证券投资、贷款与长期债务的公允价值估计都具有价值相关性;但银行吸纳的存款与表外项目的公允价值信息并不具有价值相关性。Eccher、Ramesh 和 Thiagarajan(1996)以美国上市银行 1992 年与 1993 年的相关数据为样本,发现证券投资的公允价值在控制了其他金融工具公允价值之后仍具价值相关性。Hodder、Hopkins 和 Wahlen(2003)以 206 家美国银行在 1995 年至 2000 年的财务报告为样本,计算了净收益、全面收益和完全公允价值收益这三种替代收益指标的波动程度,并检验了这些不同波动程度指标的风险相关性。结果表明,虽然这段样本期的普通样本银行在净收益、全面收益及完全公允收益的测量上有着近似的均值,但全面收益的波动性是净收益的 2 倍、完全公允收益大约是净收益的 5 倍。他们的结论意味着完全公允收益的波动性捕获了资本市场价格增加的风险因素。而 Leslie Hodder(2002)提供了会计准则可以影响到公司经济决策的证据,发现银行在采纳 SFAS115 时进行会计选择将有利于获得真实的成本。

此外,随着国际会计准则越来越被广泛使用,很多学者考察了使用国际会计准则带来的经济后果。他们发现,自愿采用国际会计准则带来的结果包括:会计信息的波动更小、分析误差也更低(Ashbaugh and Pincus, 2001),市场的流动性更高、交易规模更大(Leuz and Verrecchia, 2000);提高盈利反应系数(Bartov et al., 2004);由于更及时地确认经济损失和价值相关性,降低了盈余管理且提高会计信息质量(Barth et al., 2005);吸引外国资本,获得更大的投资(Covrg et al., 2007)。Jeong-Bon Kim et al. (2007)选取来自美国以外的 30 个国家的贷款人作为样本,调查了 1997 年至 2005 年期间,自愿使用国际会计准则对银行借款合同的价格条款和非价格条款的影响后发现,国际会计准则可以使银行对贷款人信用质量的了解更准确,进而提高借款合同的效率。

2. 新会计准则对商业银行影响研究

新会计准则①的实施,会对中国的商业银行产生怎样的影响,国内的学者已经从不同的角度对这一问题进行了探讨,得出了一些相应的研究成果。然而,由于新会计准则公布的时间不长,对于风险管理影响的专门研究就十分稀缺,虽然也有部分文献中的部分内容涉及了商业银行的风险管理,但研究不够深入,结论也缺乏有力的证据。另外,综览现有的一些研究文献,这些文献大多集中于理论研究,缺乏相应的数据支持和实证研究。此外,对新旧会计准则之间存在的具体差异对商业银行风险管理的影响不尽相同,但学者们也没有加以区分。

何臻黛和孙涛(2006)、李苑鸿(2006),主要从会计角度对新会计准则体系就中国商业银行的影响进行分析,得出了以下结论:短期内对中国商业银行资产、负债影响比较有限;表外核算格局大受影响;利润波动性加大;贷款减值准备的计提将更加精细化、客观化;投资类产品核算发生较大变化;对商业银行利率风险管理能力提出了更高要求;对银行获取市场数据提出了更高要求等。而项有志和庄世虹(2006)则更加全面地分析了新会计准则对银行会计核算的影响,从债券投资、贷款、可转换债券、衍生金融工具四项主要的会计核算入手,对比了旧制度和新准则之间存在的差异。

王海姝(2006)认为,在新会计准则颁布实施之前,国内的主要商业银行已经不同程度地实

---

① 本报告在此后多处所用"新准则"即指新会计准则。

施了会计准则的国际化,新会计准则体系的颁布对银行业的影响主要体现在政策的支持层面和深层次经营管理理念方面。因此,她从银行经营管理的角度,提出了银行业对新会计准则的应对之道。夏博辉(2006)认为新会计准则中,一是使用公允价值属性;二是衍生金融工具表内核算;三是收益和损失立即确认。这些会对中国商业银行的经营管理和财务状况产生积极影响,但这些也是新会计准则实施中的最大难题。吕水福(2006)的研究则更加全面和深入,他从中国银行的现实出发,分析了中国银行业实施新准则面临的主要困难,并认为:在衍生金融工具表内化和公允价值计量方面,中国的银行机构既缺乏相关的操作经验也缺乏合适的人才;此外,新准则与现行的税收制度安排也存在需要协调和解决的差异,主要体现在:一是公允价值的引入使得银行利润中存在大量"未实现"的损益;二是贷款后续计量方法的改变导致利息收入的差异。

杨树润(2006)和施其武、邵兵(2006)则主要从监管部门的角度研究了新会计准则实施后的挑战,认为会计准则的变化对银行监管的影响主要表现在以下几个方面:一是影响了监管资本数量的计算;二是增加了银行收入和损失真实性判断的难度;三是影响加权风险资产的计算;四是对监管人员的素质提出了更高的要求。

上述文献表明,新会计准则关于商业银行会计处理与旧准则的变动中,对目前中国商业银行风险管理影响较大的主要是三个方面:① 资产和负债的价值确认;② 减值准备计提的方法;③ 衍生工具的表内化。

3. 商业银行信用风险研究

商业银行在经营过程中常常会遇到各种各样的风险,其中包括:信用风险、市场风险、投资风险、汇率风险、通胀风险、管理风险、政策风险等。而其中至关重要的是信用风险,又称违约风险。国内学者对银行的信用风险给予了极大的关注。例如,近两年出现了较多的是关于信用风险评估模型的讨论。

王小明(2005)对目前中国商业银行在信用评级研究中涉及的各种信用测度模型进行了系统的回顾与总结,对现有各种评级方法的优缺点及适用条件等做了必要的比较研究。他认为目前中国信用风险评级测度方法研究存在模型研究与指标体系研究相脱节的现象;同时指出,信用风险评级研究应该综合考虑风险分析、模型研究、指标体系研究,并给出了建立信用风险评级模型的基本设想。张中朝和张丽坤(2006)分析了国家财政部 2005 年 8 月推出《金融工具确认与计量暂行规定(试行)》给银行的经营和监管所带来的影响。刘洪川和王琳(2006)对 CreditRisk^+ 模型在商业银行信贷风险管理中的应用进行探讨。他们通过对 CreditRisk^+ 模型在某商业银行的应用分析认为,该模型与传统方法相比,有助于银行从更具体和深入的角度去测量和分析不同层次、不同产品的信用风险,更科学地进行信贷决策。此外,利用 CreditRisk^+ 模型更容易计算债务人的边际风险贡献。并且 CreditRisk^+ 模型只考虑每一评级上的平均违约,可用内部与外部的评级信息,要求输入的估计较少。在违约率及违约波动性中可以镶嵌相关的信息,因此对每种工具只要求违约概率和风险暴露。在中国目前尚未建立起全社会信用评估系统,缺乏权威信用评估机构的情况下,CreditRisk^+ 模型是目前中国商业银行信贷风险管理模式的最佳选择。方洪全和曾勇(2004)以 1 333 笔实际贷款记录为分析样本,首先建立以企业所处行业、财务指标、贷款违约、信用等级和贷款期限的多维数据方,然后运用联机分析挖掘 OLAM 技术,分析企业信用风险基本特征和数据维判别参数的差异性,得出贷款质量分类规则,最后建立起两阶段的信用风险评估体系。阎庆民(2004)将 J. P. 摩根的信用风险计量方法引入中国商业银行信用风险的研究。他根据J. P. 摩根的信用风险计量法，测算出两家银行贷款企业的信用风险转移概率，再估算不同等级下贷款的回收率，由此得出两家银行信用等级的价值分布。他也指出，用VaR值的正态分布来刻画中国银行各信用等级贷款的价值分布不太符合现实情况，且在巴塞尔委员会的资本要求框架下，不同信用等级和不同到期日的贷款都按照8%的要求提取资本水平，显然与风险计量法确定的资本水平差异较大。方洪全和曾勇(2004)将线性判别模型LDA和LOGIT模型用于对企业信用风险的评估预测，并利用商业银行的实际数据对模型效果进行检验和比较讨论。经分析和实证检验，线性判别模型LDA和LOGIT模型在企业进行信用风险评估均具有较强的预测能力，均可对金融机构信贷决策。

此外，霍兵和李颖(2005)对四大国有商业银行的信用风险状况和特点进行了评估，并对成因进行了制度分析。宋雪枫和杨朝军(2006)借助中国上市公司的财务样本数据，建立了企业财务危机预警的生存模型——Cox模型，为商业银行提供更有效的企业财务危机预测，从而降低商业银行不良贷款的形成，提供了思路。

从上述学者的研究不难发现，近期学者关注的主要是信用风险的评估和模型选取，一定程度上对商业银行信息风险的管理与控制作出了有益的探索。

（三）本报告的研究框架

新准则对上市银行的影响是双向的：一方面，信贷业务是中国商业银行的主要业务，那么贷款企业使用新准则改变了其财务状况的计量方式，就必将影响商业银行的信贷评估，并作用于信贷风险；另一方面，商业银行作为一个企业，实施新准则后产生的风险变化。由于获取数据的限制，本报告从宏观视角及监管者角度，从上述两个方面，通过理论分析和实证分析研究新会计准则对商业银行信用风险管理的普遍影响。本报告的主要构成包括：

第一部分，基本情况介绍。主要介绍本报告的研究背景、相关的研究综述及研究框架。

第二部分，商业银行信用风险分析及影响因素。就商业银行信用风险产生的原因展开分析，并对新准则产生的影响进行了讨论。既比较了新旧会计准则和新会计准则与国际会计准则之间的差异，又分析了新会计准则对中国商业银行的风险抵御能力造成的影响，为后续的实证研究奠定基础。

第三部分，新会计准则运用与商业银行信用风险影响的检验与评价。既检验了上市公司实施新准则是否带来财务状况的显著差异，这种差异又如何影响信贷决策；又检验了上市银行实施新准则对自身的影响。

第四部分，主要的结论。对全文进行总结，并对商业银行的风险管理提出简单建议。

二、商业银行信用风险分析及影响因素

（一）商业银行相关的风险分类

风险管理是商业银行管理的核心之一。商业银行在经营过程中可能遇到很多种风险，如图1所示商业银行面临的风险主要可以分为三个层次：

第一层，系统风险，如爆发战争、出现大的社会动荡或自然灾害等。系统风险作用于整个经济社会，会对商业银行的经营环境产生重要的影响。

第二层，次级风险，主要指对银行业产生的影响很大、但对单个银行来说不可控的风险，主要包括竞争风险、法律风险、政策风险和金融风险等。

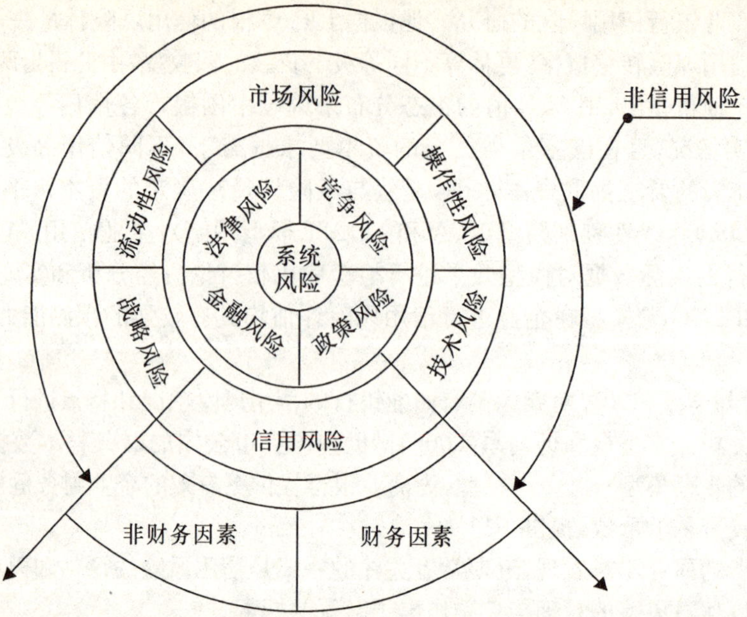

图1 商业银行风险的主要分类

第三层,三级风险,主要指对银行个体产生重要影响,且银行可以控制的风险,主要包括战略风险、流动性风险、技术风险、市场风险、操作性风险和信用风险等。

随着银行之间以及银行与非银行金融机构对贷款竞争的日趋激烈,银行贷款的信用风险也随之日益加大。信用风险作为银行业所面临的各种风险中最主要的风险,关系到银行的生死存亡。本报告讨论的就是三级风险中的信用风险。巴塞尔银行监管委员会把信用风险(Credit Risk)定义为由于债务人违约而造成的损失风险。对于银行而言,信用风险表现为贷款人拖欠银行的贷款或利息(一般是超过90天)、呆账、死账、违背贷款契约等,通常被称为"不良贷款"。不良贷款一直是困扰中国商业银行的一大难题。银行贷款的信用风险根源在于缔约方违约或经营的失败,不能按期归还贷款本息,导致银行全部贷款本息都不能收回或只能收回部分贷款本息而承受的损失。

(二)商业银行信用风险的分析

1. 商业银行信用风险评价方法

商业银行传统的信用风险度量方法有信贷决策的"6C"法和信用评分方法等。"6C"法是指由有关专家根据6个因素判断借款者的信用程度和综合还款能力,进而决定是否最终发放贷款。该6个因素包括:① 品德(Character),即借款者的还款意愿,主要通过考察贷款者过去的还款记录来判断借款者的品德;② 能力(Capacity),即借款者归还贷款的能力,包括借款企业的经营状况、投资项目的前景等;③ 资本(Capital),即借款者的财富状况,包括财务报表上的总资产、总负债,资产负债相抵后的净值;④ 抵押品(Collateral),即提供一定的、合适的抵押品;⑤ 经营环境(Condition),即所在行业在整个经济中的经营环境及趋势;⑥ 事业的连续性(Continuity),即借款者是否能在日益竞争的环境中生存和发展。信用评分方法主要采用一些财务指标进行加权计算,对借款企业实施信用评分,并将总分与临界值比较,低于该值的企业被归入不发放贷款的企业行列。

近20年,由于商业银行贷款利润持续下降和表外业务风险不断加大,一些大银行认识到信用风险仍然是关键的风险，并开始关注信用风险测量方面的问题，试图建立测量信用风险的内部方法与模型。而现代金融理论的发展和新的信用工具的创新，给开发新的信用风险计量模型提供了可能，其中以 J. P. 摩根的 CreditMetrics 和 CSFP(Credit Suisse Financeial Products)信用风险附加法(CreditRisk^{+})两套信用风险管理系统最为引人注目。目前，一些上市银行已经开始尝试使用或创新信用风险评估模型，但由于难以获得债项的详细数据，本报告仍采用传统信贷评估方法，进行信贷决策分析。

2. 信用分析的财务指标

国外的信用评级一般包括企业评级和债项评级。中国商业银行主要对企业进行信用评级。目前，中国商业银行贷款审批的主要程序如图 2 所示。在审批程序中，最核心的步骤就是贷前评估。因为如果贷前评估结果不理想，那么，贷款业务根本就不会发生，也就不会产生银行的信贷风险问题。通常，银行为了得到对贷款企业获得贷款后其还款意愿和还款能力的评价，在贷款企业向银行申请贷款后，银行会对其进行信用分析、评定信用等级，以决定是否发放贷款以及以何种方式提供贷款。在这一过程中，银行要求贷款企业提供近年内的(一般为近 3 年内的)相关财务和非财务信息，并根据上述信息综合评价贷款企业具备的“6C”特征，进而决定授信的等级。而贷款决策中使用会计信息，“不单是会计信息有用性的问题，更是贷款人实施贷款监控、减少信息不对称的一个重要而具体的手段[饶艳超和胡奕明(2005)]”。

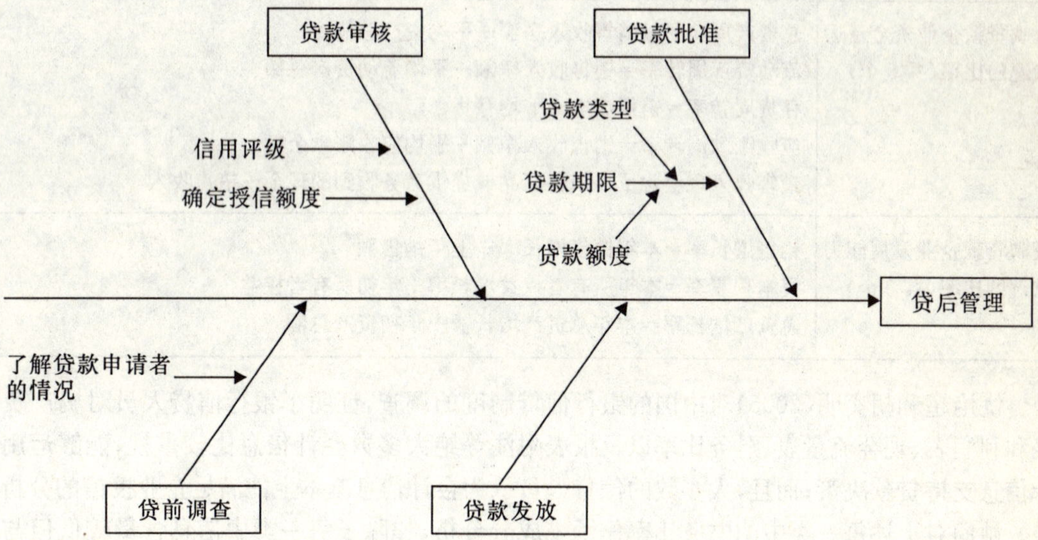

图 2 中国商业银行贷款审批程序

在实践中，中国的银行都建立了各自的信用等级评定系统，通过建立贷款企业的财务、非财务指标与之相应的 6C 特征之间的映射关系，对相应的指标赋予权重并进行评分，以评定贷款企业的信用等级。其中，银行要求贷款企业提供的财务信息主要反映了其偿债能力、财务效益状况、资金营运状况和发展能力四方面的状况。为了解国内银行贷款决策中会计信息的应用，本报告收集了国内四大商业银行及部分股份制商业银行相关的信贷制度及规定(包括各银行网上资料)，发现银行在授信过程中运用的财务信息主要来自资产负债表、利润表、现金流量表，采用的财务指标涉及四大类的 24 个财务比率(如表 1 所示)。

表 1

商业银行在授信过程中使用的财务比率及计算方式

反映贷款企业偿债能力的比率(共 11 个)	资产负债率＝负债总额÷资产总额 流动比率＝流动资产÷流动负债 总债务÷EBITDA,其中 EBITDA 指息税、折旧及摊销前收益 全部资本化比率＝总债务÷(总债务＋净资产) 已获利息倍数＝EBITDA÷利息支出 速动比率＝速动资产÷流动负债 经营活动产生的净现金流量 总债务 现金流量 现金流动负债比率＝经营性活动现金净流量÷流动负债 或有负债比率＝或有负债÷净资产
反映贷款企业财务效益状况的比率(5)	净资产收益率＝净利润÷平均净资产 销售利润率＝销售利润÷销售收入净额 总资产报酬率＝(利润总额＋利息支出)÷平均资产总额 成本费用利润率＝利润总额÷成本费用总额 经营活动现金流量与销售比率＝经营活动产生的现金流入量÷销售收入
反映贷款企业资金营运状况的比率(共 5 个)	总资产周转率＝销售收入净额÷平均资产总额 流动资产周转率＝销售收入净额÷平均流动资产总额 存货周转率＝销售成本÷平均存货 应收账款周转率＝销售收入净额÷平均应收账款余额 销售收入现金含量＝销售商品或提供劳务收到的现金÷销售收入
反映贷款企业发展能力状况的比率(共 3 个)	销售增长率＝本年销售增长率÷上年销售额 资本积累率＝本年所有者权益增长率÷年初所有者权益 总资产增长率＝本年总资产增长额÷年初资产总额

饶艳超和胡奕明(2005)对中国的银行信贷制度的调查,证明了银行信贷人员对资产负债表和利润表、现金流量表、财务比率以及报表附注等绝大多数会计信息比较重视,能够运用会计信息支持贷款决策;而且,大多数的信贷人员认为会计信息基本上能满足企业授信的分析要求。她们对上述每一类中的财务比率作了主成分分析,扣除了每一类中信息含量较低但与其他比率之间相关性较高的比率,指出银行关注的财务比率主要包括:资产负债率、流动比率、现金流动负债比率、净资产收益率、销售利润率、总资产增长率、总资产周转率这 7 个财务比率。同时,胡奕明和周伟(2006)在进一步研究研究大债权人对会计信息的有效需要时,实证发现上述 7 个主要财务指标中,显著的指标只有 4 个:流动比率、资产负债率、现金流动负债比率和总资产周转率。胡奕明和唐松莲(2007)对中国商业银行借款合同中限制性条款的调查也发现:“对于企业的财务状况,银行会在借款合同中规定一些达标数字,如要求企业的流动比率、速动比率、净资产收益率等指标达到一定水平。该项 Cronbach’s α 系数的均值为 3.02,标准差 1.59,说明会计信息是银行关注的重要信息之一,但不同银行关注情况差异可能较大。”

上述结论与经典的财务理论不谋而合：① 资产负债率比率越高，说明企业财务风险越大，无论是长期借款还是短期借款的资本成本会随这一比例的上升而提高。② 流动比率和现金流动负债比率反映了企业流动性好坏，流动性强的企业近期还款能力强；对于短期借款而言，这两个比例是银行在进行信贷审核时重点考察的指标，而即使是长期贷款，也存在着逐年清偿和利率调整，所以对这两个指标也是比较敏感。③ 总资产周转率则反映企业总资产的管理水平和运作效率。这一比率越高，则说明企业越能有效地运用资产创造收入。

学者们的实证证据表明，银行在信贷决策时确实是有效地利用了企业的财务信息。那就有理由相信，新会计准则实施以后，企业会计信息编制方法的变革对企业的偿债能力、盈利能力和现金流量表述的影响都是直接的。而这种影响会不会间接地影响到银行的信贷评估呢？如果有影响，这种影响的程度是多少呢？这些都是值得关注的问题。

（三）商业银行的会计制度和会计规范

1. 商业银行的会计规范

1993 年至 2000 年之间，中国商业银行的会计业务主要遵循 1993 年的《金融企业会计制度》。2000 年 11 月，中国证监会首次发布金融企业上市信息披露特别规定，即《公开发行证券公司信息披露编报规则》第 1 至第 6 号[①]，要求商业银行、保险公司、证券公司发行上市必须分别聘请境内和境外会计师事务所进行双重审计[②]。2001 年，国家财政部对《金融企业会计制度》进行了修订，并要求从 2002 年开始在上市商业银行范围内实施，而其余银行仍然采用 1993 年的《金融企业会计制度》。

2004 年为新旧《金融企业会计制度》的过渡期。2004 年，财务重组之后的中国银行和中国建设银行采用了 2001 年《金融企业会计制度》；中国工商银行和中国农业银行仍然采用 1993 年《金融企业会计制度》；股份制银行中，除了中信银行、光大银行和广东发展银行之外，其他银行都采用了 2001 年《金融企业会计制度》。从 2005 年起，中国商业银行的年报编制全面采用 2001 年《金融企业会计制度》，同时，已经上市的五家银行还需要根据证监会的要求按照国际会计准则进行调整，但转换尚未涉及《国际会计准则第 39 号——金融工具：确认和计量》(IAS39)和《国际会计准则第 32 号——金融工具的披露和列报》(IAS32)的内容。

2005 年 8 月，国家财政部发布了《金融工具确认和计量暂行规定（试行）》（简称《暂行规定》），该规定于 2006 年 1 月 1 日在上市和拟上市的商业银行范围内试行，标志着中国银行业在金融工具的会计处理方面率先与国际财务报告准则接轨。同年 9 月，国家财政部又发布了《企业会计准则第××号——金融工具确认和计量》、《企业会计准则第××号——金融资产转移》、《企业会计准则第××号——套期保值》、《企业会计准则第××号——金融工具列报和披露》四项会计准则征求意见稿。与国际惯例相比，四项金融会计准则征求意见稿的实质内容与

---

① 《公开发行证券公司信息披露编报规则》第 1 至第 6 号，即《商业银行招股说明书内容与格式特别规定》、《商业银行财务报表附注特别规定》、《保险公司招股说明书内容与格式特别规定》、《保险公司财务报表附注特别规定》、《证券公司招股说明书内容与格式特别规定》和《证券公司财务报表附注特别规定》。

② 即向包括银行在内的金融类上市公司及拟上市公司提出了等同于 B 股上市公司的审计要求。规定要求上市商业银行应在聘请有商业银行审计经验的、具有执行证券期货相关业务资格的国内会计师事务所，按照中国独立审计准则对其依据中国会计和信息披露准则、制度编制的法定财务报告进行审计的同时，还要聘请获中国证监会和国家财政部特别许可的国际会计师事务所，按国际通行的审计准则，对其按照通行的会计和信息披露准则编制的补充财务报告进行审计。

IAS39 和 IAS32 的规定大多是相同的，同时又充分考虑了中国的国情。目前，银行的资产负债中，90%左右的资产和负债都是金融资产和金融负债。尽管 2006 年 2 月《企业会计准则第 22 号——金融工具确认和计量》、《企业会计准则第 23 号——金融资产转移》、《企业会计准则第 24 号——套期保值》、《企业会计准则第 37 号——金融工具列报》四项金融工具会计准则正式颁布，但对于中国的上市商业银行来说，从 2006 年开始实施《暂行规定》起，上市商业银行就已经开始按照目前新的会计准则来进行会计处理了。也就是说，商业银行业在采用新的会计准则的时间上早于其他的上市公司。

由于新会计、审计准则同国际会计、审计准则实现了实质性趋同，2007 年 3 月，证监会发布的《关于不再实施特定上市公司特殊审计要求的通知》指出，此前实施的金融类上市公司在法定审计之外聘请国际会计师事务所进行审计和对一次发行量超过 3 亿(含 3 亿)股以上的公司进行补充审计的相关规定不再执行。那么，这意味着，“双重审计”制度也正式废止。

2. 新旧会计准则的差异

新会计准则与原有的会计准则相比较(如表 2 所示)，主要差异体现在：① 资产和负债价值的确认。② 减值准备计提的方法，即目前银行根据贷款五级分类标准来计提减值准备，新会计准则要求以贷款未来现金流量折现的方式计提减值准备。③ 衍生工具的表内化。这样能够更充分、更及时地揭示银行的潜在风险，提高了对银行资本充足率的要求，进一步完善了对银行业的资本监管。这一点对商业银行表外业务风险管理提出了新的要求。④ 股票期权的费用处理。例如，中国建设银行 2007 年 7 月首次公布了股权激励计划。在这些主要变化中，尤其是前三点，对于商业银行的影响更为重大，所以本报告将研究的重点放在这三个方面。

表 2

新旧会计准则关于商业银行业务会计处理的差异

		旧会计准则	新会计准则
债券投资		按期限分为短期和长期两种。短期债券投资按初始投资成本计价；持有期间利息收入按收付实现制冲减账面价值；期末按成本与市价孰低计量。长期投资按实际成本计价；存续期间的利息收入按权责发生制确认；债券的溢价和折价在确认收入时摊销；期末按账面价值和可收回金额孰低计价。	按照投资目的和意图分类，初始确认都按公允价值计量。交易类的债券投资，后续计量按公允价值进行，公允价值的变动计入当期损益；“持有至到期投资”类的债券投资，后续计量采用实际利率法，按摊余成本计量。“可供出售的金融资产”类的债券投资，后续价值按公允价值计量，其变动形成的利得，计入资本公积，不影响当期利润。
贷款	贷款和应收款项	贷款用历史成本计量，利息收入由合同本金和合同利率确定；不考虑确认合同中约定的收取或支付的属于实际利率组成部分的各项收费、交易费用及折溢价等，交易费用一般作为佣金或手续费进入当期中间业务收入或支出；按逾期 90 天为标准将贷款分为应计贷款和非应计贷款，非应计贷款的利息收入计入表外。	将贷款和应收款项作为金融资产四大分类中的一类，交易费用应当计入初始确认金额，采取实际利率法按摊余成本计量，贷款的利息收入根据实际利率法确认。

（续表）

		旧会计准则	新会计准则
贷款	贷款减值准备	按照贷款期末余额计提一般准备，按照贷款五级分类结果计提专项准备。	贷款采用实际利率法用摊余成本计量，所以依据未来现金流量现值计提金融资产减值准备。发生贷款资产减值时，应将该贷款的账面价值减记至预计未来现金流量现值，减记金额确认为资产减值损失，计入当期损益。
贷款	抵债资产	将实际抵债资产部分的贷款本金和已确认的利息收入作为抵债资产的入账价值，并在报告日按账面价值与可收回金额孰低计提减值准备，变现时再进一步确认损益。	以物抵债资产应该按公允价值入账；重组债权的账面余额与抵债资产的公允价值之差应先冲减该债权（贷款）计提的减值准备，不足部分计入当期损益。
可转换债券		含有可转换股票的期权部分不从负债中剔除，全部作为负债处理；发行费用如果小于发行期间冻结资金所产生的利息，则其差额视同债券溢价进行摊销，反之则作为当期费用处理；补偿利息需要计提，转股后其未付利息部分转入资本公积；对折溢价的摊销允许在直线法和实际利率法中选择。	发行的可转换债券包含负债和权益成分，在初始确认时进行分拆，分别处理。分拆时确定负债成分的公允价值并以此作为初始确认金额，整体发行价格扣除负债成分初始确认金额后，确定权益成分的初始确认金额。发行的交易费用按照负债成分和权益成分的各自公允价值进行分摊，利息支出按实际利率法计算。
衍生金融工具		一般不在表内加以确认，其对于会计主体财务状况的影响报表上无法体现。	将其纳入表内核算，将衍生金融工具公允价值变动形成的利得和损失计入当期损益。
股票期权		未涉及。	要求当企业获得职工或其他方的服务时，在财务报表中确认股份支付交易，并以公允价值作为计量基础；授予职工的股权和期权，将作为成本或费用计入利润表；分为以权益结算的股份支付和以现金结算的股份支付，会计处理有重大差异。

3. 新会计准则与国际会计准则的差异

在国际会计准则中，规范金融工具确认和计量的准则主要是《国际会计准则第39号——金融工具：确认和计量》（IAS39）。IAS39自1998年发布以来，除了在金融工具的类别名称和范围上有些微小的调整外，基本内容没有大的变动。根据规定，金融资产应划分为四类：①以公允价值计量且其变动计入当期损益的金融资产；②持有至到期投资；③贷款和应收款项；④可供出售金融资产。对第①类，要求按公允价值进行计量且其变动计入当期损益；对第④类，也要求按公允价值进行计量，但公允价值变动计入权益；对第②和第③类金融资产，则要求按实际利率法（而非名义利率法）的摊余成本进行计量。

中国的新会计准则也采用了与国际惯例相同的金融资产四分类法，并用“交易性金融资产”等价于国际会计准则中的“以公允价值计量且其变动计入当期损益的金融资产”，且大部分内容在很大程度上实现了与国际会计准则之间的趋同，但有些商业银行会计处理的规定仍体现了中国的特殊国情(如表 3 所示)。

表 3

新会计准则与国际准则关于商业银行业务会计处理方面的差异

		新会计准则	国际会计准则
减值或坏账证据		债务人发生严重财务困难、债务逾期、很可能倒闭或进行其他财务重组,债权资产无法在活跃市场继续交易、现金流量已经减少或预计减少等。	无明显差异,增加前期已确认减值损失的资产。
长期股权投资	损益确认	权益法按应享有或应分担的被投资单位当年净损益的份额确认当期投资损益;成本法按被投资单位宣告分派的利润确认当期投资收益。	采用成本法时,所确认的收益仅限于所收到的被投资者自投资日后产生的累计净利润的分配额。
	减值准备	不得转回。	允许转回。
政府补助确认		与资产相关的政府补助确认为递延收益,并按照此配比原则分期确认;与收益相关的政府补助,用于补偿未来事项的确认为递延收益,用于补充历史事项的确认为当期收益。	无明显差异,但允许将与资产相关的政府补助直接在相关资产账面价值中扣除。
或有事项	现时义务	流出的经济利益金额可计量时确认为预计负债。	确认为准备。
	义务事项	未明确规定。	法定义务和推定义务。

(四)新会计准则与商业银行的风险抵御能力

在传统的金融活动中,银行只是资金融通的机构;但随着金融产品和市场的发展,现代金融理论则把银行和其他金融机构视为生产金融产品、提供金融服务、帮助客户分担风险同时能够有效管理自身风险以获利的机构,其盈利来源就是承担风险的风险溢价。而现在,能否有效地对风险进行全面有效的管理,能否积极主动地承担风险、管理风险、建立良好的风险管理架构和体系,以良好的风险定价策略获得利润,更成为决定一家金融机构竞争力高低、决定其经营能力高低的关键和核心。20 世纪 80 年代发展中国家爆发的债务危机给国际银行业带来巨大的损失,也使世界银行业普遍开始注重对风险管理和防范管理。

1988 年,巴塞尔银行监管委员会作为银行业监管的国际组织公布了资本协议。该协议主要针对的是信用风险,旨在通过实施资本充足率标准来强化国际银行系统的稳定性,消除因各国资本要求不同而产生的不公平竞争,被认为是国际银行业风险管理的“神圣条约”。该协议对提高银行资本充足率、遏制不公平竞争起到了重要作用,并已经成为国际银行业的竞争规则和国际惯例。

随着现代银行信用的发展和金融创新的不断深化,银行业面临的风险日益复杂化和多元化,资本协议的不足表现得越来越突出:监管资本的要求与日益复杂的内部经济资本衡量存在着冲突,表现在对信贷资产 8%的单一资本要求未能充分体现银行面临的风险,并易引导银行降低信贷资产的质量;未能充足认识信用风险减缓措施,比如抵押和担保。为了进一步提高金融体系的安全性和稳健性,2004 年 6 月,巴塞尔银行监管委员会发布了《统一资本计量和资本标准的国际协议:修订框架》(以下简称新资本协议)。新资本协议建立了有效资本监管的三大支柱,即"最低资本要求、监管当局的监督检查、信息披露"。新资本协议代表了风险管理的发展方向,提高了资本监管的风险敏感度和灵活性,有助于商业银行改进风险管理和推动业务创新。

而在国内,近些年来也普遍开始关注商业银行风险管理的问题。1998 年,商业银行开始试行贷款风险分类指导原则,该指导原则将贷款风险分为五类,即正常、关注、次级、可疑和损失,简称"五级分类"。银监会成立后,按照既定日程表,国有独资商业银行、股份制商业银行将从 2004 年起,全面推行五级分类制度。五级分类在真实反映贷款质量、改善信贷管理、增强抵御风险等方面发挥积极的作用,但从试行的情况看,五级分类制度仍存在不少问题。虽然,中国还未执行巴塞尔协议的最新规定,但为加强对商业银行资本充足率的监管,促进商业银行安全、稳健运行,银监会于 2004 颁布了《商业银行资本充足率管理办法》(简称《管理办法》),规定商业银行最迟要在 2007 年 1 月 1 日达到最低资本要求。在《管理办法》中,主要规定了几个方面的内容:

第一,商业银行资本充足率不得低于 8%,核心资本充足率不得低于 4%。

第二,资本充足率=(资本-扣除项)÷(风险加权资产+12.5 倍的市场风险资本),核心资本充足率=(核心资本-核心资本扣除项)÷(风险加权资产+12.5 倍的市场风险资本)。

第三,商业银行资本包括核心资本和附属资本。核心资本包括实收资本或普通股、资本公积、盈余公积、未分配利润和少数股权。附属资本包括重估储备、一般准备、优先股、可转换债券和长期次级债务。

2006 年 1 月,银监会又颁布《商业银行风险监管核心指标(试行)》,要求商业银行风险监管核心指标自 2006 年 1 月 1 日起试行。该指标体系是对商业银行实施风险监管的基准,是评价、监测和预警商业银行风险的参照体系,分为风险水平、风险迁徙和风险抵补三个层次。风险水平类指标包括流动性风险指标、信用风险指标、市场风险指标和操作风险指标,以时点数据为基础,属于静态指标。其中:信用风险指标包括不良资产率、单一集团客户授信集中度、全部关联度三类指标。但上述三个指标涉及贷款的具体信息,如期限、贷款企业的特征等信息,课题组难以获得,因此结合本课题的研究,本报告主要关注银行的风险抵御能力,即风险抵补类指标。风险抵补类指标衡量商业银行抵补风险损失的能力,包括盈利能力、准备金充足程度和资本充足程度三个方面,其中资本充足程度是基础。

2007 年 2 月,银监会发布《中国银行业实施新资本协议指导意见》,指出:"在其他国家或地区(含香港、澳门等)设有业务活跃的经营性机构、国际业务占相当比重的大型商业银行应实施新资本协议",这类新资本协议银行从 2010 年底起开始实施。该意见表明,尽管新资本协议是未来发展的方向,但近几年对绝大多数商业银行来讲,仍将按照《商业银行资本充足率管理办法》执行。按该办法,商业银行的资本充足率根据资本和风险加权资产计算。新准则的变化也必将对银行业乃至整个金融体系产生重大影响:

首先,影响现行资本充足率的计算。新准则要求商业银行要反映金融工具公允价值的变化,而金融资产公允价值的变化必将增加银行资本的波动性。

其次,加权风险资产的计算主要包括表内业务的信用风险和表外业务的市场风险。如按照新准则的要求,原表外业务中的衍生金融工具部分将纳入表内反映,这必将影响到加权风险资产的计算。商业银行根据新准则把衍生金融工具所隐含的各种权利和义务确认为资产或负债,且以公允价值计量。那么,不但相关资产或负债以公允价值计量,且公允价值的变动计入当期损益或权益,进而影响了权益的变动。

上述影响的分析是否合理,将在第三部分通过实证检验进行验证。

三、新会计准则运用与商业银行信用风险影响的检验与评价

(一) 上市公司实行新会计准则对商业银行信贷风险的影响

中国的商业银行对贷款企业进行评级,采用定量分析与定性分析相结合的方法。其中定性分析主要围绕宏观经济形势、行业和市场状况、企业的经营管理、组织形式和或有负债等;定量分析主要是针对企业的财务状况进行分析。企业财务分析是信用评级的核心部分,分为经营业绩分析、财务状况分析和现金流分析三个部分。这三个部分相对独立、互不重叠。

1. 研究设计

由于国家财政部规定,新会计准则从2007年开始实施,目前无法直接取得企业实施新准则后的数据,但2006年11月证监会发布《关于做好与新会计准则相关财务会计信息披露工作的通知》(简称《通知》),指出:上市公司2006年财务报告虽然仍按现行会计准则编制,但必须依照《通知》规定的格式和内容披露新旧准则差异调节表。因此,课题组通过取得通过WIND数据库中2006年上市公司"新旧准则变化研究"中披露的"新旧准则差异对比分析"①,对财务数据经调整后作为替代数据进行研究。具体研究设计如下:

第一步,选取样本公司2006年流动比率、资产负债率、资产周转率和现金流量负债比作为初始值。

第二步,根据"新旧准则差异对比分析"的调整的栏目,运用会计恒等式和会计账户设置原理,把股东权益差异的变化调整为流动资产、非流动资产、流动负债和非流动负债的变化(如表4所示)。

第三步,根据第二步调整,得到2006年按照新会计准则计算的指标值,设为调整值。

第四步,比较第二步和第三步得到的初始值和调整值的结果,运用非参数Wilcox检验和Sign检验,验证上述四个指标在新旧会计准则实施前后是否具有显著的差异。

第五步,运用打分法,进行个案研究。运用打分法,验证在银行信贷评估过程中,这四个财务指标分别在新旧会计准则下的得分是否具有差异。个案研究对第四步非参数检验的结果进行再验证,在强化结论的同时,又进一步度量新会计准则给企业带来的变化到底有多大。

表4

股东权益差异的变化调整表

调 整 项 目	流动资产	非流动资产	流动负债	非流动负债	权　益
长期股权投资差额		+/−			+/−
投资性房地产		+/−			+/−
资产弃置费用		+/−			+/−

① 在"新旧准则差异对比分析"中,分别按照新旧会计准则计算出2006年上市公司股东权益和两者的差异数。并分析了造成这种差异的因素:长期股权投资差额,投资性房地产,资产弃置费用,辞退补偿,股份支付,重组义务,企业合并,交易性金融资产和可供出售类金融资产,交易性金融负债,金融工具分拆增加的权益,衍生金融工具,所得税,少数股东权益和其他。

(续表)

调整项目	流动资产	非流动资产	流动负债	非流动负债	权益
企业合并		+/−			+/−
辞退补偿			+		−
股份支付			+		−
重组义务			+		−
交易性金融资产和可供出售类金融资产	+				+
交易性金融负债			+/−		+/−
金融工具分拆增加的权益	+		+		+/−
所得税		+		+	+/−
少数股东权益		+		+	+/−
衍生金融工具	+		+		+/−
其他	?	?	?	?	+/−

从表4中可以看到,引起流动资产变化的主要有三个项目:其中交易性金融资产和可供出售类金融资产的变化与权益同方向;衍生金融工具和金融工具分拆增加的权益引起权益的增加时,就调增流动资产。引起非流动资产变化的有六项:其中长期股权投资差额、投资性房地产、资产弃置费用和企业合并的变化与权益是同方向变动,所得税和少数股东权益引起权益的增加时,会引起非流动资产的增加。引起流动负债变化的主要有六项:辞退补偿、股份支付、重组义务、交易性金融负债、金融工具分拆增加的权益和衍生金融工具。其中衍生金融工具和金融工具分拆增加的权益引起权益的减少时,就调整流动资产;引起非流动负债变化主要有所得税和少数股东权益两项。所得税和少数股东权引起权益的减少时,会引起非流动负债增加。

2. 数据来源和描述性统计

选取2006年沪深两市除金融、保险行业以外所有的上市公司,剔除财务数据缺失的上市公司后得到样本1 409个。从WIND数据库中提取样本公司的流动比率、资产负债率、现金流动负债比率和总资产周转率的数据(如表5所示)。

表5

新旧会计准则变化前后各个财务指标及其变化的描述性统计

项目	样本数	均值	中值	最大值	最小值	方差
旧会计准则下的流动比率	1 409	1.45	1.12	55.74	0.00	2.04
旧会计准则下的资产负债率	1 409	1.26	0.54	877.26	0.02	23.40
旧会计准则下总资产周转率	1 409	0.74	0.60	10.18	−0.02	0.65
旧会计准则下现金流动负债比率	1 409	0.15	0.12	4.50	−62.51	1.71
新会计准则下调整流动比率	1 409	1.47	1.12	55.74	0.00	2.06
新会计准则下资产负债率	1 409	1.22	0.51	877.26	1.33	23.41

(续表)

项　　目	样本数	均　值	中　值	最大值	最小值	方　差
新会计准则下总资产周转率	1 409	0.73	0.58	10.07	−0.02	0.67
新会计准则下现金流动负债比率	1 409	0.15	0.12	4.50	−62.51	1.71
新旧会计准则下流动比率的变化	1 409	−0.02	0.00	−7.53	0.19	0.32
新旧会计准则下资产负债率变化	1 409	0.03	0.01	−0.74	3.22	0.15
新旧会计准则下总资产周转率变化	1 409	0.02	0.01	−7.51	1.56	0.21
新旧会计准则下现金流动负债比率变化	1 409	0.000	0.00	−0.15	0.04	0.00

从表 5 中旧会计准则下四个财务指标的均值和中值来看:中国上市公司的流动比率偏低(均值为 1.45,中值为 1.12),资产负债比率偏高(均值为 1.26,中值为 0.54),而且指标在各样本公司之间变动非常大,其中流动比率的最大值为 55.74、最小值为 0;资产负债率的最大值和最小值分别是 877.26 和 0.02;总资产周转率的最大值和最小值为 10.18 和−0.02;现金流动负债比率的最大值为 4.5,最小值为−62.51。从描述性统计的结果来看,在新会计准则下,各指标的极值分布和整体趋势上并没有十分显著的变化;从均值来看,在新会计准则下,流动比率有所降低,现金流动比基本不变,其他两个指标的值略有上升。

3. 财务指标的非参数检验

通过在研究设计中的第二步和第三步,得到了新旧会计准则前后上市公司上述四个财务指标的初始值和调整值,且通过描述性统计的结果表明,这些指标在新会计准则实施前后存在差异,但这种差异是否具有显著性需进一步研究。表 6 运用了非参数检验中的 Wilcox 检验和 Sign 检验,验证信贷评估中最核心的四个财务指标在新会计准则实施前后是否具有显著的差异。

表 6

各财务指标在新旧会计准则变化前后配对的非参数检验

项　　目	样本数	A. Sig. (2-tailed)	Z①	A. Sig. (2-tailed)	Z②
旧会计准则下流动比率:新会计准则下的流动比率	1 409	0.00 ***	−8.18	0.00 ***	−5.86
旧会计准则下资产负债率:新会计准则下的资产负债率	1 409	0.00 ***	−27.93	0.00 ***	−30.21
旧会计准则下总资产周转率:新会计准则下的总资产周转率	1 409	0.00 ***	−29.64	0.00 ***	−31.87
旧会计准则下现金流动负债比:新会计准则下的现金流量负债比率	1 409	0.37	−0.89	0.37	−0.91

注:* 表示在显著水平为 10%时显著;** 表示在显著水平为 5%时显著;*** 表示在显著水平为 1%时显著。

① 这里运用 SPSS,进行两配对样本非参数检验的 Wilcoxon 符号检验。

② 这里运用 SPSS,进行两配对样本非参数检验的 Sign 符号检验。

从表 6 的检验结果可以看到，在新旧会计准则下流动比率、资产负债率、总资产周转率具有显著差异，但是现金流动负债比并没有表现出明显的差异。这说明，新会计准则的实施，确实会影响对上市公司的偿债能力和成长性的计量。上市公司的偿债能力和成长性会直接作用于其借款是否可以按时和足额的偿还。那么，商业银行在进行信贷决策时就不得不考虑这种影响。

4. 个案上市公司信贷审批得分的差异分析

从上面的非参数检验的结果可知，在信贷审批中运用的、最核心的四个财务指标在新会计准则实施后有三个具有显著差异。为了更深入地分析这种差异是怎样影响审批的结果，本报告进一步选取在新旧会计准则的比分分析中，差异最明显的 12 家上市公司，比较这些指标的变化，在多大程度上影响银行信贷评估的得分。

(1) 信贷审批打分的步骤及得分标准。银行对企业财务业绩的评估，一般是通过评价企业的核心财务指标，以企业评价指标实际值对照企业所处行业的标准值，按照既定的计分模型进行定量测算。其基本步骤如下：

首先，提取相关数据，加以调整，计算各个财务指标的实际值；在实践中，基本的资料来源一般是企业的会计报表。

其次，确定各指标的标准值，各项指标的标准值一般是有关权威部门运用数理统计方法，分年度、分行业、分规模统一测算和发布的。银行可以根据某个企业的特征，选择适合该企业的标准值。

最后，按照既定的模型对各项指标评价计分，指标总得分＝$\sum$单项基本指标得分。由于各个指标本身的特性不同，各个指标的评分标准具有差异，具体见表 7 至表 10。

表 7

资产负债率的得分标准

评定指标	资　产　负　债　率
计算公式	(负债总额÷资产总额)×100％
指标说明	反映在企业资产总额中，债权人提供资金所占的比重，企业资产对债权人权益的保障程度。一般来说越小越好。
标准分	25
满分值	国际上通常认为等于 60％比较恰当，因此取 60％。
计分方法	[(1－实际值)÷(1－满分值)]×标准分；资产负债率≥85％时，计为 0 分。

表 8

流动比率的得分标准

评定指标	流　　动　　比　　率
计算公式	(流动资产÷流动负债)×100％
指标说明	反映企业短期的偿债能力。国际上认为，下限是 100％；等于 200％为比较恰当的值。
标准分	25
满分值	流动比率等于 200％。
计分方法	(实际值÷满分值)×标准分；流动比率小于 100％时，计为 0 分。

表 9

总资产周转率的得分标准

评定指标	总 资 产 周 转 率
计算公式	当期营业收入净额÷平均资产总额
指标说明	反映企业全部资产的利用效率;平均资产总额一般取期初数加上期末数的平均值。
标准分	25
满分值	选样本均值。一般来说,该指标越大越好。
计分方法	(实际值÷满分值)×标准分;总资产周转率小于 0 时,计为 0 分。

表 10

现金流动负债比率的得分标准

评定指标	现 金 流 动 负 债 比 率
计算公式	(年经营现金净流量÷年末流动负债)×100%
指标说明	反映从现金流量角度来反映企业当期偿付短期负债能力。
标准分	25
满分值	选样本均值。一般来说,该指标越大越好。
计分方法	(实际值÷满分值)×标准分;现金流动负债比小于 0 时,计为 0 分。

从以上表中可以看到,在整个的评价过程中最核心的部分就是标准值的确定。由于目前中国各银行都有一套不对外公开的审批程序①,本报告在此简化了具体的信贷审批过程,仅通过普遍使用的信贷打分法考察在新旧两种不同的会计准则下,衡量贷款企业业绩的核心财务指标的变化,进而对信用分析产生的影响。因此,对于资产负债率和流动比率的满分值,本报告选取国际上认定的恰当值:资产负债率定为 60%,流动比率定为 200%;现金流动负债比率和总资产周转率以新旧会计准则下各指标的均值作为标准值。

(2) 个案上市公司信贷审批得分的差异分析。在表 6 的非参数检验中,检验结果具有显著差异的三个指标是:流动比率、资产负债率和总资产周转率。为进行个案分析,从 1409 个样本中分别选取这三个指标变化最大的前五家上市公司,但在流动比率和总资产周转率中,都有 SST 幸福;在流动比率和总资产周转率中都有株冶集团;在资产负债率和总资产周转率中都有 SST 新太,所以只得到了 12 个样本公司进行分析。运用表 7 到表 10 中的计分方法,分别根据新旧会计准则下财务指标计算出 12 家上市公司各指标的得分,如表 11 和表 12。

从得分情况来看,无论是在表 11 还是表 12 中,企业的流动比率和资产负债率之间具有明显的相关性,在流动比率小于 100%的公司,其资产负债率一般也大于 60%。总资产周转率和流动现金负债比率在各公司之间变动幅度较大。在旧会计准则下,总资产周转率得分最大值为 114.86,最小值为 0.34;流动现金负债比率得分的最大值为 45.00,最小值为－75.00。而在新会计准则下,各指标之间得分的差距在缩小。表 12 表明,新会计准则下总资产周转率的最大值为 63.01,最小值为 0;流动现金负债比率的最大值仍然是 45.00,最小值仍然是

① 实践中,信用分析更为复杂,且方法各异,在此就不再赘述。

表 11

旧会计准则下各个指标的得分情况

证券代码	公司名称	流动比率	资产负债率	总资产周转率	现金流动负债比率	得分 1	得分 2	得分 3	得分 4	总得分
600743	SST 幸福	0.27	0.98	0.83	0.03	0.00	0.00	28.04	5.00	33.04
900935	阳晨 B 股	0.24	0.56	0.16	0.27	0.00	27.50	5.41	45.00	77.91
600866	星湖科技	1.08	0.37	0.54	0.08	13.50	39.38	18.24	13.33	84.45
600961	株冶集团	1.45	0.60	3.40	−0.04	18.13	25.00	114.86	−6.67	151.32
600249	两面针	2.15	0.27	0.35	−0.45	26.88	45.63	11.82	−75.00	9.32
600385	* ST 金泰	0.07	3.68	0.01	0.00	0.00	0.00	0.34	0.00	0.34
600728	SST 新太	0.50	1.30	0.43	0.22	0.00	0.00	14.53	36.67	51.19
600681	S* ST 万鸿	0.13	4.10	0.22	−0.02	1.63	0.00	7.43	−3.33	5.72
600381	* ST 贤成	0.38	1.99	0.10	0.02	4.75	0.00	3.38	3.33	11.46
000892	S* ST 星美	0.06	3.81	0.02	0.00	0.00	0.00	0.68	0.00	0.68
600865	S 百大	1.98	0.30	1.37	0.27	24.75	43.75	46.28	45.00	159.78
600633	白猫股份	1.61	0.39	1.17	−0.01	20.13	38.13	39.53	−1.67	96.11

表 12

新会计准则下各个指标的得分情况①

证券代码	公司名称	流动比率	资产负债率	总资产周转率	现金流动负债比	得分 1	得分 2	得分 3	得分 4	总得分
600743	SST 幸福	7.80	0.09	0.14	0.03	97.50	56.88	4.79	5.00	164.17
900935	阳晨 B 股	5.54	0.11	0.04	0.27	69.25	55.63	1.37	45.00	171.24
600866	星湖科技	6.24	0.18	0.35	0.08	78.00	51.25	11.99	13.33	154.57
600961	株冶集团	5.43	0.25	1.84	−0.04	67.88	46.88	63.01	−6.67	171.10
600249	两面针	6.10	0.20	0.23	−0.45	76.25	50.00	7.88	−75.00	59.13
600385	* ST 金泰	0.07	0.46	0.00	0.00	0.00	33.75	0.00	0.00	33.75
600681	S* ST 万鸿	0.13	1.97	0.16	−0.02	0.00	0.00	5.48	−3.33	2.15
600381	* ST 贤成	0.43	0.56	0.06	0.02	0.00	27.50	2.05	3.33	32.89
000892	S* ST 星美	0.06	2.61	0.02	0.00	0.00	0.00	0.68	0.00	0.68
600728	SST 新太	0.50	1.45	0.51	0.21	0.00	0.00	17.47	35.00	52.47
600865	S 百大	1.98	0.10	0.69	0.27	24.75	56.25	23.63	45.00	149.63
600633	白猫股份	1.65	0.21	0.73	−0.01	20.63	49.38	25.00	−1.67	93.33

① 计算各指标的数据都是按照“新旧会计准则对比分析表”追溯调整后的财务数据。

−75.00。和前面的非参数检验结果一致的是，在进行上市公司指标得分情况的个案分析时，现金流动负债比率在新旧会计准则之间也没有表现出明显的差异性。

表 13 对在新旧会计准则下，12 家上市公司的得分情况进行了差值和变动比例分析。从整体来看，新会计准则确实是可以明显地作用于各个指标的得分情况。新会计准则下得分高于和低于旧会计准则的上市公司分别占 8 家和 4 家，也就是说在个案样本中，新会计准则使上市公司在信贷审批中财务指标的得分总体高于旧会计准则下得分的比率占 66.67%。变化的绝对值最大的是 SST 幸福，131.13 分；变动比例最大的是* ST 金泰，变动比例达 9 826.47%。新会计准则下财务指标的得分小于旧会计准则的公司中差值最大和变动比例最大的都是 SST 新太，差值为－49.04，变动比例为－95.80%。

表 13

新旧会计准则下各个指标得分差异分析

证券代码	证券简称	旧准则的总得分	新准则下的新得分	新旧准则得分的差值	变动的比例①
600743	SST 幸福	33.04	164.17	131.13	396.88%
900935	阳晨 B 股	77.91	171.24	93.33	119.79%
600866	星湖科技	84.45	154.57	70.12	83.03%
600961	株冶集团	151.32	171.10	19.78	13.07%
600249	两面针	9.32	59.13	49.81	534.44%
600385	* ST 金泰	0.34	33.75	33.41	9 826.47%
600728	SST 新太	51.19	2.15	−49.04	−95.80%
600681	S* ST 万鸿	5.72	32.89	27.17	475.00%
600381	* ST 贤成	11.46	0.68	−10.78	−94.07%
000892	S* ST 星美	0.68	52.47	51.79	7 616.18%
600865	S 百大	159.78	149.63	−10.15	−6.35%
600633	白猫股份	96.11	93.33	−2.78	−2.89%

① 变动比例是把新旧会计准则得分的差值除以旧会计准则的得分得到的。

(二) 新会计准则对商业银行财务报告影响的实证研究

明确了新会计准则与旧会计准则以及国际会计准则之间的差异，那么在新会计准则的实际运用中，尤其是衍生金融工具表内核算后的一系列相关会计处理会对商业银行产生什么具体的影响呢？对该问题，本报告也提供相关检验。

1. 研究设计

(1) 中国商业银行会计制度的行业特殊性。从 2000 年起上市银行需接受境内外会计师事务所的双重审计。2005 年 8 月，国家财政部发布了《金融工具确认和计量暂行规定(试行)》，该规定于 2006 年 1 月 1 日在上市和拟上市的商业银行范围内试行，标志着中国银行业在金融工具的会计处理方面率先与国际会计准则接轨。也就是说，由于商业银行行业的特殊性，它在采用新的会计准则的时间上早于其他上市公司。那么，2007 年，国家财政部要求所有的上市公司采用新会计准则时，从 2006 年年报中披露的“新旧会计准则的差异调整表”可以发现,商业银行在调整表针对金融工具的这一系列的准则所带来的影响,已经不需要调整。表14是WIND数据库提供的金融、保险行业中上市商业银行的“股东权益差异调整表”。

表14

金融行业股东权益差异调整表①

项 目	深发展	浦发银行	华夏银行	民生银行	招商银行	工商银行	中国银行
长期股权投资差额(万元)	—	—	—	—	—	37 100.00	—
投资性房地产(万元)	17 114.23	—	—	—	—	331 800.00	—
资产弃置费用	—	—	—	—	—	—	—
辞退补偿(万元)	—	—	—	—	—	−531 600.00	—
股份支付	—	—	—	—	—	—	—
重组义务	—	—	—	—	—	—	—
企业合并	—	—	—	—	—	—	—
交易性金融资产和可供出售金融资产	—	—	—	—	—	—	—
交易性金融负债	—	—	—	—	—	—	—
金融工具分拆增加的权益	—	—	—	—	—	—	—
衍生金融工具	—	—	—	—	—	—	—
所得税(万元)	−2 574.08	—	—	—	—	−28 600.00	—
少数股东权益(万元)	—	—	—	—	—	453 700.00	2 956 000.00
其他(万元)	—	—	—	485.00	—	176 200.00	—
差异小计(万元)	14 540.15	—	485.00	485.00	—	490 800.00	2 907 100.00

① 由于兴业银行2007年才上市,数据库中没有兴业银行的数据,所以这里只有7家上市商业银行的数据。

新会计准则2007年开始实施,所以目前无法取得上市商业银行采用新会计准则后的财务数据。但由于中国的商业银行实施的是双重审计制度,境外审计的依据就是国际会计准则,而中国新会计准则实质上就是一个与国际会计准则趋同的过程,境外审计数就为本研究提供了数据基础。因此,本报告就可以把上市银行接受境外审计的财务数据视为上市银行采用新会计准则后的财务数据。而在研究新会计准则对上市银行的风险影响时,可以把2001年至2005年之间可取得的数据作为研究对象,比较境内外的差异,就是新旧会计准则的差异;同时根据“新旧会计准则差异调整表”的内容,比较2006年新旧会计准则之间的差异。

(2)指标选取。因为资本充足率是目前国际上几乎所有的活跃银行进行风险管理的核心指标,且资本充足率=(资本－扣除项)÷(风险加权资产＋12.5倍的市场风险资本),核心资本充足率=(核心资本－核心资本扣除项)÷(风险加权资产＋12.5倍的市场风险资本),所以选取影响上述比率计算的四个财务指标－净利润、净资产、总资产和每股收益,并分析在新旧会计准则下,这些财务指标是否发生变化。在上市银行的年报的“会计数据和业务数据摘要”

中,披露了“境内外审计重要财务数据及差异”和“本年度利润表附表”两部分内容。境内外审计重要财务数据及差异主要包括两个部分:本年度境内外审计重要财务数据及差异调节表和境内外审计贷款呆账准备明细表。特别是在“境内外审计重要财务数据及差异调节表”中详细地说明了按照国内会计准则确定的净资产和净利润调整为按照国际会计准则确定的净资产和净利润,同时还在注释中说明了详细的调整过程。具体而言,以净利润为例,相关指标定义如表 15 所示。

表 15

指标定义及计算公式

指　　标	计　算　公　式
净利润境内外审计差异	境内审计的净利润－境外审计的净利润
第 i 家银行的净利润境内外审计差异	第 i 家银行境内审计的净利润－第 i 家银行境外审计的净利润
净利润境内外审计的差异的均值	第 i 家银行净利润境内外审计的差异之和÷N 其中,N 为银行的家数
控制资产规模后第 i 家银行境内外差异	(第 i 家银行境内审计的净利润－第 i 家银行境外审计的净利润)÷年末总资产
控制资产规模后银行境内外差异的均值	(控制资产规模后第 i 家银行境内外审计的净利润之和)÷N 其中,N 为银行的家数

注:在考虑资产规模影响时,把每股收益排除在外。

蒋义宏(2002)的研究发现,境内审计净利润显著大于境外审计净利润。但是这种差异是与公司的本身规模有关,而且在中国国有商业银行改制的上市银行的规模明显大于其他的股份制银行。所以,把除每股收益以外的指标都除以年末总资产(年末总资产来自境内审计的资产负债表),以剔除资产规模的影响(如表 15 所示)。根据选取的指标,分析 2005 年以前上市银行在运用新旧会计准则前后各指标之间差异的分布情况,并对各指标进行分组和显著性检验;再以 2006 年作为研究区间①,进行分组和显著性检验,分析新会计准则与国际会计准则之间的差异。

2. 样本选取

到 2007 年 4 月为止,通过 WIND 数据库,中国已经上市的银行为 10 家,其中交通银行和中国建设银行是选择在香港上市,而中国银行和中国工商银行选择在香港和内地同时上市。本报告选取在中国境内上市的银行作为初始研究样本(如表 16 所示)。按照信息披露的要求,上市银行需要定期公布财务报告,因此报告中所涉及的相关数据如不加以注明,均来自相关商业银行的定期财务报告。

本报告采用按照国际会计准则编制的报表中的相关财务数据来代替按照新会计准则编制所得到的财务数据,即新会计准则的相关的财务数据就是在年报中披露的境外审计数,旧会计准则的相关的财务数据就是在年报中披露的境内审计数。数据来源主要是巨潮资讯网上披露的上市银行的年报数据,由于巨潮资讯中只披露了从 2003 年开始的年报,所以可以得到的年

① 在 2006 年 2 月,新会计准则已经发布。上市银行 2006 年的年报都是按照新会计准则来编制的,因此,2006 年上市银行的境内外审计差异,实际上是新会计准则与国际会计准则之间的差异。

报只有7家上市银行的25份年报(如表16所示),其中2003年4份,2004、2005、2006年都是7份。

表16

中国商业银行上市概况及样本数据来源

银行名称	上市地点	上市日期	年报数据(年)	年报数据(年)	年报数据(年)	年报数据(年)
深圳发展银行	深交所	1991-04-03	2003	2004	2005	2006
招商银行	上交所	2002-04-09	2003	2004	2005	2006
华夏银行	上交所	2003-09-12	2003	2004	2005	2006
浦东发展银行	上交所	1999-11-10		2004	2005	2006
兴业银行	上交所	2007-2-5		2004	2005	2006
中国银行	上交所	2006-07-05		2004	2005	2006
	香港交易所	2006-07-05				
民生银行	上交所	2000-12-19	2003	2004	2005	2006
交通银行	香港交易所	2005-06-23				
中国建设银行	香港交易所	2006-06-01				
中国工商银行	上交所	2006-10-27				
	香港交易所	2006-10-27				

注:中国工商银行2006年10月上市,且2006年的年报基本等同于按照新会计准则编制,所以年报中没有境内外审计差异的数据。

3. 描述性统计

(1) 境内外各指标的描述性统计。

表17

全样本下各指标的描述性统计

项目	样本	均值	中值	最大值	最小值	上四分位	下四分位	偏度①
净资产的境内外审计差异(万元)	25	−14 149.55	−485.00	39 341.14	−132 692.20	6 491.62	−29 669.50	−1.66
净利润的境内外审计差异(万元)	25	−1 038.36	−1 341.50	18 158.90	−16 047.98	4 329.85	−6 497.10	0.23
总资产的境内外审计差异(万元)	25	837 907.74	3 979.70	9 920 578.00	−2 463 772.90	678 731.90	−23 539.70	2.87
每股收益的境内外审计差异(元)	25	0.00	−0.01	0.07	−0.08	0.02	−0.02	0.03

① 偏度反映样本分布相对正态分布的偏移程度,正为右偏,负为左偏。

从表 17 中可以看出,在 2003 年到 2006 年年报中披露的境内外审计的差异数来看,净资产和净利润的均值和中值全部都小于零,也就是说,境内审计数是小于境外审计数的,说明中国会计准则在确认收益和利得上可能更为保守。但是总资产的均值和中值全都是境内审计数大于境外审计数;每股收益的均值是境内审计数基本等于境外审计数,中值是境内审计数小于境外审计数,这就说明每股收益的境内外审计差异在各个上市银行之间分布很不均衡。

表 18

2003～2005 年各指标的描述性统计

项　目	样本	均　值	中　值	最大值	最小值	上四分位	下四分位	偏度
净资产的境内外审计差异(万元)	18	−18 218.70	−3 512.46	39 341.14	−40 503.80	11 473.10	−40 503.80	−1.28
净利润的境内外审计差异(万元)	18	−793.98	−2 966.00	18 158.90	−7 258.70	4 986.90	−7 258.70	0.51
总资产的境内外审计差异(万元)	18	1 338 094.00	20 417.30	9 920 578.00	−23 704.30	1 605 092.00	−23 704.30	2.73
每股收益的境内外审计差异(元)	18	0.00	−0.01	0.07	−0.03	−0.02	0.02	1.26

从表 19 来看,从 2003 年到 2005 年年报中披露的境内外审计的差异数值显示的特征与表 18 中是一致的。净资产和净利润的均值和中值全部都小于零;总资产的均值和中值全都是境内审计数大于境外审计数;每股收益的均值是境内审计数基本等于境外审计数,中值是境内审计数小于境外审计数。

表 19

2006 年各指标的描述性统计

项　目	样本	均　值	中　值	最大值	最小值	上四分位	下四分位	偏度
净资产的境内外审计差异(万元)	7	−3 976.65	−242.50	12 257.75	−23 375.00	3 064.44	−15 037.00	−0.56
净利润的境内外审计差异(万元)	7	−1 649.38	156.50	7 358.00	−16 048.00	2 549.59	−5 861.57	−1.42
总资产的境内外审计差异(万元)	7	−412 557.00	0.00	7 823.96	−2 463 772.90	4 940.76	−633 475.00	−2.45
每股收益的境内外审计差异(元)	7	0	0.01	0.05	−0.08	0.03	−0.02	−1.39

从表 19 可以看出,与前面表 17 和表 18 中披露的境内外审计差异数不同。在 2006 年年报中披露的境内外审计的差异数中,净资产、净利润和总资产的均值全部都小于零,也就是说,境内审计数是小于境外审计数的;但是,净资产的均值和中值的符号不一致,这就说明在 2006 年净资产的境内外审计差异在各个上市银行之间分布很不均衡。形成这种不同的原因可能是

因为在2005年国家财政部就发布了《金融工具确认和计量暂行规定(试行)》和《企业会计准则第××号——金融工具确认和计量》、《企业会计准则第××号——金融资产转移》、《企业会计准则第××号——套期保值》、《企业会计准则第××号——金融工具列报和披露》四项会计准则征求意见稿,对于中国上市的银行来说,从2006年的年报就已经开始按照目前新的会计准则来进行会计处理了。

(2) 控制资产规模后各个指标境内外审计差异的描述性统计。

表20

全样本下控制资产规模后各指标的描述性统计

项　　目	样　本	均　值	标准差	最大值	最小值
控制资产规模以后的净资产境内外审计差异	25	−0.000149	0.000831	0.001926	−0.001810
控制资产规模以后的净利润境内外审计差异	25	−0.000024	0.000207	0.000335	−0.000620
控制资产规模以后的总资产境内外审计差异	25	0.004939	0.014682	0.032928	−0.035170

表21

2003～2005年控制资产规模后各指标的描述性统计

项　　目	样　本	均　值	标准差	最大值	最小值
控制资产规模后净资产境内外审计差异	18	−0.000154	0.000978	0.001926	−0.001810
控制资产规模后净利润境内外审计差异	18	−0.000019	0.000160	0.000293	−0.000320
控制资产规模后总资产境内外审计差异	18	0.009270	0.012809	0.032928	−0.001010

表22

2006年控制资产规模后各指标的描述性统计

项　　目	样　本	均　值	标准差	最大值	最小值
控制资产规模后净资产境内外审计差异	7	−0.000137	0.000288	0.000178	−0.000530
控制资产规模后净利润境内外审计差异	7	−0.000037	0.000315	0.000335	−0.000620
控制资产规模后总资产境内外审计差异	7	−0.005889	0.014349	0.000300	−0.035170

表20至表22是控制了资产规模的基础上比较境内外审计差异。从整体上来看,数据分布的符号特征与控制资产规模前是一致的。在2003年至2006年之间和2003年至2005年之间,净资产和净利润的均值都小于零,也就是说,境内审计数是小于境外审计数的;但是总资产均值的境内审计数大于境外审计数。但在2006年,总资产均值的境内审计数小于境外审计数。

4. 各个指标境内外审计数的显著性检验

(1) 各个指标的显著性检验。

表 23

全样本下各指标的非参数检验

项　　目	样本数	A. Sig. (2-tailed)	Z	A. Sig. (2-tailed)
旧会计准则下控制资产规模后的净资产:新会计准则下控制资产规模后的净资产	25	0.20	−1.28	0.48
旧会计准则下控制资产规模后的净利润:新会计准则下控制资产规模后的净利润	25	0.60	−0.52	0.65
旧会计准则下控制资产规模后的总资产:新会计准则下控制资产规模后的总资产	25	0.26	−1.13	0.36
旧会计准则下每股收益:新会计准则下的每股收益	25	0.65	−0.46	0.48

注：* 表示在显著水平为 10%时显著；** 表示在显著水平为 5%时显著；*** 表示在显著水平为 1%时显著。

表 24

2003～2005 年各指标的非参数检验

项　　目	样本数	A. Sig. (2-tailed)	Z	A. Sig. (2-tailed)
旧会计准则下控制资产规模后的净资产:新会计准则下控制资产规模后的净资产	18	0.36	−0.91	1.00
旧会计准则下控制资产规模后的净利润:新会计准则下控制资产规模后的净利润	18	0.69	−0.40	0.61
旧会计准则下控制资产规模后的总资产:新会计准则下控制资产规模后的总资产	18	0.09	−1.70	0.30
旧会计准则下每股收益:新会计准则下的每股收益	18	0.69	−0.40	0.30

注：* 表示在显著水平为 10%时显著；** 表示在显著水平为 5%时显著；*** 表示在显著水平为 1%时显著。

表 25

2006 年各指标的非参数检验

项　　目	样本数	A. Sig. (2-tailed)	Z	A. Sig. (2-tailed)
旧会计准则下控制资产规模后的净资产:新会计准则下控制资产规模后的净资产	7	0.11	−1.60	0.25
旧会计准则下控制资产规模后的净利润:新会计准则下控制资产规模后的净利润	7	0.72	−0.37	1.00
旧会计准则下控制资产规模后的总资产:新会计准则下控制资产规模后的总资产	7	0.47	−0.73	1.00
旧会计准则下每股收益:新会计准则下的每股收益	7	1.00	0.00	1.00

注：* 表示在显著水平为 10%时显著；** 表示在显著水平为 5%时显著；*** 表示在显著水平为 1%时显著。

从表 23 至表 25，分别对全样本、2003 年至 2005 年和 2006 年上市银行境内外审定的净资产、净利润、总资产和每股收益在新旧会计准则下是否具有差异进行了检验，Wilcox 符号检验和 Sign 符号检验的结果都表明，各指标境内外无显著差异。

(2) 控制资产规模后各指标的显著性检验。

表 26

全样本下控制资产规模后境内外各个指标的非参数检验

项　　目	样本数	A. Sig. (2-tailed)	Z	A. Sig. (2-tailed)
旧会计准则下控制资产规模后的净资产：新会计准则下控制资产规模后的净资产	25	0.31	−1.02	0.48
旧会计准则下控制资产规模后的净利润：新会计准则下控制资产规模后的净利润	25	0.63	−0.48	0.65
旧会计准则下控制资产规模后的总资产：新会计准则下控制资产规模后的总资产	25	0.31	−1.01	0.36

注：* 表示在显著水平为 10%时显著；** 表示在显著水平为 5%时显著；*** 表示在显著水平为 1%时显著。

表 27

2003～2005 年控制资产规模后境内外各指标的非参数检验

项　　目	样本数	A. Sig. (2-tailed)	Z	A. Sig. (2-tailed)
旧会计准则下控制资产规模后的净资产：新会计准则下控制资产规模后的净资产	18	0.57	−0.57	1.00
旧会计准则下控制资产规模后的净利润：新会计准则下控制资产规模后的净利润	18	0.50	−0.68	0.61
旧会计准则下控制资产规模后的总资产：新会计准则下控制资产规模后的总资产	18	0.10	−1.65	0.30

注：* 表示在显著水平为 10%时显著；** 表示在显著水平为 5%时显著；*** 表示在显著水平为 1%时显著。

表 28

2006 年控制资产规模后境内外各指标的非参数检验

项　　目	样本数	A. Sig. (2-tailed)	Z	A. Sig. (2-tailed)
旧会计准则下控制资产规模后的净资产：新会计准则下控制资产规模后的净资产	7	0.11	−1.60	0.25
旧会计准则下控制资产规模后的净利润：新会计准则下控制资产规模后的净利润	7	1.00	0.00	1.00
旧会计准则下控制资产规模后的总资产：新会计准则下控制资产规模后的总资产	7	0.47	−0.73	1.00

注：* 表示在显著水平为 10%时显著；** 表示在显著水平为 5%时显著；*** 表示在显著水平为 1%时显著。

从以上结果可以发现,中国商业银行采用新会计准则之后,会计实务中并没有产生太大的影响,因为无论是财务数据本身、还是数据之间的波动,前后都没有产生显著性的差异。在第二部分的分析中,发现新旧会计准则在会计理念、会计科目、会计处理等方面均具有较大的差异,因此,无论是理论界还是实务界对于新会计准则的实施,都普遍认为这是一次重大的转变,会对中国商业银行的经营管理带来巨大的冲击。然而,从报告的实证分析中却无法发现这一重大转变,中国商业银行遵循会计准则的巨大变化却没有在相应的会计实务中体现出来。这一反常的现象是如何产生的?

5. 实证分析结果的原因探悉

(1) 衍生金融工具在中国商业银行的应用落后。从中国商业银行2005年年报中衍生工具业务的统计结果(如表29所示)可以发现,中国商业银行的衍生金融工具业务还处在起步阶段,除了中国银行和中信银行由于涉外业务较多,其衍生金融工具合约面值与总资产比率较高之外,其他商业银行的衍生金融工具业务的发展还相当落后。表29的统计表明,国有商业银行中的中国银行、中国建设银行、中国工商银行和交通银行的衍生金融工具合约面值与总资产的比值都比较高,而股份制商业银行的相应比率明显较低,个别银行都不到1%,华夏银行甚至只有0.03%。这与普遍印象中股份制银行创新机制完善,业务开展灵活存在着一定的差距,分析原因可能在于在中国国有商业银行无论是资产规模还是业务开展上都远远大于一般的股份制银行;同时国有银行国际化经营的步伐也远远快于股份制银行;国有商业银行在开展衍生产品业务所需要的高水平技术和高素质人才方面也拥有绝对的优势。因此,目前国内衍生金融工具业务的开展主要集中在国有商业银行。进一步考察2003、2004年的情况,相关数据如表30所示,也发现了相同的情况。

表29

商业银行2005年衍生金融工具业务情况统计

商业银行	总资产(万元)	衍生金融工具合约面值(万元)	衍生工具/总资产(%)
中国银行	474 280 600.00	132 213 500.00	27.88
中国建设银行	458 574 200.00	37 656 800.00	8.21
中国工商银行	645 410 600.00	36 173 900.00	5.60
交通银行	142 343 900.00	6 367 200.00	4.47
深圳发展银行	2 223 685.77	75 553.37	0.34
浦东发展银行	57 352 267.10	295 153.00	0.51
招商银行	73 461 286.40	1 816 290.80	2.47
民生银行	55 737 313.40	1 601 199.20	2.87
华夏银行	35 648 806.00	11 273.15	0.03
兴业银行	47 476 089.60	1 386 265.00	2.92
中信银行	61 193 500.00	9 239 520.50	15.10

表 30

国内商业银行 2003～2004 年衍生金融工具业务统计表

商业银行	2003 年		2004 年	
	衍生金融工具合约面值(万元)	衍生工具/总资产(%)	衍生金融工具合约面值(万元)	衍生工具/总资产(%)
中国银行	90 376 200.00	22.71	104 211 300.00	24.40
中国建设银行	8 743 200.00	2.46	14 224 900.00	3.64
中国工商银行	—	—	27 872 800.00	4.99
交通银行	7 464 349.50	7.85	6 695 467.70	5.88
深圳发展银行	40 475.56	0.21	118 337.70	0.60
浦东发展银行	200 669.70	0.54	234 974.50	0.52
招商银行	714 345.40	1.45	1 194 680.60	2.04
民生银行	458 996.70	1.27	873 646.10	1.96
华夏银行	97 571.68	4.02	3 757.12	0.01
兴业银行	219 280.50	0.84	304 647.50	0.89
中信银行	5 242 147.70	12.49	8 035 762.60	15.61

所以，在中国商业银行衍生金融工具合约面值与总资产比率相当低的情况下，衍生金融工具的公允价值自然更低，其变动所形成的利得和损失即使计入当期损益对于整个银行庞大的资产来说，影响也是微不足道的，因此，在针对新旧会计准则进行的报表分析中，也就体现不出显著性的差异。

(2) 实证数据本身的瓶颈。在前面的分析可以看到：由于新的会计准则刚刚实施，目前无法取得上市商业银行采用新的会计准则以后的财务数据。但是由于中国商业银行实施的是双重审计制度，境外审计后的财务数据，就是按照国际会计准则调整以后的数据，而中国新的会计准则实质上就是一个与国际会计准则趋同的过程，这就为本报告的研究提供了数据基础。因此，本报告把上市银行的接受境外审计的境外审计数作为银行采用新会计准则以后的数据进行研究，检验新旧会计准则的变动是否对商业银行的风险产生影响。

同时，本报告研究中选取在中国境内上市的银行作为研究样本。到 2007 年 4 月为止，已经上市的银行为 10 家，其中交通银行和中国建设银行是选择在香港上市，而中国银行和中国工商银行选择在香港和内地同时上市。而通过 WIND 数据库可以得到的上市银行年报的只有 7 家，可以获得的年报也只有 25 份。实证研究样本量少和数据的替代，也在一定程度上会影响报告的结果。

（三）实施新会计准则对商业银行的风险影响

1. 上市公司实施新会计准则对商业银行信贷风险带来的影响

如果对风险影响等级分为五类（如表 31 所示）。

表 31

上市公司实施新会计准则对商业银行信用风险的影响等级

信贷风险影响指数	描　　述	定量描述
1	对信贷决策没影响，不会对信贷风险产生影响	0
2	对信贷决策影响程度较低，发生信贷风险的可能较小	(0,5%]
3	对信贷决策有影响，信贷风险会普遍发生	(5%,50%]
4	对信贷决策有很大影响，很可能发生信贷风险	(50%,95%]
5	一定影响信贷决策，一定会对信贷风险产生影响	(95%,100%]

第一个风险影响等级为 1，表明新会计准则实施前后，上市公司财务状况发生变化的概率为 0，不会对商业银行信贷决策产生影响。商业银行可以不考虑该影响，不需要商业银行对信贷决策进行调整。

第二个风险影响等级为 2，表明新会计准则实施前后，上市公司财务状况发生变化的概率为在大于 0 和小于等于 5%之间，对商业银行信贷决策产生的影响较小，需要商业银行对信贷决策进行较小程度的调整。

第三个风险影响等级为 3，表明新会计准则实施前后，上市公司财务状况发生变化的概率为在大于 5%和小于等于 50%之间，对商业银行的信贷决策会产生普遍影响，需要商业银行对信贷决策进行较大部分调整。

第四个风险影响等级为 4，表明新会计准则实施前后，上市公司财务状况发生变化的概率为在大于 50%和小于等于 95%之间，很可能会对商业银行的信贷决策产生影响，需要商业银行对信贷决策进行重要调整。

第五个风险影响等级为 5，表明新会计准则实施前后，上市公司财务状况发生变化的概率为在大于 95%和小于等于 100%之间，基本确定会给商业银行的信贷决策产生重要影响，且该影响不容忽视，需要商业银行对信贷决策进行全面调整。

表 6 的检验结果表明，在采用新会计准则以后，上市公司的主要财务状况会发生显著变化（在显著水平 1%时显著，表明财务状况显著变化的概率为 99%）。那么上市公司采用新会计准则后，对商业银行的信用风险管理带来重要的影响。商业银行必须对这种影响给予重视，在信贷决策过程中，对信用分析所用财务指标的选取、权重的确定等给予相应的调整，以减小贷款企业会计方法变更带来的不利影响。

2. 商业银行实施新会计准则的风险变化

商业银行实施新会计准则的风险变动等级仍分为五级（如表 32 所示）。

第一个风险影响等级为 1，表明新会计准则实施前后，上市商业银行风险影响变化概率为 0，对商业银行的风险无影响。

表 32

商业银行实施新会计准则的风险变动等级

信贷风险影响指数	描述	定量描述
1	不可能发生风险变化	0
2	极小可能发生风险变化	(0,5%]
3	可能发生风险变化	(5%,50%]
4	很可能发生风险变化	(50%,95%]
5	基本确定发生风险变化	(95%,100%]

第二个风险影响等级为 2,表明新会计准则实施前后,上市商业银行风险变化的概率在大于 0 和小于等于 5%之间,对商业银行的风险影响较小。

第三个风险影响等级为 3,表明新会计准则实施前后,上市商业银行风险变化的概率在大于 5%和小于等于 50%之间,对商业银行可能产生风险影响。

第四个风险影响等级为 4,表明新会计准则实施前后,上市商业银行风险变化的概率在大于 50%和小于等于 95%之间,对商业银行很可能产生风险影响。

第五个风险影响等级为 5,表明新会计准则实施前后,上市商业银行风险变化的概率在大于 95%和小于等于 100%之间,基本确定会对商业银行产生影响。

从表 23 到表 25 的结果表明,在采用新会计准则以后,上市公司的各主要财务指标变化不显著(在显著水平 1%时不显著,且从描述性统计来看,各指标的值仍存在差异,因此表明风险变化的概率小于 1%而不为 0)。那么可以认为,上市公司采用新会计准则后,对商业银行信用风险变化等级为 1 级。

四、主要结论

新旧会计准则的过渡期也为研究新旧会计准则的差异提供了契机。本报告从两个方面研究了会计准则变化对企业财务状况的影响并进而如何作用于商业银行的信贷风险管理和控制,丰富了有关会计准则与会计信息质量的研究,同时,也为商业银行的信贷风险管理奠定了基础。归纳起来,本报告的结论主要包括:

(1) 新会计准则的实施,并不改变商业银行信贷评估与贷款企业财务信息的依赖。企业的财务信息仍然是商业银行进行信贷决策的基础。实证结果揭示了在商业银行信贷决策的核心指标中,由于新旧会计准则的变化,企业在新会计准则实施前后的流动比率、资产负债率、总资产周转率具有显著的差异,而现金流动负债比率并没有表现出明显的不同。这种变化也说明,新会计准则实施后,上市公司的偿债能力和成长性的评价指标发生重大变化,商业银行进行信贷决策时应采取必要的措施进行信贷风险防范,对信用风险的防范体系建设给予相应的调整,包括信用风险管理制度建设和信用评级的方法等。

(2) 从商业银行使用新会计准则的情况来看,新会计准则的变化对商业银行自身信用风险的影响并不显著。其中的主要原因在于,目前中国商业银行信用衍生产品比例还较低。但从国内商业银行的历史和发展来看,在信用风险管理中适时地引入并发展信用衍生产品是必然的。发展中国信用衍生产品市场,国外银行和机构投资者可以间接参与到中国的信贷市场,一部分银行贷款的信用风险就会转移给国外的机构投资者,这样可以分散国内商业银行的信用风险以及集中性风险,有利于国内商业银行的稳健运行。

本报告的研究也存在一些不足。实践中,各商业银行都建立完善的信贷审批程序,关注的财务指标无论在种类和数量上均超过本报告选取的财务指标,本报告仅选取了其中被关注的四个重要指标,并没有反映商业银行对贷款企业财务状况分析的全貌。此外,由于无法获得商业银行在信贷审批过程中使用的标准值,本报告用国际认定的恰当值作为替代,可能导致与实际情况存在差异。而在研究新会计准则对商业银行的风险影响时,用相关指标的境内外差异进行替代,也有一定的局限性。

执笔人:杜 莉 郭大伟

(本报告部分内容选自:① 上海立信会计学院中国立信风险管理研究院开放课题《新会计准则对中国商业银行风险管理影响的理论与实证研究》,课题负责人:姚铮;② 上海立信会计学院中国立信风险管理研究院开放课题《新会计准则对中国商业银行风险管理影响的理论与实证研究》,课题负责人:张维。)

参考文献

1. 方洪全,曾勇.联机分析挖掘(OLAM)方法在银行信用风险评估中的应用.中国软科学,2004(10)

2. 方洪全,曾勇.银行信用风险评估方法实证研究及比较分析.金融研究,2004(1)

3. 胡奕明,唐松莲.我国商业银行的贷款谈判力——关于借款合同中限制性条款的调查与分析.上海金融,2007(1)

4. 胡奕明,周伟.债权人监督:贷款政策与企业财务状况.金融研究,2006(4)

5. 黄陈,孙胜权.银行评价与主要财务指标关系的实证研究.金融研究,2002(12)

6. 霍兵,李颖.四大国有商业银行信用风险的数据分析.财经论丛,2005(5)

7. 蒋义宏.净利润境内外审计差异的实证分析——来自中国B股上市公司年报的证据.管理世界,2002(7)

8. 李苑鸿.新会计准则体系下商业银行的应用及其对策.财会园地,2006(9)

9. 刘小川,王琳.CreditRisk+模型在商业银行信贷风险管理中的应用.云南财经大学学报,2006(10)

10. 饶艳超,胡奕明.银行信贷中会计信息的使用情况调查与分析.会计研究,2005(4)

11. 四川银监局课题组.商业银行信用风险度量模型简介及思考,2006(10)

12. 宋雪枫,杨朝军.财务危机预警模型在商业银行信贷风险管理中的应用.国际金融研究,2006(5)

13. 孙涛,杨臻黛.新金融工具会计准则对商业银行的影响及对策.金融会计,2006 (6)

14. 王海姝.新会计准则体系下的银行业应对之道.金融会计,2006(6)

15. 王小明.商业银行信用风险评级测度方法研究.财经研究,2005(5)

16. 夏博辉. 新会计准则体系与中国银行业的对策. 金融视点（新会计准则的挑战），2006(11)

17. 项有志，庄世虹. 新会计准则对银行会计核算的影响. 金融会计，2006(7)

18. 阎庆民，我国商业银行信用风险 VaR 的实证分析. 金融研究，2004(10)

19. 杨树润. 正视新会计准则对银行经营和银行监管的挑战. 中国金融，2006(11)

20. 张艳. 新准则实施后上市公司财务监管研究. 证券市场导报，2006(12)

21. 张中朝，张丽坤. 银行会计准则调整对银行经营和监管的影响. 审计与经济研究，2006(1)

22. 中国银行业监督管理委员会. 中国银行业监督管理委员会 2006 年报. www. cbrc. gov. cn

23. Anne Beatty and Joseph Weber, The Effects of Debt Contracting on Voluntary Accounting Method Changes, THE ACCOUNTING REVIEW Vol. 78 No. 1, January 2003

24. Ashbaugh, H. and M. Pincus, 2001, Domestic Accounting Standards, International Accounting Standards, and the Predictability of Earnings, Journal of Accounting Research 39

25. Barth, M. E., Beaver, W. H. & Landsrnan, W. R., 1996, Value-relevance of bank's fair value disclosures under SFAS No. 107[J]. The Accounting Review 71, 10

26. Bartov, E., S. Goldberg and M. Kim, 2005, Cost of Capital and Financial Statement Transparency, Working Paper (New York University)

27. Blum, J., 1999, Do Capital Adequacy Requirements Reduce Risks in Banking? Journal of Banking and Finance, Vol. 23

28. Bradley, M. and M. R. Roberts, 2004, The Structure and Pricing of Corporate Debt Covenants, Working Paper(Duke University and University of Pennsylvania)

29. Covrig, V. M., M. L. DeFond and M. Hung, 2007, Home Bias, Foreign Mutual Fund Holdings, and the Voluntary Adoption of International Accounting Standards, Journal of Accounting Research(forthcoming)

30. David, B. Citron, 1992, Accounting Measurement Rules in UK Bank Loan Contracts, Accounting and Business Research, Vol. 23, No. 89

31. David Emanuel, Jilnaught Wong, Norman Wong, 2003, Efficient contracting and accounting, Accounting and Finance 43

32. Eccher, E. A., Ramesh, K. and Thiagarajan, S. R., 1996, Fair value disclosures by bank holding companies[J]. Journal of Accounting and Economics, 22

33. Hodder, L., Hopkins, P. and Wahlen, J., 2003. Risk-Relevance of Fair Value Income Measurement for Commercial Banks[R]. Working paper

34. Jeong-Bon Kim, Judy S. L. Tsui and Cheong H. Yi, 2007, The voluntary adoption of international accounting standards and loan contracting around the world, SSRN Working Paper, March

35. KPMG, Mainland China Banking Survey, 2006, KPMG LLP. Hong Kong

36. Michel, C., G. Danand M., Robert, 2000, A Comparative Analysis of Current Credit Risk Models [J]. Journal of Banking and Finance, Vol. 24

附表

按照行业汇总各个

板块名称	1	2	4	5	6	7
全部	−1 827 892.10	391 275.52	−723 243.28	−9 685.06	−10 410.82	−240 761.41
农、林、牧、渔业	−30 922.35	—	−1 026.65	—	—	49.15
采掘业	−54 338.70	—	−618.73	—	—	−28 809.11
制造业——食品、饮料	−23 607.68	178.03	−882.9	—	—	−3 183.87
制造业——纺织、服装、皮毛	−53 401.89	8 997.58	−10 240.13	340.01	—	1 482.24
制造业——木材、家具	−146.66	—	—	—	—	—
制造业——造纸、印刷	−2 561.44	—	—	—	—	55.56
制造业——石油、化学、塑胶	−107 327.17	315.35	−8 524.27	−5 522.01	—	−4 117.92
制造业——电子	−11 326.60	—	−11 457.06	−217.71	—	−679.89
制造业——金属、非金属	−14 031.34	4 237.55	−8 619.26	−52.96	—	−62 485.79
制造业——机械、设备、仪表	−165 289.44	—	−26 217.23	—	−9 253.14	−21 032.17
制造业——医药、生物制品	−81 066.83	18 907.84	−5 216.56	—	−311.10	−10 345.44
制造业——其他制造业	−7 677.85	—	—	—	—	−267.29
电力、煤气及水的生产	−281 172.72	217.01	−18 261.05	−158.22	−846.58	−81 705.06
建筑业	−24 577.47	—	−1 469.83	—	—	—
交通运输、仓储业	−120 493.24	—	−61 933.53	—	—	−7 496.12
信息技术业	−356 420.84	—	−3 616.87	—	—	203
批发和零售贸易	−84 140.45	—	−22 786.42	—	—	−5 302.91
金融、保险业	37 011.60	348 914.23	−531 600.00	—	—	−4 938.01
房地产业	−215 003.12	—	—	—	—	−5 405.59
社会服务业	−90 886.88	9 507.94	−4 432.29	—	—	−815.37
传播与文化产业	−34 638.93	—	—	−4 074.18	—	−2 281.36
综合类	−105 872.10	—	−6 340.50	—	—	−3 685.46

① 上表中，项目1表示的是长期股权投资差额；项目 2 表示的是投资性房地产；项目3表示的是资产弃置合并；项目 8 表示的是交易性金融资产和可供出售金融资产；项目 9 表示的是交易性金融负债；项目 10 表示少数股东权益；项目 14 表示的是其他。

② 项目 3 表示的是资产弃置费用，在权益调整表中没有发生数，在表格中就没有列示。

调整项目的金额①、②

8	9	10	11	12	13	14
2 157 353.43	316 815.62	104 625.91	−286 196.71	1 034 665.30	28 841 890.43	701 772.25
1 171.01	—	—	—	16 119.48	292 850.40	−294.72
3 396.13	—	—	—	−53 630.00	2 481 208.19	401 200.00
58 957.27	—	−3 180.00	−374.9	59 839.01	637 604.99	−9 999.57
11 848.75	318 433.84	2 224.72	—	−56 483.50	756 323.62	335.06
—	—	—	—	277.71	16 491.52	0
789.41	—	6 275.80	6 410.13	42 035.81	360 617.54	0
30 795.42	—	1 901.54	2.37	110 772.82	1 419 567.71	20 067.75
27 508.42	—	9 942.20	−153.98	55 966.92	547 464.16	2 380.37
153 423.56	—	71 425.34	−24 612.69	231 161.22	2 200 926.80	18 582.96
63 557.35	−161.12	—	−4 791.59	307 889.89	2 568 538.77	5 597.94
22 228.79	2 724.95	—	13.37	111 180.57	856 589.80	−9 642.01
123 286.18	—	—	−195.71	−9 331.79	160 341.60	21.21
1 148 800.72	−1 325.57	5 772.67	199.72	−266 779.91	4 045 965.98	171 992.06
1 080.72	—	—	—	45 226.23	320 580.07	0
35 373.86	—	322.76	−13 216.12	62 811.78	1 636 268.09	−74 618.50
47 232.36	150.89	—	−246 288.50	95 458.41	3 641 580.78	−19 841.26
29 656.33	—	—	−1 056.66	144 836.02	877 842.34	1 660.46
54 573.39	−1 679.07	—	—	−31 606.21	3 543 652.75	178 595.32
135 326.28	−353.29	9 917.55	−2 132.15	80 024.85	872 140.65	1 860.93
163 536.43	−1 056.70	—	—	−17 031.59	735 160.87	3 858.06
927.67	—	23.32	—	9 062.17	39 945.05	0
43 883.39	81.69	—	—	96 865.41	830 228.75	10 016.19

费用;项目 4 表示的是辞退补偿;项目 5 表示的是股份支付;项目 6 表示的是重组义务;项目 7 表示的是企业
的是金融工具分拆增加的权益;项目 11 表示的是衍生金融工具; 项目 12 表示的是所得税; 项目 13 表示的是

后　记

经过一年半的筹备、组织和实施,《中国经济运行风险研究报告(2007)》(以下简称本报告)终于定稿付梓,这是中国立信风险管理研究院公开出版的第一份研究报告,是集体劳动的成果。

作为研究院的标志性成果,本报告整合了校外、校内研究团队的力量。从研究主题的确定到研究报告的撰写,无不凝结着本报告项目组全体成员的辛勤劳动和智慧。在本报告撰写过程中,我们一次次讨论、总结,对问题的认识越来越清晰,对所撰写内容的了解越来越深入。通过本报告的研究和撰写,我们积聚了一批有志于风险管理研究的专家、教授和博士,可谓收获颇丰。

在本报告面世之际,我们由衷地感谢上海市教委领导和相关部门以及学校领导的关心、支持和资助,有了他们的大力支持,风险管理研究得到了基本支撑和根本保障,使我们能够一步步勇敢地、踏实地实现项目的建设目标;感谢中国立信风险管理研究院校外50多位开放课题的负责人和参与者,他们对中国经济运行风险的关注、研究为本报告奠定了坚实的基础;感谢校内60多位风险管理研究课题的研究人员,他们的研究成果为本报告提供了有力的支撑;感谢学科办、科研处、财务处等职能部门对本报告的支持和帮助;感谢立信会计出版社的责任编辑方辉老师以及余榕老师、陈旻老师、朱百鸣老师,是他们的默默耕耘和无私奉献,使本报告得以顺利面世。在此我们对为本报告的研究、撰写、出版、发行等一系列工作付出辛勤汗水的同仁,一并表示最诚挚的谢意!

本报告的出版,是我们对中国经济运行风险的初步认识和探索。我们深知在研究的广度、深度等方面还存在这样或那样的不足,但我们相信,这是风险管理研究的一个良好开端,明年的报告将在此基础上进一步改进和完善。我们欢迎风险管理研究领域的同仁批评指正,更希望得到风险管理研究领域专家的宝贵建议和无私帮助。我们希望本报告的出版,能够提供一个交流平台,让越来越多的人关注中国经济运行,关注中国经济运行风险;我们期盼着涌现出越来越多的风险管理研究成果,为中国经济健康运行献计献策。